主 编：曾 跃

副主编：黄梦燕 高鹏飞

HR法律
实战案例课

编委会：

罗彦斌　何咪咪　张逸超　胡笑笑　曾昭绮

陈婉华　陈杏仪　邓楚伊　黄宇锋　曾　莹

朱竞慷　周艳艳　梁玉燕

中国法制出版社

CHINA LEGAL PUBLISHING HOUSE

曾跃 律师

广东省律师协会劳动法律专业委员会副主任，广东省企业维权优秀法律顾问律师，广东胜伦律师事务所高级合伙人，人社部高级人力资源法务咨询总监培训项目特约讲师，iCourt法学院讲师。

曾律师执业以来为广东省人社厅、省社保局和省企联、广州市社保中心、等政府部门、社会团体及近百家世界500强外企、大中型国企事业单位、上市公司和知名民企提供法律服务，尤其在处理疑难、复杂、群体性劳资纠纷方面具备丰富的策划、谈判和办案经验，赢得了客户良好口碑，也取得了良好的社会效果，多次荣获代表广州律师最高办案水准的"业务成果奖"。

黄梦燕 律师

广东省律师协会劳动法律专业委员会委员，广东胜伦律师事务所高级合伙人。执业以来长期为屈臣氏、LG、曼秀雷敦、广东省工行、广发证券、广发银行、广东移动、长隆集团、奥园集团等知名企事业单位提供法律服务和法律培训，深受欢迎。

黄律师在专注业务的同时，笔耕不辍，参编《劳动合同法及实施条例下的人力资源管理流程再造》，该书荣获广州市律师协会2008年度理论成果一等奖；参编《新编常用企业管理制度全书》《人力资源管理常见疑难法律问题全书》。

高鹏飞 律师

广东胜伦律师事务所高级合伙人，华南师范大学律师学院兼职教授，广东省社会法学研究会理事，广东省劳动关系研究会理事，广东省高级人民法院劳动争议诉调对接律师，广东省民营企业律师服务团成员，人社部高级人力资源法务咨询总监培训项目特约讲师。

高律师长期专注于劳动法领域的理论研究和法律实务，尤其在处理重大、疑难、复杂、群体性劳资纠纷方面具备丰富的经验，荣获广东省五一劳动奖章、广东省首届律师业务技能大赛特等奖，多次荣获广州律协颁发的"维护社会稳定奖""理论成果奖""业务成果奖"。

推荐语一：

当人力或法务突然遇到一个棘手的劳动法问题，不妨翻开此书，从中寻找答案。此书涵盖了员工从招聘到离职过程中人力或法务经常会遇到的各种棘手的劳动法律问题。此书为胜伦劳动法团队最新力作，这是一个靠谱的团队，在做一件靠谱的事情，为人力和法务在碎片化时间里提供最系统、最专业、最易懂的劳动法律知识。

——广东省企业联合会执行会长　孟云娟

推荐语二：

劳动关系管理一直是企事业单位人力资源管理非常重要的环节，主要是其外部合法合规性要求特别高，而且也是员工直接感受单位在人力资源管理规范性的基础。本书的作者胜伦劳动法团队一直专注于劳动法律服务领域，他们凭借敏锐的法律触觉、专业的理解和丰富的案例经验，总结劳动关系实践中一系列重要且常见的问题，为用人单位提供了系统且实用的解决方案。

在本书中，胜伦律师从劳动合同、薪酬福利与休息休假、规章制度、离职管理、社会保险、保密与竞业限制等各方面案例出发，以法律、法规、规章和地方性指导意见为依据，分别站在法官、仲裁员和律师的不同角度，对每个案例进行了详尽解析，并针对单位面临的用工管理困境给出了切实可行的建议。因此，本书不仅仅是一本案例集，更是一本实用性很强的解决劳动法律疑难问题和重点问题的工具书。

——广发证券总裁助理兼人力部总经理　谭舜

推荐语三：

　　认识曾跃律师有八年了，近年来，他和高鹏飞律师、黄梦燕律师共同带领的胜伦劳动法团队取得的骄人成绩令我赞叹不已。这是一支既年轻又成熟，既有冲劲又不失严谨，既有专业素养又富实践经验的队伍。劳动法是一门知识点广博，涉及规范纷繁复杂的部门法，略窥门径或许不难，但要登堂入室，尽得其中奥妙却实属不易，胜伦劳动法团队做到了。自肖胜方律师创所以来，胜伦劳动法团队无疑一直是业内翘楚，而曾跃的领军也不负众望地令该团队保持了卓越的竞争力，越来越多的重磅企业加入了他们的合作行列。作为朋友和合作伙伴，我衷心为他们的成就感到欣喜，也真诚祝愿他们百尺竿头更进一步。

——长隆集团法务总监　郭卫华

推荐语四：

　　面对日趋紧张的用工关系，原本的见识已无法独立前行，我们迫切需要更专业的合作伙伴，帮助我们深度解读法律法规，解决用工的近忧远虑。胜伦劳动法团队就是这样成了我们的业务伙伴。

　　每一次沟通，收获的不仅仅是法律资讯，还有精准的逻辑指导；每一个案例，经历的不仅仅是全面专业的准备，还有防范风险的措施。合作的信任和理解，为HR及公司提供了坚强的后盾，成就了彼此的革命友谊，这就是伙伴的意义。

——曼秀雷敦人力资源总监　梁冠钰

推荐语五：

如果说在律师专业化和团队化探索和发展的追梦路上，要推荐令我印象最深刻和独特的一家，我第一反应就是胜伦劳动法团队。这样选择与作为客户方毫无关联，而是胜伦从起步到成长，尤其是劳动法领域经过十几年沉淀和锤炼，已成为广州律师界响亮的品牌，他们演绎了如何不忘初心的专业，如何日拱一卒的专注，最打动人心。

——广百集团审计风控部总监　李建新

推荐语六：

我想，法务部要能为自己所属的公司保驾护航成就价值，除了苦练内功打造好自己的团队外，能够遇到专业敬业的外部合作伙伴，也是至关重要的。我很幸运，在自己的职业生涯中，得到了胜伦劳动法团队一路以来的诸多帮助和支持。而本书的出版，也进一步证明了胜伦在这个领域的专注和专业。相信这本书，会进一步帮助和我一样的法务部同事以及人事部同事，让大家在这个领域，分享到胜伦劳动法团队这么多年实实在在的积累和沉淀。

——博实乐集团法务总经理　吴冬妮

PREFACE | 序言

肖胜方[1]

历史经验表明，从神治到人治再到法治，是人类文明的发展方向。1999年，依法治国被正式写入宪法，明确规定"中华人民共和国实行依法治国，建设社会主义法治国家"。党的十九大报告更是把"坚持全面依法治国"明确为新时代坚持和发展中国特设社会主义的基本方略。

2019年2月25日，习近平总书记主持召开中央全面依法治国委员会第二次会议并发表重要讲话。他指出，改革开放越深入越要强调法治，要用法治来规范政府和市场的边界，在法治框架内调整各类市场主体的利益关系。

法律人应该庆幸，因为我们正处在一个党和国家前所未有重视法治的时代，也正处在一个必将大有可为的新时代。

作为广东省律师协会会长，我经常在各种场合被青年律师追问，如何才能成为优秀的律师，如何才能在激烈的市场竞争中站稳脚跟并有所作为。我经常说，专业化是青年律师参与市场竞争的不二法门，只有实现了专业化，才能有所作为。

以我自己为例。虽然我现在主要从事高端民商事诉讼业务，但是回首二十多年前执业之初，我的专长是劳动法。那些年，我刻苦钻研劳动法专著和典型案例，代理了大量劳动法案件，知名度和美誉度慢慢在行业内外传开。2002年，广州市律师协会筹备组建了劳动和社会保障法律专业委员会，我连续担任三届主任。2005年，广东省律师协会筹备组建了劳动法律专业委员会，我连续担任两届主任。2008年，我当选中华全国律师协会劳动与社会保障法专业委员会副主任，一直到今年年初卸任。

2005年，我创办了广东胜伦律师事务所并担任主任至今。在我的带领下，

---

[1] 全国人大代表、全国五一劳动奖章、全国优秀律师、广东省律师协会会长、广东胜伦律师事务所主任。

胜伦发展迅速，客户成几何级数增长，知名度和美誉度在华南地区均名列前茅，特别是胜伦劳动法已经成为行业内外的响亮品牌。

十多年来，在我的指导下，胜伦律师办理了数千个劳动争议案件，其中不乏重大、疑难、复杂的群体性案件，得到社会各界的广泛好评，几乎每年均荣获广州市律师协会颁发的代表律师办案最高水准的"业务成果奖"和"维护社会稳定奖"等奖项。

在办案之余，胜伦律师也非常注重理论研究和经验总结，发表了很多劳动法专业论文，出版了很多劳动法专业著作。比较有代表性的有：2008年中国法制出版社出版的《劳动合同法及实施条例下的人力资源管理流程再造》，这本书一问世就受到市场的热烈追捧，被广州市律师协会评为2008年度理论成果一等奖，并入选中国人事法务师培训指定教材，长期供不应求，一直增订到第四版；2011年中国法制出版社出版的《新编常用企业管理制度全书》，这本书在企业管理制度合法化、操作规范化、流程标准化、表单证据化方面可圈可点，也非常畅销，一直增订到第四版；2013年中国法制出版社出版的《人力资源管理常见疑难法律问题解答全书（实用问答版）》，这本书以问答的形式解决了人力资源管理中几乎所有重要方面的疑难问题，同样非常畅销，被广州市律师协会评为2013年度理论成果二等奖，并被HR俱乐部、劳动法在线联合强力推荐。

上面提到的成就都离不开专业化。所以说，专业化是青年律师安身立命的根本。如果不能实现专业化，青年律师很难站稳脚跟，更加谈不上有所作为。

在我的推动下，胜伦劳动法团队很早就实现了专业化，再加上敬业的工作态度、良好的沟通方式和紧密的团队协作，在客户群体中有口皆碑，在做强做大的道路上走得又快又稳。

现在读者看到的这本书，是胜伦劳动法团队的又一力作。在曾跃、黄梦燕和高鹏飞三位合伙人的带领下，胜伦劳动法团队发挥"特别能战斗、特别能吃苦、特别能奉献、特别能学习、特别能协作"的胜伦精神，精心编著了这本《HR法律实战案例课》。他们从海量的案例中精选了四十多个有代表性的案例，涵盖了劳动合同、薪酬福利与休息休假、规章制度、离职管理、社会保险、保密与竞业限制等六个方面，每一篇案例都按照核心观点、案情简介、裁判结果、争议焦点解读、实务指引的体例梳理编撰，并且反复打磨、精益求精，凝聚了胜伦律师多年来在劳动法领域深厚的专业积累和丰富的实战经验。

中国虽然不是判例法国家，但是判例的重要性与日俱增。在法律门类中，劳动法作为社会法是一个看似简单，实则复杂的领域。一方面，劳动法类的政策法规非常庞杂；另一方面，政策法规与司法实践往往存在较大差异。因此，研究和解析有代表性的司法判例就显得尤为重要。很多政策性和地域性的司法实践，只有通过这种方式才能获知。相信这本《HR法律实战案例课》，可以给读者带来不少收获。

习近平总书记多次指出，当今世界正处于百年未有之大变局。国际形势波诡云谲，世界经济回暖乏力，中国经济也已由高速增长阶段转向高质量发展阶段，很多创新能力不强、技术积累不深的劳动密集型企业陷入经营困难。2018年7月，中共中央办公厅、国务院办公厅印发了《国税地税征管体制改革方案》，提出要将社会保险费等非税收入的征管职责由社保经办机构划转至税务机关，进一步引发了一些企业的担忧。有人借机提出所谓"民营经济离场论"，说民营经济已经完成使命，要退出历史舞台等。很多企业，尤其是民营企业陷入恐慌。

2018年11月1日，习近平总书记在民营企业座谈会上的讲话中，一方面充分肯定我国民营经济的重要地位和作用，指出所谓"民营经济离场论"的说法是完全错误的；另一方面也强调企业应该"遵纪守法搞经营，在合法合规中提高企业竞争能力"。因为"守法经营，这是任何企业都必须遵守的原则，也是长远发展之道"。

法治兴则国兴，法治强则国强。希望本书的出版，可以帮助用人单位依法规范用工，帮助劳动者依法理性维权，促进劳动关系更加和谐稳定，为中国经济持续高质量发展，为实现中华民族伟大复兴的中国梦贡献力量。

是为序。

CONTENTS 目录

1 劳动合同篇

01 员工以虚假身份入职,劳动关系是否有效? // 002

02 用人单位未与人事经理签订书面劳动合同,是否需要支付二倍工资? // 011

03 劳动合同约定违约金是否有效? // 018

04 录用通知书等书面文件能否替代劳动合同? // 024

05 员工试用期考核不达标,用人单位能否延长试用期? // 030

06 试用期内用人单位能否随意解除劳动合同? // 036

07 员工不能胜任工作的认定标准是什么? // 042

08 员工竞聘失败后,用人单位调岗调薪是否合法? // 049

09 员工岗位聘任期满,用人单位能否调岗调薪? // 055

10 用人单位能否以生产经营需要进行调岗? // 060

11 如何在劳动合同中约定工作地点? // 070

12 企业搬迁是否必须支付经济补偿? // 076

2 薪酬福利与休息休假篇

13 值班人员能否主张加班工资? // 084

14 员工医疗期满能否继续休病假? // 092

15 用人单位是否享有病假的审批权? // 099

16 员工违反计划生育,能否享受产假及产假待遇? // 105

17 已离职的员工可以享受年终奖吗? // 114

3 规章制度篇

18 未经民主公示程序制定的规章制度，能否作为用工管理依据？// 124

19 用人单位规章制度规定累计处罚是否构成重复处罚？// 131

20 劳动合同与规章制度内容存在冲突时应如何适用？// 138

21 员工违纪，能以规章制度的兜底条款解除劳动合同吗？// 146

22 员工违反劳动纪律，用人单位能否直接解除劳动合同？// 153

4 离职管理篇

23 精神病员工提交的辞职信是否有效？// 162

24 员工没有提前 30 天通知离职，用人单位能否要求员工支付代通知金？// 171

25 用人单位因特殊原因未及时足额发放工资是否构成"未及时足额支付劳动报酬"？// 176

26 员工从事兼职，用人单位能否直接解除劳动合同？// 186

27 员工违反计划生育政策，用人单位能否解除劳动合同？// 192

28 员工因过错造成用人单位经济损失，用人单位能否主张全额赔偿？// 201

29 用人单位公告解除劳动关系，是否合法？// 211

30 用人单位拒不开具离职证明，员工能否主张赔偿损失？// 218

31 用人单位能否在离职证明中注明与员工存在劳动争议？// 224

32 员工离职前未正常出勤，经济补偿金的计算基数如何确定？// 229

5 社会保险篇

33 劳动关系所属用人单位与社会保险费缴纳单位不一致，是否合法？// 238

34 劳动者和用人单位达成私下支付社会保险费的协议，能否免除缴纳社会保险费的法定义务？// 244

35 工伤赔偿"私了协议"是否有效？// 250

36　员工以虚假身份入职发生工伤，能否主张工伤保险待遇？// 259

37　超过法定退休年龄的员工在工作中受伤或死亡的，能否享受工伤保险待遇？// 266

38　员工休息日从住所地返回员工宿舍，途中遭遇非本人主要责任交通事故，能否认定工伤？// 272

39　员工提前上班发生非本人主要责任的交通事故，能否认定工伤？// 278

40　员工参加用人单位组织的外出旅游活动受伤，能否认定工伤？// 284

41　职工已获得人身损害赔偿，能否另行向用人单位主张工伤保险待遇？// 290

6 保密与竞业限制篇

42　非管理和技术人员与用人单位签订的竞业限制协议是否有效？// 300

43　用人单位未支付经济补偿，劳动者是否需要履行竞业限制协议？// 306

44　员工违反了竞业限制义务，用人单位是否需要继续支付经济补偿？// 312

45　违反竞业限制义务的违约金是否可以随意约定？// 319

46　用人单位违法解除劳动合同，竞业限制义务是否仍然有效？// 325

47　劳动者未提供再就业证明，用人单位能否拒绝支付竞业限制的经济补偿？// 331

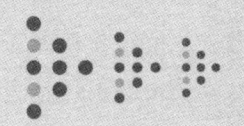

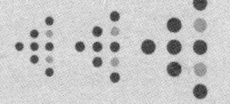

1
劳动合同篇

01 员工以虚假身份入职，劳动关系是否有效？

【核心观点】

劳动者隐瞒真实的年龄，提供虚假的身份证入职，导致用人单位违背真实意思表示与劳动者订立劳动合同，劳动者的行为存在过错，且已构成欺诈。根据《中华人民共和国劳动合同法》第二十六条的规定，应认定双方签订的劳动合同无效，对双方不具有约束力。

【案情简介】

2012年10月9日，杨某入职东莞市光正实验学校（以下简称光正学校），担任初中部物理教师，月平均工资为5018.72元。

杨某于2012年10月8日填写了《应聘教职工档案表》，其中显示杨某的身份证号码是42×××19631210××16、出生日期是1964年12月；且杨某在该表背面的承诺书中签名确认，其中承诺的内容有"本人填写和所提供的资料均为真实，若有虚假资料或隐瞒真实情况的，愿意接受任何处分，包括立即解除劳动关系，无任何补偿"。双方于2012年10月9日签订了劳动合同，其中约定：合同期限从2012年10月9日起至2013年10月8日止，试用期从2012年10月9日起至2013年3月8日止；杨某正常工作时间的初始工资额为2730元／月；该劳动合同显示杨某的身份证号码是42×××19631210××16。

杨某入职时向光正学校提交了身份证、毕业证、职称证书、教师资格证书等证件，有出生年月填写处的相关证件均显示杨某的出生年月是1963年12月。杨某伪造了证件，虚报年龄，光正学校无法确认证件其他内容的真实性；杨某确认其只是直接在证件上涂改年龄，毕业证、职称证书、教师资格证书等证件是真实的。杨某应聘时，王某明、吴某阳、周某东、张某明、洪某壁、高某中作为评委对杨某进行评分，结论为备用、可录用、立即录用。

2012年11月20日，因无法为杨某参加社会保险，光正学校发现杨某入职时提交的身份证是假的；杨某向光正学校重新提交了出生时间是1954年12月10日、身份证号码是42×××19541210××16的身份证。

光正学校确认其于2013年1月20日以杨某使用假证件为由要求杨某离职；因教学的客观原因未于发现杨某使用假证件时即时解除劳动关系，待学期结束后才解聘杨某；担心影响教学当时未告知杨某相应的处理后果或方案。

2013年1月20日至2013年1月29日，光正学校对杨某作出《员工转正评估表》《教师转正考核表》，其中载明的意见是不同意杨某转正。2013年1月22日，杨某填写了《教职工离职手续表》，办理了离职手续。

杨某确认其持有退休证，且从办理退休证后领取退休金2000元/月；该证显示杨某的出生年月是1950年6月，退休时间是2005年8月31日；并确认光正学校解聘杨某后，杨某就案涉纠纷往来于湖南和广东东莞，产生误工费、路费和住宿费，因案涉纠纷导致杨某晚上睡不着而产生精神错乱费。

杨某向东莞市劳动人事争议仲裁院申请劳动仲裁，请求光正学校支付杨某：1.违法解除劳动合同赔偿金10037.4元；2.违法约定试用期的赔偿金12546.8元；3.误工费42659.12元；4.路费、住宿费、生活费18000元；5.精神错乱费20000元。光正学校对此提出反诉申请，请求：1.杨某赔偿光正学校招聘成本合计9990元（招聘小组当日工资1860元，组织面试、考核以及签订劳动合同工作人员工资1560元，招聘考核小组及工作人员工作餐320元，董事会讨论录用成本3650元，招聘广告信息发布费用2600元）；2.杨某返还光正学校多付工资13035.8元；3.确认双方签订的劳动合同为无效合同。

【裁判结果】

仲裁裁决结果［案号：东劳人仲院案字（2013）282号］：

一、确认当事人的劳动关系于2013年1月22日已解除；二、确认双方于2012年10月9日签订的劳动合同无效；三、光正学校支付杨某违法解除劳动关系赔偿金5018.72元；四、驳回光正学校提出的其他申诉请求；五、驳回杨某提出的其他反诉请求。

一审判决结果 [案号:(2013)东一法民一初字第10599号]:

一、确认光正学校和杨某双方之间的劳务关系已解除;二、确认光正学校和杨某双方于2012年10月9日签订的劳动合同无效;三、光正学校应无须支付杨某违法解除劳动关系赔偿金5018.72元;四、驳回光正学校的其他诉讼请求;五、驳回杨某的诉讼请求。

关于双方的劳动关系是否有效

一审法院认为,根据杨某提供的身份证(身份证号码是42×××195412 10××16)和杨某应聘时向光正学校提供的身份证(身份证号码是42×××19631210××16),以及毕业证、职称证书、教师资格证书等证件显示杨某的出生年月情况,且杨某也确认其提交给光正学校的身份证、毕业证、职称证书、教师资格证书等证件上的出生年月存在"涂改"的情况,故杨某入职光正学校时隐瞒了其真实年龄,且两年龄之间的差距较大,使光正学校在招聘杨某时不能以杨某的真实情况为前提考虑杨某是否适合该工作,从而导致光正学校在违背自身真实意思的情况下与杨某订立劳动合同,杨某的行为存在过错,且已构成欺诈;根据《中华人民共和国劳动合同法》第二十六条的规定,应认定双方签订的劳动合同无效,对双方不具有约束力。

关于违法解除劳动合同的赔偿金

一审法院认为,虽然杨某入职光正学校时未满60周岁,杨某所提供的退休证在出生年月处亦存在瑕疵,但杨某自身确认该退休证的真实性且确认其每月领取退休金的情况,故根据《最高人民法院关于审理劳动争议案件适用法律若干问题的解释(三)》第七条的规定,双方之间的关系应当按劳务关系处理;双方之间并不存在劳动关系,杨某要求光正学校支付违法解除劳动关系赔偿金的诉讼请求,欠缺依据,不予支持;同理,对光正学校要求其无须支付杨某违法解除劳动关系赔偿金5018.72元的诉讼请求,予以支持。

关于招聘成本损失及返还多支付的工资

光正学校主张杨某应赔偿招聘成本,虽然杨某对双方之间所签订的劳动合同被确认无效存在过错,但光正学校提供的招聘评分表及评委的工资单不足以证明招聘成本的产生的具体情况,故不予以采纳光正学校的该主张。光正学校亦主张杨某应返还多支付的工资,虽然光正学校提供了教师薪酬发放方案,但杨某不予确认，且光正学校未提供证据证明发放杨某工资的具体项目情况，故亦不予采纳光正学校的该主张。

二审判决结果［案号:（2014）东中法民五终字第00958号］：驳回上诉，维持原判。

二审法院认为，《最高人民法院关于审理劳动争议案件适用法律若干问题的解释（三）》第七条规定，用人单位与招用的已经依法享受养老保险待遇或领取退休金的人员发生用工争议，向人民法院提起诉讼的，人民法院应当按劳务关系处理。杨某已经领取退休金，其为光正学校提供劳务，依法应按劳务关系处理。光正学校以建立劳动关系为目的、在杨某隐瞒真实年龄情况下，受欺诈与杨某签订劳动合同，依据《中华人民共和国劳动合同法》第二十六条的规定，双方签订的劳动合同无效。本案为劳务关系纠纷，不适用《中华人民共和国劳动合同法》及其他劳动法律、法规，杨某主张未签订劳动合同二倍工资差额及违法解除劳动关系赔偿金，缺乏依据，依法不予支持。杨某主张其他损失亦缺乏依据，依法不予支持。

【争议焦点解读】

劳动者以虚假身份入职用人单位的情况虽不常见，但由于该问题出现在双方建立劳动关系之初，直接涉及双方建立的劳动关系是否有效，也将影响双方基于劳动关系下的各种权益，如工资待遇、解除劳动合同的经济补偿等，故该问题还是应当引起劳资双方的重视。狭义的"劳动者以虚假身份入职用人单位"一般指劳动者提供虚假的身份证信息入职，广义的"劳动者以虚假身份入职用人单位"还包括劳动者提供虚假的学历证明、虚假的职称证明及其他虚假信息等情况。笔者就司法实践中比较常见的争议问题做了一番梳理，希望对劳资双方正确认识和解决该问题有所裨益。

一、关于双方建立的劳动关系是否有效的问题

事实上，《劳动合同法》在立法之初即对该问题作出了规定，《劳动合同法》第二十六条对劳动合同无效的情形作出了规定，其中包括"（一）以欺诈、胁迫的手段或者乘人之危，使对方在违背真实意思的情况下订立或者变更劳动合同

的"，劳动合同无效或部分无效，这是意思自治原则在劳动关系下的体现。实践中，因欺诈导致劳动合同无效的情形比较常见，本文中的案例即属于这种情况。"所谓'欺诈'是指一方当事人故意告知对方当事人虚假的情况，或者故意隐瞒真实的情况，诱使对方当事人做出错误的意思表示，并基于这种错误的认识而签订了劳动合同。"[①]故欺诈的核心要素是使得对方当事人基于错误的意思表示签订了劳动合同。

那么问题来了，是不是但凡一方当事人隐瞒了真实的情况或者告知了虚假的情况，就必然导致劳动合同无效呢？就拿劳动者来举例，以下几种情况下签订的劳动合同是否必然无效？

1. 劳动者提供了虚假的身份证信息，隐瞒了真实的年龄；
2. 劳动者提供了虚假的教育信息，隐瞒了真实的学历；
3. 劳动者提供了虚假的就职信息，隐瞒了真实的就业经历；
4. 劳动者提供了虚假的联系地址，联系地址本身不存在。

以上几种情况是否必然导致劳动合同无效，不能一概而论，得具体问题具体分析。笔者认为，判断的核心在于该虚假情况是否足以影响用人单位判断是否招录该劳动者，如果是，则笔者倾向于认为在这种情况下签订的劳动合同无效，否则劳动合同应当有效或者部分有效。

比如本文中的案例，虽然案例中没有交代用人单位的具体招聘信息，但从一审法院的认定来看，用人单位光正学校对招聘年龄应当是有一定要求的，而劳动者杨某入职光正学校时隐瞒了其真实年龄及已经办理退休手续的事实，且两年龄之间的差距较大（相差近10岁），使光正学校在招聘杨某时不能以其真实情况为前提考虑杨某是否适合该工作，从而导致光正学校在违背自身真实意思的情况下与杨某订立劳动合同。

笔者认为，年龄对于企业招聘劳动者应是比较重点考虑的因素，特别是企业在招聘信息中对年龄作出了限制，而劳动者为了获得应聘机会故意提供虚假的年龄信息，很明显构成欺诈。当然，并非一切隐瞒了真实年龄的情况均会导致劳动合同无效，比如劳动者提供的年龄信息相差不大，或者用人单位对于职位无年龄要求，此种情况下即便劳动者隐瞒了真实的年龄也不一定会导致劳

[①] 信春鹰、阚珂主编：《中华人民共和国劳动合同法（2012修正）释义》，法律出版社2013年版。

合同无效。

其他情形也一样，比如教育信息，如隐瞒的情况正是企业招聘要求中最基本的学历要求，则会影响劳动合同的效力，如果隐瞒的教育信息与企业是否招聘劳动者无关，比如如实告知了研究生学历，只是隐瞒了高中学历，则不会导致劳动合同无效。至于隐瞒联系地址的情况，笔者认为，该情况一般不会导致用人单位陷入错误的意思表示，故构成劳动合同无效的可能性较小。

因此，劳动者提供虚假信息需具体情况具体分析，只有达到导致用人单位陷入意思表示错误的情况，才会导致劳动合同无效。

二、劳动合同无效的法律后果

关于劳动合同无效的法律后果，与商事合同有所区别，根据《劳动合同法》第三十八条、第三十九条的规定，出现劳动合同无效的，用人单位和劳动者均可单方解除劳动合同。劳动合同既然无效，为何又可以解除呢？乍一看似乎存在悖论，实则该条文经过了立法者的慎重考虑，立法之初也曾引起过激烈的争论。

意思表示存在瑕疵的劳动合同的处理，学术界存在三种观点：绝对无效说、相对无效说和关系性契约说。从《劳动法》到《劳动合同法》的立法，三种观点出现过激烈的交锋。其中，《劳动法》采纳了绝对无效说，《劳动法》第十八条规定："下列劳动合同无效：（一）违反法律、行政法规的劳动合同；（二）采取欺诈、威胁等手段订立的劳动合同。无效的劳动合同，从订立的时候起，就没有法律约束力。确认劳动合同部分无效的，如果不影响其余部分的效力，其余部分仍然有效。劳动合同的无效，由劳动争议仲裁委员会或者人民法院确认。"绝对无效说忽略了劳动合同并非静态的，也非一时性合同，其背后是动态的劳动关系，且劳动关系具有人身依附性，劳动者一旦付出劳动，无法再恢复原状，用人单位也不可能返还劳动者付出的劳动，故在《劳动法》实施过程中，学界逐渐意识到绝对无效说过于僵化，无法解决劳动合同无效后如何恢复原状的问题。

在《劳动合同法》立法时，学界对于效力瑕疵的劳动合同引入弹性化的解决机制已经形成了普遍共识，至于采纳相对无效说还是关系性契约说尚存争议。《劳动合同法（草案）》曾经采纳相对无效说，《劳动合同法（草案）》曾将"存在重大误解的劳动合同或者显示公平"以及"用人单位乘人之危，使劳动者在违背真实意思的情况下"订立的劳动合同视为可撤销劳动合同，并对撤销权的除斥期间进行了规定。[1]虽然引入劳动合同可撤销制度解决了意思表示有瑕疵的劳动合同的效力分类问题，但仍然无法回避劳动合同被撤销后自始无效需要恢复原状的问题。

最终，立法者采纳了关系性契约说，关系性契约说认为书面合同加上事实劳动关系中发挥作用的诸多"交换规则者"，才是完整的劳动合同。因此，即便书面劳动合同存在瑕疵，对书面劳动合同的效力评价只是整个劳动合同的一部分，当事人依然可以参照其他"交换规则者"形成保护的事实劳动关系，而已经存在的事实劳动关系是可以解除的。[2]根据该理论，《劳动合同法》对无效劳动合同的处理作出了规定，即第三十八条和第三十九条的规定，赋予一方当事人以解除权。同时，《劳动合同法》第二十八条还规定："劳动合同被确认无效，劳动者已付出劳动的，用人单位应当向劳动者支付劳动报酬。劳动报酬的数额，参照本单位相同或者相近岗位劳动者的劳动报酬确定。"对已经存在的事实劳动关系解除后的安排作出了处理。

董保华教授还认为《劳动合同法》的表述不够严谨，容易引发人们对于"解除失效"还是"自始无效"的混乱，如果能够使用"解除劳动关系"的概念恐怕更为准确。[3]

三、用人单位能否主张赔偿损失

《劳动合同法》对此给出了肯定的答案，第八十六条规定："劳动合同依照本法第二十六条规定被确认无效，给对方造成损害的，有过错的一方应当承担赔偿责任。"本案案例中，单位在仲裁阶段提出了反诉，要求劳动者赔偿招聘损失以及返还多付的工资。

单位主张返还工资报酬，显然违背了《劳动合同法》第二十八条的规定，无法得到支持，最后仲裁委及法院均驳回了用人单位的诉求。

---

[1] 李干："我国无效劳动合同制度的历史观察与理论辨析——与王硕博士商榷"，载《北方法学》2016年第34卷第1期，第130页。

[2] 李干："我国无效劳动合同制度的历史观察与理论辨析——与王硕博士商榷"，载《北方法学》2016年第34卷第1期，第128页。

[3] 董保华著：《劳动合同立法的争鸣与思考》，上海人民出版社，2011年版，第496页，第499页，第509-510页。

实践中，用人单位的损失一般包括招聘损失、培训损失，还可能包括岗位空缺造成的损失。当然，用人单位必须提供充分的证据证明损失的存在，还需要举证证明该损失因劳动者过错导致。

【实务指引】

招聘录用环节与劳动关系履行和解除的环节相比，出现纠纷的概率是比较低的，但正如本文开头提出的，由于其直接涉及双方建立的劳动关系是否有效，也将影响双方基于劳动关系下的各种权益，故应当引起用人单位的重视。笔者结合用人单位在招聘录用环节的常见问题，提出以下建议：

一、重视招聘广告的内容，合法、科学设定招聘条件

通过本文案例，我们发现司法裁判机构在判断劳动者的不诚信行为是否足以导致用人单位产生意思表示错误的问题上，往往会结合用人单位的招聘广告进行判断，比如本案中用人单位很有可能对年龄有具体要求，而劳动者的欺诈行为正是在年龄方面，即其本来不符合招聘条件，通过欺骗的方式使用人单位误以为其符合条件而完成了招聘。

因此，现实中对于重点人才的招聘，用人单位应设置合法、科学的招聘条件，一方面不能违背法律的强行性规定，出现就业歧视的内容；另一方面要尽可能地对岗位所需的素质、技能作出详细列举，一旦发生纠纷，这些条件将成为判断劳动合同效力的重要因素。

二、合理设计入职登记表，重视招聘环节的资料审查

入职登记表是反映劳动者信息情况的载体，用人单位不能忽视，这些信息是后续判断劳动者是否存在欺诈等行为的基础。

关于入职登记表的内容，建议至少应包含以下方面的信息：劳动者的姓名、性别、身份证信息、通信信息、教育信息、过往就业经历信息、家庭成员信息，其他与职位相关的重要信息等。

此外，在劳动者入职时，企业人力资源部门工作人员还应当重视资料的审查，一方面应要求劳动者提供原件予以核对，另一方面还应要求劳动者在提供的复印件上签字。在审查资料时，还应尽到认真审查的义务，如劳动者的身份证照片与本人相差甚远而用人单位没有发现，则明显存在过错；再如劳动者的身份证号码与户口本号码不一致，用人单位没有发现，也会被认为存在过失。对于一些可以通过第三方平台验证的信息，如学历信息，应在入职时及时进行验证。

三、在入职文件中约定违背诚信义务的后果

如上所述，虽然《劳动合同法》对欺诈等行为的处理作出了规定，但并非全部的欺诈行为均会导致劳动合同无效，对一些对招聘录用不产生直接影响的欺诈行为，用人单位无法通过主张劳动合同无效得到救济。

事实上，通过在入职文件中约定劳动者的诚信义务，并对违背诚信义务的行为后果明确规定，可以解决这个问题。比如，很多用人单位在入职登记表的最后，通常会要求劳动者承诺，所提供的信息及资料真实有效，并不存在欺诈和隐瞒，否则将视为不符合录用条件或者严重违反规章制度，单位可无偿解除劳动合同。而一旦出现这种情况，用人单位可以选择以劳动者不符合录用条件，或者劳动者严重违反规章制度而解除劳动合同，无须选择不确定性比较大的劳动合同无效解除制度。

四、一旦发现可能导致劳动合同无效的情形，及时行使解除权

劳动关系是一个动态的关系，并非一份静态的书面合同，即便劳动者在入职之初存在因欺诈可能导致劳动合同无效的情形，但随着劳动合同的继续履行，这些因素对劳动关系的效力的作用往往也是变化的。比如，劳动者入职后用人单位对其表现给予了特别高的评价，说明用人单位对于该"真实存在"的劳动者是满意的，此时用人单位再主张劳动合同无效，可能也会存在比较大的障碍。

因此，建议用人单位在发现可能导致劳动合同无效的情形时，应综合判断双方的劳动关系是否还适合继续存续，并及时作出是否解除的决定，否则随着劳动合同存续时间的延长，解除将变得越来越困难，风险也将越来越大。

02 用人单位未与人事经理签订书面劳动合同，是否需要支付二倍工资？

【核心观点】

用人单位未与劳动者签订书面劳动合同需要支付劳动者二倍工资，但人事经理能否必然获得二倍工资，存有较大争议。目前司法实践中主要有两种不同观点，分别是不区分劳动者岗位职责统一支持二倍工资以及根据岗位职责内容视情况认定二倍工资责任。后一种观点认为，人事经理与普通劳动者不同，其工作职责负有督促向用人单位提出签订劳动合同的义务和责任的，不能因为自己的失职行为或不作为而获取更大的利益，但是，若人事经理的工作职责并不负有督促签订劳动合同以及失职或不作为情形的，用人单位仍应承担因未签订书面劳动合同支付二倍工资差额的法律后果。

【案情简介】

罗某于2013年7月15日入职广州市光美公司担任人事行政经理职务，双方约定试用期工资5000元/月，试用期满转正后工资6000元/月，上班通过指模打卡考勤。光美公司每月15日以银行转账方式发放工资给罗某，为罗某参加社会保险的时间是2013年9月至2014年6月。

罗某主张入职后就向光美公司人力资源总监张某提出签订劳动合同，光美公司与员工签订劳动合同的工作由该总监负责，但光美公司没有与罗某签订；光美公司安排罗某加班后，没有安排补休或支付加班费；因为光美公司没有与罗某签订书面劳动合同、发放加班费、依法缴纳社会保险，因此罗某提出解除劳动合同，光美公司应该支付罗某解除劳动关系的经济补偿。光美公司主张罗某入职以来一直负责人事行政工作，其负责包括劳动合同签订和保管工作，罗某作为人事经理，应当知道入职一个月内签订劳动合同，光美公司已经与罗某签订了劳动合同，但在罗某离职时合同遗失，否认有人力资源总监张某这个人；

光美公司的考勤制度由罗某制定并下发，要根据考勤记录和加班申请单作为加班依据。

经一审法院要求，光美公司未提交罗某2013年10月22日前的考勤记录，表示由于公司搬迁，之前数据已经丢失，罗某对此有异议，认为公司搬迁并不影响数据的保存等。另光美公司提交了罗某2013年7月至2014年6月的工资表，上述工资表无罗某签名，也无公司相关人员签名，罗某对上述工资表不予确认。再者，光美公司庭后出示的工资表与光美公司在原审庭审时出示的2014年3月工资表明显不同，该3月工资表上面有公司所有人员工资情况，显示罗某工资为标准薪资6000元，实际出勤天数为23.5天，下方有罗某签名、光美副总经理签名、光美财务部签名等，总部人力资源部签名处空白。罗某确认其在2014年3月工资表签名，但主张其在职期间的所有工资表都有其签名和人力资源部总监签名，该表因没有人力资源部总监的签名系作废的工资表。一审庭审时，光美公司确认罗某在职期间每月的工资表均系有罗某签名的。

罗某主张其在公司负责招聘、缴纳社保及工资核算，不负责劳动合同保管等事宜，光美公司则主张罗某全面负责公司的人事、行政事务，岗位职责包括考勤管理办法的制定，劳动合同的签订、保管，劳动争议的处理，员工社保、公积金事务的管理，行政后勤管理，公司重要的证照、固定资产、合同文件的保管，公司人员的招聘、薪资核算。光美公司提交了有罗某签名的借用公章等申请，主张罗某由于要办理劳动用工备案，办理社保登记、公积金单位登记开户等需借用公司公章，上述申请有罗某签名，罗某确认其在上面签名，但表示上述借用事宜与本案无关。

罗某于2014年8月1日向广州市劳动人事争议仲裁委员会申请劳动仲裁，要求：一、光美公司支付2013年7月15日至2014年6月27日加班费36249.34元（包括延长工作时间加班费25818.4元，休息日加班费10430.9元）；二、光美公司支付解除劳动合同经济补偿8804.29元；三、光美公司支付2013年7月15日至2014年6月27日未订立书面劳动合同的二倍工资96249.34元；四、光美公司依法为罗某出具解除劳动关系证明。

【裁判结果】

仲裁裁决结果[案号：穗天劳人仲案（2014）2870号]：

一、自裁决生效之日起五日内，光美公司向罗某出具解除劳动关系证明；二、驳回罗某其他仲裁请求。

一审判决结果[案号：（2014）穗天法民一初字第3248号]：

一、光美公司自判决发生法律效力之日起五日内，一次性支付罗某加班工资17995.69元；二、光美公司自判决发生法律效力之日起五日内，一次性支付罗某解除劳动关系经济补偿7272.34元；三、光美公司自判决发生法律效力之日起五日内，向罗某出具解除劳动关系证明；四、驳回罗某的其他诉讼请求。

关于未订立书面劳动合同的二倍工资问题

本案中，罗某工作岗位为人事行政经理，现根据该岗位的名称和罗某在职期间大量签名文件（加班申请单、借用公章办理劳动用工备案、社保登记、公积金登记等）可见，罗某的工作职责已经包括劳动用工备案、社保登记、公积金登记等，上述事宜与劳动合同的签订系有密切关联的，故一审法院综合审查上述证据材料，认定劳动合同的签订事宜应属于罗某的工作职责范围内，即使罗某确有上属领导，但由于罗某自身工作岗位的特殊性，罗某仍应对其本人签订劳动合同负有工作上的责任和义务。基于上述情形，对双方确未签订劳动合同一事，罗某存在一定过错，故罗某现主张未签劳动合同二倍工资差额，不予支持。

二审判决结果[案号：（2015）穗中法民一终字第6645号]：

一、维持一审判决；二、光美公司于二审判决发生法律效力之日起五日内，向罗某支付未订立书面劳动合同的二倍工资差额77754.31元。

关于未订立书面劳动合同的二倍工资差额问题

二审法院认为，《劳动合同法》第八十二条第一款规定："用人单位自用工之日起超过一个月不满一年未与劳动者订立书面劳动合同的，应当向劳动者每月支付二倍的工资。"光美公司主张已签订劳动合同，但由于罗某的过错导致其无法提交该合同。

经审查，首先，根据双方确认的罗某转正申请表显示，除罗某在管理中心人事行政部负责人一栏加盖意见外，还有总部人力资源部负责人加具的意见，因此二审法院认为罗某所称其并非人事管理负责人的抗辩有理。其次，综合考察罗某所在岗位及其薪酬水平，二审法院对光美公司所称由罗某全面负责该公司人事、行政事务，包括员工劳动合同签订及合同保管工作的理据不足，二审法院不予采信。最后，若光美公司所称罗某本人保管自己合同情况属实，光美公司的此项工作安排亦有违档案管理规定，由此造成其在本案中举证不能的后果应由其自行承担。鉴于光美公司不能证明已与罗某签订劳动合同，罗某主张光美公司支付未签订合同二倍工资符合法律规定，二审法院予以支持。

【争议焦点解读】

劳动合同是劳动者与用人单位确立劳动关系、明确双方劳动权利和义务的协议，是劳动关系存在的书面证明。我国《劳动法》和《劳动合同法》均强调了用人单位与劳动者签订书面劳动合同的义务。然而，现实生活中未签订书面劳动合同的原因是错综复杂的，其中既有用人单位为逃避法定义务而为之，也有劳动者失职或不作为所致。以本案为例，劳动者为人事经理，由于其岗位的特殊性，司法实践中对于该类人群是采取"一刀切"支持二倍工资，或是需要查明其负责的具体工作内容而定存在不同的意见。为此，笔者就本案中反映出的核心争议进行分析和总结，希望对劳资双方均有所裨益。

一、不区分劳动者岗位职责统一支持二倍工资

《劳动合同法》第十条第二款规定："已建立劳动关系，未同时订立书面劳动合同的，应当自用工之日起一个月内订立书面劳动合同"；第八十二条第一款规定："用人单位自用工之日起超过一个月不满一年未与劳动者订立书面劳动合同的，应当向劳动者每月支付二倍的工资。"另外，《劳动合同法实施条例》第五条规定："自用工之日起一个月内，经用人单位书面通知后，劳动者不与用人单位订立书面劳动合同的，用人单位应当书面通知劳动者终止劳动关系，无需向劳动者支付经济补偿，但是应当依法向劳动者支付其实际工作时间的劳动报酬。"第六条规定："用人单位自用工之日起超过一个月不满一年未与劳动者

订立书面劳动合同的，应当依照劳动合同法第八十二条的规定向劳动者每月支付两倍的工资，并与劳动者补订书面劳动合同……"

从上述条文的字面解释，在二倍工资问题上我国法律没有明确要对劳动者进行分类管理，没有将担任人事经理一职的劳动者排除在外。只要用人单位自用工之日起超过一个月不满一年未与劳动者订立劳动合同，就应当支付二倍工资。另外，通说认为《劳动合同法》规定二倍工资的目的是通过惩罚措施督促用人单位及时订立书面劳动合同，从而更好地保护劳动者的合法权益。这也为不区分岗位职责统一支持二倍工资的观点提供支撑。[①]

二、根据岗位职责内容视情况认定二倍工资责任

经查阅各地司法审判意见，笔者发现各地对该问题有不尽相同的看法，其中比较典型的如《北京市高级人民法院、北京市劳动争议仲裁委员会关于劳动争议案件法律适用问题研讨会会议纪要（二）》（京高法发〔2014〕220号）第三十一条规定："用人单位法定代表人、高管人员、人事管理部门负责人或主管人员未与用人单位订立书面劳动合同并依据《劳动合同法》第八十二条规定向用人单位主张二倍工资的，应否支持……用人单位高管人员依据《劳动合同法》第八十二条规定向用人单位主张二倍工资的，可予支持，但用人单位能够证明该高管人员职责范围包括管理订立劳动合同内容的除外。对有证据证明高管人员向用人单位提出签订劳动合同而被拒绝的，仍可支持高管人员的二倍工资请求。用人单位的人事管理部门负责人或主管人员依据《劳动合同法》第八十二条规定向用人单位主张二倍工资的，如用人单位能够证明订立劳动合同属于该人事管理部门负责人的工作职责，可不予支持。有证据证明人事管理部门负责人或主管人员向用人单位提出签订劳动合同，而用人单位予以拒绝的除外。"换言之，北京市辖区内的裁审机构原则上会支持劳动者二倍工资的诉求，同时也对此作出例外的规定，即把查明劳动者有管理或订立劳动合同职责的举证责任交由用人单位承担，如有证据证明则用人单位无须承担二倍工资的责任。

结合一审法院的分析，其不支持二倍工资的理由是人事经理与普通劳动者不同，罗某的工作职责就是代表公司与员工签订劳动合同，本身负有督促向用

---

① 详见《海林市兴家木业有限公司与马文学、于吉山、原审被告王守宾、刘丽敏劳动争议纠纷一案民事判决书》，案号为（2014）牡民终字第153号。

人单位提出签订劳动合同的义务和责任，现没有签订劳动合同，罗某不能因为自己的失职行为或不作为而获取更大的利益（对用人单位具有惩罚性质的二倍工资）。此外，也有法院进一步明确将是否存在履职过错的举证责任分配给劳动者，即假设劳动者不能证明不签订书面劳动合同的主要过错在于用人单位而不是自身过失的，不予支持二倍工资。[1]

行文至此，细心的读者会发现二审法院改判支持了二倍工资诉求。虽然二审法院同样就罗某的工作职责进行查明分析，但其改判支持二倍工资的理由可归纳为：一方面，二审法院查明了罗某的工作职责不包括督促用人单位签订劳动合同（或认为罗某负责全部人事管理工作的主张不合理）；另一方面，二审法院认为订立书面劳动合同的事实应由用人单位举证，现光美公司不能举证证明已经与罗某签订过书面劳动合同，故光美公司要承担举证不能的不利后果。

笔者倾向认为，采用区分法即根据岗位职责内容视情况认定二倍工资责任更能厘清事实，避免陷入机械适用法律的局面，也有利于维护裁审机构的威严和公信力。就二倍工资的举证责任分配问题，笔者认为应该区分不同情况组合使用：首先，有关劳动者工作职责的事实，原则上应由用人单位负责举证，这符合现阶段劳动争议纠纷的司法实践；其次，如查明劳动者的工作职责包括督促用人单位签订劳动合同等内容的，裁审机构可将是否存在履职过错的举证责任分配给劳动者，假设劳动者不能证明不签订书面劳动合同的主要过错在于用人单位，不宜支持二倍工资；最后，如查明劳动者的工作职责不包含督促用人单位签订劳动合同等内容的，裁审机构应把是否签订过书面劳动合同的举证责任分配给用人单位，若用人单位无法证明曾签订过书面劳动合同，应承担二倍工资后果。

【实务指引】

用人单位与劳动者签订书面劳动合同是法定的义务，在法律越来越注重强化规制劳动关系的背景下，用人单位应该更加顺应形势，加强对劳动合同的规

---

[1] 参见广州市中级人民法院微信公众文"被调岗、没签劳动合同，又双叒叕怪我咯？|广州劳动争议典型案件【三】"，网址 https://mp.weixin.qq.com/s?src=3&timestamp=1561175902&ver=1&signature=*B0upvtdTTYygBe3x2*VFWIsTSgcjH-bScgcuRjjSBHLdXPqqpIBdhCuAw4EEj72GvHjO1ymE9BrdcvSvX-6w*fikYafU2p20QF*JmBlD635ZDS*0k1X8oj0IE0UVJrYslxKgnyWyBYt6JAO2OnTbf1yS0CGRnpbNYy-orped2k=。

范管理，无论是用人单位的高级管理人员、人事经理，又或者是普通岗位的劳动者，均要加强对用人单位内部劳动合同签订情况的管理和监督机制。以下是笔者对用人单位规范劳动合同管理制度的建议，可供用人单位人力资源部门参考。

一、完善入职时签订劳动合同的制度

用人单位人力资源部门应当在劳动者入职时或者入职后要求劳动者签订书面的劳动合同，如果劳动者拒绝签订或者以其他借口推脱，则不予录用，加强与劳动者签订书面劳动合同的流程管理，形成完善的劳动合同签订制度，是效益最高、成本最低的防范制度，以此从源头上预防潜在的争议风险，降低风险控制成本。

二、对个别管理岗位建立入职管理特殊机制

对于用人单位的高级管理人员、人事经理等特殊管理人员，其本质上还是属于劳动者，与其他普通劳动者的入职管理存在共性，故用人单位仍有必要通过完善的入职管理制度实施管理，特别是需要通过书面形式确定该些管理人员的工作职责。另外，虽然法律法规并未对用人单位的高级管理人员以及负责劳动合同签订、管理的人事、行政人员签订劳动合同作出不同规定，但结合法律规定及一般的工作规则常识，这类人员不能代表用人单位与自己签订劳动合同。对于此类劳动者，其不能同时以用人单位代理人的身份授权自己与自己签订劳动合同，故笔者建议用人单位通过指定或授权单位内部其他部门或人员专门负责该类人员的劳动合同签订等入职管理工作。

三、查漏并及时补签劳动合同

《劳动合同法》第十条和第八十二条明确规定，用人单位和劳动者应当自用工之日起一个月内订立书面劳动合同，超过一个月未与劳动者订立书面劳动合同的应当支付二倍工资。另《劳动与社会保障部关于确立劳动关系有关事项的通知》第三条规定，用人单位与劳动者符合认定事实劳动关系情形的，用人单位应当与劳动者补签劳动合同，劳动合同期限由双方协商确定。由此可知，我国对逾期签订书面劳动合同持否定态度，一方面允许双方补签合同确定劳动关系，另一方面给用人单位设置逾期签订劳动合同的压力。因此，用人单位要做好内部书面劳动合同签订情况的彻查，将未签订书面劳动合同的历史遗留问题清查出来并及时补签。

四、固定劳动者拒签劳动合同的证据

结合上文分析，劳动者主张二倍工资时，用人单位要举证证明未签劳动合同是因为劳动者拒签，举证责任在用人单位。如因劳动者特殊原因无法及时与用人单位签订书面劳动合同，为固定相关证据，一方面建议用人单位要求劳动者出具书面声明，确认其未与用人单位签订书面劳动合同是劳动者自身的原因；另一方面如劳动者不予配合，用人单位应当按照《劳动合同法实施条例》第五条、第六条、第七条的规定，及时书面通知劳动者签订劳动合同，并保存证据，避免后续因证据不足面临不利后果。

五、加强劳动纪律管理及时结束劳动关系

根据《劳动合同法实施条例》第五条、第六条、第七条规定，笔者归纳出该些法条的结论：（1）用人单位在一个月内终止劳动关系的，既不需要支付二倍工资，也不需要支付经济补偿；（2）用人单位在一年内终止劳动关系的，既要支付二倍工资，也要支付经济补偿；（3）用人单位在超出一年终止劳动关系的，在法定时效内既要支付二倍工资，也要承担违法解除劳动合同的责任，即赔偿金或者继续履行劳动合同，且劳动合同视为无固定期限劳动合同。

为此，笔者建议，用人单位对拒绝签订书面劳动合同的劳动者，可以先书面通知劳动者及时签订劳动合同，做好证据固定工作。假设劳动者在规定时间内仍然不与用人单位签订书面劳动合同，则用人单位应在实际用工之日起一个月内及时终止劳动关系，以防范可能发生的二倍工资、经济补偿或赔偿金等争议纠纷。

03 劳动合同约定违约金是否有效？

【核心观点】

我国《劳动法》及《劳动合同法》等法律法规均未明确禁止用人单位与劳动者约定由用人单位承担法律规定范围之外的违约金，且法律亦未禁止用人单

位给予劳动者更高的补偿，故劳动合同中约定法律规定以外的违约金条款并不当然无效，由用人单位承担违约金责任的约定具有法律约束力。

【案情简介】

2008年1月3日，王某与鹏博士电信传媒集团股份有限公司（以下简称传媒公司）签订劳动合同，约定合同双方除因协商一致、员工不能胜任工作、客观情况发生重大变化的原因解除合同外，传媒公司在劳动合同期内提前解除劳动合同的，传媒公司应当向王某支付违约金，违约金的标准为劳动合同约定的乙方三年税后年薪的总和，并按《劳动法》及《劳动合同法》的规定支付经济补偿。

2009年1月20日，传媒公司书面通知王某免去其常务副总经理职务。2009年2月2日，传媒公司向王某发出《有关王某同志调岗调薪的说明》，通知王某于2009年2月2日到人力资源管理中心报到，岗位调整为业务调研员，自2009年1月8日薪资调整为每月1万元。

2009年4月20日，王某向北京市朝阳区劳动人事争议仲裁委员会（以下简称朝阳仲裁委）申请仲裁，要求确认传媒公司调岗调薪决定无效，传媒公司支付其工资差额。朝阳仲裁委作出裁决后，传媒公司不服，诉至法院。经过一次案件发回重审后，2013年3月北京市朝阳区人民法院重新作出一审判决：1.确认传媒公司于2009年2月2日作出的《有关王某同志调岗调薪的说明》中关于调整王某职务为业务调研员的决定有效，关于降低王某工资的决定无效；2.传媒公司支付王某2008年12月工资33.7万元；3.传媒公司支付王某2009年1月至4月工资差额124.26万元。双方均不服，提起上诉。2013年6月26日，北京市第二中级人民法院作出判决，认定在王某无任何过错的情况下，传媒公司因工作岗位变动予以调整为由大幅降低王某薪酬，依据不足，该决定无效，终审判决驳回上诉，维持原判。

2009年4月24日，传媒公司作出《解除劳动合同通知书》，与王某解除劳动合同。2009年8月5日，王某以相同的请求再次向朝阳仲裁委申请仲裁。

【裁判结果】

仲裁裁决结果[案号：京朝劳仲字（2009）第11921号]：

一、传媒公司支付王某解除劳动合同的经济补偿16767元；二、传媒公司支付王某补偿费393.6万元；三、传媒公司支付王某违约金1200万元；四、驳回王某的其他仲裁请求。

一审判决结果[案号：(2014)朝民初字第43794号]：

一、传媒公司于本判决生效之日起七日内支付王某补偿费393.6万元；二、传媒公司于本判决生效之日起七日内支付王某违约金1200万元；三、传媒公司于本判决生效之日起七日内支付王某解除劳动合同的经济补偿16767元；四、驳回王某的其他诉讼请求；五、驳回传媒公司的诉讼请求。

关于劳动合同是否违法解除

一审法院认为：因用人单位作出的解除劳动合同决定而发生的劳动争议，用人单位负举证责任，传媒公司主张王某被调整为业务调研员岗位后消极怠工，不胜任工作，但对此未提交有效证据予以证明，故传媒公司于2009年4月24日以"工作表现无法满足岗位需要"为由与王某解除劳动关系，缺乏事实及法律依据，一审法院认定系违法解除。

用人单位是否需要支付经济补偿及违约金

一审法院认为：劳动合同依法订立即具有法律约束力，用人单位与劳动者应当全面履行各自的义务。本案中，王某提交的《工作意向书》《补充劳动合同》和《股票期权协议书》中落款甲方处均盖有传媒公司的合同专用印章，且均显示有其法定代表人的手写签名，该特征与传媒公司认可真实性的《劳动合同》完全一致，在传媒公司未能提交反证推翻前述3份协议真实性的情况下，一审法院对其否认签订过该3份协议的主张不予采信，认定双方签订的涉案4份协议为双方真实意思表示，不违反法律的强制性规定，合法有效。

根据《补充劳动合同》中"为补偿乙方从原工作单位离职的损失，甲方同意在本合同签订之日起3年内向乙方一次性或分次支付共计393.6万元作为补偿，如劳动合同因任何原因提前解除或终止的，甲方应在合同终止或解除时向乙方一次性支付全部尚未支付的补偿款项"的约定，在双方的劳动合同关系已经解除的情形下，朝阳仲裁委裁决传媒公司一次性支付王某补偿费393.6万元，于法有据，一审法院不持异议。

传媒公司单方违法解除与王某的劳动合同，符合《补充劳动合同》第四条"违反和解除劳动合同的经济补偿"中"4.约定合同双方除本条第1、2、3项规定的解除合同的情形外，甲方在劳动合同期内提前解除劳动合同的，甲方应当向劳动者支付违约金，违约金的标准为本协议约定的乙方3年税后年薪的总和，并按《劳动法》及《劳动合同法》的规定支付经济补偿金"约定的情形，朝阳仲裁委裁决传媒公司支付王某违约金和经济补偿并无不妥，一审法院亦不持异议。[①]

二审判决结果[案号:(2016)京03民终2273号]：
驳回上诉，维持原判。

二审法院认为，当事人对自己的主张有责任提供证据证明。传媒公司于2009年4月24日以"工作表现无法满足岗位需要"为由与王某解除劳动关系，传媒公司未就其作出解除劳动关系的理由提供事实依据，故一审法院认定传媒公司系违法解除劳动关系，并无不当。

传媒公司认可其与王某签订的《劳动合同》，现王某提交的《补充劳动合同》中加盖的传媒公司的合同专用印章及其法定代表人的手写签名，与《劳动合同》上显示的一致，故《补充劳动合同》亦为双方真实意思表示，合法有效。《补充劳动合同》约定："为补偿乙方从原工作单位离职的损失，甲方同意在本合同签订之日起3年内向乙方一次性或分次支付共计393.6万元作为补偿，如劳动合同因任何原因提前解除或终止的，甲方应在合同终止或解除时向乙方一次性支付全部尚未支付的补偿款项"，现双方劳动合同关系已经解除，王某据此要求传

[①]《补充劳动合同》第四条"违反和解除劳动合同的经济补偿"内容还包括：1.经劳动合同当事人协商一致，由甲方解除劳动合同的，甲方需向乙方支付截止到乙方劳动合同到期之日的薪资，同时根据乙方在本单位工作年限，工作时间每满一年支付相当于一个月薪资的经济补偿；2.乙方不能胜任工作，经过培训或者调整工作岗位仍不能胜任工作，由甲方解除劳动合同的，甲方需向乙方支付截止到乙方劳动合同到期之日的薪资，同时根据乙方在本单位工作年限，工作时间每满一年支付相当于一个月薪资的经济补偿；3.劳动合同订立时所依据的客观情况发生重大变化，致使已签订的合同无法履行，经当事人协商不能达成协议，由甲方解除合同的，甲方需向乙方支付截止到乙方劳动合同到期之日的薪资，同时根据乙方在本单位工作年限，工作时间每满一年支付相当于一个月薪资的经济补偿。

媒公司支付补偿费 393.6 万元，理由正当。《补充劳动合同》约定："甲方在劳动合同期内提前解除劳动合同的，甲方应当向劳动者支付违约金，违约金的标准为本协议约定的乙方三年税后年薪的总和，并按《劳动法》及《劳动合同法》的规定支付经济补偿金。"现传媒公司系违法解除劳动关系，故其应依据约定支付王某违约金 1200 万元和经济补偿 16767 元。

【争议焦点解读】

一、劳动合同约定违约金的效力认定

关于劳动合同的违约金，按照承担违约责任的主体可分为劳动者承担的违约金以及用人单位承担的法律规定之外的违约金。对于劳动者承担的违约金，我国《劳动合同法》第二十五条已作出严格限制，除该法定情形外用人单位不得再约定由劳动者承担违约金责任，即便劳动者同意该约定也因违反法律效力性强制规定而无效。鉴于该类违约金的效力情形相关规定及司法实践已形成较为统一的意见，且并非本案争议焦点，故笔者将着重就用人单位承担法律规定之外的违约金效力认定展开论述。

重新审视目前劳动立法的现状，笔者并未发现我国在立法层面对劳动合同中约定用人单位承担违约责任（违约金）的效力认定问题进行明确规定。关于该种情形下约定的违约金条款是否有效，学理上存在两种观点：一种观点认为，劳动法律关系中有关违约金条款应遵循违约金法定原则，即除《劳动合同法》第二十二条和第二十三条所规定的情形外所设定的违约金条款一律无效；另一种观点认为，对于用人单位与劳动者约定由用人单位承担违约金的条款，既然法律未明确进行立法干预，且不存在以缔约优势侵犯相对方利益的风险，该约定不损害劳动者的利益，应可以适用双方当事人意思自治的合同法理念，认定合同条款有效。因此，从理论上存在双重补偿金的可能，即用人单位在支付了法定解除补偿金之外，仍应按照双方合同约定承担约定补偿。本案法院采用了第二种观点，认定该条款有效并可以同时适用。

二、法院是否具有对违约金数额酌情调整的自由裁量权

关于违约金的调整，学理上存在补偿性违约金和惩罚性违约金性质认定的问题。对此，主流观点采纳的是惩罚性违约金理论。本案中，传媒公司在已经

支付王某经济补偿外，还按约定支付1200万元的违约金，对此，笔者倾向认为，综合考虑王某入职时间、工作岗位及工资标准等因素，该违约金数额明显高于补偿性违约金的范畴，故该1200万元应该视为惩罚性违约金。另外，有学者认为劳动关系和民事关系永远无法截然分离，《劳动合同法》仅仅是从劳动者保护的角度设置了特殊规则，不能完全排除《合同法》适用的可能性。为此，这就存在适用《合同法》条款对违约金进行酌减的自由裁量空间。[①] 然而，笔者注意到本案从劳动仲裁到二审阶段，裁审机构均足额支持王某1200万元违约金的诉求，而法院支持的理由是基于双方事先已有明确约定。笔者不排除法院可能认为该1200万元违约金属于补偿性违约金或传媒公司没有主动提出调减违约金的抗辩等因素有关。换言之，司法实践中法官可能存在运用自由裁量权酌情调减违约金数额的可能性，但不同地区可能对该类违约金约定存在不同的处理结果。

三、违约金、经济补偿和赔偿金能否同时获得支持

相信细心的读者会发现，本案法院支持了支付违约金和经济补偿的诉求，却对违法解除劳动合同的赔偿金不予支持。结合法院的说理，我们不难归纳出该案的裁判思路，即双方有约定的从约定，没有约定的则法官会基于自由裁量权作出取舍。结合上文分析，由于违约金、经济补偿和赔偿金的适用条件不尽相同，违约金更多是基于约定条件实现，经济补偿和赔偿金适用条件法定，故在劳动争议纠纷案件中违约金与经济补偿或赔偿金可同时获得支持，但经济补偿与赔偿金两者则不可能同时得到支持。

【实务指引】

21世纪是人才竞争的年代，"求贤若渴"已是许多企业或HR的现实处境。因此，不少企业不惜投入巨大成本或承诺，例如支付高额补偿款、股权激励甚至给企业自身约定巨额的违约金，希望找到心目中的"伯乐""千里马"。在笔者看来，用人单位上述做法无可厚非，但在给出承诺时也要量力而行，同时也要有契约精神，不要抱有侥幸心态试图通过各种手段逃避违约责任。具体而言，

---

① 参见沈建峰："'裁判疏义'违约金，用人单位准备好了吗？|原创（001）"，https:// mp.weixin.qq.com/s?src=3&timestamp=1559897287&ver=1&signature=LZYMPhzeDDB80r8jzoiPi1yO 0uPlNGDrElYNLhQwxj4VfhGVIRe7mnRRKMsJCHULRI7i2BRWZ5bF8zHMKqt0*wul-4FuqZN5aetj-dPk9kRY24tl5GazJhJBDKZwASZi*w-TocXxhN3IshQ6tcZ1yDg==。

用人单位对高级管理人员可从以下若干方面加强与规范管理：

其一，用人单位应针对高级管理人员的职位、权限等具体权利义务，制定详尽具体的绩效考核奖惩体系、考勤管理机制、权限约束机制、日常管理与沟通汇报制度、解雇条件与程序等内容。

其二，由于高级管理人员属于特定的群体，为了便于用人单位的长远发展和长期管理，应将对高级管理人员的管理形成科学完备的管理体系，制定一套内容规范、逻辑严密、程序合法、管理高效的规章制度，建立对高级管理人员管理的长效机制，培育用人单位的核心企业文化，与员工建立共同的价值理念。

其三，用人单位还可以制定完备的考核机制，利用绩效奖金、业绩考核等方式对高级管理人员的工作成果和工作积极性进行考评与调节，实现管理手段与管理水平的不断提升。通过人性化的人力资源管理，为高级管理人员提供更广阔的发展平台，推动企业的可持续发展，实现劳资关系的和谐稳定发展。

04 录用通知书等书面文件能否替代劳动合同？

【核心观点】

《劳动合同法》规定用人单位应当及时与劳动者签订书面劳动合同，否则从劳动者在用人单位工作的第二个月起至第十二个月止，用人单位需要向劳动者支付未签订劳动合同的二倍工资。二倍工资是对用人单位违反法律规定的惩戒。如用人单位与劳动者未订立书面劳动合同，但双方之间签署的录用通知书等书面文件的内容已经具备劳动合同的要件，明确了双方的劳动关系和权利义务，具有了书面劳动合同的性质，则该书面文件可视为双方的书面劳动合同，劳动者提出的二倍工资诉求不应予以支持。

【案情简介】

2011 年 6 月 30 日，单某与泛太物流公司（以下简称物流公司）建立劳动关系，担任物流公司人力行政部员工。2011年7月29日单某无故未返回物流公司工作，同年8月17日单某通过电子邮件的方式向物流公司提出辞职。

单某主张物流公司与自己存在事实劳动关系，但并未与自己签订书面劳动合同，随后，其以该公司未与其订立劳动合同为由向北京市海淀区劳动人事争议仲裁委员会提出仲裁请求，请求确认其与物流公司于2011年6月30日至2011年8月30日存在劳动关系，请求公司向其支付2011年7月30日至2011年8月17日未订立劳动合同的二倍工资差额。单某同时提交了《员工录用审批表》、工资发放流水等作为证据。

物流公司主张：公司已经与单某签订了为期3年的劳动合同，但被单某利用职务便利带走，对此物流公司提供了单某的《工作职责》为证，上述材料载明："2011年7月7日经理分配给我的工作如下：员工投诉……；员工档案管理：档案转我处后，审表格、审手续……"且上述内容下方有单某签字。同时物流公司出具了与《劳动合同》一起存放在档案袋中的《员工录用审批表》等原件，主张公司不应支付未签劳动合同的二倍工资差额。公司提供的《员工录用审批表》载明：姓名：单某、性别：女、部门：人力行政部、工作地点：北京……；聘用期限自2011年7月1日起至2014年7月1日止共三年，试用期自2011年7月1日起至2011年9月30日止，共三月；试用期待遇：基本工资1500元、岗位工资1500元、各项补贴500元、加班工资500元，合计4000元；转正后待遇：……，合计5000元；审批表下方"人力资源部意见"以及"总经理批示"栏分别由相关负责人及法定代表人签字。

【裁判结果】

一审判决结果[案号：(2012)海民初字第380号]：

一、确认2011年6月30日至2011年8月30日单某与物流公司存在劳动关系；二、物流公司无须支付单某2011年7月30日至2011年8月17日未订立书面劳动合同二倍工资差额；三、驳回单某的其他诉讼请求。

一审法院经审理认为，本案的争议焦点是：双方是否签订劳动合同或《员工录用审批表》能否作为劳动合同。

一审法院认为：依据物流公司提供的《工作职责》的内容，单某负责公司员工的档案管理工作，其虽否认负责上述工作，且否认《工作职责》中自己签字的真实性，但经一审法院释明，其未申请对上述签字的真伪进行鉴定，亦未提供相反的证据支持自己的主张，一审法院对该证据予以采信。但仅凭借单某负责保管档案以及其持有部分物流公司文件的事实并不足以证实物流公司曾与单某签订有书面劳动合同书。反而，单某持有的《员工录用审批表》中明确约定了其工作部门、工作地点、聘用期限、试用期、工资待遇等，并附有物流公司法定代表人苏某某的签字，上述审批表内容已经具备劳动合同的要件，特别是上述《员工录用审批表》现由单某持有并由其作为证据提供，即其认可上述审批表的内容，因此一审法院认为该审批表具有劳动合同的性质。单某要求物流公司支付2011年7月30日至2011年8月17日未签订劳动合同的二倍工资差额，其中2011年7月30日至2011年8月17日系包含在上述审批表所载明的合同期限内，由于该审批表具有劳动合同性质，故物流公司无须支付上述期间二倍工资差额。

综上，对物流公司提出的无须支付未签订劳动合同的二倍工资差额的主张，法院予以支持。

二审判决结果［案号:（2012）一中民终字5664号］:

驳回上诉，维持原判。

二审法院认为：由于双方均认可单某填写的《员工录用审批表》，且该表为单某持有并将其作为证据提供，所以，该案争议的焦点为该《员工录用审批表》能否视为双方的书面劳动合同。对此，二审法院认为应结合《劳动合同法》未签订书面劳动合同予以二倍工资惩罚的立法目的予以分析。

一方面，《劳动合同法》第八十二条针对实践中劳动合同签订率低以及《劳动法》第十六条仅规定"建立劳动关系应当订立劳动合同"而没有规定违法后果的立法缺陷，增设了二倍工资的惩罚，该第二倍差额的性质并非劳动者的劳动所得，实际上是对用人单位违反法律规定的一种惩戒，而非劳动者可以从中谋取超出劳动报酬的额外利益。

另一方面，结合单某持有的《员工录用审批表》分析，该表已基本实现了书面劳动合同的功能。表中明确约定了单某工作部门、工作地点、聘用期限、试用期、工资待遇等，并附有物流公司法定代表人苏某某的签字，该审批表内容已经具备劳动合同的要件，能够既明确双方的劳动关系又固定了双方的权利义务，实现了书面劳动合同的功能。一审法院认定该审批表具有劳动合同的性质、驳回单某要求物流公司支付二倍工资差额的诉讼请求正确，二审法院予以确认，故不支持单某的上诉请求。

【争议焦点解读】

本案争议焦点主要在于如何认定《员工录用审批表》的效力，其是否具有劳动合同的性质。司法实践中认为公司发出的《员工录用审批表》明确了劳动者工作岗位、薪资报酬、合同期限、工资标准及国家规定享受的福利待遇等内容，已具备了劳动合同的基本要件，亦基本实现劳动合同之功能，双方也应按该约定实际履行。《劳动合同法》规定建立劳动关系，应订立书面劳动合同，是因为书面形式更有据可查，使双方约定的各项权利义务能全面履行，更有利地保护劳动者的合法权益；并且《劳动合同法》规定未签订劳动合同予以二倍工资惩罚的立法目的，在于提高书面劳动合同的签订率，明晰劳动关系中的权利义务，而非让劳动者从中谋取超出劳动报酬的额外利益。

本案中，物流公司虽无法提供标题含有"劳动合同"或"劳动协议"等明确是劳动合同的书面文件，但根据《员工录用审批表》，可以知晓双方各项权利义务及应如何履行，因此法院认可该《员工录用审批表》具备劳动合同的性质，公司无须支付未签订劳动合同的二倍工资差额。

但是在司法实践中，录用通知书等书面文件如果具备劳动合同必备条款能否代替劳动合同，该问题存在一定的争议，主要有三种观点：

第一种观点认为，录用通知书等书面文件不能代替劳动合同，只要是未签订书面劳动合同的，即应当向劳动者支付二倍工资的差额。依据《劳动合同法》的规定，用人单位与劳动者建立劳动关系，需要签订劳动合同，签订劳动合同有利于保障劳动者的合法利益，用人单位的录用通知书等书面文件不能代替劳动合同。持该观点的理由包括：

1.依据《劳动合同法》的规定，建立劳动关系时，用人单位需要签订劳动合同，而录用劳动者的通知书等书面文件，不能作为用人单位与劳动者建立劳动关系的凭证。

2. 录用通知书等书面文件是用人单位对劳动者录用的证明，系用人单位单方意思表示，但劳动者收到录用通知书之后有权选择是否同意与此用人单位建立劳动关系，录用通知书等书面文件并不能证明劳动者当时的意愿，所以此类文件不能作为劳动合同，劳动合同应是双方自愿签订的。

第二种观点认为，只要录用通知书等书面文件具备《劳动合同法》第十七条规定的必备条款，且该录用通知书等书面文件已经用人单位和劳动者书面确认，即可视为双方签订了劳动合同，用人单位无须支付二倍工资差额。

第三种观点认为，录用通知书等书面文件虽然不具备《劳动合同法》第十七条规定的必备条款，但如果录用通知书等书面文件中约定了合同期间、工作岗位、工资标准等劳动合同的基本条款，且已经用人单位和劳动者书面确认，该录用通知书可替代书面劳动合同。

笔者同意第三种观点。录用通知书等书面文件的法律效力在我国《劳动法》和《劳动合同法》中没有明确规定，但它在劳动关系的缔结过程中起着十分重要的作用，其法律性质属于我国《合同法》中规定的"要约"。对于用人单位来说，一经发出到达劳动者后即生效，用人单位不得撤销；对于劳动者来说，收到录用通知书等书面文件，可以选择承诺或放弃，一旦选择承诺，双方合同即告成立。

公司发出的录用通知书等书面文件含有录用的意思表示，且具备劳动合同期限、劳动报酬、工作岗位、月薪标准等劳动合同必备要素，并对相关内容进行了约定，已经用人单位和劳动者书面确认，在劳动合同期限内双方亦按约定实际履行，在此种情况下，录用通知书等书面文件应认定为双方经协商后的真实意思表示，因此应视为双方已经签订了劳动合同。

虽然本案为《最高人民法院公报》公布的案例，但是具备劳动合同必备要素的录用通知书等书面文件能否代替劳动合同，各地的司法实践并不一致，存在较大的争议。因此，我们建议企业在与劳动者建立劳动关系之后应当尽快签订劳动合同。

【实务指引】

劳动合同的签订虽然只是企业人力资源管理中非常小的一环，但越来越受到企业的重视。笔者结合多年人力资源法律服务的经验，针对劳动合同的签订提出以下几点建议，希望对企业有所帮助。

一、警惕一个月宽限期的"美丽陷阱"

《劳动合同法》第十条规定："……已建立劳动关系，未同时订立书面劳动合同的，应当自用工之日起一个月内订立书面劳动合同……"虽然该规定给予了用人单位订立劳动合同一个月的宽限期，且不少用人单位为此暗自欣喜，希望在与劳动者建立劳动关系时能充分利用该宽限期的规定。如果在宽限期内觉得劳动者合适就订立书面劳动合同，如果觉得不合适就不订立书面劳动合同而直接辞退。殊不知，该一个月的宽限期其实是一个"美丽的陷阱"，用人单位一旦使用，将面临较大的法律风险。原因在于，劳动关系从实际用工之日起即开始建立，公司如果没有法定的单方解除劳动合同事由，解除的即便是尚未订立书面劳动合同的劳动者，依然必须按照《劳动合同法》的规定支付赔偿金。

事实上，该一个月的宽限期转瞬即逝，一旦双方过了此期间仍未订立书面劳动合同，则用人单位将面临支付二倍工资差额的法律风险，除非用人单位有证据证明是由于劳动者拒不签订，并且用人单位在一个月内将劳动合同的终止通知送达劳动者。

二、及时补签劳动合同

用人单位与劳动者建立劳动关系后，未依法订立书面劳动合同的，在劳动关系存续一定时间后，可以与劳动者在签订劳动合同时将日期补签到实际用工之日，视为用人单位与劳动者达成合意，在这种情况下劳动者再向用人单位主张二倍工资差额在司法实践中就很难得到支持，但劳动者有证据证明补签劳动合同并非其真实意思表示的除外。

需要注意的是，如果用人单位与劳动者虽然补签劳动合同，但未补签到实际用工之日的，对实际用工之日与补签之日间相差的时间，依法扣除一个月订立书面劳动合同的宽限期，劳动者主张未订立劳动合同二倍工资的可以支持。

因此，如果用人单位发现，已经超过一个月的宽限期仍然没有与劳动者签订劳动合同的，为了避免支付二倍工资差额，用人单位应当及时跟劳动者补签劳动合同，日期补签到实际用工之日。

三、在劳动合同中约定续延免责

为了避免劳动合同到期后没有及时与劳动者续签劳动合同产生二倍工资的支付义务，用人单位可以与劳动者在劳动合同中约定劳动合同到期续延，即双方在劳动合同中约定劳动合同到期后没有续签新的劳动合同，劳动者仍继续工作，双方均未提出解除或终止劳动合同时，属于双方意思表示一致续延劳动合同，可视为双方订立一份与原劳动合同内容和期限相同的合同。在这种情况下，用人单位在劳动合同到期后未及时与劳动者续签劳动合同，劳动者主张未签订劳动合同的二倍工资差额可能不会得到支持。但是劳动合同约定续延条款是否一定能规避未签劳动合同的二倍工资的风险，在司法实践中存在一定的争议，各地做法不一致。因此，为了从根本上规避支付未签劳动合同的二倍工资风险，建议企业在与劳动者建立劳动关系当月及时签订劳动合同。

05 员工试用期考核不达标，用人单位能否延长试用期？

【核心观点】

劳动者与用人单位签订劳动合同约定了试用期，劳动者在试用期内出现不能胜任工作岗位的情况，经劳动者申请，用人单位同意对试用期进行延长，延长的试用期并未超过法律规定劳动合同期限所对应的试用期最长期限，应视为双方同意对试用期进行了延长，劳动者主张不得延长试用期没有依据。

【案情简介】

一、劳动关系情况：刘某与深圳市市场和质量监督管理委员会（以下简称深圳市质监委）成立劳动关系。用工单位为深圳市市场和质量监督管理委员会福田市场监督管理局（以下简称深圳市质监委福田监管局）。

二、入职时间：2015 年 3 月 12 日。

三、岗位：注册科。

四、合同签订情况：刘某与深圳市质监委之间签订有劳动合同，期限为2015年3月12日至2018年3月12日，试用期三个月，后延长到六个月。

五、劳动合同解除情况：刘某认为系违法解除。深圳市质监委则称已于2015年12月29日当面送达解除通知给刘某，解除原因为在劳动合同约定的试用期内不胜任岗位，经过刘某的请求给予其延长试用期，但仍不适合调整后的工作岗位，基于劳动合同及《劳动合同法》相关规定，在给刘某多发一个月工资的情况下，解除了双方之间的劳动关系。刘某不胜任工作岗位的表现为：1.工作错误较多，不适合登记受理岗位；2.工作效率低下，受理量太少；3.出勤率低，迟到情况严重；4.民主测评不合格，不合格率77%；5.注册科对刘某前两个月的总结以及刘某自己承认工作上的问题。调整岗位后不胜任岗位的表现为：1.经过几次考试成绩较低，刘某自己要求注册业务实操测试，仅仅得17分；2.病假较多、迟到严重、出勤率低；3.第二次民主测评不合格率为53%；4.注册科对刘某的考核鉴定。提交刘某受理错误情况记录表、民主测评结果、刘某在试用期间工作总结与自我批评、业务能力测试、考勤情况统计表等以证明其主张。经查，在受理错误情况记录表中，经刘某确认的错误情况记录分别为流水号83249699、83089506、83299226、83343761、83329241、83326643、83359479、83290430共计8条记录。第一次民主测评，不合格票数17票（全部测评人数22人），不合格率77%。第二次民主测评，不合格票数9票（全部测评人数17人），不合格率53%。在刘某签名确认的《雇员试用工作总结与自我批评》中表示："鉴于个人存在一定家庭负担，面对社会求生艰难，恳请领导给予我改过自新，重新开始工作的机会……"等内容；注册业务实操测试成绩为17分，登记改革测试成绩66分，登记业务理论知识测试60分，经刘某确认真实性的考勤情况统计表显示迟到情况较为严重。

六、仲裁请求：继续履行劳动合同。

【裁判结果】

一审判决结果［案号：（2016）粤0304民初13120号］：
驳回劳动者的诉讼请求。

一审法院认为，根据相关法律法规规定，劳动者在试用期内被证明不符合录用条件或试用期满考核不合格的，用人单位可以单方解除劳动合同。在本案中，双方之间的试用期原为 2015 年 3 月 12 日至 2015 年 6 月 12 日，后延长至 2015 年 9 月 12 日。根据提交的证据显示，在上述试用期间内，且经过调整岗位的合理措施后，刘某确实仍存在不符合录用条件以及考核不合格的事实。解除双方之间的劳动合同，有事实和法律依据，属于单位用工自主权的表现，行为合法。刘某请求继续履行合同，于法无据，不予支持。

二审判决结果〔案号：（2017）粤 03 民终 3849 号〕：
驳回上诉，维持原判。

刘某上诉主张其并未同意延长试用期，且深圳市质监委认为其试用期考核不合格无事实依据，解除与其劳动合同属于违法解除。对此，二审法院认为，根据刘某确认的《雇员试用期间工作总结与自我批评中》中的表述，刘某有申请延长试用期的意思表示。在一审庭审中，刘某对试用期由三个月延长至六个月的事实亦予以认可，且该试用期并不违反相关法律法规中关于三年以上固定期限劳动合同试用期最长不超过六个月的规定，故刘某关于其并未同意延长试用期的主张，二审法院不予采信。根据《深圳市机关事业单位雇员管理试行办法》相关规定及劳动合同的约定，雇员在试用期内被证明不符合录用条件或试用期满考核不合格的，用人单位可以解除合同。

二审法院认为，深圳市质监委及深圳市质监委福田监管局提交的一系列证据，可以形成证据链，证明刘某试用期满考核不合格的事实，深圳市质监委解除与刘某的劳动合同有事实和法律依据，刘某上诉主张深圳市质监委违法解除劳动合同，要求继续履行劳动合同，不予支持。

【争议焦点解读】

关于试用期能否延长的问题，法律并没有给出直接的答案，且根据《劳动合同法》第十九条第二款的规定，同一用人单位与同一劳动者只能约定一次试用期，似乎从该规定来看，用人单位与劳动者不能再次约定，也不能延长试用期，是否如此呢？下面我们来探讨一下。

一、用人单位能否延长试用期

本文案例给出了肯定的答案。

用人单位为什么要延长试用期呢？一般比较常见的有以下几个方面的原因，一是劳动者入职后因长时间休假等原因，使得用人单位根本无法判断其能否胜任岗位工作，故希望延长试用期以获得更多的考察时间；二是劳动者在试用期内表现并不理想，用人单位希望给劳动者多一次表现机会而延长试用期；三是用人单位一开始约定的试用期过短，希望延长试用期。

从试用期的立法本意来看，法律之所以规定试用期，是希望劳资双方在进入稳定的劳动关系前有一个互相认知的机会，试用期的意义在于为双方建立更长远和谐的劳动关系做铺垫，试用期内一方一旦发现不合适，可以比转正后更容易解除劳动合同，比如劳动者在试用期内只需提前三天即可解除劳动合同，而用人单位如果发现劳动者存在不符合录用条件的情况，可以即时解除劳动合同而无须支付经济补偿，这是用人单位在试用期独有的权利。

因此，笔者认为，只要符合这一立法本意且不违反法律的强制性规定的行为均应得到肯定。而用人单位延长试用期的常见原因，与立法本意希望给予劳资双方认知机会的立法目的是相符的，因此延长试用期本质上仍然属于同一次试用期，并未违反《劳动合同法》关于用人单位与劳动者只能约定一次试用期的规定。

二、用人单位延长试用期需要符合什么条件

虽然本文案例对用人单位延长试用期给出了肯定的答案，但并不意味着用人单位可以无条件延长试用期，试用期的延长仍然需要遵守以下条件：

第一，需征得劳动者的同意，即劳资双方协商一致。试用期的延长本质上属于劳动合同条款的变更，根据法律的规定，应当征得劳动者的同意。本文案例中，系劳动者主动申请延长试用期，用人单位同意延长试用期，体现了双方的合意。

第二，延长后的试用期不得超过法律规定劳动合同期限所对应的最长试用期。《劳动合同法》第十九条的规定："劳动合同期限三个月以上不满一年的，试用期不得超过一个月；劳动合同期限一年以上不满三年的，试用期不得超过二个月；三年以上固定期限和无固定期限的劳动合同，试用期不得超过六个

月……以完成一定工作任务为期限的劳动合同或者劳动合同期限不满三个月的，不得约定试用期……"因此，假设劳动合同的期限为一年，已经约定了二个月的试用期，用人单位即便与劳动者协商一致，也不得再延长试用期，延长的试用期无效，除非双方同时同意对劳动合同的期限延长至三年及以上，则双方最长可以约定六个月的试用期。

第三，延长后的总试用期不得超过六个月。如上所述，法律规定最长的试用期为六个月，劳资双方对于试用期期限的约定不能突破法律的规定。如试用期满六个月，用人单位只能选择转正或者以劳动者不符合录用条件为由解除劳动合同。

第四，非全日制劳动合同不得约定试用期，自然也无延长试用期之说。

三、如劳动者调整工作岗位，用人单位能否与劳动者再次约定试用期

这属于延伸探讨的问题。关于用人单位与劳动者只能约定一次试用期，《劳动合同法》给出了明确的规定，而《劳动部关于实行劳动合同制度若干问题的通知》（劳部发〔1996〕354号）第四条规定："用人单位对工作岗位没有发生变化的同一劳动者只能试用一次。"从该规定来看，可以解读为如果劳动者的工作岗位发生变更，用人单位与劳动者可以再次约定试用期。笔者认为，虽然该规定目前仍然有效，但很显然与后出台的上位法《劳动合同法》的规定直接冲突。

那么对于调整了工作岗位的劳动者，是否意味着用人单位没有试用的机会了呢？其实并不然。首先，用人单位之所以调整劳动者的工作岗位，一般是由于劳动者不适应原来的工作岗位，才调到能力要求更低的工作岗位，自然不存在试用的必要。其次，如果在新的岗位不能胜任工作，用人单位仍然可以以不能胜任工作为由解除劳动合同。最后，对于晋升而调岗的劳动者，可以通过岗位聘任制的方式，对新岗位设置有效期，有效期满后再根据考核结果决定是否续聘，如考核不通过的可以回到原岗位，灵活解决新岗位的试用问题。

【实务指引】

延长试用期的问题看似简单，但实务操作中仍然有不少需要注意的地方，笔者归纳如下，供用人单位参考。

一、合法、科学约定劳动合同试用期

《劳动合同法》规定了用人单位与劳动者约定的试用期最长不超过六个月，但到底约定多久的试用期合适呢？除了符合法律的规定之外，需要用人单位结合自身的用工实际情况考量。试用期并非越短越好，也并非越长越好，过短的试用期可能根本无法达到"试用"的目的，用人单位无法在短时间内对劳动者的能力、性格、优缺点等作出有效判断；试用期也并非越长越好，太长的试用期会使应聘者"望而却步"，产生抗拒心理，降低招聘到优秀人才的概率。试用期的长短需要考虑岗位要求和人才考察的难度来确定，如是相对普通的岗位，对劳动者素质要求不高，薪资水平不高，劳动者对薪资比较敏感的，则设置的试用期不宜过长，一般以不超过三个月为宜；如果是关键性的岗位，对劳动者的素质和综合能力要求较高，考察难度较大，则建议设置较长的试用期，一般建议不少于三个月。

二、试用期设置明确的录用条件

如上所述，试用期设置的目的是劳资双方有相互认知的机会，因此，作为用人单位，对于劳动者在试用期内的表现应有明确的标准，即明确何种情况下符合用人单位的录用条件，何种情况下不符合用人单位的录用条件，没有设置明确录用条件的试用期是没有任何法律意义的。

录用条件的设置需要注意以下事项：

1. 录用条件应当清楚、明确、可量化、不含糊

很多用人单位对录用条件存在重大的误解，以为录用条件就是企业一句话：合适或者不合适。一旦发生纠纷，根本无法说明劳动者到底哪里不合适。因此，试用期的录用条件必须清楚、明确、可量化，用人单位可以根据不同岗位、综合各方面对劳动者的表现作出标准约定，比如诚信、考勤、技能、安全、遵纪守法等各个方面，也可通过列举不符合录用条件的情形进行反向设置。

2. 录用条件应当在入职时告知劳动者并让劳动者确认

虽然法律没有规定录用条件应当何时送达劳动者，但从用工习惯和告知才生效的要求来看，录用条件应当在入职时送达劳动者，一方面是因为只有告知劳动者后才对劳动者生效，另一方面是因为入职时双方一般关系都比较友好，

劳动者不会出现抵触情绪，如果到了劳动者表现不好时再来送达录用条件，劳动者一般比较抗拒导致无法送达。

3. 是否符合录用条件应在试用期满前进行考核并作出决定

顾名思义，不符合录用条件是试用期解除劳动合同的独有条款，应在试用期满前行使。因此，用人单位应当在试用期满前对劳动者是否符合录用条件进行考核，并告知考核结果，如劳动者不符合录用条件的，应在试用期满前作出解除决定。

三、进行有效的试用期管理

用人单位应当重视试用期的管理，关注劳动者在试用期的表现，劳动者一旦出现表现不好的情形的，应及时关注及时处理。在试用期管理过程中，至少应有两个部门的角色配合，一个是用人部门，即劳动者的直属领导，另一个是人力资源部门，用人部门应及时向人力资源部门反馈试用期员工的表现情况，人力资源部门也应做好流程管理，主动获取劳动者在试用期的表现信息，切忌等到试用期满才来收集有关资料数据。

如原来约定的试用期无法准确对劳动者的表现进行评价，则可以在法律允许的情况下，与劳动者协商延长试用期，并做好有关的确认手续。

06 试用期内用人单位能否随意解除劳动合同？

【核心观点】

试用期是用人单位和劳动者为相互了解、选择而约定的不超过六个月的考察期。劳动者在试用期内只有被证明不符合录用条件的，用人单位才可以解除劳动合同。司法实践中，用人单位若无法向司法裁判机构提供充分证据，将面临支付违法解除劳动合同赔偿金的风险。为此，用人单位防范该风险的关键在于制定可量化考核的录用条件以及有效送达该录用条件。

【案情简介】

曹某于2016年8月22日入职广州市恒发包装实业有限公司（下称恒发公司）处，担任生产经理。恒发公司于2016年9月27日出具《解除劳动关系通知书》，以曹某不符合公司录用条件且不能胜任工作为由提出解除与曹某的劳动关系。曹某于2016年9月28日签收上述《解除劳动关系通知书》。

曹某主张恒发公司系违法解除劳动关系，恒发公司主张因曹某不符合录用条件且在试用期间无法胜任岗位工作，其解除与曹某的劳动关系符合法律规定。为此，恒发公司提交如下证据：1. 李某志、喻某出具的《证明》，李某志的《证明》，称曹某在2016年9月24日、9月25日未能处理客户要求补印纸箱问题，造成客户投诉以及经济损失；喻某的《证明》称曹某有关手提袋超边品质问题的处理方法错误；恒发公司确认李某志、喻某均为其员工。2. 微信聊天记录，其上记载恒发公司内部有关工作的交流意见。曹某对上述证据均不予确认，认为其并无不胜任工作情形。

因解除劳动关系问题，曹某于2016年10月12日向广州市番禺区劳动人事争议仲裁委员会申请仲裁，要求恒发公司支付工资差额、未签订劳动合同的二倍工资差额、代通知金、违法解除劳动关系赔偿金等。

【裁判结果】

仲裁裁决结果[案号：穗番劳人仲案字（2016）第6832号]：
驳回曹某的全部仲裁请求。

一审判决结果[案号：(2017)粤0113民初734号]：
一、恒发公司应在本判决生效之日起五日内向曹某支付加班工资差额1219.77元；二、恒发公司应在本判决生效之日起五日内向曹某支付违法解除劳动关系赔偿金6683.97元；三、驳回曹某的其他诉讼请求。

关于试用期解除劳动关系的问题。一审法院认为，本案中恒发公司主张曹某不符合录用条件且在试用期间无法胜任岗位工作。恒发公司提交的证明为证人证言，证人没有出庭作证，且证人均为恒发公司员工，与恒发公司有利害关系，一审法院对此不予采信。此外，恒发公司提交的微信记录等均未能有效证实曹某存在不符合录用条件或无法胜任岗位的情形，且恒发公司亦未能对曹某培训或者调整工作岗位，恒发公司主张其系合法解除与曹某的劳动关系，缺乏事实和法律依据。一审法院确认恒发公司系违法解除与曹某的劳动关系，恒发公司应向曹某支付违法解除劳动关系的赔偿金。

二审判决结果[案号:(2017)粤01民终22963号]:

驳回恒发公司的上诉，维持原判。

关于试用期解除劳动关系的问题。二审法院认为，《劳动合同法》第二十一条规定:"在试用期中，除劳动者有本法第三十九条和第四十条第一项、第二项规定的情形外，用人单位不得解除劳动合同。用人单位在试用期解除劳动合同的，应当向劳动者说明理由。"本案中，恒发公司在其出具的《解除劳动关系通知书》中所载明的解除理由是"不符合我公司的录用条件，且不能胜任工作"，并主张曹某在试用期不符合录用条件的具体表现为:"1.生产指令无法贯彻落实到位;2.严重缺乏领导能力与沟通协调能力;3.领导无方，缺乏管理能力"。但双方签订的《劳动合同书》和《试用期协议书》并未对录用条件、考核标准和方法等进行约定，网络招聘岗位职责及任职要求未经曹某确认，恒发公司也没有提交曹某的试用期考核材料，故综合本案证据无法直接证明曹某不符合录用条件，恒发公司对此应承担举证不能的不利后果。

至于曹某是否胜任工作，根据《劳动合同法》第四十条第(二)项的规定，劳动者不能胜任工作，经过培训或者调整工作岗位，仍不能胜任工作的，用人单位才能依法解除劳动合同。本案中，恒发公司主张曹某无法胜任岗位，但未经过培训或者调整工作岗位的程序，故其主张合法解除劳动关系缺乏法律依据，一审法院认定恒发公司违法解除劳动合同并无不当。

【争议焦点解读】

试用期属于劳动合同期限的一部分，除协商一致外，用人单位解除劳动合同必须要有法定事由。本案中，用人单位虽主张劳动者试用期内存在"不符合录用条件"以及"不能胜任工作"可以解除劳动合同的情形，但没有证据显示双方曾对录用条件进行过确认，同时解除劳动合同的程序也不符合《劳动合同法》第四十条的规定，故法院最终认定用人单位属违法解除劳动合同。由此可见，试用期内用人单位不能随意解除劳动合同，解除同样需要有法定的事由，"不符合录用条件"是用人单位可以在试用期行使解除权的特殊理由，但同样应当有确定的标准，"不符合录用条件"并非用人单位单方判定。

为此，如涉及在试用期内解除劳动合同的，如何证明劳动者不符合录用条件是用人单位人力资源管理面临的疑难问题之一。对于用人单位而言，以何标准判断"不符合录用条件"以及录用条件是否发生约束效力等问题，均是用人单位渴望解决但又很难完全弄懂的痛点。为此，笔者将结合实务中所接触的案例进行梳理和说明。

一、关于录用条件的实体要件问题

制定具体岗位的录用条件应当因人因岗而异，但"科学客观"以及"可操作性"的评判标准是考核、判断劳动者是否符合录用条件的基本依据。为此，笔者认为"科学客观""可操作性"的录用条件可包括入职条件、工作表现条件以及职业道德条件三方面的内容。

具体而言，入职条件可以分为资质条件、入职手续条件、身体健康条件等。资质条件包括学历、学位、工作经历、技术职称或资格、外语水平等硬性条件；入职手续条件是办理入职的必须具备的前提条件；身体健康条件可明确约定劳动者不得患有精神疾病或按国家法律法规规定的应禁止工作的传染病等。

工作表现条件是指在试用期内完成工作任务的能力及表现，可分为工作能力条件与工作表现条件，工作能力条件可以从"质和量"两个方面进行设定和考核；工作表现是考察劳动者入职后的日常表现，包括出勤情况、待人接物情况、与团队成员相处情况等。

至于职业道德条件其本身相对于上述两个条件而言显得更为主观，一般是关于劳动者诚实守信、刻苦耐劳等职业道德方面的要求，但笔者建议有关主观方面的评价标准应只占录用条件中的少数，避免出现录用条件过于主观笼统而无法得到裁判机构的采信。

二、关于录用条件的程序要件问题

录用条件是否有效送达给劳动者，即劳动者是否知晓录用条件，是程序要件的核心问题。录用条件作为用人单位对劳动者的录用考核标准，在劳动者入职时应当明确告知其全部内容，未经通知或说明该录用条件并不能对劳动者产生法律效力，及后用人单位即便通过客观严谨的考核认为劳动者不符合录用条件的，用人单位也不能通过《劳动合同法》第三十九条第（一）项单方解除劳动合同。此外，根据《劳动合同法》第二十一条的规定，用人单位在试用期解除劳动合同的，应当向劳动者说明理由。

三、不符合录用条件和不能胜任工作的区别

为更直观地向读者展示出两者的差别，笔者将相关的法律依据列明如下：

《劳动合同法》第三十九条规定："劳动者有下列情形之一的，用人单位可以解除劳动合同：（一）在试用期间被证明不符合录用条件的……"；《劳动合同法》第四十条规定："有下列情形之一的，用人单位提前三十日以书面形式通知劳动者本人或者额外支付劳动者一个月工资后，可以解除劳动合同……（二）劳动者不能胜任工作，经过培训或者调整工作岗位，仍不能胜任工作的……"

不难发现，不符合录用条件和不能胜任工作的主要差别有以下三方面：其一，适用期限不同：以"不符合录用条件"作为解除依据的，仅适用于试用期间；"以不能胜任工作"作为解除条件的，适用于整个劳动合同存续期间。其二，解除程序不同：以"不符合录用条件"解除劳动合同的，用人单位无须提前通知劳动者；以"不能胜任工作"解除劳动合同的，在程序上用人单位在劳动者第一次出现"不能胜任工作"后，应采取调岗或培训方式解决，而不能直接解除劳动合同，只有在调岗或培训之后经考核仍不能胜任工作的，方可解除劳动合同。其三，法律后果不同：以"不符合录用条件"解除合同的，用人单位无须支付经济补偿；而以"不能胜任工作"为由解除合同的，用人单位不但需要提前30天书面通知或额外向劳动者支付一个月工资的代通知金，还要向劳动者支付经济补偿。

综上，以"不符合录用条件"或"不能胜任工作"为由解除劳动合同的考虑因素不尽相同，程序及法律后果也不同。前者需要关注录用条件的约定以及送达问题，后者关注工作能力的考核标准、解除前的培训或调岗以及有无提前通知等问题；前者不需要支付经济补偿，而后者需要支付经济补偿。本案中用人单位的解除理由既包含了"不符合录用条件"，也包含了"不能胜任工作"，显然没有理解两者之间存在区别，而既然作为解除理由，二审法院同样也就"不

符合录用条件"和"不能胜任工作"所要关注的问题分别展开论述，逐一判断用人单位解除劳动合同合法性的问题。

【实务指引】

有的公司以为试用期只要不符合录用条件的员工便可以随便辞退，却往往没有充分的证据证明劳动者不符合试用期录用条件。如何证明不符合试用期录用条件是企业关注的焦点之一，笔者结合对相关法律法规、典型案例的研究，提出以下几点建议。

一、依法约定试用期限

《劳动合同法》第三十九条第（一）项明确只有在试用期内用人单位才能依据不符合录用条件解除劳动合同。换言之，适用该条款的前提是劳动合同中要有明确的试用期约定。此外，该试用期期限应当符合《劳动合同法》第十九条的规定。

二、提前制定明确的录用条件

录用条件是试用期考核的主要依据，但很多用人单位并没有认识到录用条件对试用期的员工管理的重要性，正确设计录用制度可以维护自身合法权益，防范法律风险。录用条件通常由用人单位单方制定，但应当提前告知劳动者并要求其签字确认。结合过往提供法律服务的经验，笔者建议用人单位在办理入职手续时一并将录用条件告知劳动者。提出该建议至少是基于以下两方面的考虑：一方面，录用条件自有效送达之日起才对劳动者产生约束效力，故在入职时（试用期开始之前）把录用条件告知劳动者，能为用人单位在整个试用期内提供具有法律约束效力的考核依据；另一方面，劳动者在办理入职手续时与用人单位产生抵触情绪的可能性最小，故其配合签收录用条件等材料的可能性应是最大的。此外，录用条件应当尽可能量化工作标准，应避免诸如"服从单位领导安排"等模糊性的表述以及过多强调主观色彩的考核标准。

三、固定不符合录用条件的证据

根据法律规定，用人单位以"不符合录用条件"为由解除劳动合同的，用人单位负有举证责任。如果录用条件天然就缺少可量化的标准，用人单位很难证明自己的主张，往往承担败诉的风险。对此，用人单位在制定考核标准以及提前固定有利证据时，建议留意以下三部分内容：其一，明确劳动者具体的岗位录用条件并把该录用条件交由劳动者签名确认；其二，按照录用条件的考核标准在试用期内对劳动者的具体表现进行考核；[①] 其三，用人单位证明劳动者在试用期内的考核结果或某一具体行为不符合录用条件。

四、试用期内解除劳动关系

根据《劳动合同法》第三十九条第（一）项的规定，在试用期间被证明不符合录用条件的，用人单位可解除劳动合同。因此，若用人单位发现劳动者存在不符合录用条件的情形并以此为由解除劳动关系的，应在试用期内提出，否则，即使劳动者不符合录用条件，用人单位也不能以此作为解除合同的理由。因此，笔者建议用人单位可就试用期的具体考核期限提前告知劳动者，在指定期限内完成考核工作，对不符合录用条件的人员及时作出去留的决定，以免引起不必要的纠纷。

07 员工不能胜任工作的认定标准是什么？

【核心观点】

劳动者不能胜任工作，经过培训或者调整工作岗位，仍不能胜任工作的，用人单位可以解除劳动合同。用人单位虽与劳动者约定了考核指标，但并未就"不能胜任工作"标准予以明确的量化，或者用人单位无法证明对劳动者不能胜任工作进行了专门培训，用人单位以劳动者未能完成考核指标为由解除劳动合同违法。

【案情简介】

祁某于 2016 年 1 月 4 日入职方正软件公司担任销售，双方签订书面劳动合

---

① 笔者注：此处在司法实践中往往是用人单位最难举证的地方，用人单位需要提供证明对劳动者进行考核的标准、考核过程、考核结果等证据，体现考核程序合法、结果公正。

同。2017年8月4日，祁某与方正软件公司签订了《2017年销售岗位责任书》，约定绩效考核周期为2017年1月1日至2017年12月31日；考核指标为新签合同额2000万元，新签纯收入750万元，结转纯收入450万元；考核与奖惩条款中约定，如销售人员连续两个季度未签单或无结转收入，则公司有权解除劳动关系。2017年1月至10月，祁某新签合同额为763万元，排名第4，新签合同额完成率为38%，排名第17；新签纯收入完成数109万元，排名第18，新签纯收入完成率15%，排名第25。2017年6月9日至10日祁某所在部门召开第一次部门会议，参会人员为区域所有销售、项目总监及技术骨干，会议的主要内容为南区2016年总结和2017年规划、项目实施管理模型、报销租房新规等。2017年9月8日至9月10日，方正软件公司南部区组织团建活动，参会人员为大数据部门及南部区人员，主要内容为各部门第四季度工作规划及工作总结。

2018年4月25日，方正软件公司向祁某送达《解除劳动合同通知单》，其上载明："祁某：您好！根据《方正国际软件有限公司2017年激励及绩效考核管理规则（V1.0版）》及您本人签订的《2017年销售任务责任书》，2017年年底您的各项考核指标均未达标，后公司虽采取积极措施，但截至2018年一季度仍未有任何业绩，事实上您已经不能胜任工作。公司于2018年4月30日与您解除劳动合同……"后方正软件公司支付祁某解除劳动合同补偿金24097.9元。祁某认为公司属于违法解除劳动合同，遂向长沙市劳动人事争议仲裁委员会提起劳动仲裁要求方正软件公司支付违法解除劳动合同赔偿金、代通知金及出具离职证明文件。

【裁判结果】

一审判决结果［案号：(2018)京0108民初46854号］：

一、方正软件公司于判决生效后七日内支付祁某违法解除劳动关系赔偿金差额24097.9元；二、案件受理费10元，由方正软件公司负担。

一审法院认为：本案争议的焦点在于方正软件公司解除劳动合同的行为是否符合《劳动合同法》第四十条第（二）项规定的情形，《劳动合同法》第四十条规定："有下列情形之一的，用人单位提前三十日以书面形式通知劳动者本人或者额外支付劳动者一个月工资后，可以解除劳动合同：……（二）劳动者不能胜任工作，经过培训或者调整工作岗位，仍不能胜任工作的……"本案中，方正软件公司于 2018 年 4 月 25 日向祁某送达《解除劳动合同通知单》，解除事由为"2017 年年底您的各项考核指标均未达标，后方正软件公司虽采取积极措施，但截至 2018 年一季度仍未有任何业绩，事实上您已经不能胜任工作"。因此，为支持其主张，方正软件公司应举证证明如下事实：

1. 2017 年年底祁某未达到考核指标，属于不能胜任工作；

2. 公司在祁某考核未达标之后对其进行过相关岗位培训；

3. 培训后的 2018 年一季度没有业绩仍然不胜任工作。

首先，方正软件公司虽然提供了《2017 年销售岗位责任书》及《2017 年激励及绩效考核规则》，但一审法院认为，上述激励考核制度中并未就"不能胜任工作"的标准予以明确的量化，实属未向劳动者明确告知相应的考核制度规则，亦因此，根据祁某 2017 年 1 月至 10 月销售业绩统计情况，其业绩排名并非全部靠后，在方正软件公司未能明确界定不能胜任工作的规则体系下，亦无法得出祁某不能胜任工作的结论。

其次，2017 年 6 月 9 日至 6 月 10 日及 2017 年 9 月 8 日至 9 月 10 日，方正软件公司确实召开过相关会议，但从会议时间、参会人员、会议议程等方面均无法证明是对祁某不胜任工作进行的专门培训。

再次，方正软件公司并未就祁某 2018 年一季度的业绩完成情况提交证据，进一步说明了方正软件公司不能证明祁某经过培训仍不能胜任工作。

最后，方正软件公司所主张《2017 年销售岗位责任书》及《2017 年激励及绩效考核规则》两份证据中显示，如销售人员连续两个季度未签单或无结转收入，则方正软件公司有权解除劳动关系，故因祁某存在两个季度无结转收入，方正软件公司有权解除劳动合同的意见，但《劳动合同法》及相关法律法规中仅规定法定解除的情形，并无约定解除，而本案中《2017 年激励及绩效考核规则》仅是公司的激励体系，方正软件公司并无证据证明上述规则属经过民主程序制定，且符合《劳动合同法》第四条规定的规章制度。方正软件公司以约定解除的方式排除劳动者的合法权益，属违法解除劳动关系。

综上，一审法院对方正软件公司的主张不予采信，其解除劳动合同的行为缺乏事实依据，系违法解除，应向祁某支付违法解除劳动合同赔偿金。

二审判决结果［案号:（2019）京01民终219号］:

驳回上诉,维持原判。

二审法院经审理认为:本案争议的焦点在于方正软件公司解除劳动合同的行为是否符合《劳动合同法》第四十条第(二)项规定的情形。具体分析如下:

其一,方正软件公司主张,其系依据《2017年激励及绩效考核规则》和《2017年销售任务责任书》的约定内容认为祁某不能胜任销售工作。但上述两份文件中并未明确约定"不能胜任工作"的具体情形,再结合祁某2017年1月至10月销售业绩统计情况及排名,本院认为方正软件公司所持祁某不能胜任工作的主张不能成立。其二,方正软件公司主张已对祁某不能胜任工作进行两次培训,即2017年6月9日至10日祁某所在部门的第一次部门会议和2017年9月8日至9月10日方正软件公司南部区组织的团建活动。但从会议时间、参会人员、会议议程等方面均无法证明是对祁某不能胜任工作进行的专门培训,对方正软件公司所持已针对祁某工作能力进行培训的主张,本院亦不予采信。方正软件公司未能举证证明祁某不能胜任工作以及对其进行培训,应承担举证不能的不利后果。综上,方正软件公司向祁某送达的《解除劳动合同通知单》上载明的解除事由不能成立,其公司解除劳动合同的行为缺乏依据,系违法解除,应支付祁某违法解除劳动合同赔偿金。方正软件公司已向祁某支付24097.9元,故还应支付解除劳动合同赔偿金差额24097.9元。

【争议焦点解读】

《劳动合同法》第四十条第(二)项规定,劳动者不能胜任工作,经过培训或者调整工作岗位,仍不能胜任工作的,用人单位可以解除劳动合同。用人单位依照该条款的规定以"不能胜任工作"为由解除劳动关系一直是痛点所在,法律对于用人单位以"不能胜任工作"解除劳动合同提出了较高的举证要求。在司法实践中,用人单位往往因为未能提供充分证据证明"员工不能胜任工作""绩效考核制度经过民主公示程序"等,最终很有可能被认定为违法解除需要支付赔偿金。

2016年12月3日,中国劳动法网发布的董保华教授的文章《不能胜任解除之殇——北京已死，上海苟活》对北京和上海两个地区用人单位以"不能胜任工作"解除劳动合同的胜诉率作了统计：北京 181 件不能胜任解除案件中，企业胜诉案件只有一件，胜诉率为 0.55%；上海 210 件不能胜任解除案件中，企业胜诉 13 件（有两件系同一案件，审级不同），胜诉率为 6%；[1]基于上述数据，董保华教授对于用人单位依据"不能胜任工作"解除劳动合同，发出"北京已死、上海苟活"的感慨。

关于何为"不能胜任工作"，《劳动部关于〈中华人民共和国劳动法〉若干条文的说明》第二十六条，对"不能胜任工作"进行了定义——本条第（二）项中的"不能胜任工作"，是指不能按要求完成劳动合同中约定的任务或者同工种，同岗位人员的工作量。用人单位不得故意提高定额标准，使员工无法完成。对于上述规定，可以解读为"用人单位需与员工已就工作内容、考核标准进行约定，按照约定的工作内容和考核标准判断员工能否达到既定的要求，如果不能达到既定的要求，则视为'不能胜任工作'"。

基于我国法律未对不能胜任工作及其认定标准进行明确和细化，为裁审机构提供了较大的自由裁量空间。笔者根据多年的办案经验将裁审机构认定不符合"不能胜任工作"，主要分为以下四种情形：

1. 用人单位未设定"不能胜任工作"的考核指标

实践中，用人单位往往只设置了绩效考核指标、绩效改进指标等，但却没有规定这些绩效考核指标或绩效改进指标在何种情况下视为"不能胜任工作"，也没有在岗位说明书或其他文件中明确何种情况下视为"不能胜任工作"。如果最终用人单位直接采用这些绩效考核指标或绩效改进指标等系数来判断"不能胜任工作"，往往被视为不合理而不被采纳。

2. 用人单位设定"不能胜任工作"的考核指标不合理

实践中存在这样一种情况，虽然用人单位设置了"不能胜任工作"的考核指标，但是对于某个岗位设定的考核指标员工根本无法完成，这样虽然在客观上造成员工无法胜任工作的结果，但该结果不可归责于员工，这种情况下的考

---

[1] 于海红："观点 | 对中国劳动法网发布'不能胜任解除之殇—北京已死，上海苟活'之看法"，http://chinalaborlaw.com/ 观点 – 对中国劳动法网发布不能胜任解除之殇，最后访问时间：2016 年 12 月 7 日。

核结果往往不能作为证明员工不胜任工作的依据。

3.缺乏量化的考核指标

多数企业在考核内容上主要集中在两方面，一方面是员工的德、能、勤，如我们常见的"认真负责""工作态度好"等，另一方面是员工的绩，如"为企业创造多少经济效益""销售额"等。德、能、勤这类考核指标基本上是属于缺乏量化的考核指标，实践中常见于行政类岗位，这类岗位往往无法用"绩"来进行考核，多数以"德、能、勤"来作为考核标准，在考核时缺乏可量化的"客观性"，无法避免考核者的主观随意性，这种缺乏量化的考核指标在司法实践中往往因为具有较大的主观性而不被认可。

4.用人单位无法提供认定为"不能胜任工作"的证据

实践中，用人单位往往无法提供证据证明员工不能胜任工作，无法证明的情形归纳起来主要包括：

（1）用人单位提供的证据薄弱，仅有绩效考核表或者上级主管的评价等主观方面的依据，缺乏与之相印证的不能胜任的客观事实证据。

（2）用人单位无法证明员工的工作内容，岗位职责。

（3）用人单位无法提供绩效考核不合格的制度依据或者提供的制度依据欠缺合理性。

【实务指引】

实践中，用人单位往往以为，只要员工工作能力欠缺，没办法很好地完成工作任务，即可以"不能胜任工作"为由解除劳动合同。殊不知司法实践中，对于何为"不能胜任工作"具有较高的认定标准。何种情况能够被认定为"不能胜任工作"？用人单位要具备哪些程序要件和实体要件才能以"不能胜任工作"为由解除劳动合同？笔者结合多年人力资源法律服务的经验，提出以下几点建议，希望对企业理解与适用不能胜任工作解除劳动合同的条款有所帮助。

一、在岗位职责说明书中明确何为"不能胜任工作"

企业应当基于其自身实际情况，在规章制度中对员工"不能胜任工作"这一模糊性的法律概念作出细致性的表述，具体罗列出哪些行为属于不胜任工作的表现。在岗位职责说明书等文件中对"不能胜任工作"进行定义后,如果员工出现"不能胜任工作"的情形,便可应用岗位职责说明书等文件的相关规定对其行为进行认定。

二、考核标准必须客观化、可量化

首先,考核的标准尽可能以数量为目标,比如明确销售数量和业绩目标,确定为能达到一定数量或业绩目标的视为"不能胜任工作"。如果客观上不能量化指标,则尽可能在主观上量化或使之行为化,比如行政岗位,可以用其他部门对行政部门服务的投诉次数以及企业各阶层的员工的评价来进行衡量。这种可量化、客观化的考核标准只要目标合理,根据其对员工进行考核的结果一般会被裁判者所接受。其次,考核的依据要详尽、可操作性强,考核内容要尽量过滤考核者的自由裁量,保证客观性。

三、考核结果及时送达员工,尽可能让员工签字确认

用人单位应当与被考核者保持良好的沟通,考核过程和结果均由劳动者签名确认,以增强考核结果的证明力。但是为了防止劳动者不签名确认考核过程和结果,用人单位可以在相关的制度文书中明确用人单位可以用公告或者发邮件等方式告知,并规定如有异议应在多长时间内提出异议,否则视为认可考核结果。

四、必须先经过培训或者调岗后,再次考核认定不能胜任工作的,才能解除劳动合同

《劳动合同法》规定:劳动者不能胜任工作,经过培训或者调整工作岗位,仍不能胜任工作的,用人单位应提前三十日以书面形式通知劳动者本人或者额外支付劳动者一个月工资后,可以解除劳动合同。从规定中可以清楚地看出,企业要以员工不能胜任工作为由解除劳动者劳动合同的,必须履行培训或者调整工作岗位的工作程序,否则,将被视作违法解除。

培训的形式可以多样化,但必须是围绕提高工作技能展开的。而调整工作岗位也应该是与原岗位相似、相匹配的岗位,体现调岗的合理性。只有在调岗或经过培训之后,再一次被认定为"不能胜任工作"的,用人单位才能以此为由与员工解除劳动合同,但是应当向员工支付相应的经济补偿。

司法实践中,用人单位以劳动者不能胜任工作辞退的情形屡见不鲜,但企

业的胜诉率却非常低，笔者在此最后建议企业，在适用"不能胜任工作"解除劳动合同时一定要慎之又慎，强化风险意识，避免风险。

08 员工竞聘失败后，用人单位调岗调薪是否合法？

【核心观点】

企业根据生产经营需要通过竞聘上岗方式择优选拔安排工作岗位，属于行使企业自主经营管理权的正当行为，劳动者在清楚竞聘规则的情况下自愿参加竞聘，竞聘失败后用人单位根据竞聘上岗方案确定的规则及劳动合同的约定调整劳动者的工作岗位，并相应调整工资待遇，且不存在侮辱性和歧视性的情形的，用人单位的调岗行为合法，劳动者主张恢复原岗位及待遇没有依据。

【案情简介】

刘某于 1996 年 8 月 21 日入职广州 A 集团有限公司（以下简称 A 集团）。双方于 2011 年 9 月 30 日签订劳动合同，合同期限从 2011 年 10 月 1 日起至法定终止条件出现时止；工作部门为岗位所涉及的部门，岗位为生产类（操作工），工种为生产类（操作工）岗位范围内工种（职务按聘书约定执行）；双方同意按标准工时工作制确定刘某的工作时间；刘某正常工作时间工资按 A 集团依法制定的薪酬方案执行，初始工资额为 3120 元／月，刘某的绩效薪酬或奖金的计发办法按 A 集团的薪酬方案；刘某已阅读 A 集团各项劳动规章制度并同意执行；合同还载明刘某同意在同类工作岗位（分为行政管理类、生产管理类和生产类）范围内进行岗位调整，并随岗位责任的变化相应变更工资等级（工资若需要向下调整的，原则上不超过一级）；另载明刘某在签订本合同前已阅读并理解 A 集团《岗位分类情况表》；刘某已清楚 A 集团 2011 年 4 月职工代表大会通过的《广州 A 集团有限公司薪酬福利管理制度》，接受其中内容并作为本劳动合同的补充。

刘某曾担任 A 集团 30MW 集控班长，A 集团热电环保中心于 2014 年 3 月 13 日发出《关于开展基层管理人员考评及竞聘工作的通知》，其中载明 30MW 机组集控班长、50MW 机组集控班长、污水处理班长岗位全部竞聘上岗，有意愿参与竞聘相关岗位的员工，自行填写岗位竞聘表，由工作小组组织相关人员，对参与竞聘的员工进行评价；经考评不合格并解除聘用的人员，可参与下一级管理岗位的竞聘工作或者由中心安排其他岗位等。刘某于 2014 年 3 月 21 日申请竞聘 30MW 机组集控班长，A 集团于 2014 年 4 月 18 日以竞聘不合格为由调整刘某为锅炉操作工。之后，刘某向广州市劳动争议仲裁委员会申请劳动仲裁，要求 A 集团恢复其 30MW 机组集控班长岗位及待遇；A 集团向刘某支付 2014 年 4 月 1 日至 2014 年 11 月 30 日的工资差额 6772 元，并以此金额支付 25% 的经济补偿金 1693 元。

【裁判结果】

仲裁裁决结果 [案号：穗劳人仲案（2014）4326 号]：

一、A 集团一次性向刘某支付 2014 年 4 月 1 日至 2014 年 11 月 30 日的工资差额 6675 元。二、驳回刘某的其他仲裁请求。

一审判决结果 [案号：(2015) 穗海法民一初字第 1049 号、1082 号]：

一、A 集团无须向刘某支付 2014 年 4 月 1 日至 2014 年 11 月 30 日的工资差额 6675 元。二、驳回刘某的诉讼请求。

关于调岗

一审法院认为，刘某曾担任 A 集团 30MW 集控班长，A 集团热电环保中心于 2014 年 3 月 13 日发出《关于开展基层管理人员考评及竞聘工作的通知》，载明 30MW 机组集控班长等岗位竞聘上岗，刘某于 2014 年 3 月 21 日提交《竞聘申请表》申请竞聘 30MW 机组集控班长，A 集团提供的《热电环保中心基层管理岗位竞聘上岗评价汇总表（集控班长）》显示综合意见为刘某竞聘不合格，A 集团于 2014 年 4 月 18 日调整刘某为锅炉操作工。

上述内部人员竞聘属于 A 集团的用工自主权范畴，A 集团提供的《岗位分类情况表（A 集团 / 股份有限公司）》显示热电环保中心高压集控班长、锅炉操作工均属于生产类操作工，双方所签订的劳动合同中载明刘某在签本合同前已阅读并理解A集团《岗位分类情况表》，上述岗位调整没有违反双方签订的劳动合同中对于刘某工作岗位和工种为生产类（操作工）之约定，且刘某在劳动合同中表示同意在同类工作岗位（分为行政管理类、生产管理类和生产类）范围内进行岗位调整，并随岗位责任的变化相应变更工资等级（工资若需要向下调整的，原则上不超过一级）。

上述岗位调整亦符合《关于开展基层管理人员考评及竞聘工作的通知》中所载明经考评不合格并解除聘用的人员，可参与下一级管理岗位的竞聘工作或者由中心安排其他岗位之规定。现刘某要求A集团恢复其30MW机组集控班长岗位及待遇依据不足，不予支持。

关于工资差额

A集团和刘某均确认刘某的工资中包含每月基本工资和绩效工资。

A集团认为调整刘某岗位为锅炉操作工后，仍按照原岗位基本工资标准每月3120元足额向刘某发放基本工资，提供了相关证据予以证明。可见，A集团于调岗前后向刘某发放的月基本工资均为3120元，该工资标准与双方签订劳动合同中约定的刘某工资金额相符，故对A集团上述主张予以采纳。

刘某的绩效奖金在其调岗前后均根据其每月绩效浮动计算，A集团对于刘某的绩效奖金提供了相应的计算方法和依据，刘某并未充分举证予以反驳，故对A集团上述主张予以采纳，对于刘某上述主张不予采纳。现刘某要求A集团按照其每月固定绩效工资2080元计发2014年4月1日至2014年11月30日绩效工资差额及相应的经济补偿金依据不足，不予支持。

二审判决结果［案号：（2015）穗中法民一终字第6858、6859号］：

驳回上诉，维持原判。

二审法院认为，关于刘某主张的恢复原工作岗位的问题，A集团根据生产经营需要通过竞聘上岗方式择优选拔安排雇员工作岗位，属于行使企业自主经营管理权的正当行为，且符合A集团与刘某双方在劳动合同中的相关约定，合法合理。A集团提交的证据足以证实刘某在清楚竞聘规则的情况下自愿参加了相关竞聘，且无证据显示A集团对刘某的工作岗位调整存在侮辱性和歧视性的情形，因此刘某现以相关评分不合理，对 A 公司根据竞聘结果作出的工作岗位调整不服为由，请求恢复原工作岗位、支付工资差额的理据不足，一审判决不予支持并无不当。

【争议焦点解读】

基于对灵活用工的迫切需求，企业都希望员工"能上能下、能进能出"，竞争上岗因能解决这一问题，越来越成为企业人力资源管理中的重要手段。但是，在实践中，很多企业对于竞争上岗是否合法，如何操作，操作不慎会存在何种法律风险并没有清晰的认识。

一、竞聘上岗的法律本质

从竞聘上岗的操作实践来看，一般会涉及以下几个问题：第一，员工放弃原来的岗位；第二，企业提供竞争上岗的岗位，由多于岗位数量的员工进行竞聘，择优录取；第三，竞聘成功的员工到新岗位任职；第四，竞聘不成功的员工安排到其他岗位。

通过对竞聘上岗流程的拆解，不难看出竞聘上岗的法律本质是工作岗位的变更，企业通过设定规则，员工自愿报名并根据规则竞争确定最后的岗位。对比一般个体的劳动合同变更，竞聘上岗涉及不特定的群体，最后的结果也是多个劳动者的工作岗位发生变更，因此往往比单个劳动者的工作岗位变更要复杂。

二、竞聘上岗的合法操作要件

结合《劳动合同法》的相关规定可知，工作岗位的变更属于劳动合同变更的情形之一，需要劳动者与用人单位协商一致，因此，竞聘上岗也脱离不了这一法律要求。基于这一法律要求，竞聘上岗要合法操作必须具备以下条件：

1. 企业制订详细的竞争上岗方案，对于竞聘的岗位、竞聘的规则、竞聘成功和失败的安排等有明确的规定。

2. 向员工公布竞聘上岗方案，有条件的企业可以听取工会的意见，增加程序的民主性。

3. 员工自愿参加竞聘上岗，填写相关的报名表。

4. 企业按照竞聘上岗方案开展竞聘考核，并将考核结果进行公示，送达给参与的员工。

5. 竞聘成功的员工，到新岗位履职，企业发出聘任通知或者签订岗位变更协议。

6. 竞聘不成功的员工，按照竞聘方案的规定安排到相应岗位，双方签订岗位变更协议。

在以上各项条件中，最重要的一点是竞聘上岗由员工自愿参加，不能强迫员工参加。有些企业为了达到自主安排岗位的目的，强行对员工就地免职，全员退出原岗位并强制性参加竞聘上岗，竞聘失败的由企业安排至其他岗位。此种操作显然没有征得员工的同意，很容易损害员工的合法权益，也违背了岗位变更需要协商一致的法律本质。

从本案案例来看，A集团制订了详细的竞聘上岗方案，方案中对于竞聘失败的岗位安排作出了明确的规定，刘某知悉方案后自愿参加竞聘上岗，后经考核未能竞聘成功，A集团根据竞聘上岗方案规定的规则对刘某进行岗位调整，并相应调整薪酬，符合法律的规定，也未损害刘某的合法权益。

可见，劳动者竞聘失败后用人单位可以调岗调薪，前提是符合上述操作要件。

【实务指引】

通过本文的上述分析，相信大家对竞聘上岗的法律本质和合法操作要件都有了比较清晰的认识，为进一步为实务提供指引，笔者试图梳理了关于竞聘上岗操作的要点内容，供读者参考。

一、完善竞聘上岗操作流程

结合本案案例以及具体操作实践，笔者梳理了竞聘上岗的操作流程图，具体如下：

竞争上岗操作流程

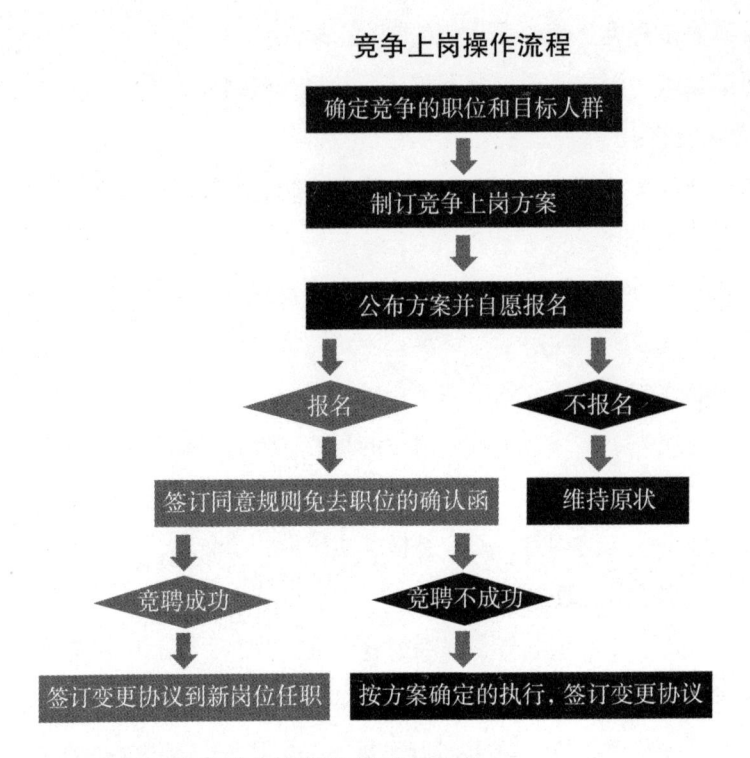

```
确定竞争的职位和目标人群
          ↓
    制订竞争上岗方案
          ↓
    公布方案并自愿报名
       ↙        ↘
    报名         不报名
     ↓             ↓
签订同意规则免去职位的确认函   维持原状
   ↙      ↘
竞聘成功   竞聘不成功
   ↓         ↓
签订变更协议到新岗位任职  按方案确定的执行，签订变更协议
```

二、注意保存竞聘上岗操作的书面材料

竞聘上岗的法律本质是劳动合同的变更，而根据《劳动合同法》的规定，劳动合同的变更应当采取书面的形式，因此，整个竞聘上岗操作也应当尽量书面化，保持这个过程的全部书面材料。核心的材料主要有以下几个方面：

1. 完整的竞聘上岗方案。

2. 员工自愿参加竞聘上岗的确认书，内容应体现"自愿"的原则，并明确愿意遵守竞聘上岗方案，如竞聘失败按照方案接受企业的安排。

3. 完整的考核过程及考核结果资料，体现考核的公平公正性。

4. 考核结果送达员工的证据，最好有员工的确认。

5. 竞聘结束后根据结果签署相关的法律文件，主要是岗位变更的协议书。

三、确保竞聘考核的公平公正，及时送达考核结果

本案案例中，刘某对A集团的考核过程及结果提出质疑，认为考核结果不公平不合理，在诉讼过程中，法庭需要审查相应的考核材料，如发现企业存在考核不公的情况，势必会影响最后的结果。

因此，建议企业在实际操作中注重考核的公平公正，一视同仁，设定多维度的考核指标，降低主观评价项目的占比，尽量用数据说话。同时，还建议建立考核结果申诉的机制，及时回应员工的疑问。

四、根据竞聘结果及时发出岗位聘任书和办理岗位变更确认手续

竞聘结果无非两种，竞聘成功和竞聘失败，无论哪一种情况，均涉及工作岗位的变更（竞聘失败维持原岗位的除外）。因此，企业应在竞聘结束后及时与相关员工办理岗位变更的确认手续，特别是针对竞聘失败的员工，应及时签署岗位变更的确认书，避免纠纷。

09 员工岗位聘任期满，用人单位能否调岗调薪？

【核心观点】

用人单位与劳动者约定的聘任期满后，根据经营管理需要调整劳动者的工作岗位，并根据新的工作岗位特点调整薪酬绩效及福利待遇的，不一定构成《劳动合同法》第三十八条规定的被迫解除劳动合同，劳动者据此提出解除劳动合同并要求经济补偿不一定得到支持。

【案情简介】

2005年4月，李某入职广州宏大公司（以下简称宏大公司），先后担任一般职员、组长、所长、特定督导专员等职务，双方最后一份劳动合同是从2008年11月1日开始的无固定期限劳动合同。

2015年2月，李某签字确认《异动申请表》载明其工作岗位从广州直营部东直所长（七职等）异动至特定督导专员（八职等）。根据公司《员工调遣福利管理办法》，享受租房补助1550元/月、住勤津贴1000元/月、电话补助500元/月及其他薪酬福利待遇，共计22000元/月。其中租房补助和住勤津贴的期限为2015年3月1日至2016年2月28日（第一年），每年都需要申请审批方能发放，同时明确员工异动期间，则自《异动申请表》生效之日起依新职务调整租房补助和住勤津贴标准。

此外，李某签字确认了《特定督导岗位说明书》及《配车补助确认函》，确认特定督导专员岗位历练时间最长不超过 2 年，特定督导岗位每月发放 2450 元配车补助，如调任至不享受配车补助的岗位，自异动生效日起停发配车补助。

2017 年 2 月，宏大公司向李某发出《珠三角营业组客户经理的异动申请单》，称将李某的工作岗位从特定督导专员（八职等）异动至珠三角营业组客户经理（八职等），继续享受租房补助 1550 元 / 月，住勤津贴从 1000 元 / 月调整为 700 元 / 月，取消电话补助 300 元 / 月及配车补助 2450 元，岗位津贴及其他津贴增加 1500 元，其他薪酬福利待遇不变，生效日为 2017 年 3 月 1 日。李某对此提出异议，且其后双方多次沟通未果。2017 年 3 月 28 日，宏大公司再次向李某发出《珠三角营业组客户经理的异动申请单》，明确生效日为 2017 年 4 月 16 日。

2017 年 4 月 14 日，李某通过快递方式向宏大公司送达了《解除劳动合同通知书》，称宏大公司于 2017 年 2 月 20 日以组织架构调整需要为由通知其于 2017 年 3 月 1 日到客户经理的工作岗位上报到并给出新岗位的工资待遇，但工资待遇比原工作岗位低，其为此提出异议，但宏大公司依然坚持调岗，不再提供原劳动条件，同时宏大公司 2017 年 3 月无故不发放租房补助 1550 元和住勤津贴 1000 元，故其依据《劳动合同法》第三十八条的规定向宏大公司提出解除劳动合同，并要求支付经济补偿和工资差额。

2017 年 4 月 14 日，李某向广州某区劳动人事争议仲裁委员会申请仲裁，请求裁决宏大公司支付：1. 应发而少发的 2017 年 3 月 1 日至 31 日的部分工资 2550 元；2. 解除劳动合同经济补偿 275000 元。

2017 年 5 月 10 日，宏大公司通过银行转账的方式支付了李某 4 月的工资，其中包括李某 3 月的租房补助 1550 元和住勤津贴 1000 元。

【裁判概况】

仲裁裁决结果 [案号：穗开劳人仲案字（2017）652 号]：
驳回李某的全部仲裁请求。

一审判决结果[案号:(2017)粤0112民初3553号]:

驳回李某的全部诉讼请求。

一审法院经审理查明,本案的争议焦点是:宏大公司与李某约定的聘任期满后,用人单位能否根据经营管理需要调整劳动者的工作岗位,并根据新的工作岗位特点调整薪酬绩效及福利待遇。劳动者据此提出解除劳动合同是否构成《劳动合同法》第三十八条规定的被迫解除,且用人单位需要支付经济补偿。

一审法院认为,根据宏大公司管理制度的规定,劳动者租房补助和住勤津贴是每年申请一次,获得批准后发放。在双方就岗位变动和工资薪金变化发生争议前,李某最后一次获批取得租房补助和住勤津贴,是2016年3月1日至2017年2月28日。2017年2月20日,宏大公司向李某发出电子邮件,称将李某的工作岗位变更为珠三角营业组客户经理,生效日为2017年3月1日。由于双方均确认李某原岗位最长服务年限为2年,因李某在原岗位任职已满2年,故宏大公司对李某进行岗位调整符合公司章程规定及经营需要,并无不妥。从2017年3月1日后,双方一直就调岗问题进行协商且未达成一致意见,新岗位所对应的工资待遇无法最终确定,故宏大公司暂缓发放2017年3月的租房补助和住勤津贴具有合理性,并非恶意拖欠或克扣。李某主张2017年3月租房补助和住勤津贴是对应李某原工作岗位而不是新岗位的待遇,不需要等新岗位确定后再核算支付,与宏大公司的规章制度相悖,亦与事实不符,本院不予采纳。

如前所述,宏大公司暂缓发放李某2017年3月租房补助和住勤津贴具有合理性,并非恶意拖欠或克扣,宏大公司也在2017年5月10日向李某支付了该笔款项。因此,李某主张宏大公司应支付解除劳动合同经济补偿金,缺乏事实和法律依据。

二审判决结果[案号:(2017)粤01民终18988号]:

驳回上诉,维持原判。

二审法院经审理查明,本案的争议焦点为宏大公司是否需要向李某支付解除劳动关系的经济补偿金。具体分析如下:

首先,双方确认真实性的《岗位说明书》载明,特定督导专员的最长服务年限为2年,李某在2015年3月1日至2017年2月28日已经担任特定督导专员满 2 年，因此，宏大公司对李某岗位进行调整是基于规章制度的规定及生产经营的需要，并无不当。

其次，宏大公司向李某发送的生效日期为 2017 年 4 月 16 日的《境内同仁异动申请表》显示，李某岗位异动前后的职位评价均为八职等、薪级均为七职等 7 级，不存在降职的情形。关于工资薪金。虽然《境内同仁异动申请表》中的租房补助和住勤津贴为空白，但在附近中已写明，李某可享受租房补助 1550 元 / 月、住勤津贴（15 元 × 在岗日历天数 ×1.38），虽然调岗后，宏大公司将李某的住勤津贴从处级 25 元 / 天的标准降至科级 15 元 / 天的标准，但实际上李某在调岗前的住房补助一直适用的是科级 1550 元的标准，故仅凭个别工资的变动不能得出李某被降职的结论。且从李某异动前后的薪资表可以看出，李某岗位异动后的总薪资合计提高了 1050 元，故即使其住勤津贴每天下降了 10 元，其总薪资仍比异动前提高了。

再次，配车加油费、停车费和路桥费，双方均确认是以李某提供发票的形式获取的报销款项，在性质上属于宏大公司向李某返还先行垫付的费用，不属于劳动报酬，李某主张异动后在办公室工作，无法取得相应票据，导致相关福利实际上被取消，但该情形并不能认定是工资的减少。至于配车补助，李某在《告知函》和《同意书》中认可在异动至非配车岗位时宏大公司可停发配车补助，上述约定合法有效，由此可知李某清楚并同意配车补助是与岗位性质相关的，李某异动后的岗位主要在办公室工作，宏大公司取消配车补助并无不当。综上，宏大公司只是根据岗位的工作性质对薪资结构进行了调整，并未实际降低李某的工资水平。

最后，根据查明的事实，租房补助和住勤津贴是每年申请一次的，李某最近一次获批的期限至 2017 年 2 月 28 日，此期间双方一直就调岗问题进行协商且尚未达成一致意见，故新岗位所对应的福利待遇无法最终确定，宏大公司在此情况下暂缓发放 2017 年 3 月的租房补助和住勤津贴具有一定的合理性，并非恶意拖欠或克扣。综上，李某向宏大公司提出解除劳动合同关系的情形，不符合《劳动合同法》第三十八条的规定，故其要求宏大公司支付解除劳动合同关系的经济补偿金，缺乏事实和法律依据，本院不予支持。

【争议焦点解读】

本案的争议焦点在于，聘任期届满之后企业能否根据约定进行调岗，企业根据约定调整岗位之后能否调整相应的薪酬待遇。笔者对此争议的具体分析如下。

一、聘任期届满之后企业能否根据约定进行调岗

岗聘分离原为机关事业单位的岗位管理举措，目的是通过约定特定岗位任职期限或约定某个岗位需要通过竞聘上岗等举措发挥员工积极性。这种情况通常在聘用合同中不明确约定具体的岗位，而是约定某一类型的岗位，并最终约定"以岗位聘任书"为准。

相比较在劳动合同中明确约定工作岗位的用人单位而言，实行岗聘分离的企业将通过约定聘任期或者竞聘上岗的模式把岗位的确认权收归企业，这样的做法在实践中往往被认定为并未违反法律的强制性规定，属于企业自主管理权的范畴，员工既认可岗位通过聘任书来确定，便应当参照执行。

然而，这是否意味着那些实行岗聘分离的企业，其单方调岗的行为就不受任何限制了呢？

答案是否定的。企业实行岗聘分离应当以有明确的聘任标准、聘用期限、岗位竞聘、待岗管理办法为前提，若没有相应的规章制度或岗位说明书等人力资源管理文件进行规范，仅仅单方发布聘任书来随意调整岗位，极有可能造成劳动者一方利益的损失。在没有相关文件进行约定的情况下，非经协商一致不得改换工作岗位，否则极有可能造成违法调岗，劳动者如遇此种情况，即可以根据《劳动合同法》第三十八条的相关规定提出被迫解除劳动合同，也可以要求用人单位继续履行原劳动合同。

二、企业根据约定调整岗位之后能否调整相应的薪酬待遇

企业调岗的目的之一就是合理地调整薪酬，否则对许多企业而言，调整岗位就失去了意义。企业根据约定调整员工岗位的同时能否调整劳动者的薪酬？

笔者认为，岗位管理包含了岗位的薪酬管理，岗位异动也往往伴随着不同岗位报酬标准的变动，在企业根据约定对员工进行合法调岗的前提下，企业调整的应当是完整的岗位管理权，该权利包括履行新的岗位薪酬标准、新的考核办法等。员工根据双方的约定被调整到新的岗位，其薪酬应当根据新岗位的标

准确定，否则有悖"同工同酬"的基本立法思想。但另一方面，为了防止企业调薪权利的滥用，企业在调薪操作时应当基于以下前提：

1. 有明确的岗位职系和薪酬对应标准；若无制度规定和合同约定，调岗后的薪酬标准应当协商确定，而不能由用人单位单方确定。

2. 与员工书面确定新的岗位与报酬标准。

【实务指引】

对于流动性较大的岗位，企业在设置该岗位及相关待遇的时候，应当充分考虑员工到该岗位任职后可能会因业务经营、组织架构调整等需要进行调岗调薪。因此，在最初岗位任期、薪酬架构、福利待遇上应当根据实际可能调整的情况进行设计。针对这种情况，笔者对企业有以下几点分析建议。

一、设定岗位的任期

对于流动性较大的岗位，建议可以与员工签订岗位任期协议书，约定岗位的期限，并约定好任职期满之后可能调整的岗位。约定调整后的岗位要尽量地明确，以免后续因为任职期满之后进行调岗产生纠纷。

二、明确约定岗位工资

用人单位需通过薪资确认函等文件与员工明确哪些是固定工资，哪些是因为岗位的特殊性所获得的岗位津贴，如果任职期满，不在原来的岗位上，公司可以根据后面任职的岗位调整岗位津贴。

综上，笔者建议企业对于流动性较大的岗位，在任职期限和薪酬架构的设计上多留一些可调动的空间，保障企业的用工自主权。

10 用人单位能否以生产经营需要进行调岗？

【核心观点】

企业作为市场经济主体，根据生产经营的需要对其具体业务内容以及人员管理安排进行调整，属于企业经营权以及用工自主权的范畴。在企业的用工自主权不侵害劳动者的基本劳动权益的前提下，对于何为生产经营的需要应交由企业自主判断。法院作为纠纷裁判者而并非市场经营者，不宜过度介入企业的具体生产经营和用人管理安排。

具体到调岗问题上，用人单位对劳动者的岗位或者工作内容的变动并非均属于非法调岗，亦不意味着劳动者的职务只能升迁。具体而言，用人单位的调岗，一是不能损害劳动者的物质权利，即调整工作岗位后劳动者的工资水平与原岗位基本相当；二是不能损害劳动者非物质权利，即从劳动中获得尊严以及实现自我价值等权益，具体体现在对劳动者的调岗不能具有惩罚性和侮辱性。在不损害劳动者基本权益的前提下，应允许用人单位自由行使经营权和用工自主权，以保障用人单位作为市场经济主体的活力以及用人单位经济发展权益。

【案情简介】

郑某与广州汉德工业技术服务有限公司（以下简称广州汉德公司）签订有劳动合同，后用人单位主体变更为杭州汉德质量认证服务有限公司（以下简称杭州汉德公司），双方劳动合同约定郑某的岗位为客服经理，郑某于2016年晋升为高级客服经理。双方签订的《聘用协议》中载明"乙方（郑某）同意，若因乙方不能胜任工作或由于甲方业务运营的需要，甲方可调整乙方的工作岗位或工作内容"。杭州汉德公司与广州汉德公司为关联公司，郑某主张其入职时间为2000年11月1日，杭州汉德公司应承继其工龄。

郑某主张杭州汉德公司非法调整其工作岗位、工作内容，具体为2016年11月4日之后，公司任命邝某女士为高级客服经理，公司要求郑某与其进行工作交接，向其汇报工作，并且接受其管理。郑某就调岗问题向杭州汉德公司提出申诉，杭州汉德公司于2016年11月28日答复郑某申诉2的邮件内容记载："到目前为止，公司并没有免去您原来的职务。公司只是调整了您的汇报线及工作内容。具体如下：1. 从2016年11月4日起您将汇报给邝某女士。2. 你将会收到书面调整后的JD。在此之前，您的具体工作由邝某女士负责安排。3. 您的座位及工作电脑调整是公司根据需要作出的安排。"杭州汉德公司在郑某提出劳动仲裁之前，于2016年12月2日向郑某发出《催促员工上班通知书》该通知书记载:"……你的薪酬标准按原标准执行。"另,根据郑某的报销单据以及通信服务费发票,上述记载的数额为 162.03 元。

郑某以公司非法调岗为由主张解除劳动合同,并据此提起劳动仲裁,主张:一、杭州汉德公司支付郑某经济补偿金 383743 元;二、杭州汉德公司支付郑某 2016 年年终双薪 17636.36 元、2016 年奖金 17636.36 元;三、广州汉德公司对判决承担连带责任。

【裁判结果】

一审判决结果[案号:(2017)粤 0106 民初 9380 号]:
一、杭州汉德公司自判决发生法律效力之日起五日内支付郑某 2016 年年底双薪 17636.36 元;二、驳回郑某的其他诉讼请求。

二审判决结果[案号:(2017)粤 01 民终 18089 号]:
驳回上诉,维持原判。

二审法院认为,本案的争议焦点是杭州汉德公司是否存在对郑某非法调岗的行为。

一、关于杭州汉德公司是否对郑某进行调岗问题。在本案中,郑某虽然主张杭州汉德公司对其工作岗位进行变更,但是根据 2016 年 11 月 28 日杭州汉德公司答复郑某申诉 2 的邮件内容,杭州汉德公司明确指出:"到目前为止,公司并没有免去您原来的职务。公司只是调整了您的汇报线及工作内容。具体如下:1. 从 2016 年 11 月 4 日起您将汇报给邝某女士。2. 你将会收到书面的调整后的 JD。在此之前,您的具体工作由邝某女士负责安。3. 您的座位及工作电脑调整是公司根据需要作出的安排。"

而实际上,除了郑某主张其电话费报销最高额度为 400 元但只报销了 162.03 元之外,郑某的其他劳动报酬并未减少。根据郑某的报销单据以及通信服务费发票,上述记载的数额就是 162.03 元,鉴于电话费用为实报实销,由此亦不能反映杭州汉德公司降低了郑某的报销额度。而且杭州汉德公司在郑某提出劳动仲裁之前,在 2016 年 12 月 2 日依然催促郑某返岗,并再次声明郑某的薪酬标准按原标准执行。郑某虽然又主张杭州汉德公司系在其通过内部投诉渠道投诉后才作出的不免职答复,而薪酬未降低亦系在郑某向杭州汉德公司发送了律师函之后,杭州汉德公司所做的补救措施。但是,二审法院认为,在劳动者与用人单位发生争议之后,应允许劳动者通过非诉途径向用人单位反映诉求,亦应允许双方进行沟通以及协商,在用人单位对劳动者的诉求予以明确回应的情况下,应认可用人单位对劳动者所作出的答复。因此,郑某在2016年11月28日收到杭州汉德公司的不免职答复后,在未等待杭州汉德公司作出最终的书面调整决定之前,便于2016年11月30日解除劳动关系,依据尚不充分。

二、对于非法调岗的理解问题。退一步而言,即使杭州汉德公司存在调岗行为,企业作为市场经济主体,根据生产经营的需要对其具体业务内容以及人员管理安排进行调整,属于用人单位经营权以及用工自主权的范畴。但是,在用人单位的用工自主权不侵害劳动者的基本劳动权益的前提下,对于何为生产经营的需要应交由用人单位自主判断。法院作为纠纷裁判者而并非市场经营者,不宜过度介入用人单位具体生产经营和用人管理安排。

而对于何为劳动者基本劳动权益的问题,根据《劳动法》第三条之规定,劳动者享有平等就业和选择职业的权利、取得劳动报酬的权利、休息休假的权利、获得劳动安全卫生保护的权利、接受职业技能培训的权利、享受社会保险和福利的权利、提请劳动争议处理的权利以及法律规定的其他劳动权利。劳动者应当完成劳动任务,提高职业技能,执行劳动安全卫生规程,遵守劳动纪律和职业道德。换言之,劳动既是劳动者的权利也是义务,所谓权利,即劳动者可以通过劳动获取报酬对价以及实现自我价值;所谓义务,即劳动者要完成用人单位安排的劳动任务,为用人单位创造经济价值。

本案中,双方劳动合同约定郑某的岗位为客服经理,至2016年才逐步晋升为高级客服经理。虽然郑某主张其不再担任高级客服经理领导该职务,但是其薪酬水平与之前基本相当。另外,由于郑某不再担任领导职务,汇报对象和工作内容发生变更,并随之不再具有以往的电脑权限,从一个卡座变更为另外一个卡座,交还所保管的公司印章等,均是正常的工作交接安排。虽然从劳动者的角度而言,难免会产生心理落差,但是从一般理性人的判断标准而言,难以认定为具有惩罚性和侮辱性。因此,杭州汉德公司对郑某岗位的调整未超出用人单位用工自主权的合理范围,郑某以此提出解除劳动合同并请求经济补偿金,依据不充分,二审法院不予支持。原审法院对此认定并无不当,二审法院予以维持。

【争议焦点解读】

因调岗引发的争议是劳动争议纠纷中最高发的争议之一,而因调岗引发的争议类型也较多。常见的调岗类型有因不能胜任工作岗位调岗、协商一致调岗、机构撤并调岗、用人单位基于生产经营需要调岗等,其中用人单位因生产经营需要调岗并非《劳动合同法》立法规定用人单位可以单方调岗的情形,但近年来的司法审判实践中频频发生此类纠纷,因此各地的司法裁判机构逐渐形成了对此类争议的司法审判实践,本案就是广州地区的典型案例之一。笔者结合本案案例,对用人单位因生产经营需要进行调岗的司法认定问题进行探讨,希望对用人单位和劳动者更好地理解该问题有所裨益。

一、用人单位能否以生产经营需要对劳动者进行调岗

如上所述,根据《劳动合同法》的相关规定,用人单位对劳动者进行调岗的法定情形包括以下几种情形:一是协商一致调岗;二是因劳动者不能胜任工作调岗;三是因劳动者医疗期满不能从事原工作调岗;四是因客观情况发生重大变化调岗,但应与劳动者进行协商;五是因特殊原因如职业禁忌、职业病等进行调岗。因此,从《劳动合同法》的规定来看,并未赋予用人单位基于生产经营需要调岗的权利。

但必须承认,劳动关系履行是一个动态的过程,在劳动关系的履行过程中,无论是劳动者还是企业自身均有可能出现不同的情况,特别是作为市场经济主体的企业,在参与市场竞争过程中,其生产经营策略、产业重心、客户对象、技术手段等均有可能不停地发生变化,作为生产过程重要组成部分的劳动力和劳动关系,如果无法作出适当调整,势必会导致企业僵化,丧失市场竞争的优势,最终影响劳动关系的履行。

另外,劳动关系是社会关系的重要组成部分,劳动法是社会法,劳动者与用人单位在地位上天然存在不平等,因此关于劳动关系的调整必须由劳动法律法规进行规制,否则如果任由企业随意调整劳动关系,势必会损害劳动者的合法权益,制造社会矛盾。因此,在劳动关系履行过程中,需要取得一定的平衡,既要避免劳动关系的僵化，也要避免用人单位滥用权利。

近来年，司法实践中关于企业因生产经营问题调岗的纠纷越发频繁，各地的司法裁判机构逐渐形成了相对统一的处理意见。有条件支持企业因生产经营需要调岗的地区逐渐增多，比如北京、广州，纷纷出台了相关的内部指导意见。同时，在国家层面，2014年出台的《最高人民法院关于审理劳动争议案件适用法律若干问题的解释（四）》对此问题也作出了变通，其中第十一条规定："变更劳动合同未采用书面形式，但已经实际履行了口头变更的劳动合同超过一个月，且变更后的劳动合同内容不违反法律、行政法规、国家政策以及公序良俗，当事人以未采用书面形式为由主张劳动合同变更无效的，人民法院不予支持。"也就是说，不管什么原因，实践当中发生了劳动合同的变更，只要劳动者不提出异议，履行超过一个月就视为双方默认同意，相当于给企业调岗开了一道不小的口子。当然，该条款的适用范围也是有限的，只要劳动者在一个月内提出异议，该条款就无法适用，用人单位仍然会面临违法调岗的风险。

有机构总结梳理了2015年北京、上海、江苏、广东四地共280件单方调岗判例，并进行数据分析。从法院对企业的内部调岗行为是否支持的角度观察，北京的支持率为22%，上海为50%，江苏为46%，广东为53%。[①]暂时不清楚数据分析的维度，但单纯从结果来看，这一支持率还是相当高的。

由此可见，虽然在国家层面并未正式承认企业可以基于生产经营需要对劳动者进行调岗，但纵观各地的司法实践，大多认可企业在满足一定条件下可以基于生产经营需要对劳动者进行调岗。

二、用人单位因生产经营需要对劳动者进行调岗需符合什么条件

笔者搜集了部分地方对于因生产经营需要调岗的司法实践，其中北京、上海、广东、重庆、天津均通过内部指导意见肯定用人单位法律规定之外的单方调岗权，认可用人单位可以基于生产经营需要进行调岗，但对于如何判别调岗合理性的规定有一定差别，为便于大家直观地了解上述地区的规定，笔者把相关条文整理成下面的表格：

---

① 陆敬波、黄敏："企业单方调岗合理性的判别因素探析"，载《中国劳动》2016年第23期，第15页。

地区	内　容	文件名称
北京	5. 用人单位调整劳动者工作岗位的，如何处理？ 用人单位与劳动者约定可根据生产经营情况调整劳动者工作岗位的，经审查用人单位证明生产经营情况已经发生变化，调岗属于合理范畴，应支持用人单位调整劳动者工作岗位。 用人单位与劳动者在劳动合同中未约定工作岗位或约定不明的，用人单位有正当理由，根据生产经营需要，合理地调整劳动者工作岗位属于用人单位自主用工行为。判断合理性应参考以下因素：用人单位经营必要性、目的正当性，调整后的岗位为劳动者所能胜任、工资待遇等劳动条件无不利变更。 ……	《北京市高级人民法院、北京市劳动人事争议仲裁委员会关于审理劳动争议案件法律适用问题的解答》（2017年4月24日）
上海	2. 关于劳动者拒绝去新岗位工作是否构成旷工的问题 实践中，一些用人单位根据生产经营需要对劳动者的工作岗位进行调整，劳动者对此未明确拒绝仅表示需要考虑。之后劳动者既未到新的工作岗位报到，也未到原岗位出勤，用人单位遂以旷工为由解除劳动合同，后经法院审查认为用人单位的调岗不具有合理性…… 倾向认为，虽《劳动合同法》规定用人单位与劳动者协商一致可以变更劳动合同，但也不可否认用人单位因生产结构、经营范围进行调整或外部市场发生变化的情况下行使经营管理自主权，在合法、合理的前提下对劳动者岗位进行适当调整，对此劳动者应当予以配合，这也是劳动关系人身从属性的具体体现。如劳动者对调整工作岗位有异议，应当采用协商的方式解决，而不应以消极怠工的方式进行抵制或对抗。故如劳动者既未到新的工作岗位报到也未到原岗位出勤的，按照用人单位规章制度规定确属严重违纪的，用人单位可以与劳动者解除劳动合同。	《上海高院民一庭调研与参考》（〔2014〕15号）第四条
广东	22. 用人单位调整劳动者工作岗位，同时符合以下情形，视为用人单位合法行使用工自主权，劳动者以用人单位擅自调整其工作岗位为由要求解除劳动合同并请求用人单位支付经济补偿的，不予支持： （1）调整劳动者工作岗位是用人单位生产经营的需要； （2）调整工作岗位后劳动者的工资水平与原岗位基本相当； （3）不具有侮辱性和惩罚性； （4）无其他违反法律法规的情形。 用人单位调整劳动者的工作岗位且不具有上款规定的情形，劳动者超过一年未明确提出异议，后又以《劳动合同法》第三十八条第一款第（一）项规定要求解除劳动合同并请求用人单位支付经济补偿的，不予支持。	《广东省高级人民法院、广东省劳动人事争议仲裁委员会关于审理劳动人事争议案件若干问题的座谈会纪要》（粤高法〔2012〕284号）

续表

重庆	三、工作岗位、工作地点的调整问题 工作岗位对应的工作内容、工作地点均属于劳动合同的必备条款。用人单位在招用劳动者时，应当如实告知劳动者工作内容和工作地点。在劳动合同履行过程中，因用人单位调整劳动者工作岗位、工作地点而引发纠纷的，应当从是否确为生产经营之必需、是否显著降低劳动者的劳动报酬和劳动条件、是否对劳动者的工作、生活有重大影响、是否对劳动者具有侮辱性、歧视性等方面，综合认定用人单位的行为是否具备正当性。	《重庆市六部门关于劳动争议案件法律适用问题专题座谈会纪要（二）》（2017年8月）
天津	19.【用人单位单方调整工作岗位的合法性审查】用人单位对劳动者的工作岗位进行调整，应当同时具备以下条件： （1）符合劳动合同的约定或者用人单位规章制度的规定； （2）符合用人单位生产经营的客观需要； （3）调整后的工作岗位的劳动待遇水平与原岗位基本相当，但根据《中华人民共和国劳动合同法》第四十条第（一）项，第（二）项，因劳动者患病或者非因公负伤，在规定的医疗期满后不能从事原工作而被调整岗位，或者因劳动者不能胜任工作而调整岗位的除外； （4）调整工作岗位不具有歧视性、侮辱性； （5）不违反法律法规的规定。 用人单位因生产经营状况发生较大变化，经济效益出现下滑等客观情况，对内部经营进行调整，属于用人单位经营自主权的范畴，由此导致劳动者岗位变化、待遇水平降低，劳动者主张用人单位违法调整工作岗位、降低待遇水平的，不予支持。 用人单位主张调整劳动者工作岗位合法，应承担举证证明责任。	《天津法院劳动争议案件审理指南》（津高法[2017]246号）

结合上述地方指导意见以及相关案例，笔者总结梳理了司法裁判机构在判别基于生产经营需要调岗需要关注的点，以供读者参考。

1. 目的正当性

为避免用人单位滥用单方调岗权，"师出有名"是各地对用人单位单方调岗最基本的要求，"基于生产经营需要"是被广泛使用的概念，但并无准确的定义。事实上，由于生产经营情况的多变性、不同企业之间的差异性，如何论证是基于生产经营需要应由企业进行举证。

从各地司法实践来看，以下情形均有可能被理解为生产经营需要：生产结构调整、经营范围调整、外部市场变化、经营发生困难、企业合并、企业收购、部门合并、企业搬迁、架构重组、停工停产、生产线转移、业务剥离、新业务开拓等。

可见，司法实践对于生产经营需要的范围并无过多的限制，更多赋予用人单位自主权，但不意味着用人单位的任何理由都可以得到支持，其仍然需要举证证明调岗的具体背景，如目的正当性遭受质疑，如涉嫌打击报复劳动者的，同样会受到质疑和否决。

2. 程序正当性

虽然用人单位的单方调岗权得到肯定，但仍然需要遵守一定的程序要求，程序公正是内容公正的保障，结合相关司法实践，以下方面能增加程序的正当性：

（1）劳动合同、规章制度对企业基于生产经营需要调岗有明确约定。部分地方甚至将此作为必需的程序要件，这一要求体现了劳动关系中的"契约精神"。

（2）调岗的决定经过民主决策程序。非个人或者是一个部门的决定，作为一项直接影响劳动者权益的决定，应由企业作为决策层进行决策，如经过股东会、董事会或者经营班子会议等，形成相关的会议纪要，体现集体的意志，而非某个领导个人的意志。

（3）保障劳动者的知情权、申诉权。相关的调岗决定应当提前告知劳动者，并与劳动者进行沟通解释，确保劳动者的知情权，如能给予劳动者一定的考虑时间，听取劳动者的意见并进行反馈，则会增加程序的正当性。

3. 内容正当性

这是企业应当核心关注，也是司法裁判机构核心审查的内容。岗位是劳动合同的重要内容，其与劳动者的待遇、工作时间、工作地点、工作能力、工作习惯等息息相关，为了避免企业滥用单方调岗权，在基于生产经营需要进行调岗时岗位内容应符合以下条件：

（1）调整前后薪酬应基本相当。这是多数地方司法裁判机构坚持的立场，因工资待遇是劳动者生存的最基本保障，也为了避免企业借调岗降薪变相辞退劳动者，企业行使单方调岗权需符合这一原则。

（2）工作地点、工作环境、工作时间变化不大。工作地点、工作环境、工作时间是劳动者履行劳动合同的重要内容，如变化过大势必会导致劳动者履职难度的增加，因此，企业应避免在调岗的同时改变劳动者的工作地点、工作环境，如跨区域调动、将室内工作调整为室外工作、标准工时变成不定时工时等，均会增加违法调岗的风险。

（3）避免打击报复和侮辱性调岗。从调岗的可能性来讲，企业可能调整的岗位有很多，如何避免企业借调岗之名打击报复员工或者逼迫员工辞职是需要重点关注的问题。当然，从举证的角度，一般需要劳动者举证证明存在这种情况，但作为企业，如能充分说明调整的岗位与企业生产经营发展的关联性，或能从正面的角度说明调岗充分考虑了劳动者的技能、资历等情况，则能够更好地避免此类风险。

【实务指引】

通过本文的分析，相信读者对于企业基于生产经营需要调岗已经有了比较全面的认识，企业在实践中如希望更好地行使单方调岗权避免违法调岗的风险，建议从以下方面做好相关工作：

一、通过劳动合同、规章制度对基于生产经营需要调岗的情形进行约定

企业可以结合自身的情况，对企业生产经营过程中可能出现的各种情况进行列举，明确出现该类情况时企业可以基于生产经营需要进行调岗。

当然，并非说企业列举的情形都会得到司法裁判机构的支持，在发生争议时，司法裁判机构也仍然会对此进行审查，但如果有约定将能更好地说服司法裁判机构，认可企业调岗的合理性。

在约定相关内容时，企业应避免进行过于宽泛的约定，如约定在任何情况下企业均可基于生产经营需要进行单方调岗，显然这样的约定是不会得到支持的。

二、注重调岗程序的正当性

首先，单方调岗前，企业应有程序正当的意识，注重民主程序，通过集体决策进行决定，甚至邀请工会加入进行讨论，留下相关的书面记录，如股东会决议、经营会议纪要等，避免"一言堂"。

其次，要保障员工的知情权、申诉权。调岗决定作出后应及时送达员工，并听取员工的意见，对员工提出的疑问进行解答，同时，还建议给予员工合理的考虑时间，有条件的情况下最好可以提供多个选择方案。

三、注重调岗内容的正当性

首先，应确保调岗前后的薪资基本相当，避免出现薪资降低。薪资是否完

全不可以降低呢？司法实践并未给出统一意见，更多的是法官自由裁量权的范畴，个人理解，涉及薪资降低肯定存在风险，但如果降低幅度不大，且有充分合理的理由，也有可能得到认可。

其次，工作地点、工作环境、工作时间尽量维持不变。

再次，避免打击报复和侮辱性的调岗。调整后的岗位应尽量考虑与员工的技能、资质等相匹配，避免出现跨度过大造成劳动者明显不能胜任的情况，如将普通员工调至财务部门，将经理级别员工调至保洁岗位等，均有可能构成违法调岗。

11 如何在劳动合同中约定工作地点？

【核心观点】

用人单位变更工作地点，原则上应与劳动者协商一致，但是如果劳动合同对工作地点作了合理的约定，用人单位可以根据自身经营生产需要在约定的工作地点范围内调整，在没有降低劳动者的薪酬福利待遇，并且对劳动者信赖利益作出合理补偿的情况下，不构成对劳动合同的违反，也不违反法律的相关规定。

【案情简介】

陈某与顺丰速运有限公司（以下简称速运公司）于2015年4月1日签订无固定期限劳动合同。速运公司于2015年12月4日以邮政快件的方式向陈某发放《员工调动通知书》，以业务管理及人员调整需要为由将陈某从上塘分部（深圳龙华区）调到50公里以外的坑梓分部（深圳龙岗区）工作，要求陈某从收到通知的第二天到坑梓分部报到工作。陈某以速运公司未经其同意为由拒不服从调动，并继续到原工作地点考勤，但是速运公司未给陈某派单。2015年12月11日速运公司再次以邮政快件的方式向陈某发放《通知书》，要求陈某2015年12月15日到坑梓分部报到，并说明无故旷工5天的理由。陈某仍未到坑梓分部报到。2015年12月31日，速运公司向陈某发送《解除劳动合同通知书》，以陈某无故旷工达20多天严重违反公司规章制度为由将陈某辞退。

陈某主张速运公司违法变更工作地点与速运公司产生纠纷，并提起劳动仲裁，请求裁决：1. 速运公司向陈某支付2015年12月1日至12月31日的工资人民币4000元；2. 速运公司向陈某支付无故解除劳动合同的经济补偿金（赔偿金）人民币70000元；3. 速运公司支付陈某支出的律师代理费人民币4839元。

【裁判结果】

一审判决结果[案号:（2016）粤0306民初7464号]：

一、速运公司应于本判决生效之日起三日内支付陈某2015年12月工资人民币2030元；二、速运公司应于本判决生效之日起三日内支付陈某解除劳动关系经济赔偿金人民币70000元；三、速运公司应于本判决生效之日起三日内支付陈某支出的律师代理费人民币4839元；四、驳回原告陈某的其他诉讼请求。

一审法院经审理认为，本案的争议焦点为速运公司是否应支付解除劳动合同赔偿金。企业的生产经营状况是随着市场竞争的形势和企业自身的情况而不断变化的，根据自身生产经营需要调整员工的工作岗位及薪酬标准是企业用工自主权的重要内容，对企业的正常生产经营不可或缺。由此，企业固然有权对员工调岗、调薪，但企业不可滥用此权利而当然地享有单方面变更合同的权利。为防止权利滥用，企业应对其调岗、调薪行为举证说明其具有充分的合理性。

速运公司是从事快递业务的企业，其与陈某之间约定的劳动报酬是采用保底计件制的工资发放方式。速运公司的经营范围是收发快递件并从中收取服务费，速运公司将员工安排到以区域划分的工作岗位。因此，速运公司在自己划分的各区域的知名度，员工在各区域的熟识度以及快递客户的多寡，直接影响到员工在各区域工作岗位的计件工资的多少，对员工工作地点的调动，直接构成工作岗位的调整。陈某提交的工资条显示，其2014年12月至2015年8月的收件量与派件量较高，月工资平均约为人民币6600元。速运公司提交的《通知书》证明其于2015年9月将陈某调整岗位到中华工业园区，陈某从2015年9月起的平均工资约为人民币3760元。

从双方实现劳动合同的目的来看，对于用人单位而言，是获得员工提供的劳动，其变更员工工作地点的目的主要是从降低经营成本、优化人力资源结构、获得更有利于市场以及政策优惠等方面考虑；对于劳动者而言，工作地点的变更对劳动者提供劳动便利性将产生很大的影响，如上班路途时间的变化导致休息时间增减、上班路途对上班交通成本的影响，此种对提供劳动便利性的影响必将对劳动者在建立劳动关系时的目的上产生一定影响，且影响到劳动者在固定工作地点时对用人单位产生的一切信赖利益。如果速运公司对陈某在深圳区域内进行工作地点的调整，没有降低陈某的劳动报酬待遇，对信赖利益的损害作出一定的补偿，让其在工作地点调整后收入大致相当，那么速运公司应当享有合理配置人力资源调配员工工作地点的权利，即双方的权利义务应当依照《劳动合同》第二条第（三）款约定，速运公司可在深圳市区划内调动陈某的工作地点。如果速运公司对陈某在深圳区域内工作地点的调整，降低了陈某的劳动报酬待遇，对信赖利益的损害未作任何补偿，那么速运公司的行为实质是变更劳动合同内容，应当依照《劳动合同法》第三十五条的规定，与陈某以书面形式协商一致。速运公司在未与陈某协商一致的情况下调动陈某的工作地点，并向陈某送达《解除劳动合同通知书》，属于违法解除劳动合同关系。

二审判决结果[案号：（2016）粤03民终14496号]：

一、维持深圳市宝安区人民法院（2016）粤0306民初7464号民事判决第四项；二、撤销深圳市宝安区人民法院（2016）粤0306民初7464号民事判决第二项；三、变更深圳市宝安区人民法院（2016）粤0306民初7464号民事判决第一项为：速运公司应于本判决生效之日起三日内支付陈某2015年12月份工资人民币981元；四、变更深圳市宝安区人民法院（2016）粤0306民初7464号民事判决第三项为：速运公司应于本判决生效之日起三日内支付陈某律师代理费人民币66元；五、驳回速运公司的其他上诉请求。

二审法院经审理认为，本案的争议焦点为：一、关于用人单位调整员工的工作地点是否构成违法调岗；二、用人单位解除劳动合同是否合法合理。

关于用人单位调整员工的工作地点是否构成违法调岗

二审法院认为：速运公司于2015年12月4日向陈某发放《员工调动通知书》，以业务管理及人员调整需要为由将陈某从目前的工作地上塘分部调到坑梓分部工作，两个工作地点均在深圳市的辖区内，符合双方在劳动合同中关于工作地点在深圳的约定。速运公司将陈某从上塘分部调到坑梓分部并未降低陈某的工资标准，不具有侮辱性和惩罚性，也未违反相关法律规定。陈某主张速运公司系恶意调岗，无相应的证据证明，其主张二审法院不予采信。

一审法院以陈某到坑梓分部上班会因地方不熟导致提成的减少，速运公司应在与陈某协商一致的情况下调动陈某的工作地点，据此认定速运公司属于违法解除劳动合同关系，速运公司应支付陈某违法解除劳动合同经济赔偿金人民币及未按要求到坑梓分部上班期间的2015年12月工资不当，二审法院依法予以纠正。

用人单位解除劳动合同是否合法合理

速运公司根据自身生产经营需要调整员工的工作岗位系企业合法行使用工自主权，陈某未按速运公司的调动要求到坑梓分部上班已达20多天，构成长期旷工。速运公司的《奖励与处罚管理规定》第二十二条规定："连续旷工3天（含）以上或一年内累计旷工达6天（含）以上的，公司将予以解除劳动合同，永不录用。"速运公司以陈某无故旷工达20多天严重违反公司规章制度为由将陈某辞退符合法律的规定，陈某主张顺丰速运有限公司将其从上塘分部调到坑梓分部应与其协商一致理由不成立，二审法院不予采纳。

速运公司上诉主张无须支付陈某违法解除劳动合同经济赔偿金及未按要求到坑梓分部上班期间的2015年12月工资理由成立，二审法院予以支持。

【争议焦点解读】

《劳动合同法》第十七条规定工作地点是劳动合同必备条款之一，在劳动者与用人单位签订劳动合同时，双方应当对具体的工作地点作出约定。实务中，因用人单位变更工作地点引发的劳动争议纠纷颇多，此类纠纷的争议点在于，用人单位认为自己是在劳动合同约定的工作地点范围内变更，但劳动者认为是用人单位擅自变更工作地点。争议产生是劳动合同约定的工作地点不唯一、不明确导致。

法院在审理此类纠纷时，并不单纯判断工作地点是否变更，还需结合工作地点变更对劳动者的影响以及用人单位采取的补偿措施等因素综合判断，以确定用人单位是否符合《劳动合同法》规定的支付经济补偿金的条件。

各地法院对此类案件的裁判尺度不一，支持用人单位有之，支持劳动者亦有之。笔者根据司法实践，归纳出以下工作地点变更纠纷的几种争议情形：

一、劳动合同约定了唯一的工作地点，比如某市，如用人单位在某市范围内变更具体工作地点，用人单位提供交通补贴或者班车，且对劳动者不会造成明显影响的，用人单位有权变更工作地点，劳动者以此为由解除劳动合同主张经济补偿的，一般不予支持。目前如北京、广东等地法院均颁布了相关指导意见，认定在不对劳动者造成明显影响的情况下，用人单位有权在本市范围内变更工作地点。《北京市高级人民法院、北京市劳动争议仲裁委员会关于审理劳动争议案件法律适用问题的解答》（2017年4月24日）明确：用人单位与劳动者在劳动合同中明确约定用人单位可以单方变更工作地点的，应对其合理性进行审查，除考虑对劳动者的生活影响外，还应考虑用人单位是否采取了合理的弥补措施（如提供交通补助、班车）等。广东省人力资源和社会保障厅颁布的《关于做好企业转型升级过程中劳资纠纷预防处理工作的意见》规定：企业在本市行政区域内搬迁，职工上下班可乘坐本市公共交通工具，或企业提供交通补贴、免费交通工具接送等便利条件，对职工生活未造成明显影响的，劳动合同继续履行。

上述用人单位可在市级范围内变更工作地点的前提，是劳动合同没有约定比市级范围更具体的工作地点，如某市某区、某市某区某街等，如劳动合同约定的工作地点具体到某区某街，则用人单位在市内变更工作地点就需要跟劳动者协商一致，否则劳动者可以据此解除劳动合同要求用人单位支付经济补偿。

二、劳动合同未约定工作地点，法院一般以劳动者的实际工作地点作为双方约定的工作地点，此时如果用人单位在市内变更工作地点，用人单位提供交通补贴，且对劳动者不会造成明显影响的，用人单位有权变更工作地点，但如跨较远的市或跨省变更工作地点的，则必须跟劳动者协商一致，否则劳动者可以据此解除劳动合同要求用人单位支付经济补偿。

三、劳动合同约定多个工作地点，并约定用人单位可以在约定的工作地点范围内变更劳动者的工作地点。此种约定是否对劳动者有约束力颇有争议。由于劳动合同的签订主体并非处于平等地位，劳动合同是否如一般合同一样完全遵从意思自治原则，抑或还须考虑到对劳动者的生活稳定性影响，因此法院并非单纯是从法律角度决策，尚需考虑到可能造成的社会影响。

【实务指引】

如何在劳动合同中约定工作地点？笔者结合多年的劳动法律服务经验提出如下意见：

一、关于工作地点的约定不宜太宽泛，也不宜太具体

原则上，工作地点应当根据用工实际填写，一般为用人单位所在地。用人单位对劳动者工作地点的约定不宜过于宽泛，如不宜在劳动合同中约定工作地点为"江苏省""全国"等。如果用人单位对经营模式、劳动者工作岗位特性等没有特别要求，即便劳动者签订这样的劳动合同，司法实践中通常将劳动者实际履行的工作地点视为双方确定具体的工作地点。因此，我们建议在工作地点条款的约定中明确较为具体的工作地点，如某地级市，避免工作地点被认定为约定不明，法院直接按照司法实践处理。

虽然用人单位应当尽可能地明确约定工作地点，但在作具体约定时也不宜太具体，不建议具体明确到某区，目前司法实践中，在劳动合同明确约定为某市的情况下，用人单位在市内中心区域范围内变更劳动者的工作地点，一般视为合理变更。但是如果把工作地点明确为某市某区，且没有与劳动者协商一致的情况下进行市内中心区域范围内跨区域的变更，有可能会被认定为违法变更工作地点。

二、调动工作地点时，提供班车或交通补贴等福利待遇，尽量降低对员工生活的影响

在调整或变更员工工作地点时，企业应考虑是否因此增加了员工履行劳动合同的难度或负担、对员工的生活是否造成影响等。用人单位在市内变更工作地点，最好能给予劳动者交通补贴，有条件的提供免费交通工具，这既是维护劳动者权益的表现，也使用人单位变更工作地点更具合法性。

三、根据劳动者工作性质的不同约定不同的工作地点

作为一些跨区域的销售公司，或特殊岗位的劳动者，用人单位与劳动者签订劳动合同约定工作地点时，我们建议用人单位对经营模式或劳动者工作岗位特性予以特别提示和说明，明确用人单位需根据不同岗位的工作性质明确工作地点，避免日后发生争议。如对于销售、导购、客服或售后服务等流动性较强的岗位，在约定工作地点时，比较妥善的做法是：在劳动合同中明确约定 N 个具体的工作地点，并阐明日后需发生工作地点变动或调整的情形，明确员工同意并承诺在以上范围内服从公司工作地点的调整安排。但是对于内勤人员，则不应当采取宽泛或模糊的方式约定工作地点，这类人员一般情况下应当约定固定的工作地点，如某市。

四、约定用人单位可以根据生产经营需要调整工作地点

关于工作地点的变更，建议用人单位在劳动合同中明确可变更的工作地点范围，同时明确企业可以根据生产或经营需要等，调整员工的工作地点和岗位，员工无正当理由的，应当服从。将这种相对比较温和的、有商量余地的工作地点变更条款放进劳动合同，即便在劳动合同履行过程中，用人单位根据劳动合同的约定变更工作地点，也可能被认定为属于依约变更，为用人单位变更员工工作地点的合理性增加了筹码。但是在司法实践中，司法机关判断变更的合理性一般考量的标准最终都落实到是否对劳动者的生产生活造成实质性的影响，因此除劳动合同中对工作地点的变更作明确的约定外，用人单位在变更工作地点的时候，应尽量减少工作地点的变更对劳动者生产生活造成的实质性影响。

12 企业搬迁是否必须支付经济补偿？

【核心观点】

用人单位因生产经营需要在同一地级市行政区域内变更经营场地，已经向员工提供交通补贴、免费交通工具、免费员工宿舍等便利条件，且变更经营场地未对职工生产生活造成明显影响的，不属于未按照劳动合同约定提供劳动保护或者劳动条件的情形，用人单位与劳动者的劳动合同仍可继续履行，员工向用人单位提出解除劳动合同的，用人单位无须支付经济补偿。

【案情简介】

2014年5月15日，苏某与广州市顺捷物流服务有限公司（以下简称物流公司）续签了劳动合同，合同约定苏某工作地点为物流公司所在地（及因工作需要所到的场所）。2015年，物流公司将经营地点从广州市增城区仙村镇沙头村搬迁至增城区永宁街叶岭村。2015年4月14日，物流公司发出通告，表示将给员工提供免费员工宿舍及免费班车接送员工上下班。2015年5月27日，苏某因不满物流公司搬迁而向物流公司提出解除劳动合同。

2015年5月29日，苏某以物流公司擅自变更劳动地点、未按规定以苏某实际工资来购买社会保险为由，向仲裁委提出仲裁申请，请求物流公司支付苏某解除劳动合同经济补偿金18000元。

【裁判结果】

一审判决结果 [案号：（2016）粤0183民初1670号]：
驳回苏某的诉讼请求。

一审法院认为，本案的争议焦点为用人单位是否需要向苏某支付经济补偿。

一审法院认为：双方在劳动合同中已约定苏某的工作地点为"公司所在地（及因工作需要所到的场所）"，物流公司因经营需要对经营场地予以变更，是其行使经营自主权的行为，故新的经营场地属于"因工作需要所到的场所"，物流公司搬迁经营场所的行为并未违反劳动合同的约定。虽然经营场所的搬迁对部分员工而言会增加路程，但物流公司为员工提供了免费通勤车，苏某的通勤条件在物流公司搬迁经营场所前后并未有明显区别，且物流公司提供免费宿舍也一定程度上保障了苏某生活的便利。因此，物流公司搬迁经营场地行为不属于未按照劳动合同约定提供劳动保护或者劳动条件的情形。

根据粤人社发〔2013〕189号文及粤人社规〔2013〕3号文"企业在本市行政区域内搬迁，职工上下班可乘坐本市公共交通工具或企业提供交通补贴、免费交通工具等便利条件，未对职工生活造成明显影响的，劳动合同继续履行，企业无须支付经济补偿"的精神，苏某仅以工作地点变更为由解除劳动合同属于主动解除，其要求物流公司支付经济补偿金，缺乏事实及法律依据，一审法院不予支持。

二审判决结果［案号：(2017) 粤 01 民终 3429 号］：

驳回上诉，维持原判。

【争议焦点解读】

企业是独立法人，公司搬迁属于企业经营自主权的行为，企业有权单方决定，但是公司搬迁不仅涉及企业的利益，同时也涉及劳动者的利益。我国《劳动法》及相关法律对于公司搬迁没有具体的规定，对于因企业搬迁导致劳动者不愿意到新地点上班与用人单位解除劳动合同，用人单位是否应当支付经济补偿的问题，各地方司法实务操作的标准不太统一。

《北京市高级人民法院、北京市劳动争议仲裁委员会关于审理劳动争议案件法律适用问题的解答》明确："用人单位与劳动者在劳动合同中明确约定用人单位可以单方变更工作地点的，应对其合理性进行审查，除考虑对劳动者的生活影响外，还应考虑用人单位是否采取了合理的弥补措施（如提供交通补助、班车）等。"根据上述规定，北京地区的司法实践中，判断企业搬迁是否需要支付经济补偿主要审查的要点是，是否对劳动者的生活造成影响，以及用人单位是否采取了合理的弥补措施。

《广东省高级人民法院关于审理劳动争议案件疑难问题的解答》明确："企业因自身发展规划进行的搬迁，属于劳动合同订立时所依据的客观情况发生重大变化，用人单位应与劳动者协商变更劳动合同内容。未能就变更劳动合同内容达成协议的，劳动者要求解除劳动合同以及用人单位支付解除劳动合同的经济补偿金的，予以支持。但如企业搬迁未对劳动者造成明显的影响，且用人单位采取了合理的弥补措施（如提供班车、交通补贴等），劳动者解除劳动合同理由不充分的，用人单位无须支付解除劳动合同的经济补偿金。"可见，如果企业因自身发展规划的原因进行搬迁的，原则上需要向劳动者支付经济补偿，除非企业采取各种合理的弥补措施（如提供班车、交通补贴等），且没有对劳动者的生产生活造成重大影响。

具体司法实践中，企业搬迁在何种情形下需要支付经济补偿？

企业搬迁是否需要支付经济补偿需要考虑的前提是企业的搬迁是否属于

"客观情况发生重大变化"，一定导致原劳动合同无法继续履行。

根据《劳动合同法》第四十条第（三）项的相关规定，劳动合同订立时所依据的客观情况发生重大变化，致使劳动合同无法履行，经用人单位与劳动者协商，未能就变更劳动合同内容达成协议的，用人单位提前三十日以书面形式通知劳动者本人或者额外支付劳动者一个月工资后，可以解除劳动合同。

那么什么是"客观情况发生重大变化"？根据《劳动部关于〈中华人民共和国劳动法〉若干条文的说明》中第二十六条的规定，"客观情况"指：发生不可抗力或出现致使劳动合同全部或部分条款无法履行的其他情况，如企业迁移、被兼并、企业资产转移等。从上述规定可以看出，"客观情况发生重大"其中一种情形为企业的搬迁。

那么是否企业只要涉及搬迁，无论距离远近，都可以依照"客观情况发生重大变化"解除劳动合同？如是，则企业一旦发生搬迁，随时可以搬迁为由解除劳动关系，这必然会导致劳动关系趋于一种极不稳定的状态。事实上，企业搬迁不必然导致劳动合同无法继续履行，需要变更或解除劳动合同，司法实践中一般以是否跨行政区域、距离远近、是否对员工的生活造成实质性的影响作为判断标准。

第一种情形：企业在本行政区域内中心城区之间的搬迁后采取了弥补措施（如提供班车、交通补贴等）

如企业在本行政区域内中心城区之间搬迁后为了保证员工正常上下班而安排了班车接送或者提供一定的交通补贴。在这种情形下，虽然企业进行了搬迁，但并没有对员工上下班出勤造成实质性影响，如果员工以此提出解除劳动合同并主张支付经济补偿的话，属于滥用劳动合同法赋予的解除权的行为。劳动者应当在合理的范围内服从用人单位的安排；若员工执意拒绝前往新址上班的，用人单位也可以"不服从安排""旷工"等理由根据法律法规和单位规章制度等对劳动者采取必要的纪律处分措施。

但需提醒注意的是，并非只要用人单位提供了班车接送或其他弥补措施就都可以认定为劳动合同可以继续履行，判断劳动合同是否可以继续履行的关键在于工作地点的变动对员工继续履行劳动合同所造成的影响是否在合理范围内。

第二种情形：企业在本行政区域内从中心城区搬到较远的郊区，或从 A 市搬迁至 B 市企业的搬迁如果是从 A 市搬到交界处的 B 市，新旧工作地点的距离较近，在这种情况下即便是跨行政区域的搬迁，但是可能对社保缴纳、子女上学、居住、购房都没有造成重大影响，这种情形下企业不一定需要支付经济补偿。

但是当企业在本行政区域内从中心城区搬到较远的郊区，或从 A 市搬迁至较远的 B 市，在这种情况下对劳动合同的履行产生的影响已不是提供班车接送或其他简单的弥补措施可以解决的。特别是如果企业从 A 市搬迁至较远的 B 市，无论企业提供何种弥补性措施，由于搬迁对员工社保缴纳地、子女上学、居住、购房等均构成重大影响，这时便符合"劳动合同订立时所依据的客观情况发生重大变化，致使劳动合同无法履行"的条件，在这种情况下企业可能需要与劳动者协商一致变更劳动合同，或者在协商不一致的情况下解除劳动合同并支付经济补偿。

【实务指引】

随着经济发展与国家产业转型的要求，出现大量企业搬迁的现象，企业的搬迁必然会涉及企业与员工之间的劳动合同能否继续履行的问题。如企业搬迁时是否需要变更劳动合同？员工是否有权拒绝搬迁并解除劳动合同？公司是否必须支付经济补偿？针对不同的情形，企业可以有不同的操作方式。

一、劳动合同中关于工作地点的约定不宜太宽泛，也不宜太具体，建议约定为某一地级市行政区域

如果用人单位对经营模式、劳动者工作岗位特性等没有特别要求，如全国连锁企业的总裁工作地点可以约定为全国的、跨区域销售总监的工作地点可以约定为几个特定的城市。对于一般的企业及工作岗位，用人单位和劳动者关于工作地点的约定不宜过于宽泛，如不宜在劳动合同中约定工作地点为"江苏省""全国"等，即便劳动者签订这样的劳动合同，司法实践中通常将劳动者实际履行的工作地点视为双方确定具体的工作地点。因此，我们建议在工作地点条款的约定中明确较为具体的工作地点，如某地级市，避免工作地点被认定为约定不明，法院直接按照司法实践处理。

虽然用人单位应当尽可能地明确约定工作地点，但在作具体约定时也不宜太具体，不建议具体明确到某区，目前司法实践中，在劳动合同明确约定为某市的情况下，用人单位在市内中心区域范围内变更劳动者的工作地点，一般视为合理变更。但是如果把工作地点明确为某市某区，如果没有与劳动者协商一致的情况下进行市内中心区域范围内跨区域的变更，有可能会被认定为违法变更工作地点。

二、如企业的搬迁采取了相应的弥补措施，并未对劳动者的生产生活造成实质性的影响，原劳动合同可继续履行，用人单位无须支付经济补偿

通常情况下，如果企业搬迁在本市同一行政区内，对劳动者的生活基本没有影响或造成的影响很小，员工履行劳动合同并无障碍，则员工应予以配合至新地址上班，若员工拒不配合，则企业应及时向员工发出旷工通知，如员工拒不到岗的，企业可按规章制度规定（如旷工）作出处罚。如果相关行为严重违反公司规章制度的，企业有权解除劳动合同而无须支付经济补偿。

三、判断是否属于"客观情况发生重大变化"

如果企业搬迁至本市内跨几个行政区或本市区域外的，对劳动者的生活造成重大影响，劳动者拒绝服从搬迁，企业有权依据《劳动合同法》第四十条第（三）项"客观情况发生重大变化为由解除劳动合同并支付经济补偿。"在依据"客观情况发生重大变化"解除劳动合同时，首先，企业需判定本次搬迁已经符合"客观情况发生重大变化"导致劳动合同全部或部分不能履行。其次，企业在判定原劳动合同无法继续履行后，需跟劳动者对劳动合同的变更进行协商，只有在协商不能达成一致之后，企业才能行使单方解除权，但如果企业没有跟劳动者对变更劳动合同进行协商，直接解除劳动合同有可能被认定为违法解除，需要支付赔偿金。

四、如企业的搬迁对劳动者的生产生活造成实质性的影响，可与劳动者协商解除劳动合同

司法实践中，以"客观情况发生重大变化"为由解除劳动合同的，对企业的举证责任提出了较高的要求，因此，如果搬迁符合"客观情况发生重大变化"，这时候企业可以考虑一种风险较小并且皆大欢喜的方案结束双方的劳动关系，这就是"协商一致解除并支付经济补偿"。

当企业判断相关情形符合《劳动合同法》第四十条第（三）项的规定，企业可履行相关程序后单方解除劳动合同，并支付经济补偿和代通知金。若企业不作出解除合同决定，员工也不到新地址上班，双方处于僵局状态，此时，劳动者可依据《劳动合同法》第三十八条企业不提供劳动条件、未及时足额支付劳动报酬为由单方解除劳动合同，并有权向企业主张经济补偿。

2
薪酬福利与休息休假篇

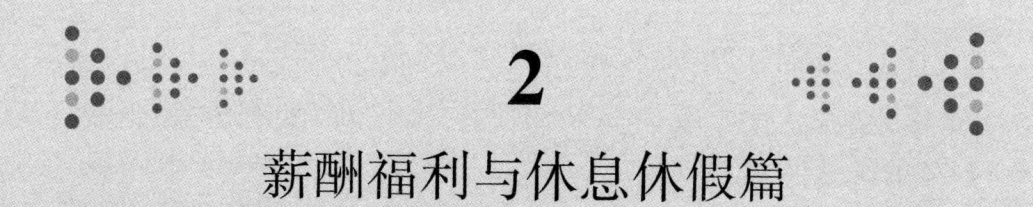

13 值班人员能否主张加班工资？

【核心观点】

值班分两种情形，一种为因单位安全、消防、假日等需要担任单位临时安排或制度安排的与劳动者本职工作无关的值班；另一种为单位安排劳动者从事与其本职工作有关的值班任务，但值班期间是可以休息的。如用人单位安排劳动者值班已形成制度，值班内容为安防等临时安排的工作，或值班内容与本职工作相关但值班期间可以休息的，该值班性质不属于加班。用人单位针对值班已安排了相应补休或支付定额津贴的，劳动者再主张值班的加班工资不予支持。

【案情简介】

郝某于 2007 年 6 月 11 日至六晶公司工作，在公司所属嘉定厂区担任驾驶员。同年 7 月 26 日双方签订聘用合同，约定合同期限为 2007 年 7 月 26 日至 2008 年 7 月 25 日，每月税前工资人民币 1800 元，每天 8 小时工作制等。

六晶公司工资结算周期为上月 26 日至本月 25 日。2007 年 6 月至 12 月，六晶公司以现金发放工资，郝某按月签收，2007 年 6 月、7 月基本工资 1500 元，8 月、9 月基本工资 1700 元，10 月起基本工资 1800 元。2008 年 1 月起，六晶公司通过中国建设银行上海市分行代发工资，无现金签收。2008 年 4 月起，郝某月基本工资调整为 1920 元。2008 年 7 月 25 日劳动合同期满，双方未再续签。

2009 年 6 月 9 日，六晶公司向郝某发出劳动合同续签通知书，寄送地址为郝某所在嘉定厂区，通知书载明："公司已于 2009 年 5 月 13 日将劳动合同交于你手中，现通知你于 2009 年 6 月 12 日之前与公司续签劳动合同。"

6 月 12 日，郝某提出辞职，填写"离职手续办理清单"，办理物品移交手续，其所在部门、仓库、人事部经办人签字确认。郝某在"离职原因叙述"一栏填写："自我个人进公司以来至今未支付加班费，多次找领导反映和协商无结果，特提出辞职。"并加盖六晶公司行政人事章，但"部门负责人意见""主管领导意见"处为空白。郝某实际工作至该日止，工资结算至2009年5月25日。2009年5月26日至6月12日郝某实际出勤12.5天。

在职期间，郝某属办公室人员。六晶公司正常上班时间为周一至周五，每天8：00至16：30。六晶公司按月安排办公室人员值班，值班时间为：正常工作日夜间值班：每天下午16：30下班起至次日上午8：00；双休日白天值班：8：00至18：00；双休日夜间值班：下午18：00至次日上午8：00；法定节假日值班，值班人员实行调休制度；凡夜间值班的次日可调休半天。值班人员主要负责安全巡查、处理突发事件、督查劳动纪律等，并负责填写值班记录，记录值班情况及加班人员名单等。六晶公司对非节假日值班支付80元/天值班津贴，节假日值班支付200/天值班津贴。2007年6月至2009年6月，六晶公司共支付郝某值班津贴9280元（200元×4天节假日值班+80元×106天平时及双休日值班）。

另，六晶公司分别于2008年6月、2009年6月经上海市徐汇区劳动和社会保障局批准，在2008年4月至2009年3月、2009年7月至2010年6月对生产人员、仓库、检验岗位实行以季为周期的综合计算工时制。

2009年6月16日，郝某向劳动合同履行地上海市嘉定区劳动争议仲裁委员会申请仲裁，主张加班费、二倍工资、经济补偿金等。

【裁判结果】

一审判决结果[案号：（2010）徐民一（民）初字第3772号]：

一、六晶公司于判决生效之日起十日内支付郝某未签劳动合同的二倍工资差额20880元；二、六晶公司于判决生效之日起十日内支付郝某2007年6月11日至2009年6月12日加班工资23007元；三、六晶公司于判决生效之日起十日内支付郝某解除劳动合同经济补偿金4852.50元；四、六晶公司于判决生效之日起十日内支付郝某2009年5月26日至6月12日工资1333.33元。

关于加班时间的计算

一审法院认为，对于加班时间的计算，应遵循以下原则：一、值班不作加班认定；二、正常工作日上班时间为8：00至16：30，剔除当天夜间值班外，超出部分以有效的派车申请单、出车记录为证，能证明加班事实的派车申请单或出车记录，必须符合由公司主管领导签核的要求，只有申请人而无签核的或者既无申请人又无签核的不予认可；三、双休日及法定节假日，剔除值班外，同样须以符合上述条件的派车申请单、出车记录为证。

对于值班天数，经核对，一审法院确认 2007 年 6 月至 2009 年 6 月郝某值班共 125 个班次，其中工作日夜间值班 70 个班次，双休日白天值班 19 个班次、夜间值班 19 个班次，法定节假日白天值班 9 个班次、夜间值班 8 个班次。

对于加班时间，经核对，一审法院确认郝某平时延长工时时间为 793.3 小时，双休日加班 420.1 小时，法定节假日加班 31.3 小时。另，郝某在 2008 年 8 月 18 日至 22 日、2009 年 1 月 19 日至 23 日各休年假 5 天；夜间值班后的调休时间为：2007 年 10 月 25 日、29 日、11 月 13 日半天、23 日半天、27 日半天、29 日半天，2008 年 1 月 2 日、3 日、4 日、28 日半天、3 月 25 日半天、4 月 22 日半天、5 月 26 日半天、7 月 21 日半天、12 月 22 日、23 日，2009 年 3 月 6 日、4 月 7 日、5 月 25 日、26 日，共计 15.5 天。除此之外，六晶公司未安排郝某双休日加班后的补休。

关于加班与值班的争议

对于加班与值班之争议，根据相关规定，值班有两种情形，一种为因单位安全、消防、假日等需要担任单位临时安排或制度安排的与劳动者本职工作无关的值班；另一种为单位安排劳动者从事与其本职工作有关的值班任务，但值班期间可以休息的。

根据查明的事实，郝某担任公司驾驶员，又属办公室人员，六晶公司安排办公室人员值班已形成制度，集中于双休日、节假日及工作日的夜间，郝某值班内容主要为安全防范及与本职工作相关的出车任务，但值班期间可以休息，夜间值班的次日可以补休半天，六晶公司也支付了定额值班津贴，故不属于加班性质。郝某主张白天值班均未支付津贴，也与事实不符，其要求按加班事实认定，一审法院不予采纳。但按实际值班班次，六晶公司确未足额支付值班津贴，六晶公司对此明确表示不足部分可以补发，一审法院予以准许。

郝某担任驾驶员，六晶公司未对该岗位申报综合计算工时制，应按劳动合同约定适用标准工时。对劳动者的出勤应由用人单位负管理及举证责任。现有证据表明，除值班时间外，郝某确有加班情况，六晶公司应依法支付加班工资，具体金额根据郝某在职期间平均基本工资标准酌情判处。

二审判决结果[案号:(2011)沪一中民三(民)终字第482号]:

驳回上诉,维持原判。

二审法院认为,对于双方争议的郝某在职期间的加班工资,结合郝某在职期间的实际工作情况、六晶公司值班制度、郝某提供的派车申请单及出车记录等综合因素,一审法院依照值班不作加班认定、剔除值班外超出法定工作时间以符合由公司主管领导签核要求的派车申请单及出车记录作为加班依据的原则认定郝某加班时间,并进而根据核对后的加班时间计算认定六晶公司支付郝某2007年6月11日至2009年6月12日的加班工资23007元,并无不当,二审法院予以认同。故二审法院对六晶公司要求不支付郝某加班工资的上诉请求、郝某要求判令六晶公司按照仲裁裁决数额支付加班工资的上诉请求,均不予支持。

【争议焦点解读】

在人力资源管理中,值班是一个特殊的存在,一方面值班问题在企业中普遍存在,另一方面由于法律上对值班并无准确定义和规定,导致司法实践中对值班的理解没有统一的标准。值班是否等于加班?值班是否需要支付报酬?值班是否需要支付加班工资?这些问题一直困扰着劳动者、企业甚至是司法裁判机构。本文从案例出发,梳理各地司法实践,试图为大家拨开迷雾。

一、值班的法律性质

有学者专门检索过,"值班"一词仅在《劳动部关于企业实行不定时工作制和综合计算工时工作制的审批办法》[①]以及《〈国务院关于职工工作时间的规定〉问题解答》[②]中出现过,规定了非生产性值班岗位的劳动者,可以不实行标准工时

---

① 《劳动部关于企业实行不定时工作制和综合计算工时工作制的审批办法》(劳部发〔1994〕503号)第四条第一款,"企业对符合下列条件之一的职工,可以实行不定时工作制。(一)企业中的高级管理人员、外勤人员、推销人员、部分值班人员和其他因工作无法按标准工作时间衡量的职工……"。

② 《〈国务院关于职工工作时间的规定〉问题解答》(劳部发〔1995〕187号)第五点,"问:哪些企业职工可实行不定时工作制

答:不定时工作制是针对因生产特点、工作特殊需要或职责范围的关系,无法按标准工作时间衡量或需要机动作业的职工所采用的一种工时制度。例如,企业中从事高级管理、推销、货运、装卸、长途运输驾驶、押运、非生产性值班和特殊工作形式的个体工作岗位的职工,出租车驾驶员等,可实行不定时工作制。鉴于每个企业的情况不同,企业可依据上述原则结合企业的实际情况进行研究,并按有关规定报批"。

制度而实行不定时工作制。除此之外,我国尚无专门的法律对值班问题进行规范。[①]

而根据《现代汉语字典》的解释,"值班"是指:1.在当值的班次里担任工作。2.指轮班当值的人员。值班虽无准确的法律定义,但总结起来值班有以下特点:

1. 劳动者一般需要在岗;

2. 值班时长较长;

3. 一般劳动强度不大,无任务时可以休息。

从值班的以上特点可以看出,值班作为劳动者提供劳动的一部分,其有别于一般的岗位劳动,劳动强度不大是其显著的特征。那么,既然值班是劳动的一部分,值班是否等于加班呢？司法实践中一般有两种观点:

一种观点认为,值班不等于加班,理由是值班并非从事本职工作,或者值班期间劳动者可以休息。

另一种观点认为,值班应区分情况对待,值班期间的休息时间不应统计为上班时间更不应计算为加班,除此之外如超出正常工作时间的应视为加班。

而在本文案例中司法裁判机构显然采纳第一种观点,认为值班不等于加班,没有支持郝某关于值班需计算加班工资的诉求。

二、值班工资如何支付

如上所述,由于法律对于值班并无明确的定义,值班是否等于加班也存在争议,因此关于值班工资的支付,司法实践中同样存在很大的争议,争议的内容一般涉及以下几个方面:一是值班是否需要支付报酬;二是值班是否需要支付加班工资。由于国家层面并无明确的法律规定,笔者为了探究这一问题,搜集梳理了部分地方的指导意见,整理成表格如下:

	内容	文件名称
北京	22.下列情形中,劳动者要求用人单位支付加班工资的,一般不予支持:(1)用人单位因安全、消防、节假日等需要,安排劳动者从事与本职工作无关的值班任务;(2)用人单位安排劳动者从事与其本职工作有关的值班任务,但值班期间可以休息的。 在上述情况下,劳动者可以要求用人单位按照劳动合同、规章制度、集体合同或惯例等支付相应待遇。	《北京市劳动和社会保障局、北京市高级人民法院关于劳动争议案件法律适用问题研讨会会议纪要》(2009年8月17日)

---

① 赵悦莲:"值班报酬支付研究",《苏州大学2017年硕士学位论文》,第18页。

续表

上海	三、关于单位值班的若干问题 （一）以下情形中，劳动者要求单位支付加班待遇的，劳动争议处理机构不予支持： 1. 因单位安全、消防、假日等需要担任单位临时安排或制度安排的与劳动者本职工作无关的值班； 2. 单位安排劳动者从事与其本职工作有关的值班任务，但值班期间可以休息的； （二）上述情形中，劳动者可以要求单位按照规章制度、集体合同、单项集体协议、劳动合同或惯例等支付相应待遇。	《上海市高级人民法院关于审理劳动争议案件若干问题的解答》（沪高法民一〔2006〕17号）
江苏	三、用人单位的高级管理人员和保安、门卫等岗位工作人员的加班工资争议的处理问题 ……用人单位的门卫、保安等岗位的工作人员的工作时间，如未经劳动保障行政部门审批实行综合计算工时工作制的，其工作时间应实行标准工时制，超过法定工作时间的部分应计算为加班加点时间，用人单位应支付其加班工资。但从公平合理的原则出发，门卫、保安的睡班时间虽需履行一定的工作职责，却无须时刻处于工作状态，如睡班时间全部计算为工作时间，则不尽公平合理，故应允许用人单位与劳动者在劳动合同中约定睡班时间可折算一定的有效工作时间（最低不低于50%），如无合同约定，则睡班时间仍应全部计算为工作时间。	《江苏省劳动仲裁案件研讨会纪要》（苏劳仲委〔2006〕1号）
山东	37. 下列情形不属于用人单位应当支付加班费的范围： （1）用人单位因安全、消防、节假日等特殊需要，经劳动者同意安排劳动者从事与本职工作无关的值班任务； （2）用人单位安排劳动者从事与本职工作有关的值班任务，但值班期间可以休息的。 上述情形，劳动者可以要求用人单位按照劳动合同、规章制度、集体合同或惯例等支付相应待遇。	《山东省高级人民法院、山东省劳动争议仲裁委员会、山东省人事争议仲裁委员会关于适用〈中华人民共和国劳动合同法〉和〈中华人民共和国劳动争议调解仲裁法〉若干问题意见》（鲁高法〔2010〕84号）
浙江	八、对保安、门卫、仓库保管员等特殊岗位劳动者主张加班工资的，加班事实应如何把握？ 对于全天24小时吃住在单位的保安、传达室门卫、仓库保管员等人员，其工作性质具有特殊性。如确因工作所需和单位要求，不能睡眠休息的，应认定为工作时间；如工作	《浙江省高级人民法院民一庭关于审理劳动争议纠纷案件若干疑难问题的解答》（2012年12月）

续表

	场所中同时提供了住宿或休息设施的，应合理扣除可以睡眠休息的时间，即劳动者正常上班以外的时间不应计算为工作时间，对超出标准工作时间上班的，用人单位应支付加班工资。审判实践中，可以综合考虑以下因素：用人单位是否就该岗位向劳动行政部门申请办理过综合计算工时工作制、不定时工作制的审批手续（应注意审批的有效期和审批人数）；用人单位是否在工作场所内为劳动者配备必要的休息设施；用人单位的工作制度或规章制度中对劳动者具体工作内容、工作强度的要求（以判断劳动者按照该制度工作是否将导致事实上无法休息）；用人单位安排值班的人数（即考虑同一时段劳动者是否有轮换休息的可能性）。	
广州	第四条：对于在岗时间较长、劳动强度不大、工作时间灵活或间断性、具有提成性工资性质的特殊行业岗位，人民法院应当充分考虑上述岗位的工作性质和当地劳动力价格水平，且尊重该行业和岗位工资支付的行规惯例，对于劳动者主张在标准工作时间以外的加班工资，从严掌握。	《广州市中级人民法院关于审理劳动争议案件的参考意见（2009）》
厦门	10. 保安、门卫、仓库保管员等特殊岗位劳动者主张加班工资的，加班事实应如何把握？ 用人单位对保安、传达室门卫、仓库保管员等岗位向劳动行政部门申请办理过不定时工作制的审批手续，一般不支持劳动者除法定节假日之外的加班工资。 未办理特殊工时制审批手续或超出审批时间的，应当依法支持加班工资。但因其岗位工作性质具有特殊性，加班事实应综合考虑。如确因工作所需和单位要求，不能睡眠休息的，应认定为工作时间；如工作场所中同时提供了住宿或休息设施的，应合理扣除可以睡眠休息的时间，即劳动者正常上班以外的时间不应计算为工作时间，对超出标准工作时间上班的，用人单位应支付加班工资。裁判实践中，可以综合考虑以下因素：用人单位是否在工作场所内为劳动者配备必要的休息设施；用人单位的工作制度或规章制度中对劳动者具体工作内容、工作强度的要求（以判断劳动者按照该制度工作是否将导致事实上无法休息）；用人单位安排值班的人数（即考虑同一时段劳动者是否有轮换休息的可能性）。	《厦门市中级人民法院、厦门市劳动人事争议仲裁委员会关于审理劳动争议案件若干疑难问题的解答》（厦中法〔2017〕96号）

笔者梳理了北京、上海、江苏、山东、浙江、广州、厦门七个省市关于值班工资的指导意见，发现上述地区司法实践主要有两种观点：

一种观点认为，值班不等于加班，用人单位无须支付加班工资，但应当按照劳动合同、规章制度等的约定支付相应的待遇。持这一观点的有北京、上海、山东。

另一种观点认为，除实行特殊工时的岗位外，值班应按标准工时统计工作时间，如超出正常工作时间的应视为加班并依法计算加班工资，休息时间应扣除或作比例折算工作时间。持这一观点的有江苏、浙江、厦门。

广州的观点介于两者之间，既没说支持，也没说不支持，强调的是从严把握。

【实务指引】

由于国家层面法律规定的脱节，因此实践中要解决值班问题只能分区域讨论，立足于当地设计与司法实践相匹配的值班制度，对于企业的值班管理，笔者有以下建议：

一、关注当地的司法审判实践，完善值班管理制度

如上所分析，北京、上海、山东关于值班是否需要支付加班工资的司法实践与江苏、浙江、厦门明显不同，因此，企业必须关注当地的司法审判实践，才能把握值班待遇的支付问题。

显然，在北京、上海和山东，安排人员值班需要支付加班工资的风险是比较低的，而在江苏、浙江、厦门，如无法对值班岗位申报特殊工时，则超时值班需要支付加班工资的可能性非常高。

对于那些并无明确指导意见的地方，企业可以通过搜寻当地的判例，判断司法裁判机构的倾向性观点，这也是裁判文书公开对于企业管理的一大促进作用。

二、注重劳动合同、规章制度等的约定

每个企业安排员工值班的情况可能不一样，比如有些企业有专职的值班人员，专门负责企业的安全、巡逻等工作，有些企业安排员工轮值，值班的工作可能跟员工的本职工作有关，也可能跟员工的本职工作无关，因此，企业应结合自身的实际情况，通过劳动合同、规章制度等对值班安排进行约定，以便有章可循。

建议企业在劳动合同或者规章制度中对值班的时间安排、值班的任务、值班是否可以休息、值班是否配备休息场所、值班是否可以补休、值班待遇如何支付等问题作出具体规定。

三、做好值班台账管理，支付合理的值班待遇

首先，从各地司法实践来看，无论是认为值班不视为加班的北京、上海、山东地区，还是认为值班视为加班的江苏、浙江、厦门地区，均肯定值班应当支付一定的待遇，毕竟劳动者提供了劳动。有些企业会以固定的值班津贴的名义发放，有些企业会安排员工进行相应的补休，总之，企业支付的值班待遇应考虑值班的劳动强度、劳动者是否可以休息等因素作出合理的安排，如果明显不合理或者存在损害劳动者利益的情形，司法裁判机构可能会作出相应的调整。

其次，企业还应当做好值班台账的管理，做好值班考勤、值班任务登记、值班补休登记、值班待遇结算登记等，避免争议。

14 员工医疗期满能否继续休病假？

【核心观点】

医院出具的病假建议书仅是对劳动者休病假期限的建议，用人单位对病休申请具有审批权，未经审批同意，劳动者并不当然享有病假待遇。劳动者未经用人单位同意的情况下擅自延长病假期限，经通知后拒绝回单位报到且无法证明确实因病情原因无法继续上班，用人单位以旷工为由解除劳动合同，劳动者据此要求支付违法解除劳动合同赔偿金的，裁审机构不予支持。

【案情简介】

2013年1月1日，杜某与广州市冠福贸易有限公司（以下简称冠福公司）签订劳动合同，双方约定劳动期限至2014年12月31日。2014年6月4日，杜某因工扭伤踝关节，受伤后未住院，也没有上班。2014年10月11日，广州

市劳动能力鉴定委员会对杜某的伤情作出鉴定，结论为劳动功能障碍程度未达级，生活自理障碍程度未达级。冠福公司同意2014年8月20日至2014年11月19日为杜某病假期间。

2014年11月17日，冠福公司以快递的形式通知杜某须在2014年11月20日回公司上班，杜某拒收快递。2014年11月20日，冠福公司再次以快递的形式通知杜某须在2014年11月22日回公司上班，杜某再次拒收快递且未返回冠福公司上班。2014年12月15日，冠福公司以杜某连续旷工，严重违反公司规章制度为由解除与杜某的劳动关系，并要求杜某回冠福公司办理离职手续。

杜某主张冠福公司在其病假期间不得解除劳动合同，因此与冠福公司产生纠纷并提起劳动仲裁，请求裁决冠福公司支付违法解除劳动合同的经济补偿、补发自己工伤期间工资等款项。

【裁判结果】

一审判决结果［案号：(2015)穗荔法民一初字第392号］：

一、冠福公司应自判决生效之日起三日内，一次性向原告杜某支付2014年6月4日至2014年8月19日停工留薪期工资4463.21元；二、冠福公司应自判决生效之日起三日内，一次性向原告杜某支付2014年8月20日至2014年11月19日病假工资3720元；三、冠福公司应自判决生效之日起三日内，一次性向原告杜某支付医疗报销费用3554.45元；四、驳回原告杜某的其他诉讼请求。

关于用人单位是否违法解除劳动合同

一审法院认为，根据《广州市病假建议书发放和病休职工管理规定》第五条规定，医生只能给亲自诊治的病人开具病假建议书，同时在病历上做好记录，以备核对；第七条规定，病假建议书仅是医生对伤病职工病休期限提出建议，须经职工所在单位指定的行政部门或人员认可。但病假建议书一次或连续超过15天（含15天）的休假，必须经本单位劳动人事部门批准；第九条规定，如病假期满，仍需休息治疗的，门诊病例每次续假时间不超过7天，连续休假时间不超过30天；住院病人出院后每次续假时间不超过15天，连续休假时间不超过90天。如确仍需病休的，必须经医院科主任签名、医院医务管理部门批准。假期一般不超过6个月。

首先，本案中杜某所提供的病假建议书大部分并无病历记载对应，且医疗期满后所开具病假建议书，未有相应医院科主任的签名，结合杜某病情，一审法院对其提供病假建议书不予采信；其次，杜某的医疗期为三个月，超过医疗期后病假建议书并未经冠福公司的批准，其陈述因工伤不能继续原工作，但其工伤医疗期已经结束，病假期间治疗的是腰部疾患，与其陈述的不能工作的原因不相符；再次，杜某的工伤为扭到脚踝，历经六个半月休息恢复仍旧不便行走却又未对此进行治疗，不符合日常生活经验和逻辑判断，也没有足够证据证明其脚伤在休息六个半月之后仍旧影响其所陈述的工作内容。据此，杜某提供病假建议书存在瑕疵且未经冠福公司认可，亦无证据证明其无法正常工作，故病假建议书及病历不能作为延长医疗期的有效依据。杜某作为劳动者，享受劳动权利的同时应当履行劳动的义务，应当在病假延长未获公司批准的情形下主动回公司工作，与公司沟通，但杜某在法定医疗期结束又不能合法延长的情况下，长期拒不上班的情形确已违反了冠福公司的规章制度，依照《劳动合同法》第三十九条第（二）项，冠福公司可以解除与杜某的劳动合同。杜某虽辩称其因在看病无法签收邮件，但邮局曾多次投递，而杜某只是门诊并非住院，且根据杜某提供病历，并无2014年11月19日、12月17日的就诊记录，故此，一审法院采信邮局改退邮件的原因是杜某本人拒绝签收。

综上，一审法院认定杜某未收到冠福公司三份通知的过错在杜某，杜某在医疗期结束后长期不上班的情形已经构成旷工，冠福公司依据其规章制度解除与杜某的劳动合同合法有据。

二审判决结果［案号:（2015）穗中法民一终字第4984号］:
驳回上诉人杜某的上诉请求，维持原判。

二审法院认为，关于杜某上诉的停工留薪期工资、工伤期间医疗费、解除劳动关系的经济补偿、医疗补助费的问题，杜某虽提出上诉，但二审法院审理期间，杜某既未有新的事实与理由，也未提交新的证据予以佐证自己的主张，故二审法院认可一审法院对相关事实的分析认定，对杜某的上述几项上诉请求，不予支持。

【争议焦点解读】

医疗期内劳动者的劳动关系受法律的特别保护，用人单位不得随意解除劳动关系。然而，医疗期满后劳动者能否继续请病假以及对要求继续病休的劳动者该如何管理，上述问题在实践中一直困扰着许多用人单位。笔者认为，破解上述难题的关键是要弄清楚医疗期和病假的本质，只有准确掌握该两者的法律定位和属性，才能找到解决问题之根本。

一、关于医疗期和病假的区别

1. 关于医疗期和病假的概念界定。医疗期是一个法律概念，其定义有明确的法律依据予以明确，即指企业职工因患病或非因工负伤停止工作治病休息不得解除劳动合同的时限。[①] 病假，则是指个人因疾病或伤残而停止工作、学习去治病休息的缺勤期间，它既可存续在医疗期内，也可以存续在医疗期外。

2. 关于医疗期和病假期限的差别。医疗期主要通过职工实际参加工作年限以及在本单位的工作年限来确定。根据《劳动部企业职工患病或非因工负伤医疗期规定》第三条规定："企业职工因患病或非因工负伤，需要停止工作医疗时，根据本人实际参加工作年限和在本单位工作年限，给予三个月到二十四个月的医疗期：（一）实际工作年限十年以下的，在本单位工作年限五年以下的为三个月；五年以上的为六个月。（二）实际工作年限十年以上的，在本单位工作年限五年以下的为六个月；五年以上十年以下的为九个月；十年以上十五年以下的为十二个月；十五年以上二十年以下的为十八个月；二十年以上的为二十四个月。"另外，根据《劳动部企业职工患病或非因工负伤医疗期规定》的有关规定，对于某些患特殊疾病（如癌症、精神病、瘫痪）的员工，24个月的医疗期内不能痊愈的，经企业和当地劳动部门批准，可以适当延长医疗期。病假与医疗期最大的不同在于医疗期是"法定"期间，而病假则是"事实"期间。医疗期是法律有特别规定的固定的法定期限，病假期则是"事实"期间，事实上发生了多少就算多少，是"弹性"的时间段。

3. 关于劳动合同关系保护的差别。用人单位若要单方解除与医疗期内职工的劳动关系受法律严格约束。根据《劳动合同法》第四十二条以及《劳动法》

---

① 详见《劳动部企业职工患病或非因工负伤医疗期规定》第二条。

第二十九条的规定，劳动者患病或非因工负伤，在规定的医疗期内用人单位不得适用非过失性理由解除劳动合同，也不得适用经济性裁员为由解除劳动合同。而法律对于病假期间劳动合同关系的保护并没有额外的规定，其本质上就是医疗期内和医疗期外的病假是否受医疗期特殊保护的区别。一般来说，当劳动者所请病假期限还在医疗期内的，用人单位仍旧需要接受法律对医疗期内劳动关系特殊保护的约束，不能随意解除劳动合同；然而，假如劳动者所请病假期间是在医疗期以外的，用人单位可以不再接受医疗期的特殊约束。

二、员工医疗期满后能否继续休病假

根据《劳动部、国务院经济贸易办公室、卫生部、国家工商行政管理局、中华全国总工会关于加强企业伤病长休职工管理工作的通知》（劳险字〔1992〕14号）规定："对于医院开具的伤病诊断证明建议伤病职工休息的，企业经与医院医务部核实情况后要严格审批。"从规定来看，用人单位似乎可以拒绝员工的病假申请，但目前的实务操作中，普遍认为只要员工提交的病假材料没有重大问题（如伪造、篡改等），也没有违反用人单位的请假流程的，原则上用人单位不能拒绝员工的病假申请。

然而，对于员工提交有瑕疵的病假申请材料，目前的司法实践中普遍会支持用人单位要求病假员工提供补充材料的做法。但需要注意的是，用人单位对此问题应有明确的规章制度依据，否则可能不会被支持。此外，用人单位应注意对特殊员工作区分处理，不宜"一刀切"，简单地将没有补充材料的员工界定为不符合病假申请。

三、员工医疗期满继续休病假用人单位能否以旷工为由解除劳动合同

司法实践中对该问题有两种不同的认识，一种意见认为医疗期满员工继续休病假的，用人单位不得以旷工为由解除劳动合同；另一种意见则认为员工继续休假的，用人单位可以旷工为由解除劳动合同。经比较分析，笔者发现上述两种观点最主要的差别在于员工能否继续休病假取决于病假手续是否完备以及病情是否客观所需。假如用人单位明知劳动者因患病客观上确实无法到岗工作，且劳动者也已根据要求提供相应的病休材料的，单位仍将劳动者休病假行为视为旷工并解除劳动关系显属不妥。然而，假设用人单位已有证据证明劳动者医疗期结束后拒不到岗的原因与病情无关，或劳动者对其逾期不返

岗无法提供证据予以说明的，则用人单位以劳动者旷工为由解除劳动合同具有正当合理性。

本案中，正是由于一审法院查明了以下事实：其一，杜某提供的病假建议书存在没有医生签字等瑕疵；其二，该些请假材料未经冠福公司认可；其三，杜某没有提供证据证明其无法正常工作的原因。法院认为杜某历经六个半月休息恢复仍旧不便行走却又未对此进行治疗，不符合日常生活经验和逻辑判断。因此，在医疗期结束后，即便杜某提交了病假材料，但病假建议书及病历不能作为延长医疗期的充分、有效依据，冠福公司据此认定其旷工并依规定解除劳动具有正当合理性。

笔者认同用人单位对病休申请有审批权的结论，但就案例中的部分内容存在不同意见，具体为：一审法院直接引用《广州市病假建议书发放和病休职工管理规定》作为审判说理依据不妥。根据广州市行政规范性文件统一发布平台显示，该规定已于1996年12月9日失效，而实际上自该规定失效后，广州市地区并未再制定类似的规范文件。换言之，一审法院根据该失效的规定推导出用人单位对病休申请拥有审批权，推理过程并不严谨。

【实务指引】

当前用人单位针对员工病假管理存在着病假管理制度不完善，缺乏专业的管理人员，对医疗期和病假管理制度落实不到位，虚假病假、事后补假、"泡病假"等诸多问题。对于该类问题，笔者给出如下建议，旨在提高用人单位对病休假员工管理的有效性和合法性。

一、建立完善的病休假管理制度

合理的病休假程序和规定，不仅有利于用人单位人性化的管理，更能规范用人单位及员工行为，保存相关证据，降低用人单位用工风险。完整的用人单位病休假管理制度包括以下模块：

（一）病假流程。病假流程的内容涉及请假方式（口头、电话、书面），请假时间（一般需提前申请、特殊情况可事后申请），请假审批主体（按主体划分权限），请假材料（请假单、医疗机构相关证明等），销假等一系列程序。

（二）审核权限。病假审批权限的设定可根据请假长短，由不同层级的主管领导核准。一般而言，越长期间的病假应该由职位越高的领导批准。

（三）事后补正。为了体现用人单位对员工的人文关怀，使员工更加认同用人单位，同时也能增加病休假制度的合法合理性，用人单位可在病休假制度中增加相应的事后福利救济或者补救病休假手续的条文。

（四）调岗制度。根据相关规定，员工医疗期满后不能从事原工作的，用人单位需要为其另行安排工作。为此，用人单位还可以设立岗位调整制度，比如岗位轮换制度，以备不时之需。

（五）复核和违规处理。用人单位需要制定违反病休假的复核和处罚机制，明确员工违反制度时需承担的不利后果，既引导了员工，固定了证据，也可为用人单位规避风险。对涉嫌"泡病假"的员工，用人单位可要求申请病假超过若干天数的员工提交相应的病休材料；在确有必要的情形下，还可保留安排员工到其指定的医院进行复诊，员工须予以配合的权利。对于复诊的医疗机构，笔者倾向认为，用人单位不宜指定具体的医院，但可对医院的层级做出要求。

二、合理设置病休期间的工资待遇

《劳动部关于贯彻执行〈中华人民共和国劳动合同法〉若干问题的意见》第五十九条规定："职工患病或非因工负伤治疗期间，在规定的医疗期内由企业按有关规定支付其病假工资或疾病救济费，病假工资或疾病救济费可以低于当地最低工资标准支付，但不能低于最低工资标准的80%。"结合上述规定，法律对病假工资的支付标准给予用人单位较大的自主决定权，允许只要不低于法定标准均可按照用人单位的规定执行病假工资。

这就对用人单位相关制度提出了较高要求，一方面出于对员工的人文关怀，用人单位可以适当提高病假工资待遇，如将病假时间长短与工龄长短相挂钩，制定出操作性较强的病假薪资待遇制度；另一方面病假工资待遇也并非越高越好，实践中不少用人单位（外资企业居多）给予员工较高较好的病假工资待遇，比如全薪病假，让员工滋生"休息上班一个样"的感受，无异于鼓励员工"泡病假"。为此，笔者认为病假期间的工资待遇并非越高越好，用人单位需要综合考虑可承受的用工成本、员工管理、企业文化等因素制定符合自身需求的病假工资制度。

15 用人单位是否享有病假的审批权？

【核心观点】

劳动者患病，应提供医疗机构合法有效的休假证明，并经用人单位批准后方可休假。劳动者虽然患病并有医疗机构合法有效的休假证明，但未事先申请休病假并获得用人单位的批准，擅自休假或者事后补假未经用人单位追认的，用人单位以劳动者严重违反规章制度为由解除劳动合同并不违法。

【案情简介】

钟某与广州市快捷快货货运服务有限公司（以下简称快捷公司）签订了书面劳动合同。2013年10月，钟某因身体原因未再回快捷公司上班。2010年10月，快捷公司继续发放钟某的基本工资，2013年11月未再发放工资，并停止为钟某缴纳2013年11月及之后的社会保险。

2013年12月底至2014年1月初，钟某通过电话与快捷公司人事部门沟通休假问题，其在电话中提及补交2013年11月的《疾病证明书》，该《疾病证明书》建议其因踝关节扭伤需休息治疗，休息期间从2013年10月2日持续到2014年1月底，该《疾病证明书》由广州市番禺区中医院及广州市南沙区达康中医诊所出具。

钟某主张快捷公司在其病假期间不得解除劳动合同，因此与快捷公司产生纠纷并提起劳动仲裁，请求裁决快捷公司支付违法解除劳动合同的赔偿金、未休年休假工资等款项。

【裁判结果】

一审判决结果［案号：（2014）穗南法民一初字第209号］：
驳回劳动者的诉讼请求。

关于劳动关系是否解除

根据法院查明的事实，钟某自 2013 年 10 月开始没有再回快捷公司处上班，而快捷公司在发放了 2013 年 10 月的基本工资后，2013 年 12 月没有发放 2013 年 11 月工资，也停止为钟某缴纳 2013 年 11 月及之后的社会保险，因此可以认定双方的劳动关系已经于 2013 年 11 月事实解除。

关于用人单位是否需要支付违法解除劳动合同的赔偿金

一审法院认为，钟某主张快捷公司在其病假期间不得解除劳动合同，为此其提供了广州市番禺区中医院以及广州市南沙区达康中医诊所出具的《疾病证明书》，建议其因踝关节扭伤需休息治疗，休息期间从 2013 年 10 月 2 日持续到 2014 年 1 月底。

对此，首先参照《广州市病假建议书发放和病休职工管理规定》[穗劳险字（1991）第 008 号]第七条规定"病假建议书仅是医生对伤病职工病休期限提出建议，须经职工所在单位指定的行政部门或人员认可。但病假建议书一次或连续超过 15 天（含 15 天）的休假，必须经本单位劳动人事部门批准"。

其次，《广州市职工患病或非因工负伤医疗期管理实施办法》（穗劳福〔1999〕3 号）第十条规定："伤病职工的病假怎样确认？答：病假建议书仅是医生对伤病职工病休期限提出的建议，但不是病休决定书。因此，须经职工所在单位指定的行政部门或人员根据《广州市病假建议书发放和病休职工管理规定》和《广州市常见病病假建议书发放暂行标准》（穗劳险字〔1991〕008 号，以下简称《病休规定》和《病假单标准》）认可方有效。单位在确认病假建议书时，如果医院或伤病职工拒不提供有关的病历记录，或医生越权出具病假建议书，或医生出具的病假建议书的最长期限超过《病假单标准》的，单位有权不给伤病职工休病假。具体给假、续假审批管理办法按《病休规定》执行。"

根据以上规定，钟某提供的《疾病证明书》并非病休决定书，其在 2013 年 10 月和 11 月连续不上班，应当经快捷公司劳动人事部门的批准。虽然其提供了其在 2013 年 12 月底和 2014 年 1 月初与快捷公司总部人事行政总监以及广东区综合部经理的电话通话录音，但是该录音中仅能反映钟某曾有在 2013 年 12 月补交 2013 年 11 月《疾病证明书》的情形，并不能证实其确有就 2013 年 10 月和 11 月休病假而提前向快捷公司提出申请并获得批准。而钟某提供的电子邮件及 QQ 聊天记录仅为打印件，快捷公司并不确认其真实性，一审法院不予采信。

此外，广州市南沙区达康中医诊所也并非具有发放病假建议书权限的街（镇）以上卫生院，不符合《广州市病假建议书发放和病休职工管理规定》第四条的规定，该诊所出具的《疾病证明书》并非认定钟某在11月需因病休假治疗的合法依据。钟某主张其2013年10月至11月连续不上班系因休病假的依据不足，也未得到快捷公司事前批准或事后认可，故一审法院不予采信。

钟某上述期间未上班属于严重违纪行为，快捷公司停发其工资及社保可以视为解除双方劳动合同的意思表示，该解除行为符合《劳动合同法》第三十九条第（二）项的规定，不属违法解除。钟某认为快捷公司违法解除双方劳动合同关系并要求支付经济赔偿金缺乏法律依据，一审法院不予支持。

二审判决结果［案号:（2015）穗中法民一终字第527号］：
驳回上诉，维持原判。

【争议焦点解读】

病假管理问题一直是企业人力资源管理实务中最棘手的问题之一，近年来，病假中的诚信问题凸显，虚构病假、泡病假等问题层出不穷，典型者如阿里巴巴高管虚假病假案，该案从仲裁、一审、二审用人单位均败诉，后通过再审翻案，高院依据诚实信用原则，判定劳动者严重违反企业规章制度成立，阿里巴巴解除劳动合同合法有效。阿里巴巴高管虚假病假案，一度引起了国内劳动法界对企业病假管理的热议，病假管理近几年来越发成为企业人力资源管理最为关注的问题之一。

该问题之所以越来越受到企业管理者的关注，原因有多个方面。其中很重要的原因是病假管理中的问题层出不穷，而立法层面的规范指引少之又少。国家层面关于病假管理的规定主要是医疗期的规定，主要的两个规定分别出台于1994年和1995年，分别为《企业职工患病或非因工负伤医疗期规定》（劳部发［1994］479号）和《企业职工患病或非因工负伤医疗期规定》（劳部发［1995］236号），条文加起来总共11条，且是框架性的规定居多，实操意义不大。为了解决实践中存在的病假医疗期问题，各地往往会在国家规定的基础上作出细化的规定。在地方性的规定中，广州市的规定算是比较丰富的。上述案例中一审法院在法院认定部分引述的规定即广州市的规定。但遗憾的是，广州市的规定也多数已经废止，此后并未出台新的规定。

从本案的判决结果来看，法院显然认可企业对病假有审批权这一观点，理由是案例的事发地区即广州市的劳动部门有具体规定，显然，法院并未论述为何支持这一观点。实际上，该问题在实践中还是存在一定争议的。笔者分析如下。

一、企业对员工病假有无审批权？

劳动者休病假，是否必须提交病假证明资料？提交了病假证明资料是否就必然可以享受病假？对于劳动者提交的病假，企业是否有审批权？上述问题在实践中主要存在三种观点。

第一种观点认为，劳动者享有休息权，由于医学问题具有专业性，劳动者患有何种疾病、是否需要休息、休息多久，均应有专业医疗机构进行判断，只要医疗机构出具了相关的就医证明和休假建议，企业就应当按照医疗机构的建议执行。该观点认为，劳动者的病假主要由医疗机构判定，医疗机构对此有决定权。

第二种观点认为，病假管理属于企业人力资源管理的其中一环，企业享有用工管理权，劳动者能否休病假、休多久病假完全应由企业自主审批决定，医疗机构的意见仅仅是参考。

第三种观点认为，既要保障劳动者的休息权，也要保障企业的用工管理权。医疗机构的病假证明是劳动者患病休息的建议书，企业一般应当按照医疗机构的病假证明意见审批病假，企业同时可以制定病假管理的规章制度，并按照规章制度对劳动者进行管理。

笔者同意第三种观点。

关于病假的审批权问题，《劳动部、国务院经贸办、卫生部、国家工商行政管理局、中华全国总工会关于加强企业伤病长休职工管理工作的通知》（劳险字〔1992〕14号）第二条曾规定，职工因伤病需要休假的，应凭企业医疗机构或指定医院开具的疾病诊断证明，并由企业审核批准。已经失效的《广州市病假建议书发放和病休职工管理规定》第七条也曾明确，病假建议书仅是医生对伤病职工病休期限提出建议，须经职工所在单位指定的行政部门或人员认可。上述规定虽然比较久远或者已经失效，但不难看出官方层面对于企业在病假中的审批权持肯定的态度。

病假审批问题是劳动者休息权和企业用工管理权的博弈，但事实上两者并不对立。劳动者有休息休假的权利，对应的是企业有保障劳动者休息休假的义务。但任何权利都是有边界的，作为企业的员工，劳动者应遵循企业的规章制度，即企业可以按照规章制度对劳动者的病假进行管理，劳动者也有义务遵守。

二、企业对员工病假的审批权如何体现？

既然我们认可企业对病假有审批权，那么审批权体现在哪些方面？能否不批准病假？能否只批准部分病假？是否还有其他权利？

笔者认为，企业对病假的审批权主要体现在以下几个方面：

第一，管理权。企业有权制定病假管理的规章制度，对于请假流程、需要提交的资料、病假待遇、虚假病假的处理等问题作出细化规定。病假管理权当中比较突出的一个问题是企业能否指定就诊医院？虽然《劳动部、国务院经贸办、卫生部、国家工商行政管理局、中华全国总工会关于加强企业伤病长休职工管理工作的通知》（劳险字〔1992〕14号）第二条曾规定，职工因伤病需要休假的，应凭企业医疗机构或指定医院开具的疾病诊断证明，但笔者并不认同企业可以指定医疗机构就医。上述规定制定于20世纪90年代，而社会实践已经发生了很大的变化，企业医疗机构几乎已经不存在，而医疗资源也发生了翻天覆地的变化，特别是专业分工越来越明显，指定医院很可能无法解决劳动者的就医需求，更加限制了劳动者的就医选择权。比如，劳动者在回家探亲期间摔伤，如指定劳动者必须返回用人单位所在地的指定医院就诊，显然不合理。因此，笔者认为企业不能要求劳动者在指定医院就诊才能申请病假。

第二，判断权。即企业有权对劳动者病假的真实性、合理性进行判断，通过向医疗机构核实、访谈等形式查核病假的真实性、合理性，对于不真实的病假，或者合理性存在严重问题的病假，有权不予审批。由于医学问题的专业性，实践中如何判断员工病假是否合理往往难度很大，甚至医疗机构本身都无法给出明确答案，因此该问题往往容易引发争议，个案中司法裁判机关的自由裁量权比较大。

第三，复核权。当企业对劳动者提交的病假资料、病情、身体康复情况无法准确判断或存在疑问时，企业有权指定医疗机构进行复核，劳动者应当予以配合。如上所述，虽然企业不能指定劳动者就医的医疗机构，但笔者认为企业针对存疑的病假可以指定医疗机构进行复核，以排除劳动者就医或病假管理过程中可能出现的人为、不合理因素。劳动者不予配合的，应自行承担相应的法律后果。

第四，否决权。对于经查核属于虚假的病假，或者明显不合理的病假，或者不符合企业制度规定的病假，企业享有不予审批的权利。如劳动者未得到病假审批擅自休假的，企业有权依据依法制定的规章制度进行处理。

【实务指引】

病假管理虽然只是企业人力资源管理中非常小的一环，但越来越受到企业的重视。笔者结合多年人力资源法律服务的经验，提出以下几点建议，希望对企业解决病假管理难问题有所帮助。

一、完善病假管理制度。无章的应建章，有章的应进一步梳理完善，做到在病假管理的各个环节均有制度可依。除在病假申请、资料提供等方面明确要求外，还可以在病情复核、病休时的行为要求、虚假病假的责任等问题上进一步细化。

二、合理设计病假待遇。既要遵守法律的底线规定，也要体现企业的人性化管理，还要避免过于人性化造成病假泛滥的局面。关于病假工资的标准，各地往往有明确的规定。比如，笔者所在的广东地区，《广东省工资支付条例》第二十四条明确规定，用人单位支付的病伤假期工资不得低于当地最低工资标准的百分之八十。而《深圳市员工工资支付条例》第二十三条则规定，用人单位应当按照不低于本人正常工作时间工资的百分之六十支付员工病伤假期工资，但不得低于最低工资的百分之八十。用人单位可以在法律规定的底线之上对病假工资及病假待遇作出更人性化的规定，但应避免极端。比如笔者服务的企业客户中就有规定病假期间发放 100% 的工资的企业，极其人性化，但多年实施下来成为很多员工泡病假的助推器，既然休病假可以拿到全额工资，员工何乐而不为呢？因此，合理设计病假待遇对理性引导员工休病假有着积极的作用。

三、规范病假的流程管理。病假的流程管理包括病假的申请管理、病假的审批管理、病假资料的审核及保存、病假医疗期管理、病假待遇的发放管理、销假管理、异常情况调查管理等各个环节。企业可以通过人力资源管理系统、设立病假管理专员、设置员工病假台账等方式完善病假管理流程，确保病假管理的流程无遗漏，面对异常病假的情况能及时发现及时调查及时处理，杜绝漏洞。

四、加强病假管理的培训，提升劳动者的守法意识。在对病假管理建立了完善制度的前提下，还要注意加强对员工的培训，强化员工遵纪守法、按章办事的意识。企业越是重视，劳动者违规休病假的各项成本就会越高，对规范病假管理无疑有促进作用。

五、加强与医疗机构的良性沟通。企业在病假管理中，发现虚假病假、不合理病假的情形时，往往需要征求医疗机构的专业意见。一般的医疗机构均设有医务科，可以查核病假情况的真伪，企业也可以陪同员工就诊听取医务人员的专业意见。日常工作中，企业还可以通过邀请专业医疗人员授课、座谈交流等方式增加沟通，一方面学习专业医学知识，另一方面也让医疗机构了解企业病假管理的现状，共建良好的病假管理环境。

病假管理问题的解决，单纯依靠企业的自身力量也是有限的，希望国家层面可以加快患病或非因工负伤医疗期管理的立法、修法，特别是对于医疗期是否区分疾病、医疗期满与劳动能力鉴定、疾病救济费、病假的审批权等问题，作出统一的规定，以更好地指导实践。另外，也希望医疗机构主管部门能牵头出台统一的病假建议书规范，对于病假建议书的形式、内容要求、疾病种类一般对应的病休时长、异议机制、违法责任等作出规定，杜绝乱开病假、滥开病假等乱像。此外，司法裁判机构必要时也可以针对病假案件审理中普遍反映的问题出具司法建议书，以促进医疗机构的病假建议书管理。

16 员工违反计划生育，能否享受产假及产假待遇？

【核心观点】

《劳动法》《女职工劳动保护特别规定》均从保障女职工身体健康的角度考

虑，对女职工的生育假作出明确的法律规定，即无论其是否属于合法生育，用人单位均应当允许女职工享受生育假。但享受生育假和享受生育保险待遇是不同的概念，女职工要享受生育保险待遇必须符合法律、法规、政策的规定。

计划生育属于基本国策，女职工怀孕、生育均负有遵守计划生育的法定义务，女职工在怀孕、生育时享有的特殊法定权利也必须以符合计划生育的国策、法律作为前置条件。我国生育保险应享受的对象必须是合法婚姻并符合国家计划生育政策的公民，而违反计划生育政策生育的女职工不能享受相关生育保险待遇，其主张用人单位赔偿"三期"待遇损失不能得到支持。

【案情简介】

宋某于 2011 年 3 月 17 日入职葛兰素史克（中国）投资有限公司（以下简称葛兰素史克公司）公司，同日签订劳动合同。2014 年 6 月 1 日第二次签订劳动合同，有效期至 2017 年 5 月 31 日。宋某的工作职位为抗过敏及皮肤业务部广州地区经理，在葛兰素史克公司处工作期间已连续参加养老、失业、生育和医疗保险超过 12 个月。

2015 年 3 月 10 日，葛兰素史克公司以宋某严重违反员工手册相关规定为由，向宋某出具《解除劳动合同通知书》，工资结算至该日。双方为此发生纠纷，宋某向北京市劳动争议仲裁委员会提起劳动仲裁，要求撤销葛兰素史克公司于 2015 年 3 月 10 日作出的《解除劳动合同通知书》，向其支付 2014 年度未发放的奖金 62920 元和自 2015 年 3 月 11 日起恢复劳动关系之日的工资并加付应得工资收入 25% 的赔偿金。上述劳动争议经仲裁和一、二审诉讼，广州市中级人民法院于 2017 年 9 月 27 日作出（2017）粤 01 民终 14044、14045 号民事判决，认定葛兰素史克公司解除劳动合同的行为违法，因宋某在解除劳动合同前 12 个月的平均工资为 21093.9 元/月，高于广州地区 2014 年度职工月平均工资的三倍 18561 元，因此葛兰素史克公司应按照 18561 元的标准计算赔偿金，向宋某支付违法解除劳动合同赔偿金 148488 元，另应支付宋某 2014 年度公司财务指标达成奖及个人绩效奖金差额 37580 元等。

宋某在劳动合同解除时已怀孕，并在 2015 年 7 月 13 日剖宫产生育一女，住院期间为 2015 年 7 月 12 日至 7 月 17 日，小孩出生孕周 38 周。宋某确认其系非婚生育，涉案生育行为系未办理结婚登记生育的第二胎子女，但主张已经在河南省沁阳市为小孩办理准生手续取得生育证和办理入户。

葛兰素史克公司提交2015年3月2日至7月18日的医疗收费票据、门诊病人费用明细表、住院费用结算清单证明其因产前检查自费1785.53元（256元+997.91元+370元+161.62元），因生产住院花费11868.14元，新生儿住院5天花费1158.24元。

宋某于2017年3月24日就"三期"工资及赔偿金、生育住院医疗费和生育补助金等请求，向广州市越秀区劳动人事争议仲裁委员会提起劳动仲裁，该仲裁委以申请人的仲裁请求超出1年时效规定为由，作出穗越劳人仲不[2017]63号不予受理通知书，决定不予受理。

【裁判结果】

一审判决结果［案号:（2017）粤0104民初8131号］：

一、葛兰素史克公司自本判决发生法律效力之日起五日内支付宋某孕期、产期、哺乳期工资合计114114元。二、驳回宋某的其他诉讼请求。

宋某的"三期"待遇损失是否应由葛兰素史克公司承担

一审法院认为，由于葛兰素史克公司在宋某怀孕期间不当解除双方劳动关系，导致宋某不能正常享受"三期"待遇，理应承担相应的法律责任。

关于"三期"待遇损失

关于"三期"工资问题。宋某于2015年7月13日生育一女，孕期未支付工资从2015年3月11日计算至2015年7月12日共计124天，按宋某正常工资的20%计算。宋某主张按17100元/月计算，未超过已生效判决认定之数21093.9元/月，视为宋某对自身权利的自由处分，据此计算孕期未支付工资为14136元（17100元×20%÷30天×124天）。关于产期工资，应按正常工资标准足额支付。依照《广东省职工生育保险规定》第十六条规定，女职工生育享受产假：顺产的，98天；难产的，增加30天。宋某可享受产假128天（98天＋30天）。葛兰素史克公司应向宋某支付产假工资72960元（17100元/月÷30天×128天）。哺乳期算至其小孩满一周岁，扣除相应产假128天后为237天（365天-128天），哺乳期工资按宋某正常工资的20%计算为27018元

（17100元/月×20%÷30天×237天）。以上"三期"工资共计114114元（14136元+72960元+27018元），葛兰素史克公司应予支付。宋某关于"三期"工资的25%赔偿金的请求缺乏依据，一审法院不予支持。

关于生育医疗费问题。《广东省职工生育保险规定》第十三条第一款第（一）项规定："生育的医疗费用，即女职工在孕产期内因怀孕、分娩发生的医疗费用，包括符合国家和省规定的产前检查的费用，终止妊娠的费用，分娩住院期间的接生费、手术费、住院费、药费及诊治妊娠合并症、并发症的费用。"据此，宋某主张的新生儿住院5天产生的医疗费1158.24元，不在上述规定范畴，宋某主张葛兰素史克公司支付缺乏依据，一审法院不予支持。《广东省职工生育保险规定》第十八条规定："职工失业前已参加生育保险的，其在领取失业保险金期间发生符合本规定的生育医疗费用，从生育保险基金中支付。"据此规定，宋某虽然属于"非因本人意愿中断就业"的情形，但该原因并不影响宋某享受生育医疗费用待遇。

《广东省职工生育保险规定》第二十五条第一款规定："累计参加生育保险满1年的职工未办理就医确认手续而在统筹地区内定点医疗机构生育，或者已办理就医确认手续但在就医确认以外的统筹地区内定点医疗机构生育的，其生育的医疗费用先由职工个人支付，待分娩后1年内，凭享受生育保险待遇申请表、享受待遇人员的身份证明及参保凭证、婴儿出生或者死亡证明、相关医疗费用细明、票据和符合计划生育规定的证明等材料向统筹地区社会保险经办机构申请报销，具体报销标准由统筹地区规定。"由于宋某未依法办理失业登记，并按照上述规定在分娩后1年内向社会保险经办机构提交相关手续申请报销生育医疗费，造成生育医疗费无法报销的损失，应由宋某自行承担。

关于生育补助金，因宋某未提供证据证实葛兰素史克公司存在合同约定或公司规定的支付义务，亦无证据证明其他员工曾领取过生育补助金的事实，故其请求葛兰素史克公司支付该项补助没有事实依据，一审法院不予支持。

二审判决结果［案号：（2018）粤01民终4887号］：

一、撤销广东省广州市越秀区人民法院（2017）粤0104民初8131号民事判决；二、驳回宋某的全部诉讼请求。

二审法院认为，本案的争议焦点为葛兰素史克公司是否应当支付宋某孕期、产期、哺乳期的工资。

首先,《劳动法》《女职工劳动保护特别规定》均从保障女职工身体健康的角度考虑,对女职工的生育假作出明确的法律规定,即无论其是否属于合法生育,用人单位均应当允许女职工享受生育假。而享受生育假和享受生育保险待遇是不同的概念,女职工要享受生育保险待遇必须符合法律、法规、政策的规定。

根据《人口与计划生育法》第十七条的规定:"公民有生育的权利,也有依法实行计划生育的义务,夫妻双方在实行计划生育中负有共同的责任。"由于计划生育属于基本国策,女职工怀孕、生育均负有遵守计划生育的法定义务,女职工在怀孕、生育时享有的特殊法定权利也必须以符合计划生育的国策、法律作为前置条件。《广东省人口与计划生育条例》第四条规定:"夫妻双方有依法实行计划生育的义务,实行计划生育的合法权益受法律保护。不实行计划生育是违法行为。"第四十六条第(三)项规定,未办理结婚登记生育第二胎子女,属于不符合法律、法规规定生育子女的情形。据此,我国生育保险应享受的对象必须是合法婚姻并符合国家计划生育政策的公民,而违反计划生育政策的不能享受相关生育保险待遇。

本案中,宋某确认其未依法办理结婚登记生育二胎,根据上述规定,宋某已违反了计划生育政策,虽然葛兰素史克公司主张其已获得准生证,办理了入户手续,属于合法生育,但至今未能提交婚姻登记证及符合计划生育的准生证予以证明,办理入户手续不等于其属于合法生育,这与我国的普查人口及放开二胎政策有关,并不能以此证明其属于合法生育。因此,宋某的涉案生育行为不符合法律、法规规定的计划生育子女的情形。

其次,不符合法律、法规规定生育子女情形的不能依法享受生育保险待遇。根据《广东省职工生育保险规定》第三十条第二款的规定:"申请拨付女职工生育享受产假的生育津贴,应当提供享受生育保险待遇申请表、享受待遇人员的身份证明、婴儿出生证明或者死亡证明、用人单位垫付生育津贴的凭证、符合计划生育规定的证明。难产、生育多胞胎或者终止妊娠的,还应当提供医疗机构的诊断证明。"可见,领取生育津贴需要提供符合计划生育规定的证明,即符合法律、法规规定生育子女的才能领取生育津贴。《劳动部工资局复女职工非婚生育时是否享受劳保待遇问题》也明确指出:"女职工非婚生育时,不能按照劳动保险条例的规定享受生育待遇。其需要休养的时间不应发给工资。对于生活有困难的，可以由企业行政方面酌情给予补助。"同时结合宋某生育时有效的法律规定，《广州市人口与计划生育管理办法》第三十六条规定："不符合规定生育的，产检、分娩的住院费和医药费由本人自理，不享受生育保险待遇以及产假期间的工资待遇。"因此，宋某依法不能享受生育保险的相关待遇。宋某请求葛兰素史克公司支付孕期、产期、哺乳期工资的主张缺乏法律依据，二审法院不予支持。一审法院对此认定不当，二审法院应予纠正。

【争议焦点解读】

"三期"女职工是劳动者当中比较特殊的群体，围绕"三期"女职工的合法权益保护，《劳动法》《劳动合同法》《女职工劳动保护特别规定》均对此作出了特别的规定，"三期"女职工属于法律特殊保护的群体无疑，但当"三期"女职工本身的怀孕或生育行为不符合国家计划生育政策的规定，其产假和产假待遇是否仍然应当受到法律的保护呢？实践中存在不少的争议，争议内容主要围绕以下三个方面，笔者一一分析如下。

一、女职工违反计划生育政策，用人单位能否解除劳动合同

近年来，随着我国计划生育政策的频繁调整，关于女职工违反计划生育政策用人单位能否解除劳动合同的问题争议不断。从一孩政策到独生子女二孩政策，再到全面放开二孩，我国的生育政策从计划生育逐渐过渡到鼓励生育，也因此，女职工违反计划生育政策的问题，在司法实践中也发生了有趣的变化。

关于女职工违反计划生育政策用人单位能否解除劳动合同的问题，从《劳动合同法》的立法来看，用人单位的解除权是法定的，而违反计划生育政策一般可能适用的条文是《劳动合同法》第三十九条第（二）项，即严重违反用人单位的规章制度，用人单位最终必须落实到这一点才有可能行使合法的解除权。除此之外，我们还注意到，部分地方立法曾专门针对女职工违法生育解除劳动合同的问题作出规定，比如案例所在的广东地区，2016 年修正的《广东省人口与计划生育条例》第四十条第一款规定："国家机关和事业单位、国有企业、国有控股企业，乡镇集体企业对其超生职工应当给予开除处分或者解除聘用合同。"但 2018 年修正的《广东省人口与计划生育条例》则删除了该条。

广东立法的变化，也直接影响了法院对此问题的裁判规则。《广东省高级人民法院关于审理劳动争议案件疑难问题的解答》（粤高法〔2017〕147号）第七条规定："用人单位以劳动者违反计划生育规定为由解除劳动合同，劳动者能否要求用人单位支付违法解除劳动合同的赔偿金？用人单位以劳动者违反计划生育规定为由解除与劳动者劳动合同的，劳动者要求用人单位支付违法解除劳动合同的赔偿金，予以支持。但劳动合同、集体合同、用人单位规章制度另有约定的除外。"而到了2018年，《广东省高级人民法院广东省劳动人事争议仲裁委员会关于劳动人事争议仲裁与诉讼衔接若干意见》（粤高法发〔2018〕2号）第十三条直接规定："用人单位以劳动者违反计划生育政策为由解除劳动合同的，应承担违法解除劳动合同的法律责任。"

因此，从广东的司法实践来看，女职工违反计划生育政策的，在2018年以前如用人单位在劳动合同或规章制度中有明确约定可以解除劳动合同的，可以据此解除劳动合同。但2018年之后，即便用人单位与劳动者就违反计划生育政策解除劳动合同问题作出特殊约定，据此解除劳动合同的也会构成违法解除。其余地方的司法实践，建议关注当地的立法和司法裁判机构的内部指导意见。

二、女职工违反计划生育政策能否享受产假

产假对应的是劳动者的休息权，那么女职工享受产假是否以符合计划生育政策为前提呢？这需要追根溯源到产假的立法本意。

《劳动法》《女职工劳动保护特别规定》均对女职工的基本产假作出了明确规定，生育对于女职工而言，无论是生理上还是心理上均会发生很大的变化，特别是产后需要一段合理的时间进行休息，一方面是女职工身体恢复所必须，另一方面也是照顾婴儿所必须。可以说，产假是《宪法》规定的劳动者的休息权的重要体现和保障。

基于以上立法本意，可以得知，无论女职工生育是否符合计划生育政策，其产后需要休息康复的需求都是一样的，不以其生育行为是否合法为转移，因此，无论是《劳动法》《女职工劳动保护特别规定》，还是其他法律法规，在规定女职工基本产假时，均没有明确应以女职工符合计划生育政策为前提。因此，笔者倾向于认为，无论女职工是否符合计划生育政策，用人单位均应保证其生育后的休息权，即给予基本的产假。本文案例中一审及二审法院也均持这一观点。

全面放开二胎政策后，为了鼓励生育，各地纷纷出台生育奖励假政策，那么违反计划生育政策生育的女职工，是否可以享受奖励假呢？

要回答这一问题还得回归到对基本产假和奖励假的理解上，如上所述，基本产假是为了保证女职工生育后的休息权，而奖励假则不同，是为了鼓励女职工生育。虽然目前国家全面放开二胎，但实行的仍然是计划生育，不符合政策生育的仍然属于违法行为，显然奖励假不可能用于鼓励违法行为。因此，各地在奖励假立法时一般均有对享受奖励假的条件作出规定，如案例所在的广东地区，《广东省人口与计划生育条例》（2018年修正）第三十条规定："符合法律、法规规定生育子女的夫妻，女方享受八十日的奖励假，男方享受十五日的陪产假。在规定假期内照发工资，不影响福利待遇和全勤评奖。"即广东明确规定享受奖励假必须以符合法律法规规定生育为前提。

三、女职工违反计划生育政策能否享受产假待遇

女职工违反计划生育政策能否享受产假及产假待遇是两个不同的问题，但有一定的关联性，关于产假待遇的问题，实践中有两派观点。其中一种观点认为，既然国家法律法规对于女职工享受基本产假并没有规定以合法生育为前提条件，那么女职工即便违反计划生育政策生育，也仍然应当享受基本的产假及基本的产假待遇。另外一种观点则认为，产假与产假待遇是两个不同的问题，基本产假是为了保障女职工的休息权，而产假待遇是对于女职工生育期间无法提供劳动的补偿，保障其生活不受影响，国家实行生育保险制度，而生育保险应享受的对象必须是合法婚姻并符合国家计划生育政策的公民，否则违法生育与合法生育在假期及待遇方面没有任何区别，既不公平也不合理，无异于鼓励违法生育。

笔者认同第二种观点，从生育保险的设置来看，缴费的基数和比例在立法时均相应做了科学测算，而测算的基础是合法生育情况下的出生率等情况，不可能统计违法生育的数据。因此，用人单位依法缴纳的生育保险本质上并没有考虑违法生育人群的待遇。如对违法生育人群核发待遇，势必导致生育保险基金失衡。

至于违法生育的奖励假待遇，举重以明轻，更不应当支付。各地的生育奖励假并不在生育保险核发待遇，而是由用人单位支付产假工资，成本由用人单位承担。因此，如让用人单位为女职工违法生育的行为买单，显然是不公平不合理的。

综上，笔者倾向于认为，女职工不符合计划生育政策生育的，用人单位仍应给予基本产假，但无须给予奖励假，也无须给予产假待遇。本案案例中二审法院也持这一立场。

【实务指引】

劳动争议案件的地域性很强，地域之间的差异非常大，对于不符合政策生育的女职工的产假及产假待遇问题，本文仅立足于案例发生所在地即广东地区进行分析，但不能以偏概全得出其他地方均持有同样的做法。因此，在处理女职工违法生育的问题上，笔者梳理以下几点建议，供用人单位参考。

一、关注当地关于女职工违法生育的相关规定及司法实践

一般而言，当地的人口与计划生育条例会对女职工生育等问题作出规定，企业应当及时关注。此外，部分地方还会就《女职工劳动保护特别规定》作出地方性的细化规定，可能也会涉及相关的内容。

除了地方颁布的规定之外，企业还应当关注法院的司法实践，如法院内部的裁判指导意见、会议纪要等，也可以通过搜索案例研究司法裁判的动向。

二、根据各地规定及时调整对女职工的用工管理，完善相关的管理制度

如上所述，广东曾规定允许企业与劳动者就违反计划生育政策的行为处理问题在劳动合同、规章制度中作出特别约定，此时企业就应当相应地修改劳动合同或规章制度的表述，将违反计划生育的行为规定为严重违反规章制度，作为企业处理的依据。而后续司法实践发生了变化，企业也应同步更新管理制度，避免违法。

此外，关于产假及产假待遇的问题，企业也可以结合当地司法实践在规章制度中进行明确，更好地引导女职工合法生育。

17 已离职的员工可以享受年终奖吗？

【核心观点】

年终奖的获得不以奖金发放时员工在职为必要条件，司法实践中可能还会结合员工离职原因判定用人单位是否应该按照员工实际工作时间占全年工作时间的比例向离职员工发放年终奖金。

如果员工因为其自身原因离职，比如因个人原因主动辞职、违反《劳动合同法》第三十九条的相关规定用人单位行使单方解除权等，则法院一般会以无法获得年终奖的原因在于员工本身为由，不支持员工要求用人单位支付年终奖的诉求。而如果是因为用人单位原因解除劳动合同，比如用人单位违法解除劳动合同，或者员工基于《劳动合同法》第三十八条的相关规定向用人单位提出解除劳动合同的，属于用人单位的原因导致员工无法获得年终奖，那么法院一般会支持员工要求用人单位支付年终奖的诉求。

【案情简介】

2013年3月28日，符某入职加特可（广州）自动变速箱有限公司（以下简称变速箱公司）。2017年1月19日，变速箱公司以符某组织、煽动集体停工、罢工、怠工等不利于正常生产经营活动为由，经通知工会后，根据公司《奖惩规定》第十四条第（二十二）项严重违纪的规定，决定自2017年1月19日起与符某解除劳动合同。《奖惩规定》是变速箱公司征求工会意见后依照民主程序制定并颁布实施的，符某曾担任《奖惩规定》的培训讲师。2017年1月20日，变速箱公司根据2017年1月16日审批的《QY16 PPP年末在职激励金》向在职员工发放2016年度的在职激励金。《QY16 PPP年末在职激励金》中规定，公司发放激励金以员工2016年度业绩为考量因素，基本计算公式为员工2016年度出勤率×基本工资×月份，支付对象为2016年12月31日前入职且支付日仍然在职的现地录用中国籍员工。在职是指员工不管是否提出离职单，到支付日止仍出勤的情况。因此，变速箱公司未向符某发放在职激励金。

符某认为变速箱公司属于违法解除劳动合同，并且应向自己发放2016年度的在职激励金，因此向劳动人事争议仲裁委员会申请劳动争议仲裁，请求变速箱公司向其支付2016年在职激励金及违法解除劳动合同的赔偿金。但是，仲裁裁决驳回了符某的仲裁请求，符某不服，向一审法院起诉，后期又经历了二审、再审阶段，裁判结果如下。

【裁判结果】

一审判决结果［案号:（2017）粤0112民初2716号］:
驳回符某的诉讼请求。

一审法院经审理认为，本案的争议焦点是：变速箱公司解除与符某的劳动合同是否违法以及变速箱公司是否应该发放激励金。

关于变速箱公司解除与符某的劳动合同是否违法的问题

一审法院认为，变速箱公司基于符某严重违纪的行为解除劳动合同，符合法律规定：首先，变速箱公司提交的面谈记录表显示公司曾找符某面谈，原因为符某建立微信群煽动公司员工到食堂聚集罢工，并且符某对该记录表的内容签名确认并未提出异议，只是一再表示没有想到后果这么严重。变速箱公司主张符某建立微信群组织煽动罢工，确有事实依据，一审法院予以采信。其次，从面谈内容可见，符某煽动罢工的原因仅仅是听说了当年的激励金方案可能发生变化，而实际上其自身权利并未遭受任何损失。虽然该次罢工行为因变速箱公司的及时发现和干预最终未获成功，但符某组织煽动罢工的行为性质恶劣，对变速箱公司的正常经营管理造成负面影响，构成变速箱公司《奖惩规定》第十四条第（二十二）项规定的严重违纪行为。变速箱公司经工会同意后作出解除符某劳动合同的处分，具有规章制度的依据，同时符合《劳动合同法》第三十九条第（二）项的规定，一审法院予以支持。符某请求变速箱公司支付违法解除劳动合同的赔偿金，缺乏事实和法律依据，一审法院不予支持。

关于变速箱公司是否应该发放激励金

一审法院认为：根据《民事诉讼法》第六十四条第一款规定，当事人对自己提出的主张，有责任提供证据。符某主张在职激励金属于双方劳动合同的履行内容，但未能举证证明双方对该奖金的发放方式已作出明确约定，一审法院对其主张不予采信。变速箱公司提交的2016年度的在职激励金方案经过公司工会审批通过并经符某确认真实性，一审法院予以采信。方案载明变速箱公司发放激励金的目的在于鼓励员工继续努力并为员工返乡提供补助，故该激励金具有奖金的性质，变速箱公司根据企业生产经营状况对奖金发放条件作出合理安排，并无不当。该激励金方案载明公司支付2016年激励金的对象为支付日时仍然在职的员工，故符某是否应享有该奖金应当结合符某是否符合发放条件，以及符某不符合条件的事由是否可归责于变速箱公司两方面综合考量。虽然变速箱公司2016年度在职激励金的发放日期（2017年1月20日）与符某被解除劳动合同的日期（2017年1月19日）只相隔一天，但是变速箱公司基于符某严重违纪的行为解除劳动合同，符合法律规定。故此，符某在2016年度激励金发放日已不在职，不符合激励金的发放条件，且符某不符合发放条件并非变速箱公司不正当促成所致，符某请求变速箱公司参照2015年度激励金数额支付奖金，缺乏事实和法律依据，一审法院不予支持。

二审判决结果〔案号：（2017）粤01民终18972号〕：

一、撤销广州市黄埔区人民法院（2017）粤0112民初2716号民事判决；二、变速箱公司于判决送达之日起五日内一次性向符某支付2016度在职激励金22000元；三、驳回符某其他诉讼请求。

二审法院认为，根据双方当事人诉辩意见，本案的争议焦点一是变速箱公司解除与符某的劳动合同是否违法；二是变速箱公司是否应当向符某支付2016年度在职激励金。

关于变速箱公司解除与符某的劳动合同是否违法的问题

变速箱公司提交的有符某签名确认的面谈记录表内容可证实符某确实存在召集和建立微信群及煽动罢工的事实，且符某对该事实并未否认，二审法院对面谈记录的内容予以确认。符某的行为虽然因变速箱公司的及时发现和制止而未能得逞，但对变速箱公司经营管理的有序性造成极大的威胁，故其以未对变速箱公司正常的生产经营造成不利后果而主张免除责任的理由显然不能成立。

另外，符某作为变速箱公司《奖惩规定》的培训讲师，应该对《奖惩规定》的内容非常清楚，对违反单位规章制度应承担的责任和后果也应是完全知晓的，因此，原审法院根据双方当事人的诉辩、提交的证据对符某违反变速箱公司规章制度的事实进行了认定，并在此基础上依法作出变速箱公司解除与符某的劳动合同合法的判决，理由阐述充分，二审法院予以确认。故二审法院对符某要求确认变速箱公司解除与其劳动合同违法的上诉请求不予支持。

关于变速箱公司是否应该向符某发放激励金

二审法院认为：变速箱公司在二审期间确认2016年度在职激励金以2016年度公司业绩为考量因素，其提交的《QY16 PPP年末在职激励金》文件也显示在职激励金的构成与业绩评价挂钩，金额以2016年下半年和全年在岗在职的天数乘以基本工资计算。虽然变速箱公司制定的《QY16 PPP年末在职激励金》规定支付对象为2017年1月20日仍在职的人员，但如前所述，该文件同时规定了在职激励金的金额系按2016年在职在岗天数乘以基本工资计算。变速箱公司于2017年1月19日才解除与符某的劳动合同，符某2016年全年均在职在岗，根据公平原则认定符某应属2016年度在职激励金的核发对象。

符某与变速箱公司均不服二审判决结果，提起再审。

再审裁定结果［案号：(2018)粤民申4765号］：

驳回变速箱公司、符某的再审申请。

再审法院经审查认为，关于变速箱公司是否应该向符某发放激励金：1.变速箱公司在二审期间确认2016年度在职激励金以2016年度公司业绩为考量因素，其提交的《QY16 PPP年末在职激励金》文件也显示在职激励金的构成与业绩评价挂钩，金额以2016年下半年和全年在岗在职的天数乘以基本工资计算。2.虽然变速箱公司制定的《QY16 PPP年末在职激励金》规定支付对象为2017年1月20日仍在职的人员，但如前所述，该文件同时规定了在职激励金的金额系按2016年在职在岗天数乘以基本工资计算。变速箱公司于2017年1月19日才解除与符某的劳动合同，符某2016年全年均在职在岗，故二审法院根据公平原则认定符某应属2016年度在职激励金的核发对象，并无不当。

对于变速箱公司解除与符某的劳动合同是否合法的问题，再审法院分析如下：1.《劳动合同法》第八十条规定，用人单位直接涉及员工切身利益的规章制度违反法律、法规规定的，由劳动行政部门责令改正，给予警告；给员工造成损害的，应当承担赔偿责任。符某主张变速箱公司的规章制度违反法律、法规规定，应依法向劳动行政部门要求处理。2.符某召集、建立微信群并发表煽动罢工言语等一系列行为，已严重违反变速箱公司的规章制度，故一、二审法院依照《劳动合同法》第三十九条第二项的规定，认定变速箱公司解除与符某的劳动合同，并无不当。

【争议焦点解读】

本案的"在职激励金"实质上是年终奖。实践中，已经离职的员工应不应该发放年终奖的争议不断，不同的法院、不同的法官对于同一类型的案件的裁判结果也千差万别。

事实上，同样是由广州市中级人民法院作出的判决，案号（2016）粤01民终5296号（梁某与广州市海珠区某服务中心劳动争议，以下简称梁某案）与本案相比也出现了不同的判决结果——"年终奖金属于用人单位按照其自身经济效益自主决定发放的福利待遇，被上诉人以上诉人在发放时已离职为由不予发放，属于用人单位内部自主管理权的体现，且上诉人在仲裁庭审中确认被上诉人对于已离职的员工不发放年终奖及计生奖，即被上诉人对该项奖励已形成相关的制度，上诉人也是清楚知悉，故上诉人请求支付2014年度年终奖依据不足，本院不予支持"。

可知，在梁某案中，法院则认为"年终奖金属于用人单位按照其自身经济效益自主决定发放的福利待遇"，离职的员工请求用人单位发放福利待遇的，不予以支持。而在本案中，法院之所以支持了符某，在很大程度上在于法院认为"该年终奖属于应当固定发放的劳动报酬"，离职的员工请求用人单位支付劳动报酬的，应予以支持。

同一案件，在不同的法院或者同一类型的案件在相同的法院，都前后出现了不同的裁判结果，主要根源于不同的法官对年终奖的性质、年终奖是否可以由企业自主决定发放的认定不同。那么究竟年终奖的性质是什么？年终奖是否可以由企业自主决定发放？已离职员工是否可以享受年终奖？对此，当下司法实践中有两种观点：

一种观点认为，在劳动关系中，用人单位通过年终奖激励员工的情形不在少数，年终奖的有无以及数额，是员工选择用人单位的一项重要考量因素。年终奖属于应当固定发放的劳动报酬，离职的员工请求支付劳动报酬的，应予以支持。对于年终奖对应的考核年度不满一年的，用人单位也应该按照员工实际工作时间占全年工作时间的比例发放年终奖金。

另一种观点认为，年终奖作为企业激励员工的手段，是一种特殊福利，用人单位根据其生产经营特点，有权自主决定年终奖发放的条件、数额、时间等具体事宜。因此，如果用人单位已经在劳动合同或者相关规章制度中明确"离职员工无法获得年终奖"的，应当按照劳动合同和相关规章制度执行，用人单位有权决定对已经离职的员工，不予发放年终奖。

可见，年终奖的定性会对案件裁判结果产生根本性的影响。如果将年终奖视为应当固定发放的工资范畴，只要员工在相应的时间段内已经为用人单位提供相应的劳动，用人单位都应当向员工发放该笔年终奖。但是如果将年终奖视为用人单位可以自主发放的福利待遇，则用人单位可以对该福利待遇的是否发放以及如何发放设置条件。例如，用人单位可以在其规章制度中明确"发放年终奖时已经离职的员工无法获得年终奖"，并根据员工是否达到条件决定是否发放年终奖。

近两年越来越多的司法审判倾向于支持已离职员工可以享受年终奖。员工获得年终奖不以奖金发放时在职为必要条件，用人单位应该按照员工实际工作时间占全年工作时间的比例向离职员工发放年终奖金。但从公平正义的角度考虑，如果无论员工是因何离职，用人单位都应该按照员工实际工作时间占全年工作时间的比例向离职员工发放年终奖金，这对用人单位有所不公。司法实践中，也有不少案例显示，离职员工年终奖是否发放还应以其离职原因作为判定标准，我们从本案的一审判决结果可以略见端倪：

如果是员工因其自身原因离职，比如个人原因辞职、违反《劳动合同法》第三十九条的相关规定被用人单位单方解除合同等，则法院应以无法获得年终奖的原因在于员工本身为由，不支持已离职的员工要求用人单位支付年终奖的诉求。相反，如果是因为用人单位原因解除劳动合同，比如用人单位违法解除劳动合同，或者员工基于《劳动合同法》第三十八条向用人单位提出解除劳动合同等，属于用人单位的原因导致员工无法获得年终奖，则法院应支持已离职的员工要求用人单位支付年终奖的诉求。

【实务指引】

笔者在探寻已离职员工年终奖发放的相关案例过程中，总结出以下几点经验供企业参考。

一、在规章制度中将年终奖定义为"在职奖励金"，明确发放对象

从上述分析得知，如何认定年终奖的性质是关系离职员工能否获得年终奖的关键。如果公司的规章制度对于年终奖的性质和发放规则没有相关规定，一方面会因没有明确规定而产生年终奖发放与否的争议；另一方面，司法机关审理过程中由裁判人员根据惯例行使自由裁量权予以认定会增加用人单位的风险。因此，笔者建议用人单位可以在规章制度中对年终奖的性质予以明确，如将年终奖定义为"在职奖励金"，明确在职奖励金是公司给予在职员工的福利待遇，以明确发放对象，用人单位的对于年终奖的发放自主权将更大一些。

二、明确年终奖的发放条件、发放时间、发放标准、计算方式等

年终奖的问题看似简单，用人单位一般认为可以根据自身经营情况自由分配，实则年终奖的发放并非用人单位可以任意而为之的权利。特别是在用人单位被认定往年存在发放年终奖的惯例、当年度有发放年终奖事实以及年终奖的发放依据的情况下。在审判过程中，用人单位要对员工应否获得年终奖以及具体数额等情况承担举证责任，如果员工行使仲裁或诉讼权利主张年终奖，用人单位不能提交充分的证据，就要承担举证不能的不利后果，面临案件败诉风险。因此，用人单位若想更好地掌握主动权，就应该在相关的规章制度中明确年终奖的发放条件、发放时间、发放标准、计算方式等。如明确"公司可以根据当年的经营情况、用工成本等情况决定是否发放、如何发放年终奖"，进一步明确年终奖并非必然发放的工资报酬，是用人单位根据自主情况发放的福利待遇。

三、完成相关制度的民主公示程序

关于年终奖的发放规则，用人单位应当制定相应的规章制度予以明确，同时相关规章制度应当经过民主公示程序，才能确保该规章制度适用于员工。

但是需要注意的是，由于法律对于用人单位是否应当向已离职员工支付年终奖并无非常明确的规定，司法实践中，法官会拥有更大的自由裁量权。因此，即使用人单位按照上述的指引制定了相应的规章制度，较大程度地明确用人单位的年终奖发放自主权，在一定程度上降低单位的风险，但是也无法完全避免需要支付年终奖的情形。从规避风险的角度出发，用人单位除采取上述建议外，还应当尽可能地做到合法合理地用工，最大限度地降低用工风险，避免争议。

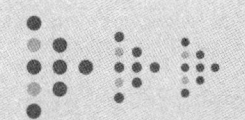

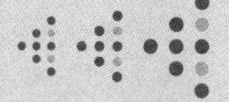

3
规章制度篇

18 未经民主公示程序制定的规章制度，能否作为用工管理依据？

【核心观点】

《劳动合同法》规定用人单位应当将直接涉及劳动者切身利益的规章制度和重大事项决定公示。但劳动法地域性、政策性较强，各地区关于未经民主公示程序制定的规章制度，能否作为用工管理依据的规定不一，而规章制度是用人单位进行用工管理的基石，为避免出现程序瑕疵，建议用人单位严格遵守《劳动合同法》第四条规定，履行规章制度的民主公示程序。

【案情简介】

2015年7月20日，郑某入职建安特公司处工作；同日，双方签订书面劳动合同，约定郑某担任财务经理，合同期限自2015年7月20日起至2018年7月19日止。

2018年4月8日，建安特公司以郑某多次违反规章制度为由口头与郑某解除劳动合同。

建安特公司主张郑某存在以下违反规章制度的行为：1.未及时办理出口退税零申报，导致建安特公司另行聘用案外公司花费3900元，构成甲类过失。2.12个月内累计迟到5次，建安特公司虽对迟到行为作出扣款处理，但仍构成甲类过失；旷工5天，构成丙类过失。

同时，建安特公司主张其依照员工手册相关规定与郑某解除劳动合同。郑某认可其在员工手册接收声明上的签字，但主张建安特公司上述制度未经民主公示程序制定。

其后，郑某向北京市通州区劳动人事争议仲裁委员会申请仲裁，要求建安特公司支付拖欠工资、解除劳动合同赔偿金、报销款、未休年休假工资。

【裁判结果】

仲裁裁决结果［案号：京通劳人仲字（2018）第3082号］：

1. 建安特公司支付郑某2018年3月1日至4月8日工资13528.74元；2. 建安特公司支付郑某违法解除劳动合同赔偿金66000元；3. 建安特公司支付郑某2017年1月1日至2018年4月8日期间未休年休假工资3210元；4. 驳回郑某的其他仲裁请求。

一审判决结果［案号：（2018）京0112民初21179号］：

建安特公司支付郑某2018年3月1日至2018年4月8日工资11436元，于判决生效之日起七日内执行清；2. 建安特公司支付郑某违法解除劳动合同赔偿金64194元，于判决生效之日起七日内执行清；3. 建安特公司支付郑某未休年休假工资3210元，于判决生效之日起七日内执行清；4. 驳回建安特公司的其他诉讼请求。

本案的争议焦点之一在于建安特公司是否具备合法有效的规章制度。《劳动合同法》第四条第二款规定，用人单位在制定、修改或者决定有关劳动报酬、工作时间、休息休假、劳动安全卫生、保险福利、职工培训、劳动纪律以及劳动定额管理等直接涉及劳动者切身利益的规章制度或者重大事项时，应当经职工代表大会或者全体职工讨论，提出方案和意见，与工会或者职工代表平等协商确定。第四款规定，用人单位应当将直接涉及劳动者切身利益的规章制度和重大事项决定公示，或者告知劳动者。

因此，用人单位规章制度需经法定要件才能具备效力，即用人单位规章制度需经必要的民主公示程序制定，内容不违反法律及行政法规的强制性规定、向劳动者公示告知，三者缺一不可。本案建安特公司以员工手册、考勤制度为制度依据解除劳动合同，但其未能提供证据证明两份制度系经民主公示程序制定，具有明显瑕疵，不宜作为建安特公司进行用工管理的有效依据。因此，一审法院认为建安特公司违法解除劳动关系。

二审判决结果［案号:（2018）京 03 民终 12726 号］:
驳回上诉，维持原判。

【争议焦点解读】

本案的争议焦点之一在于建安特公司是否具备合法有效的规章制度。

何谓合法有效的规章制度？根据《劳动合同法》第四条第二款规定，用人单位在制定、修改或者决定有关劳动报酬、工作时间、休息休假、劳动安全卫生、保险福利、职工培训、劳动纪律以及劳动定额管理等直接涉及劳动者切身利益的规章制度或者重大事项时，应当经职工代表大会或者全体职工讨论，提出方案和意见，与工会或者职工代表平等协商确定。第四款用人单位应当将直接涉及劳动者切身利益的规章制度和重大事项决定公示，或者告知劳动者。由该条款可知，法律认可的合法有效的规章制度需要经过民主公示程序。

本案建安特公司以员工手册、考勤制度为制度依据解除劳动合同，但其未能提供证据证明两份制度系经民主公示程序制定，具有明显瑕疵，法院认定不宜作为建安特公司进行用工管理的有效依据。最终法院判决建安特公司需要支付赔偿金。

那么规章制度是否必须经过民主公示程序，未经民主公示程序制定的规章制度，能否作为用工管理依据？由于劳动争议案件具有区别于其他案件的显著特征是地域性、政策性较强，即便是就同一问题，各地的裁判观点以及司法实践都可能存在差异。为了更好地论述该问题，笔者搜索了全国主要地区的相关案例以及相关规定，对全国各地关于未经民主程序制定的规章制度，能否作为用工管理依据的裁判观点总结如下：

地区	规定	关注要点
北京市	1.北京市高级人民法院、北京市劳动争议仲裁委员会关于劳动争议案件法律适用问题研讨会会议纪要(2009.8.17) 第 36 条 用人单位在《劳动合同法》实施前制定的规章制度，虽未经过《劳动合同法》第四条第二款规定的民主程序，但内容未违	截至目前，北京市的指导意见未明确《劳动合同法》实施后制定的规章制度未经民主公示程序效力该如何认定的问题，但北京市劳动人事争议仲裁委员会 2014 年发布的十大劳动争议典型案例，其中有一个

续表

	反法律、行政法规及政策规定，并已向劳动者公示或告知的，可以作为用人单位用工管理的依据。 **2. 北京市高级人民法院、北京市劳动人事争议仲裁委员会关于审理劳动争议案件法律适用问题的解答（2017.04.24）** 第13条　在规章制度未作出明确规定、劳动合同亦未明确约定的情况下，劳动者严重违反劳动纪律和职业道德的，用人单位是否可以解除劳动合同？ 《劳动法》第三条第二款中规定，"劳动者应当遵守劳动纪律和职业道德"。上述规定是对劳动者的基本要求，即便在规章制度未作出明确规定、劳动合同亦未明确约定的情况下，如劳动者存在严重违反劳动纪律或职业道德的行为，用人单位可以依据《劳动法》第三条第二款的规定与劳动者解除劳动合同。	案例明确指出规章制度需要经过民主程序。结合典型案例传达的法律观点，为避免出现程序瑕疵，建议北京市的用人单位还是严格履行规章制度的民主程序。 同时需要提醒关注的是，北京市明确了关于用人单位以劳动者违反劳动纪律和职业道德解除劳动合同的规定，这意味着如果规章制度被判定无效或没有规定的情况下，用人单位理论上是可以以劳动者违反劳动纪律和职业道德解除劳动合同的。但目前司法实践并未普遍认可该操作，因此如用人单位依据该规定解除劳动关系，存在较高的法律风险。
上海市	**上海市高级人民法院关于适用《劳动合同法》若干问题的意见（2009.03.03）** 十一、用人单位要求劳动者承担合同责任的处理 劳动合同的履行应当遵循依法、诚实信用的原则。劳动合同的当事人之间除了规章制度的约束之外，实际上也存在很多有约定的义务和依据诚实信用原则而应承担的合同义务。如《劳动法》第三条第二款关于"劳动者应当遵守劳动纪律和职业道德"等规定，就是类似义务的法律基础。因此，在规章制度无效的情况下，劳动者违反其必须遵守的合同义务，用人单位可以要求其承担相应责任。劳动者以用人单位规章制度没有规定为由提出抗辩的，不予支持。但在规范此类行为时，应当仅对影响劳动关系的重大情况进行审核，以免过多干涉用人单位的自主管理权。	截至目前，上海市就规章制度的民主程序问题未有明确的地方性规定，理论上在地方没有特殊规定的情况下，需要严格遵守《劳动合同法》第四条规定，因此建议用人单位需要履行规章制度的民主公示程序。 同时需要提醒关注的是，上海市与北京市一样明确了关于用人单位以劳动者违反劳动纪律和职业道德解除劳动合同的规定，这意味着如果规章制度被判定无效或没有规定的情况下，用人单位理论上是可以以劳动者违反劳动纪律和职业道德解除劳动合同的。但目前司法实践并未普遍认可该操作，因此如用人单位依据该规定解除劳动关系，存在较高的法律风险。

续表

广东省	**广东省高级人民法院、广东省劳动争议仲裁委员会关于适用《劳动争议调解仲裁法》、《劳动合同法》若干问题的指导意见(2008.06.23)** 第20条 用人单位在《劳动合同法》实施前制定的规章制度，虽未经过《劳动合同法》第四条第二款规定的民主公示程序，但内容未违反法律、行政法规及政策规定，并已向劳动者公示或告知的，可以作为用人单位用工管理的依据。 《劳动合同法》实施后，用人单位制定、修改直接涉及劳动者切身利益的规章制度或者重大事项时，未经过《劳动合同法》第四条第二款规定的民主公示程序的，原则上不能作为用人单位用工管理的依据。但规章制度或者重大事项的内容未违反法律、行政法规及政策规定，不存在明显不合理的情形，并已向劳动者公示或告知，劳动者没有异议的，可以作为劳动仲裁和人民法院裁判的依据。	截至目前，广东省关于规章制度未经民主程序效力的认定态度较为宽松。即便规章制度未经民主程序，但如果规章制度或者重大事项的内容未违反法律、行政法规及政策规定，不存在明显不合理的情形，并已向劳动者公示或告知，劳动者没有异议的，可以作为劳动仲裁和人民法院裁判的依据。
浙江省	**浙江省高级人民法院民一庭关于审理劳动争议案件若干问题的意见（试行）(2009.04.16）** 第34条 用人单位在《劳动合同法》实施前制定的规章制度，虽未经过该法第四条第二款规定的民主公示程序，但内容不违反法律、行政法规、政策及集体合同规定，不存在明显不合理的情形，并已向劳动者公示或告知的，可以作为人民法院审理劳动争议案件的依据。 《劳动合同法》实施后，用人单位制定、修改或者决定直接涉及劳动者切身利益的规章制度或者重大事项时，未经过该法第四条第二款规定的民主程序的，一般不能作为人民法院审理劳动争议案件的依据。但规章制度或者重大事项决定的内容不违反法律、行政法规、政策及集体合同规定，不存在明显不合理的情形，并已向劳动者公示或告知，且劳动者没有异议的，可以作为人民法院审理劳动争议案件的依据。	截至目前，浙江省关于规章制度未经民主程序的司法观点与广东省的指导意见相似，均认为即便规章制度或者重大事项的内容未违反法律、行政法规、政策及集体合同规定，不存在明显不合理的情形，并已向劳动者公示或告知，劳动者没有异议的，可以作为劳动仲裁和人民法院裁判的依据。

续表

深圳市	**深圳市中级人民法院关于审理劳动争议案件的裁判指引**（2015年9月2日） 第72条第2款 《劳动合同法》实施后，用人单位制定、修改直接涉及劳动者切身利益的规章制度或重大事项时，未经过《劳动合同法》第四条第二款规定的民主公示程序的，原则上不能作为用人单位用工管理的依据。但规章制度或重大事项的内容未违反法律、行政法规及政策规定，不存在明显不合理的情形，并已向劳动者公示或告知的，劳动者没有异议的，可以作为用人单位用工管理的依据。	截至目前，深圳市关于规章制度未经民主程序的司法观点与广东省的指导意见保持一致，均认为即便规章制度未经民主程序，但如果规章制度或者重大事项的内容未违反法律、行政法规及政策规定，不存在明显不合理的情形，并已向劳动者公示或告知，劳动者没有异议的，可以作为劳动仲裁和人民法院裁判的依据。
厦门市	**厦门市中级人民法院、厦门市劳动人事争议仲裁委员会关于审理劳动争议案件若干疑难问题的解答**（2017年12月31日） 1.用人单位制定的规章制度未经民主公示程序如何认定其效力？ 《劳动合同法》第四条第二款规定，用人单位制定、修改或决定直接涉及劳动者切身利益的规章制度或者重大事项时，应当经职工代表大会或者全体职工讨论，提出方案和意见，与工会或者职工代表平等协商确定。因此，劳动者提出用人单位规章制度未经民主程序而用人单位无法证明的，该规章制度对劳动者不具有约束力。	截至目前，厦门明确规定规章制度需要经过民主公示程序。如发生劳动争议案件，劳动者提出用人单位规章制度未经民主公示程序而用人单位无法证明的，该规章制度对劳动者不具有约束力。

综上所述，全国各地关于规章制度是否必须经民主公示程序的规定存在差异，具体总结如下：

以广东省包括广州市、深圳市以及浙江省等地为代表的地区持宽松态度，规定一定条件下未经民主公示程序的规章制度也可作为用工管理的依据。

以北京市、上海市为代表的指导意见未明确规章制度的民主公示程序问题，但两个地区都有关于规章制度需要经过民主公示程序的案例（本案即北京市第三中级人民法院作出的判例，认定规章制度需要经过民主公示程序），同时都在指导意见中明确规定了在规章制度无效或没有规定的情况下，用人单位可以以劳动者违反劳动纪律和职业道德解除劳动关系。

以厦门市为代表的地区持严格态度，明确规定规章制度需要经过民主公示程序才能作为用工管理的依据。

【实务指引】

规章制度是用人单位用工管理的基础，规章制度的合法有效性关系到用人单位能否对劳动者进行有效管理，而规章制度的合法有效性与规章制度的民主公示程序挂钩。因此，规章制度的民主公示程序问题受到用人单位的普遍关注。

关于规章制度的公示问题，目前无论是法律层面还是全国各地区的指导意见，都明确规定规章制度必须经过公示程序，因此规章制度的公示问题基本不存在争议。但规章制度的民主程序问题，各地司法实践不一，用人单位往往存在关于规章制度是否必须经民主公示程序才能作为用工管理依据的疑问以及如何履行民主程序的疑问。

关于规章制度是否必须经民主公示程序才能作为用工管理依据的分析，在争议焦点部分已有详细论述，在此不再赘述。同时也需要提醒用人单位注意的是，上述表格总结的地方性指导意见以及提及的案例，代表的只是当地仲裁委以及法院的倾向性意见，并非法律规定，在《劳动合同法》第四条已经明确规定规章制度需要履行民主公示程序的情况下，从合规管理及日后风险防控的角度出发，建议用人单位还是严格履行规章制度的民主公示程序，以免出现程序瑕疵。

关于规章制度如何履行民主公示程序的问题，笔者结合司法实践建议用人单位操作如下：

第一，制定规章制度讨论稿。在制定规章制度时应注意合法合理，避免出现违法或明显不合理的条款，如规定迟到一次就构成严重违纪，该条款明显不合理。

第二，征求员工意见。一般来说，可以通过召开职工代表大会或者全体员工大会的方式征求员工意见。如采取开会的方式征求意见，建议用人单位保管好召开会议的通知、会议签到表以及会议记录等材料，证明用人单位已履行规章制度的民主程序。

对于规模较大，员工人数较多或没有工会、职工代表大会的企业来说，召开职工代表大会或全体员工大会的难度较大或根本无法实现，则用人单位可以考虑通过向员工发放征求意见表的方式进行。此外，用人单位也可以同步在OA系统、企业内网、电子邮件、公告栏等向员工公示规章制度的内容，同时发布征求意见的通知。

第三，征求完员工意见后，用人单位与工会或职工代表协商确定规章制度。对于有工会或职工代表大会的企业，建议开会或通过其他形式讨论协商。对于没有建立工会或职工代表大会的企业，建议召开全体职工大会、部门会议或其他形式进行讨论，记录相关的意见，最后由企业单方确定。

需要提醒注意的是，实践中仲裁委或法院可能会审查工会组成、职工代表的选举是否合法等问题，如用人单位未能提供证据证明，仲裁委或法院有可能会认定程序存在瑕疵，因此用人单位应注意证据留痕，建议保存好工会组成、工会委员选举以及职工代表选举等资料。

此外，目前法律未明确规定规章制度的起草以及修订意见必须征得员工同意，法律规定的是让员工参与民主公示程序，提出方案和意见即可，并未强求用人单位必须按照员工意志起草或修改规章制度，即规章制度的制定企业享有单决权。

19 用人单位规章制度规定累计处罚是否构成重复处罚？

【核心观点】

重复处罚指的是针对同一违纪行为进行重复处理，而累计处罚是指将不同违纪行为的处理次数进行累计，达到一定次数后根据规章制度进行相应处理。累计处罚不等同于重复处罚。如果有证据证明累计处罚对应的每项违纪事实都能成立，一般该累计处罚可以得到裁判机关的认可。

【案情简介】

2009年10月14日，韦某入职先进半导体材料（深圳）有限公司（以下简称先进半导体公司），工作岗位为药品仓助理工。双方已签订书面劳动合同，最后一份劳动合同为自2011年11月1日起签订的无固定期限劳动合同。

2016年3月8日和16日，韦某因不服从部门正常工作安排，先进半导体公司向其发出两次书面警告。韦某认可报告上签名的真实性，但主张两份报告是对同一事由的两次处罚，属于重复处罚。

韦某在被作出两次书面警告处分之后，其在2016年7月12日至2016年7月18日再次不服从部门正常工作安排，拒绝更换15：00—16：15时段12栋的电镀设备药水。由于生产流程的硬性要求，导致先进半导体公司不得不安排其他员工完成该项工作，先进半导体公司因此对韦某作出了第三次书面警告的处分。韦某认可在2016年7月12日至18日存在拒绝先进半导体公司安排其更换第四次药水作业的事实，但主张系先进半导体公司增加的工作安排。其有权拒绝而且增加的工作量其亦无法完成。

2016年7月22日，先进半导体公司再次向韦某核实2016年7月19日至20日的工作情况，发现韦某仍然未执行部门工作安排后，出具了第四份处分并解除与韦某的劳动合同。

韦某对解除劳动合同的决定不服，向劳动人事争议仲裁委员会提出劳动仲裁，主张：1.支付违法解除劳动合同经济赔偿金97720元；2.支付2016年4月1日至2016年4月30日双月奖800元；3.支付2016年6月1日至2016年6月30日双月奖800元；4.支付律师费5000元。最后劳动人事争议仲裁委员会裁决：1.先进半导体公司于裁决生效之日起五日内一次性支付韦某违法解除劳动合同赔偿金95858元；2.一次性补发韦某2016年6月双月奖金800元；3.一次性支付韦某律师费人民币4500元；4.驳回韦某的其他仲裁请求。

先进半导体公司对该仲裁裁决结果不服，后提起诉讼。

【裁判结果】

一审判决结果［案号为（2016）粤0306民初23516号］：

1.先进半导体公司应于本判决生效之日起五日内支付韦某违法解除劳动合

同赔偿金人民币95858元；2. 先进半导体公司应于本判决生效之日起五日内支付韦某2016年6月双月奖金人民币800元；3. 先进半导体公司应于本判决生效之日起五日内支付韦某律师费人民币4850元；4. 驳回先进半导体公司的全部诉讼请求。

一审法院认为，2016年3月8日、3月16日的两份《员工动态报告》有韦某签名，韦某虽主张其系被迫签署，但未提交有效证据证明予以证明，也未提交足以推翻报告认定违纪事实的反证，故一审法院采信该两份报告的真实性。此外，两份报告处罚涉及的具体事由虽有部分重合，但2016年3月8日的报告涉及的处罚事由还包括韦某2016年3月3日、3月4日两日不服从先进半导体公司工作安排等事由，韦某主张先进半导体公司对其同一违纪行为多次处罚，一审法院不予采信。

2016年7月19日、7月23日两份报告涉及的处罚事由为7月13日至18日、7月19日至20日韦某拒绝服从工作安排，未更换15：00—16：15时段的药水，该两份报告均没有韦某签名。韦某对报告反映的违纪事实不予确认，主张先进半导体公司未进行相应的工作安排。而先进半导体公司亦未提交证据证明在同年7月13日至20日有安排韦某进行该次作业。因此，先进半导体公司2016年7月19日、7月23日两份《员工动态报告》主张的违纪事由并不成立，先进半导体公司据此对韦某作出两次书面警告处罚明显依据不足，一审法院不予采信。

综上，先进半导体公司以韦某累计受书面警告三次以上，构成严重违反公司规章制度为由将其辞退，但没有事实依据，因此不予支持。

二审判决结果 [案号为（2017）粤03民终14345号]：

1. 撤销广东省深圳市宝安区人民法院（2016）粤0306民初23516号民事判决第一项；2. 维持广东省深圳市宝安区人民法院（2016）粤0306民初23516号民事判决第二项；3. 变更广东省深圳市宝安区人民法院（2016）粤0306民初23516号民事判决第三项为：先进半导体公司应于本判决生效之日起五日内支付被上诉人韦某律师费40.27元；4. 先进半导体公司无须支付韦某违法解除劳动合同赔偿金95858元；5. 驳回先进半导体公司其他上诉请求。

二审法院认为，根据双方的二审诉辩意见，本案二审争议焦点之一为先进半导体公司解除与韦某劳动合同是否违法。

先进半导体公司以韦某累计受书面警告三次以上,构成严重违反双方签订的劳动合同补充条款第一条第十一款约定的管理规章制度为由解除与韦某劳动关系。先进半导体公司应对韦某存在上述违反管理规章制度行为承担举证责任。根据先进半导体公司提交的2016年3月8日、3月16日两份《员工动态报告》,韦某认可报告上的签名真实性,但主张两份报告是对同一事由的两次处罚,属于重复处罚。

对此,二审法院认为,上述两份报告中,2016年3月3日、3月4日两日不服从先进半导体公司工作安排事由,而且侧重对韦某2016年3月8日不配合工作安排未在正常工作时间内提供劳动而进行处罚;而2016年3月16日的报告侧重对韦某2016年3月8日不履行请假手续,私自离开厂区行为进行处罚,擅自离开厂区与不服从工作安排及未在正常工作时间内提供劳动内涵并不相同。故韦某主张先进半导体公司对同一违纪行为重复处罚的理由不能成立,二审法院对韦某因存在违反管理规章制度行为被书面警告两次的事实予以确认。

先进半导体公司主张韦某第三次被书面警告的事由是韦某在2016年7月13日至18日拒绝单位安排,未更换下午15:00至16:15时段电镀药水。韦某认可存在拒绝更换第四次药水的行为,但主张系先进半导体公司额外增加的工作量,其有权拒绝而且增加的工作量其亦无法完成。

对此,二审法院认为,其一,根据谈话视频,韦某认可其在2016年5月23日至7月11日,一直在从事一天更换四次电镀药水的工作,而且根据药品更换记录表,韦某亦普遍存在更换四次电镀药水的记录,上述事实与韦某主张更换第四次药水属于先进半导体公司额外增加的工作量且其无法完成不相一致;其二,先进半导体公司安排韦某更换下午15:00至16:15时段电镀药水从时间安排来看亦属正常工作时间内的工作任务安排,韦某予以拒绝有违劳动者勤勉工作义务。据此,先进半导体公司于2016年7月19日对韦某实行第三次书面警告的事实依据充分。

由于韦某存在双方劳动合同约定的严重违反管理规章制度行为,先进半导体公司解除与其劳动合同符合劳动法律规定,先进半导体公司无须支付韦某解除劳动合同赔偿金。

【争议焦点解读】

本案劳动者认为用人单位对同一事由进行两次处罚，属于重复处罚，进而引发纠纷。

一、关于重复处罚的定义

何谓重复处罚？《劳动合同法》及相关法律法规并无关于重复处罚的规定，在劳动法领域并无明确的法律释义。而行政处罚领域有一原则为"一事不再罚"，即对违法当事人同一违法行为，不得以同一事实和同一依据给予两次以上（含两次）的处罚，并且在《行政处罚法》第二十四条有明确规定，对当事人的同一个违法行为，不得给予两次以上罚款的行政处罚。因此，参考行政处罚"一事不再罚"原则的定义以及法律规定，可以将劳动法领域的重复处罚理解为针对劳动者的同一违纪行为，以同一事实和同一依据给予两次以上（含两次）的处罚。

二、关于重复处罚的要件分析

"重复处罚"的要件包括"同一违法行为""同一事实""同一依据""两次以上""处罚"。

从要件可以清晰看出，区分是否构成重复处罚的一个关键词为"同一"，对"同一违法行为""同一事实"的理解是区分是否构成重复处罚的重中之重。此外，在违纪行为不一样的情况下，即便援引"同一依据"也不构成重复处罚，因此不能以援引"同一依据"作为是否构成重复处罚的参考因素。

"同一"顾名思义就是一样。"同一违纪行为""同一事实"指的是这一违纪行为从开始到终结的全部情节、要素是一样的，如果只是其中某一要素，例如时间、地点、当事人等一样，并不能认定为"同一违纪行为"或"同一事实"。此外，"同一违纪行为""同一事实"是指一个违纪行为，并非一次违纪事件。一次违纪事件可能包含一个违纪行为，也可能包含多个违纪行为，因此不能简单地以用人单位针对某次违纪事件对劳动者进行两次处理，如针对某次违纪事件连续发出两次书面警告就直接认定构成重复处罚。

具体到本案，先进半导体公司对韦某作出的两次书面警告对应的违纪行为都发生在 2016 年 3 月 8 日，可以看作针对同一违纪事件。但实际上当天韦某发生了两项违纪行为，即在同一违纪事件中包含了两个违纪事实。第一次书面警告侧重对韦某 2016 年 3 月 8 日不配合工作安排未在正常工作时间内提供劳动而进行处罚；第二次书面警告侧重对韦某 2016 年 3 月 8 日不履行请假手续，私自离开厂区行为进行处罚。最终二审法院认为，擅自离开厂区与不服从工作安排及未在正常工作时间内提供劳动内涵并不相同，先进半导体公司针对 3 月 8 日发生的违纪事件发出的两次书面警告并不属于重复处罚。由此可见，时间这一要素相同，并不足以认定构成"同一违纪行为"或"同一事实"。

三、关于重复处罚与累计处罚的区别与联系

实践中，"重复处罚"往往容易与另一概念"累计处罚"混为一谈，不少劳动者会存在认知偏差，如认为累计处罚等同于重复处罚或者认为累计处罚这一管理手段本身就是违法的。那么何谓累计处罚？累计处罚与重复处罚的区别及联系是什么？

一方面，累计处罚不等同于重复处罚，累计处罚是法律认可并且也是用人单位常用的用工管理手段之一。累计处罚指的是将不同违纪行为的处理次数进行累计，达到一定次数后根据规章制度进行相应处理。从累计处罚的概念就可以看出，累计处罚与重复处罚明显不同。重复处罚针对的是就同一违纪行为作出重复处理，而累计处罚针对的是就不同违纪行为进行处理。

另一方面，虽然重复处罚与累计处罚概念不一样，但二者存在一定的关联性。累计处罚的成立是以累计处罚针对的违纪行为不属于同一违纪行为为前提，即累计处罚的成立以对违纪行为的处理不构成重复处罚为前提。

四、关于引发累计处罚是否构成重复处罚争议的分析

既然累计处罚与重复处罚的概念明显不一样，那么为何会引发"用人单位规章制度规定累计处罚是否构成重复处罚"的争议呢？实际上类似这样的争议主要发生在用人单位不恰当适用累计处罚条款的情形，具体分析如下。

1. 用人单位有意滥用累计处罚条款，为了满足累计处罚的条件，随意甚至是重复对劳动者进行处罚，在此情况下就会引发关于"累计处罚是否构成重复处罚"的争议。

例如，用人单位在规章制度规定"一年内累计三次书面警告即构成严重违纪"，该规定本身是合理的，但用人单位在希望尽快解雇某劳动者的情况下，很

可能会滥用该条款，在没有事实依据的情况下连续向劳动者发出三次书面警告，或者为了尽快满足累计处罚解除的条件，用人单位往往是针对同一违纪行为以不同理由连续作出多次处罚，这就引发了关于是否构成重复处罚的争议。

由于发出书面警告的决定权在用人单位，劳动者的反对或异议并不影响书面警告的生效，这似乎给用人单位提供了一条单方解除劳动者的快捷通道，也为用人单位滥用累计处罚条款提供便利，故累计处罚条款也被不少用人单位称为万能条款。但滥用累计处罚条款的后果就是很可能被认定违法解除，用人单位为此需要支付赔偿金，并且很可能给用人单位的管理造成负面影响。

2.虽然用人单位无意"滥用"累计处罚条款，但客观上构成重复处罚。实践中部分用人单位基于无法准确界定同一违纪行为，在无意的情况下针对同一违纪行为连续发出多次书面警告，最终引发关于重复处罚的争议。该纠纷的发生并非用人单位有意而为之，更多是基于无法准确判断两项以上的违纪行为是否属于同一违纪行为而导致。出现类似的情形，用人单位往往感觉到"冤屈"。

综上所述，重复处罚是法律不认可的用工管理手段，如果用人单位构成重复处罚，又在重复处罚的基础上滥用累计处罚条款去解雇劳动者，则很可能被认定违法解除。而累计处罚是法律认可的用人单位用工管理手段，如用人单位依据"一年内累计书面警告三次即构成严重违纪"去解除劳动者，在发生劳动争议后，如果仲裁委及法院详细审查三次书面警告对应的违纪事实并不一样，不构成重复处罚并且都有证据证明每项违纪事实成立，一般仲裁委及法院会认可用人单位累计处罚的合法性。在满足以严重违纪解除的其他合法要件情况下，一般会认定用人单位以累计处罚条款去解除劳动者是合法的。

【实务指引】

累计处罚是用人单位常用的管理手段，并且用人单位往往将累计处罚次数与严重违纪挂钩，规定累计处罚达到一定次数即构成严重违纪，用人单位可以单方解除劳动关系并且无须支付经济补偿金或赔偿金，这样的做法本身是合法的。但是不少用人单位在实际使用累计处罚手段对劳动者进行用工管理时，往往会因不恰当适用累计处罚条款而引发争议，尤其是不少用人单位缺少证据意识，在未固定劳动者每项具体违纪事实的情况下就直接进行处罚，最终引发劳动争议纠纷。

对于用人单位如何避免因不恰当适用累计处罚条款而引发劳动争议纠纷的风险，笔者结合司法实践对用人单位建议如下：

一、合理设置累计处罚条款，确保规章制度条款合法合理。建议用人单位在制定累计处罚条款时，可以从累计处罚的次数、累计处罚的期限以及处罚后果的合理性等维度综合考虑。根据实务经验，一般规定"一年内累计三次书面警告即视为严重违纪"以及与之程度相似的规定，一般情况下都可以得到仲裁委、法院的认可与支持。

二、树立证据意识，做好充分的证据收集和固定工作后再对违纪员工进行处理，确保每一次处罚都有相应的证据支持，避免被认定累计处罚不成立甚至是被认定滥用累计处罚条款，最终被认定违法解除劳动关系。

三、对违纪行为进行准确界定，尤其是同一违纪事件或同一时间下发生的多项违纪行为，在界定清楚是否构成同一违纪行为的情况下再进行处罚，避免被认定重复处罚。界定的标准是两项或多项违纪行为之间，从开始到结束的全过程，涉及的情节以及要素是否相同。在把握不准的情况下，建议用人单位不要贸然行动，可在进行处罚与可能承担的风险之间进行衡量，如果风险高于处罚的必要性，建议可以暂缓本次处罚，仅对其中某项违纪行为进行处理，避免被认定重复处罚，甚至是承担被认定违法解除，支付赔偿金的法律后果。

20 劳动合同与规章制度内容存在冲突时应如何适用？

【核心观点】

劳动合同与规章制度内容存在冲突，在劳动者请求优先适用劳动合同的情况下，应当优先适用劳动合同。在劳动者没有请求优先适用劳动合同的情况下，劳动合同与规章制度内容存在冲突时应如何适用问题，实践中争议较大。第一种观点认为，劳动合同的效力高于规章制度的效力，两者存在冲突时应优先适用劳动合同。第二种观点认为，规章制度的效力高于劳动合同的效力，两者存在冲突时应优先适用规章制度。第三种观点认为，劳动合同与规章制度内容存在冲突，应从倾斜保护劳动者的立法本意出发，适用对劳动者更为有利的劳动合同或规章制度。

【案情简介】

何某于1993年8月进入珠海公交巴士有限公司（原珠海市公共汽车公司，以下简称公交公司）工作，任大客车驾驶员，双方签订了书面劳动合同，最后一份为无固定期限劳动合同，期限自2008年8月23日起至法定的终止条件或合同约定的解除条件出现时止。该《劳动合同》第九条第二款约定："……乙方有以下情形的，甲方可以随时单方解除合同且不支付任何经济补偿金……（10）乙方连续旷工三天以上（含三天）的，或年度内累计旷工三天经处理不改的。"

公交公司的《薪酬管理制度》第四十六条规定："……司机、乘务员、维修工旷工3天以内的（含3天）……扣减工资额……；超过3天的，按公司规章制度给予解除劳动合同处理。"

公交公司的《员工休假条例》第三十二条规定："员工依本规定所请各类假中如发现有虚假情形者（包括提供虚假疾病证明，请假事由，与实际情况不一致，及其他虚假情形等），已休假期按旷工处理。"

2012年1月8日，何某提供虚假《疾病证明书》，以患病为由向公交公司请假3天，请假时间从2012年1月9日起至2012年1月11日止，何某的请假获公交公司批准。

何某主张请假的目的是为反映公司资产流失的情况，分别于2012年1月9日上午前往珠海市国资委、1月10日前往珠海市信访办和广东省总工会、1月10日下午再次前往珠海市信访办进行上访、投诉。

何某于上述请假期间并未生病，公交公司发现何某的精神状态不像生病，遂到人民医院核实情况，人民医院发现《疾病证明书》系变造的便立即报警，珠海市公安局东风派出所立案侦查该事件。在派出所未侦查结束之前，公交公司对何某未做任何内部处理，请假当月计发了其病假工资。2012年6月13日，公交公司收到由东风派出所发来的《关于何某变造证明文件案情况的复函》，其中记载"……初步查明，贵公司员工何某今年一月份变造和使用假的人民医院疾病证明，违反了《治安管理处罚法》第五十二条……我所暂未对何某予以处罚，公司可先按公司内部规章制度处理"。

其后，公交公司对何某变造病假条请假的行为进行处理，经召集分公司、部门劳动关系管理委员会以及公司劳动关系管理委员会的相关人员开会讨论后，于2012年7月10日向何某发出《解除劳动合同通知书》，以何某旷工3天为由解除其劳动合同。该解除劳动合同通知书中记载："何某：经珠海市公安机关查明，你于2012年变造和使用假的人民医院疾病证明书，连续休病假三天，根据《员工休假规定》[珠公汽（2008）2号]第三十二条的规定和你与公司签订的《劳动合同书》第九条第二款第（10）项的约定，你已休假期按旷工处理，公司有权随时单方解除劳动合同且不支付任何经济补偿金，经吉大分公司劳动关系管理委员会研究，公司劳动关系管理委员会审定，决定从二〇一二年七月十日起与你解除劳动合同"。何某被辞退前12个月的平均工资为4440元。

2013年7月5日，何某因恢复劳动关系、支付恢复劳动关系期间的工资及劳保、福利待遇争议，申请劳动仲裁，珠海市劳动人事争议仲裁委员会作出珠劳人仲案字（2013）523号《仲裁裁决书》，裁决驳回何某的全部仲裁请求。

何某不服，诉至珠海市香洲区人民法院。

【裁判结果】

一审判决结果[案号：（2013）珠香法民一初字第2629号]：

一、公交公司与何某双方应继续履行劳动合同；二、公交公司应向何某支付2012年7月11日起至2013年7月31日止的工资53287.56元；三、驳回何某的其他诉讼请求。

关于公交公司与何某解除劳动合同是否违法的问题

一审法院认为，何某于2012年1月9日至11日，以虚假的疾病证明书向公交公司请病假3天，其行为是否严重违反公交公司规章制度，这是本案争议的焦点。

首先，劳动者依法享有休息休假的权利，何某在上述期间请假，已获公交公司的批准，证明公交公司对何某的请假所引致的需其他员工进行替班工作已作安排，没有造成公交公司经济损失。

其次，即使按公交公司制定的珠公汽（2008）2号《员工休假规定》第三十二条规定，何某以虚假病假条请病假3天，视为何某旷工3天。对于何某与公交公司签订的《劳动合同书》第九条第二款约定，与公交公司制定的《薪酬管理制度》第四十六条规定有冲突的地方，即按劳动合同约定何某旷工3天，公交公司有权对何某予以辞退；按《薪酬管理制度》第四十六条规定，何某旷工3天，公交公司不能开除何某。上述《劳动合同书》的约定与《薪酬管理制度》的规定发生冲突的内容，是针对劳动者的工作行为规范，即员工应遵守的规章制度，所以应优先考虑《薪酬管理制度》的规定进行处理，公交公司制定的《薪酬管理制度》对全体员工（包括何某）具有约束性。从有利于保护劳动者合法权益的角度出发，应当以公交公司制定的《薪酬管理制度》的相关规定进行处理。

最后，公安机关对何某使用虚假病假条的行为，作出《关于何某变造证明文件案情况的复函》，没有对何某进行处罚。

综上，何某上述行为不能认定为严重违反用人单位的规章制度，不符合劳动法规定用人单位可以解除劳动合同的条件，公交公司于2012年7月10日向何某发出《解除劳动合同通知书》，属于违法解除劳动合同，何某请求确认公交公司于2012年7月至2013年7月解除劳动合同的行为违法，继续履行原劳动合同的义务，一审法院予以支持。

二审判决结果［案号：（2015）珠中法民一终字第121号］：
一、撤销原审判决；二、驳回何某的诉讼请求。
关于公交公司与何某解除劳动合同是否违法的问题
二审法院认为，本案争议焦点在于何某于2012年1月9日至11日以虚假的疾病证明书请病假3天，公交公司以此解除与何某的劳动合同是否违法的问题。

根据《劳动合同法》第三十九条第（二）项的规定，劳动者严重违反用人单位的规章制度的，用人单位可以解除劳动合同。劳动者违反用人单位规章制度是否达到严重的程度，要结合劳动者的行为和规章制度中的规定以及劳动合同的约定等进行综合判断。

本案中，何某于 2012 年 1 月 9 日至 11 日以虚假的疾病证明书请病假 3 天的事实清楚，按照公交公司《员工休假条例》第三十二条的规定"员工依本规定所请各类假中如发现有虚假情形者（包括提供虚假疾病证明，请假事由，与实际情况不一致，及其他虚假情形等），已休假期按旷工处理"以及双方《劳动合同书》第九条第二款的约定"甲方随时单方解除合同：……（10）乙方连续旷工三天以上（含三天）的，或年度内累计旷工三天经处理不改的"，公交公司是有权解除与何某的劳动合同的。但是公交公司《薪酬管理制度》第四十六条同时又规定"……司机、乘务员、维修工旷工 3 天以内的（含 3 天）……扣减工资额……；超过 3 天的，按公司规章制度给予解除劳动合同处理"，公交公司《薪酬管理制度》的上述规定与双方《劳动合同书》的上述约定是否存在冲突、应如何适用。

本院现作如下分析认定：

首先，劳动合同是个体劳动者和用人单位协商签订、约定双方权利义务的协议，权利义务直接指向具体的用人单位和劳动者个体，具有明显的特定化色彩；而规章制度是用人单位依法制定的，用于规范企业管理各方面内容的规则，通用于全体员工，具有普适性的特征。应该说，如果个体劳动者与用人单位在劳动合同有特别约定的，只要不违反法律法规，应当得到优先适用。况且本案中公交公司的《薪酬管理规定》颁布施行于 2008 年 1 月 1 日，成立在先，而劳动合同签署于 2008 年 8 月 23 日，成立在后，劳动合同有新的约定的，应当适用成立在后的劳动合同。

其次，公交公司的《薪酬管理制度》主要是对公司人员薪酬管理方面的制度规定，从该制度第四十六条规定的内容上看，"旷工扣款：……司机、乘务员、修理工旷工 3 天以内的（含 3 天），司机、乘务员扣减工资额＝[旷工天数×8×小时工资标准×200%＋旷工天数×（年功补贴＋各种津贴）÷21]，修理工按 150 元/天扣减工资……；超过 3 天的，按公司规章制度给予解除劳动合同处理。"主要是规定员工出现旷工的情形时，公司如何对其扣款的规定，体现的主要是经济处罚。《薪酬管理规定》第四十六条前半部分"旷工 3 天以内的（含 3 天）"对于如何扣款进行了规定，没有对于旷工 3 天能否解除劳动合同进行明确。《薪酬管理规定》第四十六条后半部分"超过 3 天的，按公司规章制度给予解除劳动合同处理"中的"公司规章制度"，事实上公交公司并没有相应的对旷工员工进行纪律处罚的规章制度，则只能依据双方劳动合同的约定。而双方劳动合同则明确约定了员工旷工 3 天以上（含 3 天）的，无论是连续旷工或累计旷工，公司都有权单方解除劳动合同。可以说，《劳动合同书》第九条第二款是《薪酬管理制度》关于员工旷工纪律处罚内容的具体化。综观《薪酬管理规定》第四十六条的规定，尚不能必然推论出员工连续旷工 3 日（含 3 日）公司无权解除劳动合同的结论。

退一步说，即使《薪酬管理规定》第四十六条后半部分规定了"超过 3 天的，按公司规章制度给予解除劳动合同处理"，但后来双方签署的《劳动合同书》第九条第二款则重新约定"甲方随时单方解除合同：……（10）乙方连续旷工三天以上（含三天）的，或年度内累计旷工三天经处理不改的"，也就是说，后来双方签署的《劳动合同书》以新的协议改变了以前的《薪酬管理规定》的规定，并没有违法之处，双方理应按照后来的新的约定来履行。

况且本案中何某实施变造虚假病假证明骗取病假系违法行为，本案亦不宜按照"有利于劳动者"的审判理念保护违法行为的实施者。一审判决从有利于保护劳动者合法权益的角度出发，认定本案应适用《薪酬管理规定》并判决公交公司与何某应继续履行劳动合同和补交相应工资，确有不妥，二审法院予以纠正，何某诉求主张公交公司违法解除劳动合同并要求继续履行劳动合同、补发工资等，不能成立，二审法院予以驳回。

【争议焦点解读】

前述案例中，劳动合同约定员工旷工 3 天的，用人单位可以解除劳动合同。而规章制度规定员工旷工 3 天及以内的，扣减工资，旷工超过 3 天的，用人单位可以解除劳动合同。案例中的员工刚好旷工 3 天，因此，能否解除劳动合同存有较大争议，主要原因在于劳动合同与规章制度内容存在冲突。

一审法院认定应适用规章制度规定的内容。主要理由是：1. 冲突部分主要是针对员工的工作行为规范，即员工应遵守的规章制度，故应当优先适用规章制度；2. 规章制度对全体员工具有约束力，故应当优先适用规章制度；3. 从有利于保护劳动者合法权益的角度考虑，应当优先适用规章制度。

二审法院认定应适用劳动合同约定的内容。主要理由是：1. 规章制度是用人单位单方制作的，适用于全体员工，而劳动合同是员工与用人单位的特殊约定，只要不违反法律法规，应当优先适用劳动合同约定的内容。2. 规章制度规定在先，劳动合同约定在后，劳动合同有新约定的，应当优先适用劳动合同约定的内容。3. 规章制度规定的是员工旷工的经济处罚，并未规定员工旷工的纪律处罚，故员工旷工的纪律处罚应适用劳动合同约定的内容。4. 规章制度规定的内容尚不能必然推导出员工连续旷工 3 天公司无权解除劳动合同的结论。

关于劳动合同与规章制度内容存在冲突如何适用问题，虽然《最高人民法院关于审理劳动争议案件适用法律若干问题的解释（二）》第十六条规定："用人单位制定的内部规章制度与集体合同或者劳动合同约定的内容不一致，劳动者请求优先适用合同约定的，人民法院应予支持。"但前述规定劳动合同效力高于规章制度，是建立在劳动者请求优先适用劳动合同的基础上，在劳动者没有请求优先适用劳动合同的情况下，劳动合同与规章制度内容存在冲突如何适用问题，仍是一个极具争议的问题。

实践中，主要有三种观点：

第一种观点认为，劳动合同的效力高于规章制度的效力，两者存在冲突时应优先适用劳动合同。持该观点的人认为，规章制度是用人单位单方制定的，虽然法律层面上应当征求员工意见，但最终决定权在用人单位，其效力显然应当低于体现双方真实自由意思表示的劳动合同。

第二种观点认为，规章制度的效力高于劳动合同的效力，两者存在冲突时应优先适用规章制度。持该观点的人认为，规章制度是针对所有员工、具有普遍效力的企业内部行为规范，而劳动合同是用人单位和员工的特殊约定，仅对单个劳动者有效。从效力范围的大小来看，规章制度的效力应当高于劳动合同的效力。

第三种观点认为，规章制度与劳动合同存在冲突时，应根据"有利原则"进行选择适用。持该观点的人认为，当劳动合同与规章制度内容存在冲突时，应从倾斜保护劳动者合法权益的立法本意出发，适用对劳动者更为有利的劳动合同或规章制度。

笔者认为，第一种观点更具有合理性。根据特殊优于一般原则，劳动合同是用人单位与员工的特殊约定，应当优先适用。相反，如规章制度的效力高于劳动合同的效力，则容易导致用人单位滥用规章制度的制定权，随意为员工设定"义务"，损害员工合法权益。另外，如允许劳动者选择对自身有利的劳动合同或规章制度，则在个案审判中容易出现不公平的现象，如上述案例中，员工提交虚假病假证明骗取病假，已构成旷工3天，如允许员工选择对自己有利的内容进行适用，最终导致的结果就是员工存在违法行为，但由用人单位来承担不利后果。因此，笔者认为确定劳动合同的效力高于规章制度的效力更具合理性。

【实务指引】

如前所述，关于劳动合同与规章制度内容存在冲突如何适用的问题，实践中争议较大。这意味着，在劳动合同和规章制度制定、修改的过程中，用人单位应谨慎处理两者的关系，避免存在冲突，进而导致用人单位在仲裁、诉讼中处于不利地位。对此，笔者有以下两点建议：

一、严格区分规章制度与劳动合同的内容范畴，规章制度主要解决共性问题，劳动合同主要解决个性问题，从根源上避免冲突。

规章制度是企业内部的"法律"，规范用人单位和全体员工的权利义务，如企业文化价值观、员工考勤、员工奖惩等，往往解决的是共性问题。而劳动合同是用人单位与员工的"合同"，约定用人单位和单个员工的权利义务，如劳动合同期限、工作地点、工作岗位、工资福利等，往往解决的是个性问题。因此，不宜将应当由规章制度解决的共性问题加入劳动合同中去。

加之劳动合同的变更原则上需要双方协商一致确定，而规章制度的变更原则上由用人单位经过民主公示程序单方决定。因此，从管理的角度考虑，也不适宜将本应由规章制度解决的共性问题放入劳动合同中。

二、在制定、修改规章制度的过程中，应尽量避免规章制度与规章制度之间存在内容交叉、适用冲突的情况，同时对存在适用冲突的情况进行明确选择，避免无所适从。

很多大型企业出于管理目的，会在不同层面（如公司层面、区域层面、部门层面等）以及不同时期制定、修改各种规章制度。规章制度一多，往往容易出现内容交叉、适用冲突的情况，如在员工手册中规定员工旷工3天构成严重违纪，用人单位可以解除劳动合同，又在薪酬制度中规定员工旷工5天及以上构成严重违纪，用人单位可以解除劳动合同，甚至还在部门规章中规定员工旷工2天构成严重违纪，用人可以解除劳动合同，诸如此类。

因此，用人单位在制定、修改规章制度的过程中，应尽量避免规章制度与规章制度之间存在内容交叉、适用冲突的情况。如需用新的规章制度覆盖旧的规章制度或覆盖旧的规章制度中的个别条款，则需在新的规章制度中明确适用问题。如员工旷工构成严重违纪的天数，应以员工手册规定为准，诸如此类。

21 员工违纪，能以规章制度的兜底条款解除劳动合同吗？

【核心观点】

对于规章制度的兜底条款，司法裁判机构在适用时一般比较谨慎和严格，在有其他条款可以适用的情况下，司法裁判机构一般不支持用人单位适用规章制度的兜底条款解除劳动合同。此外，用人单位没有规章制度依据直接引用兜底条款解除劳动合同的，败诉风险较高。

【案情简介】

刘某于2003年10月6日进入无锡爱莲连锁超市有限公司徐州解放南路店（以下简称爱莲超市解放南路店）工作，后在爱莲超市解放南路店担任店长。爱莲超市解放南路店系无锡爱莲连锁超市有限公司的分公司。2011年10月6日，刘某与爱莲超市解放南路店签订全日制劳动合同书，约定劳动合同期限为2011年10月6日起至2016年10月5日止，刘某任职"卖场运营"工作岗位，属于不定时工作制。2013年10月7日，刘某与爱莲超市解放南路店又签订劳动合同书一份，约定为无固定期限劳动合同，约定如下：合同期限自2013年10月

8日起至法定终止情形出现时止,刘某从事"营运"工作,职级为经理或以上人员,实行不定时工作制,当刘某违反劳动法律法规、爱莲超市解放南路店规章制度的,爱莲超市解放南路店可以解除劳动合同。

自2009年起,爱莲超市解放南路店"部门主管和部门经理"岗位经原徐州市劳动和社会保障局、徐州市人力资源和社会保障局批准实行不定时工作制。

2016年4月,无锡爱莲连锁超市有限公司风险管理部在对爱莲超市解放南路店年度盘点和专案调查后认为,刘某对于爱莲超市解放南路店2016年3月大盘点盘亏的4396000元巨额损耗负有不可推卸的管理责任,刘某为追求库存管理业绩,下达违规要求,从而导致爱莲超市解放南路店2015年大盘点出现严重作假现象,其行为严重违反公司规章制度,损害公司利益。

2016年4月11日,爱莲超市解放南路店作出《违纪处分审批表》,其依据公司管理层关于爱莲超市解放南路店存在严重的库存损耗、作假及员工偷盗的现象,门店内部管理存在严重缺失,追究刘某管理责任的决定,认定刘某构成违纪,其违纪行为对应《纪律管理政策》中的第2.2.2.13条和第2.2.3.25条和《门店管理层纪律政策》中的第5.1.2.2条,处分类别为解除劳动合同,生效日期为2016年5月4日。

《纪律管理政策》中的第2.2.2.13条规定:"玩忽职守、违章操作或工作失职",上述行为系被规定为"将给予留司察看"的行为。

《纪律管理政策》中的第2.2.3.25条规定:"其他严重侵害公司利益的应当受到处分的严重违纪行为",上述行为系被规定为"解除劳动合同"的行为。

《纪律管理政策》系无锡爱莲连锁超市有限公司于2013年12月23日经公司第三届职工代表大会第二次会议决议通过,刘某已先于2013年10月7日签收该文件。

《门店管理层纪律政策》中的第5.1.2.2条规定:"所有商店管理层不得在大盘点预点和复盘过程中有任何下列作假行为:(1)各种赠品及账扣商品计入商品库存;(2)供应商实物补损或空买单;(3)挪用商店各种收入(如广告费用、促销费用等)空买单;(4)制作虚假顶点单;(5)做虚假店间转移或移库DC;(6)复盘中查询或抄写系统库存;(7)复盘直接抄写预点单数量;(8)无法退换货的大批量过期商品盘入库存;(9)根据市场部活动完成的,但无法提供赠品进出依据的 Store Use"，上述行为系被规定为"违者将作开除处分"的行为。

对于《门店管理层纪律政策》，无锡爱莲连锁超市有限公司及爱莲超市解放南路店均没有"经过职工代表大会或者全体职工讨论，提出方案和意见，与工会或者职工代表平等协商确定"，刘某于 2009 年 6 月 1 日签收该文件。

2016 年 4 月 14 日，爱莲超市解放南路店向刘某送达《合同解除通知书》，告知刘某因其违反《纪律管理政策》及《门店管理层纪律政策》的规定，爱莲超市解放南路店于 2016 年 5 月 4 日解除双方的劳动合同。

刘某收到上述《合同解除通知书》后，向徐州市劳动人事争议仲裁委员会申请仲裁，请求爱莲超市解放南路店向其支付违法解除劳动合同赔偿金 485803.20 元以及加班工资 34447 元。徐州市劳动人事争议仲裁委员会于 2016 年 6 月 14 日作出徐劳人仲案字（2016）第 268 号仲裁裁决书，裁决：一、爱莲超市解放南路店于本裁决生效之日起十五日内一次性支付刘某赔偿金 301608 元；二、刘某的其他仲裁请求均不予支持。

刘某不服，向徐州市泉山区人民法院提起诉讼，请求：1. 确认爱莲超市解放南路店单方解除劳动合同违法，爱莲超市解放南路店支付刘某赔偿金 485803.20 元；2. 爱莲超市解放南路店支付刘某加班工资 34447 元；3. 本案的诉讼费由爱莲超市解放南路店承担。

爱莲超市解放南路店不服，向徐州市泉山区人民法院提起诉讼，请求：1. 判令爱莲超市解放南路店不需要向刘某支付违法解除劳动合同赔偿金 301608 元；2. 本案诉讼费用由刘某承担。

【裁判结果】

一审判决结果 [案号：（2016）苏 0311 民初 6115 号]：

一、判决爱莲超市解放南路店需向刘某支付违法解除劳动合同赔偿金 301608 元。二、驳回刘某的其他诉讼请求。三、驳回爱莲超市解放南路店的诉讼请求。

关于爱莲超市解放南路店解除与刘某的劳动合同是否合法的问题

一审法院认为，《劳动合同法》第四条第二款规定："用人单位在制定、修改或者决定有关劳动报酬、工作时间、休息休假、劳动安全卫生、保险福利、职工培训、劳动纪律以及劳动定额管理等直接涉及劳动者切身利益的规章制度或者重大事项时，应当经职工代表大会或者全体职工讨论，提出方案和意见，与工会或者职工代表平等协商确定。"

本案中，爱莲超市解放南路店在对刘某的《违纪处分审批表》中载明因爱莲超市解放南路店存在严重的库存损耗、作假及员工偷盗的现象，门店内部管理存在严重缺失，依据《门店管理层纪律政策》第 5.1.2.2 条及《纪律管理政策》第 2.2.2.13 条和第 2.2.3.25 条的规定作出与刘某解除劳动合同的决定。

对于处分依据，爱莲超市解放南路店未提供证据证明《门店管理层纪律政策》系经职工代表大会或者全体职工讨论平等协商确定，故《门店管理层纪律政策》不能作为爱莲超市解放南路店解除与刘某之间劳动关系的依据。

对于处分原因，爱莲超市解放南路店未提供证据证明刘某存在上述作假行为，也未提供证据证明爱莲超市解放南路店存在严重库存损耗、作假及员工偷盗现象系由刘某的行为所致。因此，不能适用《纪律管理政策》第 2.2.3.25 条"其他严重侵害公司利益的应当受到处分的严重违纪行为"的规定。即便刘某存在《纪律管理政策》第 2.2.2.13 条中规定的"玩忽职守、违章操作和工作失职"的行为，按照该规定，亦只能适用"给予留司察看"的处分，而非"解除劳动合同"，故爱莲超市解放南路店解除与刘某劳动合同的行为违反了《劳动合同法》的规定，其应根据《劳动合同法》第八十七条的规定向刘某支付违法解除劳动合同赔偿金。

二审判决结果 [案号：(2018) 苏 03 民终 593 号]：
驳回上诉，维持原判。
关于爱莲超市解放南路店解除与刘某的劳动合同是否合法的问题

二审法院认为，首先，爱莲超市解放南路店据以解除与刘某劳动关系的规章制度之《门店管理层纪律政策》未经过职工代表大会或者全体职工讨论，提出方案和意见，与工会或者职工代表平等协商确定，即《门店管理层纪律政策》未经公司民主公示程序制定。

根据《劳动合同法》第四条第二款规定："用人单位在制定、修改或者决定有关劳动报酬、工作时间、休息休假、劳动安全卫生、保险福利、职工培训、劳动纪律以及劳动定额管理等直接涉及劳动者切身利益的规章制度或者重大事项时，应当经职工代表大会或者全体职工讨论，提出方案和意见，与工会或者职工代表平等协商确定。"因《门店管理层纪律政策》的制定违反上述法律规定，不应作为爱莲超市解放南路店解除与刘某劳动关系的依据。

其次，爱莲超市解放南路店解除与刘某劳动关系的规章制度还包括《纪律管理政策》第 2.2.2.13 条和第 2.2.3.25 条。但这两条款对处罚后果本身就存在冲突。根据《纪律管理政策》第 2.2.2.13 条规定，"玩忽职守、违章操作或工作失职"的后果是留司察看，并非解除劳动合同，而根据《纪律管理政策》第 2.2.3.25 条规定，"其他严重侵害公司利益的应当受到处分的严重违纪行为"的后果是解除劳动合同。对于同一劳动者同一行为进行处罚时不可能既留司察看，又与其解除劳动合同。从此角度而言，爱莲超市解放南路店对于解除刘某的劳动合同是极不严肃的。《纪律管理政策》第 2.2.3.25 条为兜底条款，适用该条款处分劳动者应当受到严格的限制，在劳动者的违纪行为已经可以依照相应条款处罚的前提下不宜再作为处罚的依据适用。

【争议焦点解读】

一、用人单位在规章制度中设置兜底条款的原因分析

实践中，很多用人单位都会在员工手册等规章制度中设置兜底条款，主要原因在于：第一，用人单位因自身认知和管理水平所限无法通过规章制度穷尽一切违纪行为，客观上也不可能完全穷尽；第二，随着科技的不断进步、互联网的快速发展，社会上各种新鲜事物层出不穷，员工各种违纪行为也层出不穷，如阿里巴巴月饼门事件（员工利用技术抢月饼被阿里巴巴开除）、百度 17 起通报违纪案件（百度糯米员工刷单骗补贴、虚拟业绩骗取销售提成，搜索产品市场部员工恶意篡改网站排名，贴吧员工收受贿赂为小说网站导流，多酷游戏员工私自向玩家贩卖游戏币，移动分发产品部员工盗用百度资源为自己的外部公司开发软件谋利等），用人单位几乎无法预测可能出现的违纪行为。因此，用人单位通过兜底条款的设置，能够尽可能涵盖员工各种违纪行为，确保用工管理有所依据。

目前，用人单位常用的兜底条款大致有："其他严重侵害公司利益的应当受到处分的严重违纪行为""其他应当辞退的情形""公司认为应当立即解除劳动合同的其他行为""其他给公司造成重大损失或重大不良后果（影响）的行为"等。

二、员工违纪，用人单位能否以规章制度的兜底条款解除劳动合同

本案中，爱莲超市解放南路店依据两个规章制度涉及的三个条款与刘某解除劳动关系，其中两个条款对刘某的同一违纪行为的处罚后果是相互冲突的，即一个条款规定"玩忽职守、违章操作或工作失职"的后果是留司察看，另一个条款规定"其他严重侵害公司利益的应当受到处分的严重违纪行为"的后果是解除劳动合同。二审法院最后以"其他严重侵害公司利益的应当受到处分的严重违纪行为"为兜底条款，适用该条款处分员工应当受到严格限制，在员工的违纪行为已经可以依据相应条款处分的情况下不宜将该条款作为处分的依据适用。简言之，二审法院的观点是涉及严重违纪的兜底条款在适用时应当受到严格限制，且有其他条款可以适用的情况下，不宜再适用兜底条款。

除本案外，实践中更加常见的情形是，员工违纪，用人单位的规章制度没有明确规定，此时能否以规章制度的兜底条款解除劳动合同？

实务中主要有两种观点：第一种观点认为，《劳动合同法》对劳动合同的解除有明确规定，不允许用人单位和劳动者约定解除，此为立法严格限制用人单位单方解除劳动合同的体现。因此，用人单位以员工严重违反规章制度为由解除劳动合同，同样应严格限制，不能任意解释、扩大适用，以避免用人单位滥用兜底条款随意解除劳动合同。实践中，这种观点比较普遍。

第二种观点认为，用人单位的规章制度不可能详尽罗列、描述各种严重违反规章制度的情形，如果苛求用人单位将所有严重违反规章制度的情形罗列出来才能做到完全合法解除，显然十分不公平、不合理。因此，在具体个案中应重点关注员工违纪的严重程度以及用人单位是否具有违法解除劳动合同的恶意，综合认定用人单位解除劳动合同是否合法。实践中，这种观点虽然更具有合理性，但不具有普遍性。

如"阿里巴巴病假案"——2013年4月18日，员工前往医院就诊，诊断结论及建议为：颈椎病，建议休两周。2013年4月19日，员工向阿里巴巴请病假两周，阿里巴巴予以批准。当日，员工即前往巴西。2013年5月16日，阿里巴巴以"员工提出两周病假全休申请后当日即赴巴西出境旅游，属提供虚假申请信息并恶意欺骗公司，构成严重违反规章制度"为由与员工解除劳动合同。员工不服，申请劳动仲裁。仲裁、一审和二审均以"阿里巴巴的规章制度未对员工休病假期间的休假地点作出限制性规定"为由认定阿里巴巴解除劳动合同违法。阿里巴巴不服，申请再审。结果，再审出现大"反转"。再审以"阿里巴巴的规章制度虽未对员工休病假期间的休假地点作出限制性规定，但员工的行为有违诚信原则和规章制度且给公司造成恶劣影响"为由认定阿里巴巴解除劳动合同合法。从再审的裁判理由来看，法院多少适用了兜底条款来处理员工的违纪问题，但有多少案件历经一审、二审败诉仍能再审胜诉呢？答案是凤毛麟角。

从上可知，目前司法裁判机构对于违背诚信原则等兜底条款的适用，一般都是比较谨慎和严格的，避免用人单位利用兜底条款的不明确性任意解除劳动合同。因此，在司法实践中，几乎很难看到司法裁判机构会直接引用此类兜底条款作为裁判依据。这意味着，用人单位没有规章制度依据直接引用兜底条款解除劳动合同的，败诉风险较高。

【实务指引】

虽然前述提到规章制度的兜底条款在司法实践中受到严格限制，司法裁判机构一般会谨慎和严格适用兜底条款，但用人单位不应当轻易放弃兜底条款，且客观上兜底条款确有必要。那么，用人单位应当如何设计和利用规章制度的兜底条款呢？

笔者有三点建议：

一、合理设计兜底条款，避免兜底条款与其他条款冲突。 如本案中，用人单位解除类的兜底条款（其他严重侵害公司利益的应当受到处分的严重违纪行为）与非解除类条款（玩忽职守、违章操作或工作失职）相冲突（前者的处分类型是解除劳动合同，后者的处分类型是留司察看），最终导致解除类的兜底条款不能适用。

二、将遵守劳动纪律、职业道德、诚实信用以及公序良俗、社会道德等纳入兜底条款。 如同法律法规一样，规章制度不可能穷尽一切严重违纪行为，但规章制度可以借鉴法律法规的立法技巧，采用普适性的原则、法理和正确的价值观进行兜底以弥补客观之不能穷尽。用人单位可以将劳动者的法定义务，如遵守劳动纪律、职业道德、诚实信用等，以及公序良俗、社会公德等纳入兜底条款中，一方面保护用人单位基于法定权利以及公序良俗、社会公德等要求对员工进行必要的用工管理，另一方面也能尽量避免用人单位在涉及劳动合同解除纠纷等仲裁诉讼时处于不利地位。

三、员工违纪时慎用解除类的兜底条款，解除劳动合同时可加上解除类的兜底条款作为万能解除依据。对于员工的违纪行为，如有其他非解除类条款可以适用，则慎用解除类的兜底条款。对于员工的严重违纪行为，在作出解除通知时，除了列举具体适用条款，还建议加上解除类的兜底条款，以备不时之需。

22 员工违反劳动纪律，用人单位能否直接解除劳动合同？

【核心观点】

员工出现违纪行为的，即便用人单位的规章制度没有明确规定，在违纪行为构成违反劳动纪律且程度或情节严重的，部分司法裁判机构会以员工严重违反劳动纪律为由认定用人单位解除劳动合同合法。

【案情简介】

魏某于1993年9月入职中百集团维修中心，2001年9月20日魏某与武汉中百便民超市连锁有限公司（现更名为中百超市有限公司，以下简称中百公司）签订《劳动合同》，约定合同期限为两年，自2001年7月15日至2003年7月15日，魏某同意在营业员岗位，承担营业员工作任务。后双方分别于2003年7月16日、2005年7月15日、2007年7月15日续订三份劳动合同，其中2007年7月15日续订的劳动合同为无固定期限劳动合同。

2015年5月22日15时许，魏某等5人在武汉市江汉区苗栗路某处吸食毒品时被武汉市公安局江汉区分局民警查获。2015年5月23日，该局决定对魏某处以行政拘留十五日的处罚。同日，武汉市江汉区拘留所以魏某"因病出所治疗，短期内无法治愈"为由，建议武汉市公安局江汉区分局江汉经济开发区派出所停止对魏某执行拘留。

2016年2月26日，江汉区公安分局缉毒大队通知中百公司防损部，要求梅某等人协助调查相关案件，中百公司经向江汉区公安分局了解，得知魏某吸毒一事。经征求工会意见，中百公司于2016年3月11日作出《中百公司关于对梅某等四人违规的处理决定》（中百超市字〔2016〕27号），以"梅某、魏某、刘某九、黄某武四人工作时间擅离工作岗位，因吸毒违反《治安管理处罚法》的违法行为属实，情节严重。四人均严重违反了《武汉中百集团员工奖惩办法》的相关规定，属于严重违纪行为"为由，决定给予魏某解除劳动关系的处理。

2009年12月9日，武汉中百集团股份有限公司召开第十八届一次职工代表大会审议通过《武汉中百集团员工奖惩办法》《武汉中百集团职工代表大会条例》等5个管理制度。《武汉中百集团员工奖惩办法》（中百司字〔2009〕76号）第三章惩处第十五条规定，员工有下列情形之一的，属于较严重违规行为：1. 不服从工作安排和岗位调动，影响正常工作的；……4. 未经主管部门批准，工作时间擅离工作岗位，情节严重的；……第十八条规定：员工有下列情形之一的，视为严重违纪行为，集团将按有关法定程序，依法解除劳动合同，且无须支付经济补偿金：1. 一年内累计通报批评3次以上的；2. 连续旷工5天以上，一年内累计旷工10天以上的；……10. 为获取私利，提供各类虚假证明等资料的；……15. 被依法追究刑事责任的；16. 国家法律规定的其他情形。魏某参加了《武汉中百集团员工奖惩办法》《武汉中百集团休假管理办法》等规章制度的学习培训。

2015年8月29日8时10分，魏某在工作中受伤，武汉市人力资源和社会保障局以武人社工险决字（2015）第4103号《认定工伤决定书》认定魏某所受伤为工伤。2016年5月27日，武汉市劳动能力鉴定委员会以武劳鉴结字（2016）1165号《武汉市职工工伤与职业病劳动能力鉴定结论通知书》鉴定魏某工伤（职业病）的伤残等级为九级。中百公司为魏某缴纳了2008年12月至2016年4月的各项社会保险。

2016年4月20日,魏某向武汉市劳动人事争议仲裁委员会申请劳动仲裁,该委于同年8月9日以武劳人仲裁字[2016]第330号《仲裁裁决书》裁决中百公司支付魏某一次性伤残就业补助金51978.96元并协助魏某至工伤保险经办机构申领一次性伤残补助金及一次性工伤医疗补助金,驳回魏某其他仲裁请求。

魏某不服,向武汉市江汉区人民法院提起诉讼,请求:1.中百公司违法解除劳动关系,向其支付赔偿金368440元(8010元×23年×2倍)。2.中百公司向魏某支付一次性就业补助金64080元及配合魏某办理从工伤保险基金领取一次性伤残补助金及工伤医疗补助金。3.中百公司支付魏某2015年度补发奖金43876元。

【裁判结果】

一审判决结果[案号:(2016)鄂0103民初6448号]:

一、中百公司支付魏某违法解除劳动合同赔偿金342840.15元。二、中百公司支付魏某一次性伤残就业补助金56497元。三、中百公司协助魏某办理一次性伤残补助金及一次性工伤医疗补助金的申领手续。四、驳回魏某的其他诉讼请求。

关于中百公司解除魏某劳动合同是否合法的问题

中百公司提供的《武汉中百集团员工奖惩办法》虽经民主公示程序制定,内容也不违反法律、行政法规的规定,魏某通过参加学习培训也知晓其内容,但《武汉中百集团员工奖惩办法》仅规定"未经主管部门批准,工作时间擅离工作岗位,情节严重的"属于较严重违规行为,未规定"员工因吸毒被公安机关治安处罚"属于严重违纪行为,中百公司以"魏某工作时间擅离工作岗位,因吸毒违反《中华人民共和国治安管理处罚法》的违法行为属实,情节严重"为由解除魏某劳动合同法律依据不足,属违法解除劳动合同。

二审判决结果[案号:(2017)鄂01民终6208号]:

一、中百公司无须支付魏某违法解除劳动合同赔偿金342840.15元。二、中百公司支付魏某一次性伤残就业补助金56497元。三、中百公司协助魏某办理一次性伤残补助金及一次性工伤医疗补助金的申领手续。四、驳回魏某的其他诉讼请求。

关于中百公司解除魏某劳动合同是否合法的问题

首先，魏某的行为是否违反劳动纪律。《劳动法》第三条明确规定："劳动者应当完成劳动任务，提高职业技能，执行劳动安全卫生规程，遵守劳动纪律和职业道德。"劳动纪律的制定主体并非只有用人单位，国家也是劳动纪律的重要制定主体，劳动者在用人单位工作期间，应当遵守国家法律、法规以及用人单位的规章制度。《武汉中百集团员工奖惩办法》第二条亦明确规定，集团员工必须遵守国家的政策、法律、法令，遵守劳动纪律。即工作时间守法不仅是劳动者的基本义务，也是提供劳动、维系劳动秩序的前提和基础。劳动者工作时间违反守法的基本义务，就是违反劳动纪律。上班期间不得吸毒，无论从劳动纪律的角度还是从职业道德的角度，对所有劳动者都属于不言自明的、理应知道的基本要求。

其次，魏某的行为能否构成严重违反劳动纪律。如果规章制度对此有明确界定，一般应以规章制度本身来判定。在规章制度未对此明确列举的情况下，对于违纪行为是否严重，在实务操作和司法审查时应根据不同行业、不同工作特点、以及违纪行为对工作管理、社会生活可能产生的危害性程度综合判断，既要避免用人单位滥用处罚权，也要尊重用人单位为加强企业管理和维护劳资双方利益时对严重程度的认定。

第一，根据公安机关的处罚决定书所述，从时间要素可见，该事件发生在正常上班时间内，且魏某被处以 15 天的行政拘留，是对行政拘留的顶格适用，属于严重违反《治安管理处罚法》。社会治安秩序是社会秩序、劳动秩序的基础，工作时间触犯《治安管理处罚法》已属触犯劳动纪律底线、严重违反劳动纪律的行为。

第二，中百公司作为用人单位只是普通民事主体，不可能在制定规章制度时涵盖一切，穷尽所有严重违纪行为。《武汉中百集团员工奖惩办法》第十八条虽未将上班吸毒作为严重违纪行为予以文字说明和强调，但类比于该条所述的各项违纪行为的程度，中百公司以魏某的行为已扰乱单位工作秩序，造成不利影响，对正常经营造成潜在的隐患，属于严重违纪，从而行使合同解除权，并未违反法律法规，未滥用企业用工、经营自主权，符合情理且未显失公平，亦符合普通大众对公序良俗的社会认知。综上，中百公司解除与魏某的劳动合同具有相应的事实和法律依据。

【争议焦点解读】

本案中，中百公司以魏某严重违反规章制度为由与魏某解除劳动合同。一审法院以规章制度未对魏某的违纪行为有明确规定为由认定中百公司与魏某解除劳动合同违法。二审法院以魏某的违纪行为构成严重违反劳动纪律为由认定中百公司与魏某解除劳动合同合法。

笔者认为，二审法院的判决结果比较合情合理，但值得关注的是，用人单位的解除依据是员工严重违反规章制度，而二审法院判决用人单位解除劳动合同合法的理由却是员工严重违反劳动纪律。究其原因在于用人单位对员工的违纪行为没有规章制度规定，但员工的违纪行为确实比较恶劣，如仅仅因为用人单位的规章制度没有明确规定，直接导致用人单位需向违纪员工支付赔偿金，显然不公平、不合理，因此，实践中，往往部分司法裁判机构会在个案中根据实际情况以员工严重违反劳动纪律为由认定用人单位解除劳动合同合法。

前述类型的判决并不常见且极具争议，但受此类型判决的影响，目前越来越多的用人单位会在规章制度对违纪行为没有明确规定的情况下，直接以员工严重违反劳动纪律为由解除劳动合同。这种类型的判决，在司法实践中也争议较大。

实务中主要有两种观点：

第一种观点认为，根据《劳动合同法》规定，用人单位解除劳动合同必须符合法定情形，否则将构成违法解除，而《劳动合同法》中并无"员工严重违反劳动纪律，用人单位可以解除劳动合同"这一情形。虽然《劳动法》第二十五条规定，劳动者严重违反劳动纪律的，用人单位可以解除劳动合同，但《劳动法》系2009年修订的，《劳动合同法》系2012年修订的，在两者存在冲突的情况下，根据新法优于旧法原则，用人单位不享有员工严重违反劳动纪律的解除权。

第二种观点认为，根据《劳动法》第三条规定可知，遵守劳动纪律是劳动者的法定义务。一旦劳动者违反这一法定义务，用人单位可依据《劳动法》第二十五条规定与劳动者解除劳动合同。目前，部分地区已通过裁判指引等方式采纳此观点。

如《北京市高级人民法院、北京市劳动人事争议仲裁委员会关于审理劳动争议案件法律适用问题的解答》（2017年4月24日）第十三条规定："在规章制度未作出明确规定、劳动合同亦未明确约定的情况下，劳动者严重违反劳动纪律和职业道德的，用人单位是否可以解除劳动合同？《劳动法》第三条第二款中规定：'劳动者应当遵守劳动纪律和职业道德'。上述规定是对劳动者的基本要求，即便在规章制度未作出明确规定、劳动合同亦未明确约定的情况下，如劳动者存在严重违反劳动纪律或职业道德的行为，用人单位可以依据《劳动法》第三条第二款的规定与劳动者解除劳动合同。"

《深圳市中级人民法院关于审理劳动争议案件的裁判指引》（2015年9月2日）第八十九条规定："劳动者严重违反劳动纪律，用人单位可以依据《劳动法》第二十五条的规定解除劳动合同。"

《宁波市中级人民法院关于审理劳动争议案件若干疑难问题的解答（三）》（2015年5月19日）第八条规定："用人单位没有建立规章制度或规章制度对具体违纪行为规定不明确，若劳动者存在多次旷工、工作中多次打架斗殴等情形的，用人单位以'严重违反劳动纪律'为由与劳动者解除劳动合同是否合法？答：如劳动者明显违反职业操守等行为确实存在且情节严重的，应当认定用人单位的解除行为合法，但对于'情节严重'的认定，应当从事实、证据及世俗、情理等角度从严把握。"

《上海市高级人民法院关于适用〈劳动合同法〉若干问题的意见》（2009年3月3日）第十一条规定："劳动合同的履行应当遵循依法、诚实信用的原则。劳动合同的当事人之间除了规章制度的约束之外，实际上也存在很多约定的义务和依据诚实信用原则而应承担的合同义务。如《劳动法》第三条第二款关于'劳动者应当遵守劳动纪律和职业道德'等规定，就是类似义务的法律基础。因此，在规章制度无效的情况下，劳动者违反必须遵守的合同义务，用人单位可以要求其承担责任。劳动者以用人单位规章制度没有规定为由提出抗辩的，不予支持。但在规范此类行为时，应当仅对影响劳动关系的重大情况进行审核，以免过多干涉用人单位的自主管理权。"

笔者认为，第二种观点更具合理性。首先是基于遵守劳动纪律是劳动者的法定义务，违反法定义务应承担相应的后果，如员工严重违反劳动纪律，用人单位理应享有解除劳动合同的权利。其次是因为法律虽然赋予用人单位制定规章制度的权利，但如同法律规定一样，用人单位的规章制度客观上确实无法穷尽一切严重违纪行为。因此，不能简单地以用人单位的规章制度没有规定，进而直接认定用人单位解除劳动合同违法，应在个案中具体分析员工的违纪行为是否违反劳动纪律且程度或情节是否严重，进而认定用人单位解除劳动合同是否合法。

但是，支持"员工严重违反劳动纪律，用人单位可以解除劳动合同"这一裁判观点的司法裁判机构，在个案审理适用过程中是十分谨慎和严格的，尤其是在举证责任方面，避免用人单位滥用解除权，损害员工合法权益。根据《最高人民法院关于民事诉讼证据的若干规定规定》第六条规定，在劳动争议纠纷案件中，因用人单位解除劳动合同而发生劳动争议的，由用人单位承担举证责任。对于员工严重违反劳动纪律这一情形，用人单位应确实充分证明员工存在违反劳动纪律的行为，且程度或情节严重，如不能确实、充分证明或不能证明，则将可能构成违法解除。

【实务指引】

在规章制度没有明确规定的情况下，用人单位以员工严重违反劳动纪律为由解除劳动合同，司法实践中争议较大，但目前各地出台的裁判指引，无疑是为用人单位解除严重违反劳动纪律的员工提供了更为具体可操作的指引。因此，用人单位如何合理运用"员工严重违反劳动纪律，用人单位可以解除劳动合同"这一条款显得尤为重要。

为此，笔者有三点建议：

一、在规章制度中具体明确何谓**"严重违反劳动纪律"**。根据《劳动法》第三条规定，员工应当遵守劳动纪律。至于何谓"劳动纪律"，法律并无进一步的明确。实践中，建议用人单位可将劳动纪律纳入规章制度中，成为规章制度的一部分，令用人单位的规章制度更加全面细致。而在规章制度中具体明确何谓

"严重违反劳动纪律",一方面能够有效警惕问题员工,提升用人单位的用工管理水平,另一方面也能使用人单位与违纪员工解除劳动合同时解除依据充分有效。

　　二、处理违反劳动纪律的员工应区分程度或情形,采取适当的处罚类型,避免直接以员工违反劳动纪律为由解除劳动合同。经研究相关案例以及各地出台的裁判指引,司法裁判机构在审理违反劳动纪律解除类型案件时,一般比较严格和谨慎,且重点审查违纪行为的程度或情形是否严重。对于违纪行为程度或情形较轻的,一般以警告或记小过为主。对于违纪行为程度或情形较重的,一般以记小过或记大过为主。对于违纪行为程度或情形严重的,可以解除劳动合同。

　　三、解除违纪员工时,可以将严重违反劳动纪律作为万能解除依据写入解除劳动合同通知书中。与规章制度未经民主程序(征求员工意见)或公示程序(送达员工)可能导致无法作为司法裁判机构的裁判依据,劳动纪律一般无须经过民主程序和公示程序,即能作为司法裁判机构的裁判依据。因此,在起草解除劳动合同通知书时,可加入严重违反劳动纪律这一解除依据,以备不时之需。

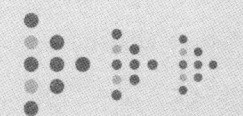

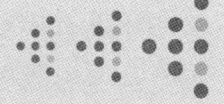

4
离职管理篇

23 精神病员工提交的辞职信是否有效？

【核心观点】

员工患有精神病，其提交的辞职信是否有效，取决于员工提交辞职信时能否辨认自己的行为。如提交辞职信时不能辨认自己的行为，则为无民事行为能力人，其提交的辞职信自始无效；如提交辞职信时不能完全辨认自己的行为，则为限制民事行为能力人，其提交的辞职信经其法定代理人同意、追认后方为有效，否则无效；如提交辞职信时能辨认自己的行为，则为完全民事行为能力人，其提交的辞职信自始有效。

【案情简介】

1994年年初，高某入职淮南矿业（集团）有限责任公司新庄孜煤矿（以下简称煤矿公司），岗位为掘进工，后为采煤工。

2004年8月22日，高某在工作中不慎受伤，被送往医院住院治疗，诊断结果为头颈部外伤。2005年7月12日，高某被认定为工伤。2006年9月16日，高某被鉴定为十级伤残。2008年7月，高某再次因脑外伤住院治疗。

2014年1月，高某请假1天，旷工20天。2014年2月，高某旷工19天。2014年3月4日，高某向煤矿公司提出辞职申请，称由于其家中有事，不能正常上班，又因身体有病，不能从事井下作业，故申请辞职。

2014年3月5日，煤矿公司出具《解除（终止）劳动合同（关系）证明书》，内容为"劳动合同制员工高某自1994年7月1日经批准进入本企业工作，现因本人辞职，于2014年3月5日解除（终止）劳动合同（关系）……"但煤矿公司并未将《解除（终止）劳动合同（关系）证明书》送达高某本人。2014年6月17日，煤矿公司将《解除（终止）劳动合同（关系）证明书》送达高某母亲。

辞职后，高某离家出走，后被找回并被带至淮南市精神病医院住院治疗。

2015年2月10日，淮南市精神病医院作出高某患有精神分裂症的诊断。其间，高某母亲多次到有关部门上访，主张高某是在大脑不正常状态下书写的辞职申请，煤矿公司应撤销解除劳动合同决定。2014年12月16日，有关部门作出了"目前，高某因大脑不能自主，到处流浪，情况属实"的说明。煤矿公司虽未撤销解除劳动合同的决定，但批准了高某的职工生活困难补助申请，同意每月向高某发放救济金400元。

高某母亲上访未果后，高某向淮南市劳动人事争议仲裁委员会申请劳动仲裁，请求确认煤矿公司于2014年3月5日作出的解除（终止）劳动合同（关系）行为无效，并恢复与高某的劳动合同关系。2015年3月6日，淮南市劳动人事争议仲裁委员会作出不予受理决定。2015年3月8日，高某提起诉讼。

一审审理过程中，淮南市八公山区人民法院于2015年5月4日受理了高某母亲严某申请宣告高某为无民事行为能力人、限制民事行为能力人一案，在该特别程序案件审理过程中，淮南市八公山区人民法院于2015年7月2日依法委托安徽思苑司法鉴定所对高某是否为无民事行为能力人或限制民事行为能力人进行鉴定。安徽思苑司法鉴定所于2015年7月30日作出鉴定意见：1.脑外伤所致精神障碍（外伤性人格改变）；2.无民事行为能力。2015年9月8日，淮南市八公山区人民法院作出（2015）八民特字第00001号民事判决，宣告高某为无民事行为能力人，指定其母亲严某为其监护人。

【裁判结果】

一审判决结果［案号：（2015）八民一初字第00550号］：

一、确认煤矿公司2014年3月5日作出解除（终止）劳动合同（关系）证明书的行为无效；二、驳回高某的其他诉讼请求。

高某书写辞职报告期间是否系精神病病发期间

一审法院认为：高某是煤矿公司员工，双方的劳动合同关系合法有效。

2004年8月22日，高某因工负伤。2005年7月12日，高某被认定为工伤。2006年9月16日，高某被鉴定伤残等级为十级。高某为治疗工伤受损部位，曾分别于2004年8月22日至8月30日、2008年7月9日至7月25日两次在医院住院治疗，诊疗部位均为头部，住院病案证实高某有头颈部外伤4年余伴有头痛，入院时头痛加重。上述证据证明，高某在2004年的工伤事故中造成了头颈部外伤，一直未能痊愈，长期伴有头痛症状，并且逐渐加重，应当认定该事故后高某身体健康、劳动能力受到影响，且未能恢复。

在煤矿公司同意高某辞职申请的前2个月，也就是2014年1—2月，高某旷工天数分别是20天、19天，证明高某在此期间已无法正常上班。高某在工作期间受伤，伤残等级十级，依法可享受相应的伤残待遇，但高某却辞职，并离家出走、失去联系，其一系列行为并不符合常人逻辑，证明高某在此期间已经丧失了对自己行为后果的正确判断。

在高某被找回后，曾到淮南市精神病医院就诊，该医院作出高某患有精神分裂症的诊断。2015年7月30日，安徽思苑司法鉴定所出具了高某"脑外伤所致精神障碍，无民事行为能力"的鉴定结论。上述证据相互佐证，形成完整的证据链，应当认定高某在书写辞职报告期间系精神分裂症病发期间。

煤矿公司作出的解除（终止）劳动合同（关系）行为是否有效

一审法院认为：《民法通则》第十三条规定："不能辨认自己行为的精神病人是无民事行为能力人，由他的法定代理人代理民事活动……"本案中，高某在书写辞职申请期间系精神分裂症病发期间，不能辨认自己的行为，应认定为无民事行为能力人。

《民法通则》第五十八条规定："下列民事行为无效：（一）无民事行为能力人实施的……无效的民事行为，从行为开始起就没有法律约束力。"本案中，高某的辞职行为系无效民事行为，所以煤矿公司作出的解除（终止）劳动合同（关系）行为当然无效，无效的民事行为自始无效，即煤矿公司自始并未与高某解除过劳动合同关系，亦不存在恢复与高某的劳动合同关系。

二审判决结果［案号：（2016）皖04民终64号］：

驳回上诉，维持原判。

煤矿公司作出的解除（终止）劳动合同（关系）行为是否有效

二审法院认为：根据医学资料记载，精神分裂症是一种病因未明的精神病，多起病于青壮年，常有感知、思维、情感、行为等多方面的障碍和精神活动的不协调。一般无意识障碍和智力缺损，病程多迁延。早期的症状有：头痛、失眠、做事注意力不集中，突然变得蛮不讲理或疑心重，对亲人和朋友变得冷淡，对工作不负责任，生活懒散，没有进取心，行为动作异常，沉默不语，不爱交往，或做些莫明其妙、令人费解的动作等。

本案中，根据已查明事实，高某于2004年8月22日在工作中受伤并住院治疗，经诊断为头颈部外伤。2005年7月12日，高某被认定为工伤。2006年9月16日，高某经评定构成十级伤残。2008年7月9日，高某因伤后头痛反复发作，并加重一月有余，再次住院治疗，经诊断为脑外伤综合征。2014年2月4日，高某书写辞职报告，之后即离家出走，失去联系。2015年1月20日，高某因外跑，流浪多月，不知回家，不关心自己的小孩与家庭，入住淮南市精神病医院住院治疗，并被诊断为精神分裂症。2015年7月30日，高某经安徽思苑司法鉴定所鉴定为：脑外伤所致精神障碍（外伤性人格改变），无民事行为能力。2006年之后，高某即因病假或因家庭矛盾，心情不好等事假经常不上班。由上述事实分析可知：第一，高某头部外伤在2006年之后即已对其工作和生活产生了较大的影响，其工作和生活情况已异于常人。第二，高某在2008年时即已出现了头痛、失眠、工作不负责任、情绪多变等精神分裂症的早期症状表现。第三，虽然高某被诊断为精神分裂症的时间迟于高某书写辞职报告的时间，但高某患精神分裂症与其脑外伤有直接的关系，且根据医学资料记载，精神分裂症病程多迁延，病情容易反复，2015年2月高某被诊断为精神分裂症的时间并不能表明在此之前高某精神正常，不能得出高某书写辞职报告时精神正常的结论。第四，高某因工受伤，并构成十级伤残，辞职即意味着丧失经济来源，而且其身体状况明显会对其今后的工作与生活产生极大的影响，作为正常人显然不可能在这种情况下提出辞职。第五，高某书写辞职报告后即离家出走，失去联系，此时的行为显然不符合正常人的逻辑。综合以上分析可知，高某在书写辞职报告时已丧失了对其行为的辨认能力。一审法院认为高某提交的证据能够形成完整的证据链，应认定高某在书写辞职报告时系精神分裂症病发期间，据此依法认定高某辞职行为及煤矿公司作出的解除（终止）劳动合同（关系）证明书的行为均为无效并无不当。

法律规定之外，单就情理而言，煤矿公司作出的解除（终止）劳动合同（关系）证明书的行为亦不能得到认同。在目前的社会环境下，国家各行各业都提倡进行人性化管理。作为用人单位对劳动者除了应尽到法定的劳动保护义务之外，还应当对劳动者的身体健康、家庭生活给予一定的关心和爱护，尽可能为劳动者排除后顾之忧，使劳动者能够感受到单位的关爱，可以将更多精力投入工作当中，为单位的事业发展作出更多的贡献。而本案中，高某因工受伤后，自 2006 年上班即开始变得不正常，并于 2008 年 7 月因头部外伤导致头痛反复发作再次住院治疗。作为用人单位，煤矿公司在明知高某头部受伤并构成伤残，且工作、家庭生活变得不正常的情况下，理应意识到高某头部外伤可能会给高某精神状况带来影响。在高某提交辞职报告后，于情于理都应当对其辞职的原因进行必要的了解，与高某及其家人进行必要的沟通，以人性化的管理方式处理高某提出的辞职问题。然而遗憾的是，煤矿公司在未对高某提出辞职的原因进行详细询查，未作深入调查了解的情况下，轻易地作出了同意高某辞职，出具解除（终止）劳动合同（关系）证明书的处理结果。并在明知高某辞职后即离家出走，失去联系的情况下，仍不合情理地将解除（终止）劳动合同（关系）证明书送达给高某母亲。这样的处理结果，无论是否符合法律规定，从情理上，都可能会对企业职工的工作热情，企业的经济发展带来一些消极的影响，与人性化管理的发展趋势背道而驰，难以得到劳动者及其家人的认同。

【争议焦点解读】

本案的争议焦点在于，精神病员工提交的辞职信是否有效。本案中，员工在书写辞职申请期间为精神分裂症病发期间，不能辨认自己的行为，为无民事行为能力人，其辞职行为自始无效。

《民法通则》第十三条规定："不能辨认自己行为的精神病人是无民事行为能力人，由他的法定代理人代理民事活动。不能完全辨认自己行为的精神病人是限制民事行为能力人，可以进行与他的精神健康状况相适应的民事活动；其他民事活动由他的法定代理人代理，或者征得他的法定代理人的同意。"

综上，笔者倾向认为：员工患有精神病，其提交的辞职信是否有效，取决于员工提交辞职信时能否辨认自己的行为。如提交辞职信时不能辨认自己的行为，则为无民事行为能力人，其提交的辞职信自始无效；如提交辞职信时不能完全辨认自己的行为，则为限制民事行为能力人，其提交的辞职信经其法定代理人同意、追认后方有效，否则无效；如提交辞职信时能辨认自己的行为，则为完全民事行为能力人，其提交的辞职信自始有效。

实践中，精神病员工的用工管理一直是用人单位极为头疼的难题。借此机会，我们进一步探讨用人单位在用工管理过程中容易遇到的涉及精神病员工的复杂疑难问题。

一、如何判断精神病员工的民事行为能力

如前所述，精神病员工可能为完全民事行为能力人或限制民事行为能力人或无民事行为能力人。实践中，用人单位如何判断精神病员工的民事行为能力呢？

首先，精神病员工的民事行为能力一般需借助权威机构出具的司法精神病学鉴定意见进行判断。

其次，精神病员工的民事行为能力必须经过特殊程序经人民法院确认才具有法律效力。根据《民法总则》和《民事诉讼法》规定，如要确认精神病员工为限制民事行为能力人或无民事行为能力人，则需向人民法院申请认定精神病员工为限制民事行为能力人或无民事行为能力人。具体而言：

1.应由精神病员工的近亲属或其他利害关系人或有关组织向人民法院提出申请，认定精神病员工为限制民事行为能力人或无民事行为能力人。其中，"近亲属"是指配偶、父母、子女、兄弟、姐妹、祖父母、外祖父母、孙子女、外孙子女。"有关组织"是指居民委员会、村民委员会、学校、医疗机构、妇女联合会、残疾人联合会、依法设立的老年人组织、民政部门等。至于何谓"其他利害关系人"，法律并无明确规定，实践中一般是指精神病员工的近亲属以外的，与精神病员工关系密切的其他亲属、朋友。至于是否包括用人单位，法律并无明确规定。经研判相关案例，暂未看到用人单位作为利害关系人申请宣告员工为限制民事行为能力人或无民事行为能力人的司法判例。

2.应向精神病员工住所地的基层人民法院提出申请。"精神病员工住所地"是指精神病员工户籍登记或者其他有效身份登记记载的居所，如经常居所与住所地不一致的，经常居所视为住所地。

3.通常情况下，由精神病员工的近亲属担任代理人，但申请人有权且同意担任代理人的除外，如果近亲属互相推诿，则由人民法院指定其中一人为代理人。如精神病员工健康情况许可的，还应询问精神病员工的意见。

4. 根据鉴定意见等有关证据判断精神病员工能否辨认自己行为，如不能完全辨认自己行为或不能辨认自己行为，人民法院将作出认定精神病员工为限制民事行为能力人或无民事行为能力人的判决。

本文案例中，劳动者的母亲在劳动争议诉讼过程中启动了另外的诉讼，向法院申请宣告劳动者为无民事行为能力人或限制民事行为能力人，法院最终宣告劳动者为无民事行为能力人，而在劳动争议诉讼中法院以此为由作出相关事实认定。

二、精神病员工的劳动关系解除与一般员工有何区别

从本案可知，精神病员工的辞职与一般员工不同，需根据精神病员工的民事行为能力判断辞职行为的效力。那么，除辞职外，精神病员工的劳动关系解除与一般员工有无区别？具体有哪些区别？

根据《劳动合同法》规定，劳动关系的解除主要分成三大类，分别是协商解除劳动合同、劳动者单方提出解除合同和用人单位单方提出解除劳动合同。

1. 协商解除劳动合同、劳动者单方提出解除劳动合同

《劳动合同法》规定，用人单位与劳动者协商一致的，可以解除劳动合同。劳动者提前通知用人单位的，可以解除劳动合同。用人单位未按照劳动合同约定提供劳动保护或者劳动条件等的，劳动者可以单方提出解除劳动合同。

结合《民法总则》第一百四十三条规定，劳动者作出"协商解除劳动合同"或"单方解除劳动合同"的意思表示，必须具备相应的民事行为能力，否则可能导致"协商解除劳动合同"或"单方解除劳动合同"行为无效。

与一般员工不一样，精神病员工不必然具备相应的民事行为能力，其民事行为能力需经特殊程序认定。如认定为完全民事行为能力人，则其与用人单位"协商解除劳动合同"或"单方解除劳动合同"的行为具有法律效力。如认定为限制民事行为能力人，则其与用人单位"协商解除劳动合同"或"单方解除劳动合同"的行为需经其法定代理人同意、追认方具有法律效力，否则无效。如认定为无民事行为能力人，则其与用人单位"协商解除劳动合同"或"单方解除劳动合同"的行为自始无效。可见，协商解除劳动合同与劳动者单方提出解除劳动合同需要关注的点与辞职相同。

2. 用人单位单方提出解除劳动合同

用人单位单方提出解除劳动合同是指，用人单位单方作出"解除劳动合同"的意思表示。因无须精神病员工作出相关意思表示，故不存在解除劳动合同效力争议问题，一般自作出并送达时生效，但可能涉及解除劳动合同是否合法问题。根据《劳动合同法》的相关规定，如精神病员工存在用人单位可以依法解除劳动合同的情形的，用人单位可以依法行使劳动合同的解除权。在实践中，关于用人单位单方解除权争议比较大的主要是用人单位能否以员工患精神病不符合录用条件为由解除劳动合同。实务中主要存在两种观点：

第一种观点认为，《劳动合同法》规定，员工试用期不符合录用条件的，用人单位可以解除劳动合同。至于何谓"不符合录用条件"，法律赋予用人单位用工自主权，即用人单位有权自主决定是否招聘录用精神病员工，如用人单位不希望招聘录用精神病员工，可将员工患有精神病明确规定为不符合录用条件。过去劳动部曾出台过文件，是支持这种观点的，如《劳动部办公厅关于患有精神病的合同制工人医疗期问题的复函》（劳办力字〔1992〕5号）、《劳动部办公厅对〈关于患精神病的合同制工人解除劳动合同问题的请示〉的复函》（劳办发〔1995〕1号）和《劳动部关于实行劳动合同制度若干问题的通知》（劳部发〔1996〕354号），但前两个文件现已废止，最后一个文件与现行《劳动合同法》规定的法定解除情形不一致，故能否适用存在不确定性。

第二种观点认为，用人单位虽享有用工自主权，但不得滥用。如允许用人单位将员工患有精神病明确规定为不符合录用条件，进而解除劳动合同，无异于侵犯了精神病员工依法参加劳动就业的权利，甚至涉嫌就业歧视。

笔者认为，上述两种观点均具有一定合理性，实质为精神病员工的劳动权与用人单位的用工权的冲突。如何平衡两者，方为解决问题的关键。员工患有精神病，不必然等于员工无法从事任何工作，但确实会有部分工作是精神病员工无法从事的，故应在个案中具体情况具体分析，不可一刀切。

【实务指引】

实践中，一旦发现员工疑似患有精神病，用人单位该如何处理？

首先，第一时间与员工的近亲属取得联系，了解情况。我们经常遇到的情况是，员工疑似患有精神病，其自身是很难察觉的，甚至是察觉了但不肯承认以及坚持拒绝一切治疗，如用人单位不管不顾，员工近亲属又疏忽大意没有察觉，员工的病情很可能会急速恶化，进而发生一些不可控的情况，如自杀、伤人伤己等。

其次，多做员工的思想工作，深入了解情况，疏导员工的情绪和压力，积极关注员工的精神健康。《精神卫生法》规定，用人单位应当创造有益于职工身心健康的工作环境，关注职工的心理健康；对处于职业发展特定时期或者在特殊岗位工作的职工，应当有针对性地开展心理健康教育。可见，积极关注员工的精神健康也是用人单位的法定义务。

在确有必要的情况下，协助员工的近亲属引导员工到正规医院和权威机构进行心理健康检查，争取尽快恢复健康的精神状态。

再次，如员工被确诊或鉴定为精神病，进一步协助员工的近亲属安排员工到权威机构进行民事行为能力鉴定，如鉴定为限制民事行为能力人或无民事行为能力人，继续协助员工的近亲属向人民法院申请宣告员工为限制民事行为能力人或无民事行为能力人。

最后，妥善处理双方之间劳动关系的履行或解除终止，确保合法合规。具体处理途径如下：

1. 如员工被确诊或鉴定为精神病，则用人单位可与员工及其法定代理人协商一致调整员工的工作岗位，安排员工从事力所能及且有助于其精神健康恢复的工作，或协商一致解除劳动合同并签订书面协议，明确协商一致解除劳动合同的意思表示以及双方各自的权利义务。

2. 如员工被确诊或鉴定为精神病且员工的精神状态不适宜继续工作，则用人单位可与员工及其法定代理人协商一致解除劳动合同并签订书面协议，明确协商一致解除劳动合同的意思表示以及双方各自的权利义务。

3. 如员工被确诊或鉴定为精神病且员工的精神状态不适宜继续工作，并且员工及其法定代理人不同意协商一致解除劳动合同，则由员工及其法定代理人申请病休，用人单位安排员工病休。如员工在医疗期内治愈或病情得到稳定控制能够正常从事工作的，用人单位应安排员工返岗上班，或与员工及其法定代理人协商一致，安排员工从事其他力所能及的工作。如员工在医疗期满不能从事原工作，也不能从事用人单位另行安排的工作，则用人单位可依法解除劳动合同并支付经济补偿金，或再次与员工及其法定代理人协商一致解除劳动合同并签订书面协议，明确协商一致解除劳动合同的意思表示以及双方各自的权利义务。

4. 如员工是第一次签订劳动合同且劳动合同即将届满，此时医疗期已届满的，双方可依法终止劳动合同；此时医疗期尚未届满的，双方的劳动合同至其医疗期届满时终止。

5. 如员工及其法定代理人同意，也可由员工及其法定代理人提出辞职申请，依法解除双方之间的劳动关系。

24 员工没有提前30天通知离职，用人单位能否要求员工支付代通知金？

【核心观点】

员工辞职的，应提前30天（试用期内应提前3天）通知用人单位，否则，给用人单位造成损失的，应承担赔偿责任。同时用人单位不能与员工约定，员工辞职未提前30天（试用期内未提前3天）通知需支付"代通知金"。

【案情简介】

吴某系外来务工人员。2009年5月吴某进入上海都赛商务咨询有限公司（以下简称都赛公司）。

2009年5月29日，双方签订聘用合同，约定：吴某担任高级销售顾问；期限自2009年5月19日至2011年5月18日；月工资人民币2600元，于每月10日支付上月工资；凡有下列情形之一的，吴某可以解除合同：……（7）吴某提前30天向都赛公司提出辞职，或支付一个月的工资作为代通知金；任何一方违反本合同规定的条件解除劳动合同或违反劳动合同中约定的事项，给对方造成经济损失的，应根据损失情况大小和责任大小，依法承担相应的赔偿责任；

吴某在本合同终止或解除时，应按规定办理如下离职手续：吴某不辞而别，或者下落不明，或者未履行上述规定的义务，致使都赛公司无法办理或迟延办理与吴某离职相关的手续的，吴某在此不可撤销地承认其负有过错，由此产生的不良后果由吴某承担。造成都赛公司损失的，应当承担赔偿责任；吴某欠付都赛公司任何款项，或者吴某违反合同约定的条件解除劳动合同，给都赛公司造成任何经济损失，依照法律法规约定和合同约定应承担的赔偿责任，都赛公司有权从吴某的工资、奖金及津贴、补贴等中做相应的扣除，但该扣除不得违反法律法规的规定，不够扣除的，都赛公司仍然有权就剩余部分向吴某追偿。

2010年2月1日起，吴某担任项目销售主管，月工资变更为2830元。

2010年8月10日，吴某口头提出辞职，实际工作至当日，未办理离职交接手续。都赛公司未支付吴某2010年8月1日至10日的工资。

2010年8月23日，都赛公司向上海市长宁区劳动人事争议仲裁委员会申请劳动仲裁，要求吴某办理离职手续，履行交接义务；支付代通知金8000元。

2010年12月17日，上海市长宁区劳动人事争议仲裁委员会裁决：对申请人的请求不予支持。

都赛公司不服裁决，于法定期限内诉至法院，请求法院判令吴某支付都赛公司代通金10000元。

【裁判结果】

一审判决结果[案号:（2011）长民一（民）初字第958号]：
驳回用人单位的诉讼请求。

二审判决结果[案号:（2011）沪一中民三（民）终字第951号]：
驳回上诉，维持原判。

二审法院认为：根据《劳动合同法》的规定，如果劳动者违法解除劳动合同给用人单位造成损失，用人单位可以向劳动者行使赔偿请求权，但除此之外，用人单位不得要求劳动者对辞职行为承担违约责任，且不得对劳动者解除劳动合同的权利加以限制或剥夺。本案双方劳动合同中虽约定被上诉人支付一个月工资作为代通知金，但该约定超出了《劳动合同法》规定的用人单位可以与劳动者约定由劳动者承担的违约金的范围，显属违法，该约定应属无效，上诉人基于双方约定的代通知金条款要求被上诉人承担赔偿义务，显然无法得到支持。如若被上诉人因未履行提前通知的义务即辞职的行为，的确给上诉人造成了损失，上诉人可以结合公司的实际损失以及劳动合同的约定，向违反通知义务的被上诉人另行主张赔偿。

【争议焦点解读】

根据《劳动合同法》第三十七条规定，劳动者提前30日以书面形式通知用人单位，可以解除劳动合同。劳动者在试用期内提前3日通知用人单位，可以解除劳动合同。简言之，员工辞职应提前30天通知用人单位，试用期内辞职应提前3天通知用人单位。

但实践中，经常出现员工一提出辞职即立刻走人的情况，搞得用人单位措手不及。用人单位为避免上述情况的出现，经常会与员工在办理入职手续时在劳动合同或其他协议中约定"员工辞职未提前30天通知的，需向用人单位支付一个月代通知金"，诸如此类的。因此，随之而来的争议系员工辞职未提前30天通知，用人单位能否要求员工支付"代通知金"？

首先，法律并无"代通知金"这一概念。"代通知金"的专业表述应为"额外支付劳动者一个月工资"，出现在《劳动合同法》第四十条规定，即有下列情形之一的，用人单位提前三十日以书面形式通知劳动者本人或者额外支付劳动者一个月工资后，可以解除劳动合同：（一）劳动者患病或者非因工负伤，在规定的医疗期满后不能从事原工作，也不能从事由用人单位另行安排的工作的；（二）劳动者不能胜任工作，经过培训或者调整工作岗位，仍不能胜任工作的；（三）劳动合同订立时所依据的客观情况发生重大变化，致使劳动合同无法履行，经用人单位与劳动者协商，未能就变更劳动合同内容达成协议的。

简言之，所谓的"代通知金"是指，用人单位依据《劳动合同法》第四十条规定解除劳动合同，未提前30天通知员工的，应额外支付员工一个月工资代替提前30天通知。言下之意，员工辞职的，不存在支付"代通知金"一说。

其次，《劳动合同法》第九十条规定，劳动者违反劳动合同法规定解除劳动合同，给用人单位造成损失的，应当承担赔偿责任。根据前述规定可知，劳动者辞职未提前 30 天（试用期内未提前 3 天）通知用人单位的，属于违反劳动合同法规定解除劳动合同，其法律后果是"给用人单位造成损失的，应当承担赔偿责任"，并不包括"劳动者需向用人单位支付代通知金"。

最后，《劳动合同法》第二十二条规定："……劳动者违反服务期约定的，应当按照约定向用人单位支付违约金。违约金的数额不得超过用人单位提供的培训费用。用人单位要求劳动者支付的违约金不得超过服务期尚未履行部分所应分摊的培训费用……"第二十三条规定："……劳动者违反竞业限制约定的，应当按照约定向用人单位支付违约金。"第二十五条规定："除本法第二十二条和第二十三条规定的情形外，用人单位不得与劳动者约定由劳动者承担违约金。"

根据前述规定可知，除用人单位与劳动者约定违反服务期违约金及违反竞业限制违约金外，用人单位不得与劳动者约定由劳动者承担违约金。用人单位与员工约定，如员工辞职未提前 30 天（试用期内未提前 3 天）通知用人单位，员工需支付"代通知金"。此处的"代通知金"，其性质相当于违约金。显然违反前述规定，应属无效约定，用人单位不能以双方有约定为由要求员工支付"代通知金"。

经研究相关案例，司法实践中亦持上述观点。例如，李某与上海某金属制品有限公司劳动争议纠纷案件［一审案号为（2009）松民一（民）初字第 4918 号，二审案号为（2010）沪一中民三（民）终字第 436 号］，一审法院认为：关于李某 2009 年 5 月 1 日至 2009 年 5 月 12 日被扣工资，虽然李某并未根据《劳动法》之规定提前 30 天通知解除双方的劳动合同，但对于劳动者未提前 30 天通知而解除劳动合同的责任法律并未作出明确的规定。同时，《劳动合同法》第二十五条规定，除本法第二十二条和第二十三条规定的情形外，用人单位不得与劳动者约定由劳动者承担违约金。因此，某公司《员工手册》中对未提前 30 天通知解除劳动合同，需补偿公司提前天数之工资作为代通知金的规定违反了法律规定，某公司据此扣除李某的工资缺乏依据，应予返还。二审法院认为：根据我国劳动合同法的规定，除用人单位与劳动者约定服务期及竞业限制外，用人单位不得与劳动者约定由劳动者承担违约金。现某公司制定的《员工手册》中对未提前 30 天通知解除劳动合同需补偿其公司提前天数之工资作为代通知金具有违约金性质，因此，某公司不同意返还李某被扣工资 386.67 元的请求，与法有悖，不予支持。

【实务指引】

员工辞职未提前 30 天（试用期内未提前 3 天）通知用人单位，用人单位虽不能要求员工支付"代通知金"，但给用人单位造成损失的，用人单位有权要求员工赔偿损失。对此，笔者建议如下：

一、与员工约定可能存在的损失及计算方式

根据《违反〈劳动法〉有关劳动合同规定的赔偿办法》第四条规定："劳动者违反规定或劳动合同的约定解除劳动合同，对用人单位造成损失的，劳动者应赔偿用人单位下列损失：（一）用人单位招收录用其所支付的费用；（二）用人单位为其支付的培训费用，双方另有约定的按约定办理；（三）对生产、经营和工作造成的直接经济损失；（四）劳动合同约定的其他赔偿费用。"实践中，建议用人单位在员工入职时就员工辞职未提前通知可能造成的损失（如用人单位为员工支付的培训费和招收录用费；用人单位临时安排在职替代人员的加班费和额外管理费；用人单位临时使用的替代人员的劳动报酬及相关管理费；对用人单位的生产、经营和工作造成的其他直接经济损失）进行明确约定并约定损失的计算方式。

二、搜集证据固定损失的发生及具体金额

一旦出现员工辞职未提前通知的情况，应做好证据固定工作，如书面通知离职员工返岗完成工作交接确保工作顺利过渡，不给用人单位造成损失，同时声明如造成损失需承担赔偿责任；如发送律师函向离职员工主张损失赔偿；书面通知在职人员临时性替代离职员工工作；与离职员工沟通确认损失的项目及具体金额等。

与员工协商解决，协商不成的，申请劳动仲裁，向员工主张损害赔偿。

根据《劳动争议调解仲裁法》第二条规定："中华人民共和国境内的用人单位与劳动者发生的下列劳动争议，适用本法：……（二）因订立、履行、变更、解除和终止劳动合同发生的争议；（三）因除名、辞退和辞职、离职发生的争议……"可知，员工辞职未提前通知用人单位，给用人单位造成损失的，属于劳动争议受案范围,如双方无法协商一致解决,用人单位可申请劳动仲裁,向员工主张损害赔偿。

25 用人单位因特殊原因未及时足额发放工资是否构成"未及时足额支付劳动报酬"?

【核心观点】

《劳动合同法》第三十八条明确规定未及时足额支付劳动报酬的,劳动者可以提出被迫解除劳动合同并要求用人单位支付经济补偿金。除法定原因外,用人单位因其他特殊原因延迟支付工资的行为一般不会得到认可,劳动者据此提出被迫解除劳动合同并要求支付经济补偿金的一般会得到支持。至于用人单位未及时足额发放工资是否具有主观恶意,是部分地区司法裁判机构考量是否支持经济补偿金的另外一个因素。

【案情简介】

2014年1月25日,陈某与上海赛迪信息技术有限公司(以下简称赛迪信息公司)签订劳动合同,约定陈某从事运营部门组长工作岗位,合同期限为2014年1月25日至2017年1月24日。后陈某、赛迪信息公司将该合同期限延续至2020年1月24日。

2017年,赛迪信息公司拖欠陈某2017年2月绩效工资776元(实得工资)、2017年3月至5月工资19218.45元(实得工资)。赛迪信息公司主张其并非恶意不支付工资,而是遭遇危机、无力支付工资。2017年3月,赛迪信息公司原总经理滥用职权、擅自非法对外签订合同,引起债务纠纷,导致赛迪信息公司银行账户被重庆某法院冻结;同时赛迪信息公司因面临大额债务被相关债权人起诉至法院。2017年4月下旬,赛迪信息公司主要服务客户叫停了合作五年的呼叫外包服务项目,致使赛迪信息公司业务全面中断,赛迪信息公司主要收入来源被切断。2017年5月1日起,赛迪信息公司被迫停工停业,给全体员工放假并尝试维系原项目、寻找新项目，但最终未能成功。2017年6月1日，因拖欠房租、物业费，赛迪信息公司办公场所被市北工业园物业管理公司强制封锁。至此，赛迪信息公司所有经营活动全面终止。

2017年5月25日，陈某向上海市静安区劳动人事争议仲裁委员会申请仲裁，要求：1.赛迪信息公司支付2017年2月1日至28日绩效工资776元；2.赛迪信息公司支付2017年3月1日至3月31日工资6870.45元；3.赛迪信息公司支付2017年4月1日至4月30日工资7348元；4.赛迪信息公司支付2017年5月1日至5月31日工资5000元；5.赛迪信息公司支付解除劳动合同经济补偿金60000元。

2017年6月1日起，赛迪信息公司关门不再经营。

2017年7月6日，赛迪信息公司收到陈某发送的《解除劳动合同通知书》。该通知书载明，赛迪信息公司从2017年6月1日起关门，没有书面通知，没有分配工作；赛迪信息公司拖欠陈某2017年2月绩效工资、2017年3月至6月总工资，拖欠社保费和公积金，陈某解除与赛迪信息公司的劳动关系。

【裁判结果】

仲裁裁决结果[案号：静劳人仲(2017)办字第1221号]：

1.赛迪信息公司于裁决生效之日起七日内支付陈某2017年2月1日至2017年5月31日绩效工资及应发工资19994.45元；2.陈某其余请求不予支持。

一审判决结果[案号：(2017)沪0106民初33357号]：

1.赛迪信息公司应于本判决生效之日起十日内支付陈某2017年2月1日至2月28日的绩效工资776元(实得工资)；2.赛迪信息公司应于本判决生效之日起十日内支付陈某2017年3月1日至5月31日的工资19218.45元(实得工资)；3.赛迪信息公司应于本判决生效之日起十日内支付陈某解除劳动合同经济补偿金42023.58元。

一审法院认为，本案争议焦点在于陈某是否有权依据《劳动合同法》第三十八条第一款第(二)项的规定解除劳动合同并主张解除劳动合同经济补偿金，也即赛迪信息公司的行为是否属于《劳动合同法》第三十八条第一款第(二)项所规定的"未及时足额支付劳动报酬的"。

一、赛迪信息公司是否构成未及时足额支付劳动报酬

一审法院认为赛迪信息公司未及时、足额支付劳动报酬。劳动者的劳动是职业性的有偿劳动，获取劳动报酬是劳动者签订劳动合同的主要目的，因此，向劳动者支付劳动报酬是用人单位的法定义务，也是基本义务。在劳动者已履行劳动义务的情况下，用人单位应及时、足额支付劳动报酬，禁止克扣和无故拖欠劳动者劳动收入。用人单位未及时足额支付劳动报酬的，是对劳动者合法权益的侵犯，劳动者有权随时通知用人单位解除劳动合同并主张经济补偿金。

本案中，赛迪信息公司自认，该公司应在每月5日至10日支付员工上个月工资，从2016年5月起，赛迪信息公司发放工资即处于不正常状态。且不论赛迪信息公司2016年5月发放工资情况，单从陈某《解除劳动合同通知书》上载明的相关情况来看，经双方质证，赛迪信息公司认可拖欠陈某2017年2月绩效工资、3月至5月工资，也即赛迪信息公司构成未及时足额支付劳动报酬。由于劳动者行使即时解除权往往会给用人单位的正常生产经营带来很大的影响，立法在保护劳动者与企业合法利益的基础上会进行衡量。因此，本案赛迪信息公司未及时足额支付劳动报酬的行为是否属于《劳动合同法》第三十八条第一款第(二)项所规制的对象，还需要进一步分析。

二、赛迪信息公司未及时足额支付劳动者报酬是否有正当理由

一审法院认为赛迪信息公司未及时足额支付劳动者报酬并无正当理由。用人单位遇到非人力所能抗拒的自然灾害、战争等原因、无法按时支付工资的，不属于无故拖欠工资；用人单位确因生产经营困难、资金周转受到影响，征得本单位工会同意后，延期在一个月内支付工资，不属于无故拖欠工资。除上述两种情况外，其他情况拖欠工资均属无故拖欠。

本案中，赛迪信息公司并不属于以上两种情况。第一，赛迪信息公司并未遇到非人力所能抗拒的自然灾害、战争等导致无法按时支付工资的情况。赛迪信息公司称，其系因遭遇危机、账号被冻结等原因无法支付工资。然而，根据赛迪信息公司提供的相关材料不难看出，赛迪信息公司发放工资的账户(尾号为8833的交通银行账户、尾号为1521的上海银行账户)系因相关法院执行生效裁判文书而致被冻结。按理来说，赛迪信息公司应主动履行生效法律文书确定的相关义务并自觉承担逾期不履行义务的法律后果，而不是在拒绝履行相关义务并被相关法院采取强制执行措施时，以之为理由拖欠员工工资。第二，企业确因生产困难，资金周转受到影响，暂时无法按时支付工资的，经与本企业工会或职工代表协商一致，可以延期在一个月内支付劳动者工资，延期支付工资的时间应告知全体劳动者。本案中，赛迪信息公司称拖欠工资系因遭遇原总经理渎职、债务缠身、账户被冻结、主要业务中断、物业公司锁门等困难，且已于2017年5月22日紧急召开全体职工大会协商解决。一审法院认为，赛迪信息公司在经营发生困难、难以及时发放员工工资时，理应及时将相关情况提前告知工会或者职工代表大会并提出延期在一个月内支付工资的相应处理方案，同时与员工进行沟通协商，预先告知延期支付工资的时间。然而，本案赛迪信息公司并无证据证明在拖欠陈某工资时，及时就相关情况与工会或职工代表进行协商，也无证据证明对于延期支付工资的时间已预先告知陈某。最重要的是，赛迪信息公司并未在延期一个月内支付拖欠陈某的工资。综上，一审法院认定赛迪信息公司未及时足额支付劳动者报酬并无正当理由。

三、赛迪信息公司就未及时足额支付劳动报酬是否存在主观恶意

一审法院认为赛迪信息公司就未及时足额支付劳动报酬存在主观恶意。无论用人单位还是劳动者，其行使权利、履行义务都不能违背诚实信用原则。如果用人单位存在有悖诚信的情况，从而拖延支付或拒绝支付的，属于立法所要规制的对象。因此，用人单位因主观恶意而未"及时足额"支付劳动报酬及"未缴纳"社保金的，可以作为劳动者解除合同的理由。很明显，用人单位是否存在有悖诚信的情况、是否存在主观恶意，是界定本案赛迪信息公司是否应该支付经济补偿金的关键。

赛迪信息公司称，其是因遭遇危机无力支付工资，不存在主观恶意和违背诚实信用的情况。从赛迪信息公司所列举的危机来看，赛迪信息公司早在2017年1月10日即因(2017)渝0118执92号文书被重庆相关法院冻结账户，冻结金额高达13000000元。赛迪信息公司提交给法院的相关情况说明载明，上述被冻结账号系赛迪信息公司用以发放工资的账号。然而，赛迪信息公司并未在第一时间将相关危机告知员工并采取相应措施，相反，从2017年2月起接连拖欠员工绩效工资和工资。由此可推断，赛迪信息公司对于拖欠员工工资报以希望或

放任这种结果发生的态度,即赛迪信息公司对于未及时足额支付劳动报酬具有主观恶意。赛迪信息公司称其在 2017 年 5 月 22 日紧急召开了全体员工大会向员工说明经营困难,并在劳动监察大队的指导下与大部分员工签订和解协议。陈某对此予以否认。即使赛迪信息公司在 2017 年 5 月 22 日召开了全体员工大会并采取了后续相关措施,也无法掩盖其在这之前就未及时足额支付劳动报酬存在的主观恶意。

综上,赛迪信息公司未及时足额支付陈某 2017 年 2 月绩效工资、3 月至 5 月工资,且主观上存在恶意,客观上并无正当理由。加之,本案并不涉及因客观原因引起的计算标准有争议从而导致用人单位未能及时足额支付劳动报酬这一情形。因此,陈某以赛迪信息公司拖欠 2017 年 2 月绩效工资、3 月至 5 月工资为理由解除劳动合同并要求赛迪信息公司支付经济补偿金并无不当。

二审判决结果[案号为(2017)沪 02 民终 11814 号]:

驳回上诉,维持原判。

二审法院认为,赛迪信息公司拖欠陈某 2017 年 2 月绩效工资、3 月至 5 月工资至今仍未发放,且未经与劳动者协商同意。赛迪信息公司认为拖欠陈某工资的原因系公司账号被法院冻结又无其他收入来源,但该理由并不是企业可以延迟支付工资的法定事由,且拖欠工资时间远超过一个月,因此,陈某以拖欠工资为由向赛迪信息公司提出解除劳动关系,并要求支付经济补偿金理由成立。

【争议焦点解读】

本案主要争议焦点为用人单位因特殊原因未及时足额发放工资是否构成未及时足额支付劳动报酬。围绕该问题,实践中比较容易产生争议的主要有以下几点:一是如何理解"未及时足额支付劳动报酬";二是是否以用人单位存在主观恶意为前提;三是用人单位因特殊原因未及时发放工资是否构成"未及时足额支付劳动报酬",围绕前述争议焦点,笔者一一分析如下:

一、关于"未及时足额支付劳动报酬"的理解

何谓"未及时足额支付劳动报酬"?从法律要件上来看,可以拆分成"未及时""未足额""劳动报酬"三个要件,对于上述要件,具体分析如下:

1. 未及时支付劳动报酬指的是逾期支付工资

根据《劳动部办公厅关于〈劳动法〉若干条文的说明》(1994 年 9 月 5 日)第五十条规定,"按月支付"应理解为每月至少发放一次工资,实行月薪制的单位,工资必须每月发放,超过企业与职工约定或劳动合同规定的每月支付工资的时间发放工资即为不按月支付……"无故拖欠"应理解为,用人单位无正当理由在规定时间内故意不支付劳动者工资。

从上述规定可知,"未及时支付劳动报酬"指的是逾期支付工资(除非法律有特殊规定)。

2. 未足额支付劳动报酬指的是克扣劳动报酬

根据《劳动部对〈工资支付暂行规定〉有关问题的补充规定》第十八条规定:"克扣"是指用人单位对履行了劳动合同规定的义务和责任,保质保量地完成生产工作任务的劳动者,不支付或未足额支付其工资。

从上述规定可知,"未足额支付劳动报酬"指的是克扣工资(除非法律有特殊规定)。

3. 不被认定为劳动报酬的待遇不适用《劳动合同法》第三十八条规定

根据《劳动部关于贯彻执行〈中华人民共和国劳动法〉若干问题的意见》第五十三条,劳动法中的"工资"是指用人单位依据国家有关规定或劳动合同的约定,以货币形式直接支付给本单位劳动者的劳动报酬,一般包括计时工资、计件工资、奖金、津贴和补贴、延长工作时间的工资报酬以及特殊情况下支付的工资等。劳动者的以下劳动收入不属于工资范围:(1)单位支付给劳动者个人的社会保险福利费用,如丧葬抚恤救济费、生活困难补助费、计划生育补贴等;(2)劳动保护方面的费用,如用人单位支付给劳动者的工作服、解毒剂、清凉饮料费用等;(3)按规定未列入工资总额的各种劳动报酬及其他劳动收入,如根据国家规定发放的创造发明奖、国家星火奖、自然科学奖、科学技术进步奖、合理化建议和技术改进奖、中华技能大奖等,以及稿费、讲课费、翻译费等。

因此,如用人单位拖欠的待遇是上述不属于工资范畴的待遇,则不属于"未及时足额支付劳动报酬"条文的规制范畴。

二、"未及时足额支付劳动报酬"的认定是否以用人单位存在主观恶意为前提

对于"未及时足额支付劳动报酬"的定义,由于法律已有明确规定,对此基本不存在争议。实践中往往容易引发争议的是在认定"未及时足额支付劳动报酬"时，是否需要考虑用人单位的主观恶意。对此，分析如下：

《劳动合同法》及相关法律规定都没有对用人单位"未及时足额支付劳动报酬"的主观恶意进行明确规定，即在法律层面无法得出一个结论，用人单位的主观恶意可以影响客观上对用人单位未及时足额支付劳动报酬的认定。

我们知道，解除劳动合同作为最严重的手段，各方在行使权利时都应该慎之又慎，否则劳动关系将轻易处于不稳定的状态，因此，被迫解除劳动合同的权利也应当在严格符合《劳动合同法》第三十八条的情况下才能行使。虽然法律条文并未规定用人单位未及时足额支付劳动报酬必须以存在主观恶意为前提，但据笔者了解，有部分司法裁判机构有针对该问题出台相关指导意见以统一当地的司法裁判标准。

经过研究全国各地的指导意见以及相关案例，笔者发现各地对此意见不一，部分地区在认定"未及时足额支付劳动报酬"时，会强调用人单位的主观恶意。但部分地区并不考虑用人单位是否存在主观恶意，只考察客观上用人单位是否存在拖欠工资以及克扣工资的情形，具体总结如下（备注：因篇幅有限，仅列举部分有明确指导意见的地区）：

1. 考察用人单位是否存在主观恶意的部分地区

（1）《上海市高级人民法院关于适用〈劳动合同法〉若干问题的意见》（2003年3月3日）第九条明确规定，用人单位依法向劳动者支付劳动报酬和交纳社保金，是用人单位的基本义务。但是，劳动报酬和社保金的计算标准，在实际操作中往往比较复杂。而法律规定的目的就是要促使劳动合同双方当事人都诚信履行，无论用人单位还是劳动者，其行使权利、履行义务都不能违背诚实信用的原则。如果用人单位存在有悖诚信的情况，从而拖延支付或拒绝支付的，才属于立法所要规制的对象。因此，用人单位因主观恶意而未"及时、足额"支付劳动报酬及"未缴纳"社保金的，可以作为劳动者解除合同的理由。但对确因客观导致计算标准不清楚、有争议，导致用人单位未能"及时、足额"支付劳动报酬及"未缴纳"社保金的，不能作为劳动者解除合同的依据。劳动者以存在《劳动合同法》第三十八条规定的其他情形为由主张解除劳动合同的，应当遵循合法、合理、公平的原则，参照前款精神办理。

（2）《浙江省高级人民法院民一庭关于审理劳动争议纠纷案件若干疑难问题的解答》（2012年12月26日）第十三条规定，用人单位因过错未及时、足额支付劳动报酬或未依法缴纳社会保险费的，可以作为劳动者解除劳动合同的理由。但用人单位有证据证明确因客观原因导致计算标准不清楚、有争议，或确因经营困难、具有合理理由或经劳动者认可，或欠缴、缓缴社会保险费已经征缴部门审批，劳动者以用人单位未"及时足额"支付劳动报酬或未依法缴纳社会保险费为由解除劳动合同，要求用人单位支付经济补偿金的，不予支持。

2.不考察用人单位是否存在主观恶意的部分地区

根据《深圳市员工工资支付条例》第十一条以及第十二条规定，工资支付周期不超过一个月的，约定的工资支付日不得超过支付周期期满后第七日；用人单位因故不能在约定的工资支付日支付工资的，可以延长五日；因生产经营困难，需延长五日以上的，应当征得本单位工会或者员工本人书面同意，但最长不得超过十五日。结合该条例第六十一条规定，无故拖欠工资，是指用人单位非因不可抗力，超过本条例规定或者认可的工资支付最后期限，未支付或者未全额支付员工工资的行为。

从上述规定可知，对于深圳的企业，如果工资支付周期是一个自然月，那么下个月7日前必须发工资，最迟不得超过22日发工资。而深圳地区对于拖欠工资的认定是以《深圳市员工工资支付条例》规定的工资支付时间作为参考标准，并不考虑其他主观因素。

三、用人单位因特殊原因未及时足额发放工资是否构成"未及时足额支付劳动报酬"

一般用人单位未及时足额支付劳动报酬均会声称有"特殊原因"，但哪些"特殊原因"为法律法规认可？哪些不被认可呢？笔者一一梳理如下：

1.不构成拖欠工资的法定事由

根据《劳动部对〈工资支付暂行规定〉有关问题的补充规定》第四条规定，《规定》第十八条所称"无故拖欠"系指用人单位无正当理由超过规定付薪时间未支付劳动者工资。不包括：(1)用人单位遇到非人力所能抗拒的自然灾害、战争等原因，无法按时支付工资；(2)用人单位确因生产经营困难、资金周转受到影响，在征得本单位工会同意后，可暂时延期支付劳动者工资，延期时间的最长限制可由各省、自治区、直辖市劳动行政部门根据各地情况确定。其他情况下拖欠工资均属无故拖欠。

2. 可以减发工资的法定事由

根据《劳动部对〈工资支付暂行规定〉有关问题的补充规定》第三条规定，《规定》第十五条中所称"克扣"系指用人单位无正当理由扣减劳动者应得工资（即在劳动者已提供正常劳动的前提下用人单位按劳动合同规定的标准应当支付给劳动者的全部劳动报酬）。不包括以下减发工资的情况：（1）国家的法律、法规中有明确规定的；（2）依法签订的劳动合同中有明确规定的；（3）用人单位依法制定并经职代会批准的厂规、厂纪中有明确规定的；（4）企业工资总额与经济效益相联系，经济效益下浮时，工资必须下浮的（但支付给劳动者工资不得低于当地的最低工资标准）；（5）因劳动者请事假等相应减发工资等。

由此可见，法律法规规定了部分特殊情况下未及时支付或扣减员工工资的情形不构成拖欠或者减发，这些谓之法定事由，除此之外的"特殊原因"属于法定情形之外的原因，一般不被认可。本文案例中，用人单位以账户涉及诉讼被冻结为由主张特殊原因，显然没有得到法院的认可。

此外，结合本文第二大点关于"未及时足额支付劳动报酬"的认定是否以用人单位存在主观恶意为前提的分析，可以得知部分地区司法裁判机构除考虑法律明确规定的特殊原因外，还会考虑用人单位是否存在主观恶意，因客观原因导致计算标准不清楚、有争议或其他能证明用人单位不存在主观恶意的原因也可能被当地的司法裁判机关认定为可以豁免的特殊原因。

综上所述，《劳动合同法》第三十八条及相关法律明确规定未及时足额支付劳动报酬的，劳动者可以提出被迫解除劳动合同并要求用人单位支付经济补偿金。除法定原因外，用人单位因其他特殊原因迟延支付或扣减工资的行为一般不会得到认可，劳动者据此提出被迫解除劳动合同并要求支付经济补偿金的一般会得到支持。此外，法律层面在认定用人单位是否构成未及时足额支付劳动报酬时，并无对用人单位是否具有主观恶意进行明确的规定，对于主观恶意的考察是部分地区司法裁判机构考量是否支持经济补偿金的另外一个因素。因此从避免引发劳动争议的角度出发，建议用人单位严格遵守《劳动合同法》第三十八条规定，除了出现法定原因，尽量避免迟延支付以及扣减工资，以免劳动者以此主张被迫解除劳动关系，要求支付经济补偿金。

【实务指引】

未及时足额支付劳动报酬的纠纷在司法实务中极为普遍和突出，常见于劳动者主张用人单位拖欠或克扣加班工资、绩效工资、各类奖金等情形。而劳动者在主张上述款项的同时，一般也会一并主张被迫解除劳动关系的经济补偿金。对此，用人单位往往十分头疼。

如何降低用人单位"未及时足额支付劳动报酬"的法律风险，笔者结合司法实践，建议如下：

一、规范用工管理，避免拖欠或克扣劳动者工资

对于未及时足额支付劳动报酬的行为，法律已对处罚后果进行明确规定，用人单位对此也十分了解，因此建议用人单位规范用工管理，避免违反规定。此外，实践中可能出现部分地区有特殊规定，而当地用人单位并未留意，最终导致在无意的情况下违反了相关规定。因此建议用人单位关注当地司法实践，适时修改规章制度以及调整用工管理。

如前文所述的深圳地区，该地明确规定如果工资支付周期是一个自然月，那么下个月7日前必须发工资，最迟不得超过22日发工资。因此对于深圳地区的用人单位，建议严格遵守《深圳市员工工资支付条例》的规定，最迟不得超过22日发上月工资。

二、如出现法律规定的特殊情况，应及时履行法定程序并告知劳动者

《对〈工资支付暂行规定〉有关问题的补充规定》第三条和第四条对延迟支付工资以及扣减工资的特殊情况进行了规定，如果用人单位出现法律明确规定的特殊情况，如用人单位确因生产经营困难、资金周转受到影响，那么应及时履行法定程序即征得本单位工会同意后，再延期支付劳动者工资。此外，用人单位还应当及时将特殊情况告知劳动者，避免引发劳动争议。

三、树立证据意识以及沟通意识，避免引发矛盾和纠纷

一方面，建议用人单位每月让劳动者签收工资单，对劳动报酬的计算和发放进行确认，以免日后发生争议时陷入被动。另一方面，如果因劳动报酬的计

算发生争议，建议第一时间进行沟通，争取解决矛盾，以免引发纠纷。同时做好证据固定工作，以备不时之需。

此外，当劳动者明确对劳动报酬提出质疑甚至是拒绝沟通，双方很可能爆发纠纷的情况下，建议企业可以适时评估风险，综合考虑并且结合当地司法实践决定是否补足劳动报酬差额。

需要说明的是，该措施只是一种补救措施，并且不具有普适性。一方面，上述措施只有在当地司法实践允许的情况下才能适用，即认可用人单位在劳动者离职前可以补足工资差额。另一方面，如果用人单位出现在劳动者提出质疑后就补足工资差额的情况，可能会对其日后的用工管理造成负面影响。因此对企业而言，上述措施并非首选，只是一种补救措施或参考。最后，附上以下文件供企业决策参考：

（1）《深圳市中级人民法院关于审理劳动争议案件的裁判指引》（2015年9月2日）第八十四条规定，对于用人单位有延期发放工资的情况，但在劳动者离职前已经发放，劳动者再以用人单位拖欠工资为由提出辞职，并要求用人单位支付拖欠工资25%经济补偿金及解除劳动合同经济补偿的，不予支持。

（2）《浙江省高级人民法院民事审判第一庭、浙江省劳动人事争议仲裁院关于审理劳动争议案件若干问题的解答（三）》（浙高法民一〔2015〕9号）第六条规定，在劳动者提出解除劳动合同前，用人单位已经对未及时足额支付劳动报酬或者未依法为劳动者缴纳社会保险费情形予以补正，劳动者主张解除劳动合同经济补偿的，不予支持。

26 员工从事兼职，用人单位能否直接解除劳动合同？

【核心观点】

员工未经批准在外兼职，构成严重违反用人单位规章制度或严重违反劳动纪律的，用人单位可以直接解除劳动合同。此外，员工同时与其他用人单位建立劳动关系，对完成本单位的工作任务造成严重影响，或者经用人单位提出，拒不改正的，用人单位可以解除劳动合同。

【案情简介】

孙某与中国建筑第二工程局有限公司核电建设分公司（以下简称核电公司）签订固定期限劳动合同，期限自 2013 年 12 月 23 日至 2014 年 12 月 22 日，孙某的工作岗位为蹦蹦车司机，工资组成包括岗位工资 1100 元／月、绩效奖金 1600 元／月，无试用期，同时对劳动关系涉及的社会保险、规章制度、合同的变更和解除做出了约定。

2013 年 11 月 13 日，中国建筑第二工程局有限公司田湾项目部向孙某发放上岗证，上岗证上显示孙某的操作项目为蹦蹦车司机，有效期至 2014 年 11 月 12 日。

2014 年 12 月 1 日，孙某与核电公司再次签订固定期限劳动合同，合同期限自 2014 年 12 月 23 日起至 4IUQA 屋面以下土建工作任务完成时止，工作内容为蹦蹦车司机，工作地点为田湾核电项目部。孙某的工资组成包括岗位工资 1280 元／月、绩效工资 1420 元／月。以岗位工资为加班基数，试用期期间岗位工资为 1280 元／月，绩效工资为 1420 元／月。该劳动合同另附有《延长劳动合同期限协议书》，内容为：经甲乙双方平等自愿，协商一致，将本劳动合同的期限延长至田湾核电 4IUQA 室内装修完成结束时止。

双方对劳动关系涉及的社会保险、规章制度、合同的变更和解除做出了约定。《劳动合同书》中第十一条：双方认为需要约定的其他事项第二项约定，一方有下列行为之一的，视为严重违反劳动纪律或者严重失职，甲方可以依法解除劳动合同，并不支付经济补偿金：(1)一年内受到公司所在项目部三次以上违纪处罚的;(2)连续旷工七天以上，或年度累计旷工十五天以上的;(3)侮辱、谩骂、恐吓他人、有斗殴行为的;(4)偷窃公司或他人财物，折合金额超过人民币一百元的;(5)蓄意破坏、损坏公物或业主之物品，造成经济损失折合金额超过人民币一百元的;(6)传播淫秽书刊或音像制品、卖淫嫖娼的;(7)非法组织及煽动员工罢工、斗殴、聚众闹事的;(8)吸毒、违禁使用麻醉剂的;(9)利用职权营私舞弊、假公济私、有贪污、索贿、受贿及私拿回扣等行为，牟取非分利益，金额在一百元以上的；（10）未经公司书面批准私自外出兼职或利用病休假期间另谋职业的；（11）提交虚假个人资料，隐瞒重要的个人资料，从而牟取岗位及利益的；（12）使用假单据、假发票牟取私利的；（13）泄露公司机密，或将公司客户介绍给外单位的；（14）由于工作失职使国家或公司财产遭受到损失，金额达5000元以上的。

2013年、2015年9月至11月，孙某利用其驾驶蹦蹦车的便利曾为同在一个工地上施工的核电公司的分包商四川中成二局工作的张某运送材料。张某支付孙某300元。

2016年6月24日、2016年7月19日，公司职员侯某与孙某两次协商解除劳动合同的相关补偿内容未果。2016年7月20日孙某再次与核电公司工作人员惠某商谈劳动合同解除事宜，仍未果。在协商过程中，孙某情绪激动，对核电公司工作人员发生了言语争执。

2016年6月27日，核电公司工会召开会议，讨论并说明与孙某解除劳动合同的相关理由，经会议决定解除与孙某之间的劳动关系，解除时间为2016年7月29日。2016年7月30日，核电公司向孙某快递送达《解除劳动合同通知书》，并告知孙某其由于：1.谩骂、恐吓他人；2.未经公司书面批准私自兼职，已经严重违反公司劳动纪律，公司决定自2016年7月29日解除与孙某之间的劳动合同。孙某于2016年7月31日签收该《解除劳动合同通知书》。核电公司于2016年8月1日将情况通知分公司及田湾项目工会。

孙某不服，特申请劳动仲裁，后诉至法院，其一审诉讼请求为：1.确认双方2014年所签订的《劳动合同》无效；2.判令核电公司支付2014年8月1日至2016年7月31日加班工资差额60539.65元；3.判令核电公司支付2014年12月21日至2016年7月31日未合法签订劳动合同补偿金78246.54元；4.额外支付一个月工资4828.84元；5.判令核电公司给付孙某违法解除劳动合同经济补偿金29046.8；6.判令核电公司支付年休假工资2938元；7.判令核电公司出具解除合同证明并在15日内办理档案和社会保险关系转移手续；8.判令核电公司给付律师费5000元。一审庭审中，诉讼请求变更为：1.确认双方2014年所签订的《劳动合同》无效；2.判令核电公司支付2014年8月1日至2016年7月31日加班工资差额52485.12元；3.判令核电公司支付2014年12月21日至

2016年7月31日未合法签订劳动合同补偿金58800元；4. 判令核电公司给付孙某违法解除劳动合同经济补偿金29046.8元；5. 支付年休假工资4406.4元；6. 判令核电公司出具解除合同证明并在15日内办理档案和社会保险关系转移手续；7. 判令核电公司给付律师费5000元。

【裁判结果】

一审判决结果［案号：(2016)苏0703民初3081号］：

一、判决核电公司给付孙某加班工资差额4202.45元。二、判决核电公司为孙某出具解除劳动合同证明、办理社会保险关系转移手续。三、驳回孙某其他诉讼请求。

核电公司是否应当向孙某支付违法解除劳动合同经济补偿金

一审法院认为：根据《劳动合同法》第三十九条规定，劳动者有下列情形之一的，用人单位可以解除劳动合同：（一）在试用期间被证明不符合录用条件的；（二）严重违反用人单位的规章制度的；（三）严重失职，营私舞弊，给用人单位造成重大损害的；（四）劳动者同时与其他用人单位建立劳动关系，对完成本单位的工作任务造成严重影响，或者经用人单位提出，拒不改正的；（五）因本法第二十六条第一款第一项规定的情形致使劳动合同无效的；（六）被依法追究刑事责任的。

本案中，核电公司单方解除劳动合同的理由为：1. 谩骂、恐吓他人；2. 未经公司书面批准私自兼职，已经严重违反公司劳动纪律。

一审法院认为，孙某在就劳动合同解除过程中因对补偿数额无法达成一致，索要书面劳动合同无果的情况下与核电公司方发生言语冲突，即便存在恐吓他人的言语，但该言语亦不是发生在履行劳动职责过程中，该行为不影响劳动合同的履行，不应认定为严重违反用人单位的规章制度。

关于孙某是否存在兼职及核电公司是否可以依据孙某兼职解除劳动合同，一审法院认为，通过庭审查明，孙某自述其日常工作系受队长的指派，在2013年及2015年8月至11月，在正常的工作时间内，四川中成的施工人员张某或其手下的工头打电话给孙某，孙某就去帮忙，张某为感谢孙某，给了孙某几千元，但孙某拒不接受，无奈之下拿了300元。对此张某出具了证明。孙某则出示了其在第一次庭审后与张某的通话录音。录音中可以听出孙某对张某为核电公司出具证明一事非常不满，但张某在录音中陈述的事实仍然与上述事实相符，由此可见，孙某确实存在着在工作时间，利用工作上的便利即驾驶蹦蹦车的资源，帮助张某拉材料。虽然孙某称其与张某均在同一工地上工作，但两人隶属不同的工作单位，且孙某未能举证其帮助张某拉材料系经过核电公司同意，故对孙某外出兼职这一事实予以确认。孙某、核电公司于2014年12月1日订立的劳动合同书第十一条第二款第（十）项约定：未经公司书面批准私自外出兼职或利用病休假期间另谋职业的，视为严重违反公司劳动纪律，核电公司可以依法解除劳动合同，并不支付经济补偿金。核电公司据此解除与孙某的劳动关系，系依据劳动合同约定的解除劳动合同情形作出的决定，且该决定经过核电公司工会的通过，解除劳动关系程序合法，故核电公司不应当向孙某支付解除劳动合同补偿金。

二审判决结果［案号：（2017）苏07民终937号］：

驳回上诉，维持原判。

核电公司是否应当向孙某支付违法解除劳动合同经济补偿金

二审法院认为：根据《劳动合同法》第三十九条规定，劳动者有下列情形之一的，用人单位可以解除劳动合同：（一）在试用期间被证明不符合录用条件的；（二）严重违反用人单位的规章制度的；（三）严重失职，营私舞弊，给用人单位造成重大损害的；（四）劳动者同时与其他用人单位建立劳动关系，对完成本单位的工作任务造成严重影响，或者经用人单位提出，拒不改正的；（五）因本法第二十六条第一款第一项规定的情形致使劳动合同无效的；（六）被依法追究刑事责任的。

本案中，核电公司以孙某未经公司书面批准私自兼职，已经严重违反公司劳动纪律。上诉人孙某未能举证其帮助张某拉材料系经过核电公司同意，且孙某也认可张某与其不是同一个单位人员，故对于孙某外出兼职这一事实应予以确认，核电公司据此解除与孙某的劳动关系，系依据劳动合同约定的解除劳动合同情形作出的决定，且该决定经过核电公司工会的通过，解除劳动关系程序合法，故核电公司不应当向孙某支付解除劳动合同补偿金。

【争议焦点解读】

目前《公司法》和《公务员法》有涉及"兼职"的法律规定。《公司法》第六十九条规定:"国有独资公司的董事长、副董事长、董事、高级管理人员,未经国有资产监督管理机构同意,不得在其他有限责任公司、股份有限公司或者其他经济组织兼职。"《公务员法》第四十四条规定:"公务员因工作需要在机关外兼职,应当经有关机关批准,并不得领取兼职报酬。"

在劳动法律法规层面,极少出现"兼职"一词。但与"兼职"密切相关的可能是双重劳动关系,即一个劳动者与两个用人单位同时建立劳动关系。目前法律并不禁止双重劳动关系。例如,《最高人民法院关于审理劳动争议案件适用法律若干问题的解释(三)》第八条规定:"企业停薪留职人员、未达到法定退休年龄的内退人员、下岗待岗人员以及企业经营性停产放长假人员,因与新的用人单位发生用工争议,依法向人民法院提起诉讼的,人民法院应当按劳动关系处理。"

实践中,用人单位一般不太允许员工在外兼职或同时与其他用人单位建立劳动关系。从管理层面,用人单位一般会在员工手册等规章制度中规定或在劳动合同中约定禁止员工在外兼职或同时与其他用人单位建立劳动关系,否则视为严重违反用人单位规章制度或严重违反劳动纪律。如前述案例中,用人单位与员工在劳动合同中约定,未经公司书面批准私自外出兼职的,视为严重违反劳动纪律或者严重失职,用人单位可以依法解除劳动合同,并不支付经济补偿金。

但也有部分用人单位因为管理经验不足,漏把员工在外兼职或同时与其他用人单位建立劳动关系定性为严重违反用人单位规章制度或严重违反劳动纪律。此种情况下,用人单位能否以员工兼职或与其他用人单位建立劳动关系为由直接解除劳动合同?

对此,笔者认为,如员工在外兼职,构成双重劳动关系的,用人单位可根据《劳动合同法》第三十九条第(四)项规定解除劳动合同。具体而言,出现以下两种情况,用人单位可以解除劳动合同:一是劳动者同时与其他用人单位建立劳动关系,对完成本单位的工作任务造成严重影响的;二是劳动者同时与其他用人单位建立劳动关系,经用人单位提出,拒不改正的。

【实务指引】

用人单位应当如何预防和处理员工在外兼职？对此，笔者有如下建议：

一、与员工约定或规定员工在外兼职的，属于严重违反用人单位规章制度或严重违反劳动纪律。建议用人单位与员工在劳动合同中约定或员工手册等规章制度中规定禁止员工在外兼职，如有违反，视为严重违反用人单位规章制度或严重违反劳动纪律。从管理上，上述约定或规定将对员工产生一定约束力。从法律上，一旦员工违反，用人单位亦能依法解除劳动合同。

二、在规章制度中进一步明确规定何谓"对完成本单位的工作任务造成严重影响"。虽然法律规定员工同时与其他用人单位建立劳动关系，对完成本单位的工作造成严重影响的，用人单位可以解除劳动合同，但用人单位需举证证明"对完成本单位的工作任务造成严重影响"，否则将构成违法解除劳动合同，届时员工有权要求用人单位支付赔偿金，或要求继续履行劳动合同。因此，建议用人单位在规章制度中进一步明确规定何谓"对完成本单位的工作任务造成严重影响"，以便发生纠纷后能够有效举证。

三、搜集、固定员工在外兼职、对完成本单位的工作任务造成严重影响以及拒不改正等相关证据。根据"谁主张，谁举证"的举证规则，用人单位以员工在外兼职为由解除劳动合同，一般情况下需举证证明如下事实：第一，员工在外兼职；第二，员工在外兼职对完成本单位的工作任务造成严重影响；第三，员工在外兼职，经用人单位提出，拒不改正。如用人单位无法充分举证证明，则极有可能会承担败诉风险。

27 员工违反计划生育政策，用人单位能否解除劳动合同？

【核心观点】

用人单位以劳动者违反计划生育政策为由直接单方解除劳动关系一般会被认定构成违法解除，但在规章制度明确规定违反计划生育政策视为严重违纪的情况下，一般用人单位以严重违纪为由解除违反计划生育政策的劳动者可以得到裁判机关的认可，除非当地有特殊规定。

【案情简介】

2007年10月9日，袁某入职索尼精密部件（惠州）有限公司（以下简称索尼公司）处工作，岗位为制造组长，袁某离职前12个月月平均工资为4619.94元。

2013年9月21日，双方签订的最后一期劳动合同期限为2013年10月9日起至2016年10月8日止。在该合同的第十二条其他中双方约定，乙方（袁某）在签署合同时确认已参加了甲方（索尼公司）公司规章制度的培训，已清楚地了解并同意遵守甲方《员工行为准则》《考勤管理规定》《离职规定》《休假制度》《海外研修规定》等规章制度及相关就业规则。

袁某于2015年3月怀孕二孩，索尼公司于2015年7月15日向其发出《关于出具计划生育相关证明的书面通知函》，要求袁某按照《休假制度》第3.9.2条休假条件第2项："怀孕后，须在五个月内出具有效的《计划生育服务证》、县级以上医院出具的《孕妇保健手册》到人事查验与备案，否则按违反计划生育政策处理。"的规定于7月24日前出具有效的《计划生育服务证》及县级以上医院出具的《孕妇保健手册》到人事查验与备案。

袁某未能于2015年7月24日前提交《计划生育服务证》及《孕妇保健手册》。索尼公司于2015年8月18日向袁某发出《解除劳动合同通知书》，以袁某逾期未能提供《计划生育服务证》及《孕妇保健手册》，违反了《零容忍制度》中零容忍行为第1条第1.1项：一切违反法律法规或相关政策的行为，视为严重违反公司规章制度，一律解雇处理为由，与袁某解除劳动合同，并得到索尼公司工会委员会的同意。

索尼公司提交的证据《休假制度》于2012年9月24日修订，《零容忍制度》于2010年10月1日实施。

2015年8月21日，袁某向惠州仲恺高新区劳动人事争议仲裁委员会提请劳动仲裁，请求裁决：支付违法解除劳动合同赔偿金75701.7元。

【裁判结果】

仲裁裁决结果 [案号：惠仲劳人仲案字（2015）2231 号]：

驳回袁某的仲裁请求。

一审判决结果 [案号：（2015）惠城法仲民初字第 1247 号]：

驳回袁某的诉讼请求。

二审判决结果 [案号：（2016）粤 13 民终 446 号]：

驳回上诉，维持原判。

二审法院认为，本案争议的焦点是用人单位可否以女职工违反计划生育政策为由解除劳动合同。首先要解决的问题是，计划生育作为国家的一项基本国策，能否同时作为用人单位的规章制度约定内容。具体分析如下：用人单位的规章制度是其实行劳动管理的重要手段，作为基本国策的计划生育，又是每个公民均应遵照执行的义务，违反了该义务，就会得到相应处罚，劳动者亦不能例外。用人单位把遵守计划生育政策规定在其规章制度里，作为对劳动者的一项要求，是对其劳动管理制度的加强及明示，属于索尼公司用工管理自主权的范畴，不存在违法之处。

根据《劳动合同法》第三十九条的规定，劳动者严重违反用人单位规章制度的，用人单位可以解除劳动关系。本案中，索尼公司在其《员工行为准则》已经明确约定违反计划生育行为，属于严重违反规章制度，按解雇处理，并且袁某在与索尼公司所签劳动合同中也已经知晓该内容。现索尼公司以袁某严重违反其规章制度为由，解除与袁某的劳动关系，符合《劳动合同法》第三十九条的规定，与妇女儿童权益应予以保护并不矛盾，袁某以妇女儿童权益应予以保护为由进行抗辩，理由不成立，二审法院不予支持。原审对此认定正确，二审法院予以维持。

【争议焦点解读】

本案的争议焦点是用人单位能否在规章制度有明确规定的情况下，以劳动者违反计划生育政策为由解除劳动关系。对于该问题，实践中一般会有两种情况，一是用人单位在没有规章制度规定的情况下，能否以劳动者违反计划生育政策为由解除劳动关系；二是用人单位规章制度明确规定违反计划生育政策构成严重违纪，用人单位能否以严重违纪为由解除与违反计划生育政策的劳动者的劳动关系。对此，具体分析如下：

一、如何理解"违反计划生育政策"

在具体分析违反计划生育政策与劳动关系解除的关系之前，首先需要对违反计划生育政策的定义进行分析。

根据《人口与计划生育法》第十八条规定，国家提倡一对夫妻生育两个子女。符合法律、法规规定条件的，可以要求安排再生育子女。由该规定可知，认定是否违反计划生育政策一般与两个因素相关：

1.是否为夫妻关系。未依法办理结婚登记即未婚先孕的，一般会被认定违反计划生育政策。

2.是否生育超过两个子女。在二孩政策未出台前，国家的政策是提倡一对夫妻生育一个子女。从2016年1月1日开始全面放开二孩之后，国家的政策是提倡一对夫妻生育两个子女。因此结合目前的政策，对于生育超过两个子女（同时不符合法律、法规规定的再生育条件）即存在超生的情况下，一般会被认定违反计划生育政策。

不少用人单位经常会提出疑问，违反计划生育政策是以分娩还是怀孕作为判断标准。对此，《人口与计划生育法》以及各地自行制定的《人口与计划生育条例》均没有明确规定。但《人口与计划生育法》第十七条规定，"公民有生育的权利，也有依法实行计划生育的义务，夫妻双方在实行计划生育中负有共同的责任"；第十八条规定，"国家提倡一对夫妻生育两个子女"，上述两个条文都统一用"生育"二字进行表述。而生育是一个过程，怀孕与分娩都是生育的一个阶段，只是一个属于开始，另一个属于结束。因此笔者倾向于认为违反计划生育政策的行为存在于怀孕到分娩这个过程，不能简单地将怀孕与分娩这两个状态割裂来看。

但需要注意的是，现实中违反计划生育政策的行为可能有主动的也可能有被动的，后者如意外怀孕，如果直接以劳动者怀孕第三胎或未婚先孕的状态就直接认定劳动者构成违反计划生育政策，甚至直接以此解除劳动关系，容易引发纠纷。综合研究整部法律，可以看出国家在《人口与计划生育法》中既规定了遵守计划生育政策的原则以及要求，也明确规定了以避孕为主的原则以及为妇女提供计划生育手术的保护措施等。

因此，对于涉嫌违反计划生育政策的怀孕行为，应给予劳动者纠正的机会，建议用人单位在发现劳动者存在怀孕第三胎或未婚先孕等很可能被认定构成违反计划生育政策的行为时，及时与劳动者进行沟通，了解其生育意愿，要求其提供计划生育证明，同时说明违反计划生育的后果，给予劳动者改正的机会，避免直接处理，这样有利于减少纠纷，也可以体现用人单位的人文关怀。本案中用人单位即根据制度要求劳动者限期提供计划生育证明，在劳动者确实无法提供的情况下才做出解除劳动合同的处理。

二、规章制度无明确规定，用人单位能否直接以劳动者违反计划生育政策为由解除劳动关系

当前实务中关于劳动者违反计划生育政策，用人单位能否解除劳动关系的分析有两种观点。

第一种观点是用人单位可以直接以劳动者违反计划生育政策为由解除劳动关系。原因是计划生育政策是我国的基本国策，劳动者理应遵守。根据《人口与计划生育法》第四十一条规定，不符合本法第十八条规定生育子女的公民，应当依法缴纳社会抚养费。第四十二条规定，按照本法第四十一条规定缴纳社会抚养费的人员，是国家工作人员的，还应当依法给予行政处分；其他人员还应当由其所在单位或者组织给予纪律处分。

可见法律直接赋予用人单位对违反计划生育政策的劳动者享有处分权，依法可以解除劳动关系。

第二观点则认为，用人单位不能直接以劳动者违反计划生育政策为由解除劳动关系。首先，根据《女职工劳动保护特别规定》第五条规定，企业不得因女职工怀孕、生育、哺乳降低其工资、予以辞退、与其解除劳动或者聘用合同。由此可以看出，法律对于"三期"女职工的保护条件是女职工处于"三期"，并未具体区分是否需要符合计划生育政策，这意味着即便女职工违反计划生育政策，但只要其处于怀孕状态，就可以受到《女职工劳动保护特别规定》第五条规定的保护，用人单位不得随意因女职工怀孕解除劳动关系。其次，女职工违反计划生育政策，其依法需要承担的是行政责任，国家已经对违反计划生育政策的女职工作出处罚，要求其缴纳社会抚养费。在此情况下，用人单位还以女职工违反计划生育政策为由予以解除，明显违背了"一事不再罚"的原则。最后，《劳动法》以及《劳动合同法》根本没有明确规定违反计划生育政策的，用人单位有权直接解除劳动关系。在没有法律依据的情况下予以解除，就是违法解除。

对此，笔者倾向于第二种观点，认为在没有规章制度明确规定的情况下，用人单位不能直接以劳动者违反计划生育政策为由解除劳动关系。除上述第二种观点对应的理由外，笔者补充以下两点理由：

第一，《劳动法》以及《劳动合同法》的立法原则是优先保护劳动者的合法权益，因此用人单位的单方解除权是受到法律限制的，只有在法律明确规定用人单位可以行使单方解除权的情况下，用人单位才可以行使，否则，没有法律依据的单方解除就是违法解除。《劳动合同法》第三十九条、第四十条明确规定了用人单位可以单方解除的情形，但"劳动者违反计划生育政策"不能直接对应《劳动合同法》第三十九条、第四十条规定的任何一种情形，并且上述条款也没有兜底条款，因此直接以劳动者违反计划生育政策为由进行解除没有法律依据，很可能会被认定构成违法解除。

第二，如地方规定直接明确违反计划生育可以解除劳动合同，则当地用人单位可以作为解除依据，如没有规定，则用人单位不能直接解除。例如，《广东省人口与计划生育条例》（2016年修订）第四十条明确规定，国家机关和事业单位、国有企业、国有控股企业，乡镇集体企业对其超生职工应当给予开除处分或者解除聘用合同。对超生的村（居）民委员会成员应当依照有关规定予以处理。但需要注意的是，该条例在2018年修订时已修改为"按照法律、法规规定缴纳社会抚养费的人员，是国家工作人员的，还应当依法给予行政处分；其他人员还应当由其所在单位或者组织给予纪律处分"，直接删减了关于可以开除处分以及解除聘用合同的法律后果，可见当前广东省的用人单位想直接依据法律或地方法规解除与违反计划生育政策的劳动者的劳动关系也失去了依据。

三、在有规章制度明确规定的情况下，用人单位能否以劳动者违反计划生育政策为由解除劳动关系

如前文所述，在没有规章制度明确规定的情况下，笔者倾向于不能以劳动

者违反计划生育政策为由解除劳动关系。那么在有规章制度的情况下，情况会有所变化吗？此外，劳动者违反计划生育政策能够被列入严重违纪条款吗？是否只要有规章制度的明确规定，用人单位就可以以严重违纪为由解除违反计划生育政策的劳动者？对于这些问题，一一分析如下：

（一）关于能否将违反计划生育政策的行为规定为严重违纪情形的分析

用人单位有权自主制定规章制度，只要规章制度的条文合法合理，一般裁判机关会对用人单位制定的规章制度予以认可。

计划生育作为国家的一项基本国策，是每个公民均应遵照执行的义务，违反该义务会得到相应处罚。因此用人单位行使用工自主权，把遵守计划生育政策规定列入规章制度并将其作为严重违纪行为的一种，合法合理，不存在违法之处。

（二）关于能否以严重违纪为由解除违反计划生育政策的劳动者的分析

根据《劳动合同法》第三十九条第（二）项规定，劳动者严重违反用人单位的规章制度的，用人单位可以解除劳动合同。由此可知，劳动者严重违反规章制度是用人单位单方解除的法定理由，因此如果要以劳动者违反计划生育政策为由解除劳动关系，可以将其与严重违反用人单位规则制度的行为挂钩，最后达到解除的目的。

一般情况下，要以严重违纪为由解除劳动者需要符合几个要件，第一是规章制度经过民主公示程序，第二是有证据证明劳动者存在严重违纪行为，第三是有证据证明劳动者的违纪行为符合规章制度规定的严重违纪条款，第四是解除前通知工会，第五是解除后将解除劳动关系通知书送达劳动者。

如前文所述，用人单位可以将违反计划生育政策的行为列入规章制度进行规范，将其与严重违纪行为相挂钩。因此在规章制度有明确规定，同时符合其他合法要件的情况下，一般用人单位可以以严重违纪为由解除与违反计划生育政策的劳动者的劳动关系。

（三）关于解除与违反计划生育政策的劳动者劳动关系的例外情形

虽然从法律上分析，违反计划生育政策的行为可以列入规章制度进行规范，之后用人单位可以以严重违纪为由解除与违反计划生育政策的员工的劳动关系。但实务中，部分地区明确规定，无论是否有规章制度的明确规定，都不得以劳动者违反计划生育政策为由解除劳动关系，否则视为违法解除。以广东省为例进行分析：

根据 2017 年 8 月 1 日广东省高院印发的《广东省高级人民法院关于审理劳动争议案件疑难问题的解答》第七条规定，用人单位以劳动者违反计划生育规定为由解除劳动合同，劳动者要求用人单位支付违法解除劳动合同的赔偿金，予以支持。但劳动合同、集体合同、用人单位规章制度另有约定的除外。

2018 年 7 月 28 日，广东省高级人民法院、广东省劳动人事争议仲裁委员会颁布了《关于劳动人事争议仲裁与诉讼衔接若干意见》（粤高法发〔2018〕2 号），其中第十三条规定，用人单位以劳动者违反计划生育政策为由解除劳动合同的，应承担违法解除劳动合同的法律责任。

对比两个规定，可以看出广东省高院最新出台的规定删除了"但劳动合同、集体合同、用人单位规章制度另有约定的除外"这一条款，换言之，广东省目前最新的规定是无论用人单位是否有规章制度的明确规定，都不得以劳动者违反计划生育政策为由解除劳动关系。

具体到本案，本案发生在 2015 年，并且索尼公司在规章制度已经明确规定违反计划生育政策，用人单位可以解除劳动关系，劳动者也签收了规章制度，因此根据当时的规定，索尼公司的解除是合法合理的。但如果本案发生在 2018 年 7 月 28 日之后，即粤高法发〔2018〕2 号颁布实施后，由于该文明确规定用人单位以劳动者违反计划生育政策为由解除劳动合同的，应承担违法解除劳动合同的法律责任，因此索尼公司的解除很可能被认定构成违法解除。

【实务指引】

实务中经常出现用人单位以劳动者违反计划生育政策为由解除劳动关系，最终被认定违法解除的案例，那么在实务中如何操作，才能有效地降低被认定违法解除的风险呢？笔者结合司法实践以及实务经验，建议如下：

一、在劳动合同或者规章制度中明确规定违反计划生育政策视为严重违纪，同时履行规章制度的民主公示程序

如前文所述，一般情况下如果用人单位将违反计划生育政策的行为列入规章制度进行规范，将其与严重违纪条款挂钩，则在符合其他法定要件的情况下，裁判机关一般情况下会认可用人单位以严重违纪为由解除与违反计划生育政策的劳动者的劳动关系是合法合理的（除非当地有特殊规定）。但在没有规章制度明确规定的情况下，用人单位直接解除与违反计划生育政策的劳动者的劳动关系，一般会被认定构成违法解除。因此规章制度对于违反计划生育政策的行为是否有规定十分关键。

二、规范计划生育用工管理制度，便于日后举证

根据《最高人民法院关于民事诉讼证据的若干规定》第六条规定，在劳动争议纠纷案件中，因用人单位作出开除、除名、辞退、解除劳动合同、减少劳动报酬、计算劳动者工作年限等决定而发生劳动争议的，由用人单位负举证责任。

由此可见，证明劳动者存在违反计划生育政策的行为进而构成严重违纪的举证责任在用人单位，如果用人单位无法证明劳动者存在违反计划生育政策的行为，很可能会导致案件直接败诉。因此，建议用人单位在规章制度中明确规定劳动者应提交的生育证明材料、提交流程等，同时规定无法提交的法律后果。在发现劳动者可能存在违反计划生育政策的规定时，用人单位可以按照规章制度规定要求劳动者提交生育证明，向其明示不能提交可能产生的后果，同时固定相关的证据，这样的操作方式有利于降低用人单位搜集证据的难度，避免陷入被动。

三、关注当地的司法实践，选择适当方式处理违反计划生育政策的劳动者

如前文所述，部分地区如广东省已经明确规定用人单位不得以劳动者违反计划生育政策为由解除劳动关系，这意味着即便用人单位有规章制度的明确规定，也不得解除违反计划生育政策的劳动者。在此情况下，建议用人单位不要铤而走险，坚持单方解除违反计划生育政策的员工，而是应考虑与员工进行协商沟通，争取协商一致解除劳动关系，或者劝退员工，避免引发劳动争议纠纷。

28 员工因过错造成用人单位经济损失，用人单位能否主张全额赔偿？

【核心观点】

根据《工资支付暂行规定》第十六条规定，因劳动者本人原因给用人单位造成经济损失的，用人单位可按照劳动合同的约定要求其赔偿经济损失。因此，当劳动者因本人原因给单位造成经济损失的，用人单位有权主张赔偿损失。但劳动者应承担的赔偿数额需要根据劳动者的过错程度等具体情况酌情确定，且不得把属于用人单位应承担的经营风险扩大由劳动者承担。

【案情简介】

2013年8月27日，重庆维森集装箱物流有限公司（以下简称维森公司）与罗某签订了期限至2013年11月27日的试用期劳动协议，罗某在维森公司处从事驾驶工作，协议第七条第（三）项约定：罗某在工作过程中不严格遵守安全操作规程，发生事故及损坏设备、物品，由罗某负责赔偿所有经济损失，维森公司有权从工资或奖金中直接扣除；第（四）项约定：罗某在工作中如发生责任性事故和纠纷，应承担给维森公司所造成的经济责任和按照国家相关规定承担法律责任。

2014年4月28日，维森公司与罗某又签订了期限为2014年5月1日至2017年5月1日的劳动合同，其中第七条第（三）项、第（四）项的内容与试用期劳动协议第七条第（三）项、第（四）项的内容一致。

2013年9月18日，维森公司组织罗某等人召开了安全会议，在会议中"再次申明驾驶员不能搭乘与工作无关的人员，出事故公司一律不负责"。

2013年9月21日，罗某在驾驶维森公司所属的渝A3××××（牵引渝A1×××挂号重型半挂车）号货车运送货物给綦江的货主何某时，在高速公路雷神店下道口搭乘了货主何某安排的四名人员，随后在行驶至国道××区

××水××道拐路段时，罗某操作不当导致车辆与公路右侧防撞墩相撞后翻车造成交通事故，并造成罗某及驾驶室乘车人余某、陈某、罗某伏、赵某受伤住院，车辆、公路防撞墩及夏英宇家房屋损坏。经重庆市綦江区公安局交通巡逻警察支队认定，罗某一人的过错导致此次交通事故，罗某承担此次交通事故全部责任，余某、陈某、罗某伏、赵某不承担此次交通事故责任。

罗某在2013年9月25日签字捺印的检讨书中，也载明其是接到货主通知行使至雷神店小道口接工人，其私自让与公司无关人员（4人）上车，也未向公司汇报，违反公司规定，由于不熟悉路况，超速行驶，导致交通事故。

2014年3月18日维森公司与罗某达成协议，基于维森公司为处理此次交通事故已垫付了巨额费用，以后仍可能赔偿其他费用，罗某在此次交通事故发生时是维森公司雇佣的驾驶员，罗某承认在此次交通事故中存在私自搭载人员和超速行驶等重大过错，约定：一、由罗某赔偿维森公司由于此次交通事故所导致的全部经济损失（人身损害赔偿、车辆修理费、房屋损害赔偿、道路交通设施赔偿、评估费等相关费用）的60%，罗某应承担的赔偿金总额目前暂时不能确定，待维森公司的经济损失确定后，再予以明确；二、罗某从2014年4月起至2019年4月止，每月底之前按时足额向维森公司给付3000元赔偿金，罗某支付的该部分费用，待明确了罗某应当承担的赔偿金总额后，进行多退少补；三、罗某自愿从2014年4月起以劳务的形式，完成维森公司交给的运送货物业务，维森公司有权从罗某应得的报酬中每月扣除3000元，作为罗某履行按月支付赔偿金的义务，如每月报酬不足3000元的，罗某仍应按协议第二条约定补足差额，向维森公司支付赔偿金；四、罗某未按协议第二条约定向维森公司支付赔偿金或罗某拒绝完成维森公司交给的运送货物业务，维森公司有权要求罗某一次性支付其应承担的剩余全部赔偿金，同时罗某还应承担违约金50000元，并承担维森公司为解决纠纷支付的律师费、保全费、调查费等全部费用。

2015年3月10日，罗某与维森公司管理人员发生争执，提出解除与维森公司的劳动关系后未再上班，双方亦确认劳动关系已经于2015年3月10日解除。在劳动关系解除前，维森公司已经按照协议从罗某的工资中扣除了三个月的赔偿金共计9000元。

2015年11月3日，维森公司就经济损失问题向重庆市沙坪坝区劳动争议仲裁委员会提起仲裁申请，该委于同日决定不予受理。维森公司遂诉至法院。

【裁判结果】

一审判决结果［案号：(2015)沙法民初字第13458号］：

1. 罗某于本判决发生法律效力之日起三日内支付维森公司经济损失253387.80元；2. 驳回维森公司的其他诉讼请求。

一审法院认为，《工资支付暂行规定》第十六条规定，因劳动者本人原因给用人单位造成经济损失的，用人单位可按照劳动合同的约定要求其赔偿经济损失。因此，无论是劳动者在履行劳动合同过程中直接造成用人单位财产损失的，还是用人单位对劳动者的职务侵权行为对外承担赔偿责任的，或者劳动者作为经办人因第三人的不法侵害造成用人单位财产损失的，都构成了劳动者给用人单位造成经济损失。但是，只有在劳动者是故意或者重大过失给用人单位造成经济损失的情况下，劳动者才负有赔偿责任。如果劳动者没有过失或者仅存在轻微过失，则无须赔偿。

将用人单位的追偿权行使条件限定为劳动者存在故意或者重大过失，原因在于：首先，劳动者的职务行为是为了用人单位的利益，因此劳动者职务行为的责任应当由利益的享有者即用人单位承担，但是劳动者对损害的发生主观恶性较大时，可以要求劳动者承担；其次，由于用人单位的经营活动都是由劳动者的具体行为实施的，劳动者的行为也就等同于用人单位的行为，如果劳动者在履行职务过程中的任一失职行为都可以要求劳动者赔偿，无疑是加重了劳动者的责任，转移了用人单位的经营风险，显然有失公允；最后，规定此种追偿权有助于促使劳动者谨慎行事，遏制劳动者的侵权行为。对于用人单位追偿的范围，鉴于劳动关系有别于普通民事法律关系的特殊属性，应综合考虑行业性质、损失发生的原因、风险分摊的公平性和可行性、劳动者权益保护等多方面的因素，基于公平和诚实信用原则，综合认定劳动者的责任承担比例。如果用人单位与劳动者在劳动合同中已做约定，且约定的责任承担比例不违背上述原则，则该约定是合法有效的，双方应当根据协议执行。

本案中，罗某在驾驶维森公司的渝A3××××号货车送货途中发生交通事故，造成人员受伤以及车辆、货物、房屋等物品的损坏。由于罗某是在履行职务过程中发生的交通事故，因此对于交通事故造成的人员受伤和物品损坏，维森公司已经对外承担了赔偿责任，并负担了为解决此次交通事故纠纷而产生的各项相关费用。可见，罗某的此次职务侵权行为给维森公司造成了经济损失。对于罗某造成此次交通事故的主观性问题，在罗某参加的维森公司召开的安全会议上，维森公司已经申明过驾驶员不能搭乘与工作无关的人员，出了事故公司一律不负责，但是罗某却在送货途中在核定载客仅2人的货车上违反规定私自搭载了与公司无关的4人，也未向公司汇报。交通事故的发生也是因为罗某驾驶机动车，驾驶室超过核定载客人数，行驶至急弯、下陡坡路段时措施不当造成的，交通事故认定书已经认定是罗某一人的过错导致此次交通事故，罗某承担此次交通事故的全部责任。因此，虽然罗某是在履行职务过程中发生的交通事故，但是罗某对此次交通事故的发生存在重大过失，尤其是罗某严重超载的行为导致交通事故造成的损害扩大，故维森公司在对外承担赔偿责任后可以向罗某进行追偿。

二审判决结果［案号：（2016）渝01民终5120号］：

1.撤销重庆市沙坪坝区人民法院（2015）沙法民初字第13458号民事判决；2.罗某于本判决生效后十日内支付维森公司经济损失218047.8元；3.驳回维森公司的其他诉讼请求。

二审法院认为，罗某驾车发生交通事故给维森公司造成了经济损失，且交通事故的发生是因为罗某驾车超载搭乘他人、行驶措施不当造成，交通事故认定书已经认定罗某承担此次交通事故的全部责任，故罗某对交通事故的发生存在重大过失；而维森公司在组织罗某等人召开的安全会议上已明确申明驾驶员不能搭乘与工作无关的人员，在一定程度上尽到了管理职责，因此，双方在协议中约定罗某赔偿维森公司由于此次交通事故所造成全部经济损失的60%并未违反法律规定，且不存在显失公平的情形。因此，对罗某认为该协议无效的上诉理由本院不予采纳，一审法院依据该协议约定的比例计算赔偿费用并无不当，二审法院予以维持。

因维森公司在二审中出具的情况说明证实其从保险公司获得的理赔金额

为183900元，故一审法院认定维森公司获赔金额125000元错误，二审法院予以纠正，维森公司的经济损失中应当扣除的保险理赔金额为183900元。因此，维森公司在因罗某过错造成的交通事故中已经产生经济损失共计562313元，扣除维森公司从保险公司获得的理赔183900元后，维森公司尚有经济损失378413元；按照双方签订的关于事故损失赔偿的协议，罗某应当赔偿维森公司上述损失的60%即227047.8元，扣除维森公司已经按照协议约定在罗某工资中扣除的赔偿金9000元，罗某还应支付维森公司218047.8元。

综上，罗某的上诉请求部分成立，二审法院予以支持。一审判决认定事实部分有误，二审法院基于二审中出现的新证据、新事实依法予以纠正。

【争议焦点解读】

本案的争议焦点在于用人单位能否要求劳动者承担赔偿损失的责任。与该争议焦点相关的，一般有以下三个问题：一是何种情形下能向劳动者主张赔偿损失；二是能否要求劳动者一次性赔偿损失；三是能否要求劳动者全额赔偿损失。具体分析如下：

一、关于何种情形下能向劳动者主张赔偿损失的分析

1.《劳动合同法》规定劳动者承担赔偿责任的情形

第一，根据《劳动合同法》第八十六条规定，劳动合同依照本法第二十六条规定被确认无效，给对方造成损害的，有过错的一方应当承担赔偿责任。结合第二十六条规定，下列劳动合同无效或者部分无效：（一）以欺诈、胁迫的手段或者乘人之危，使对方在违背真实意思的情况下订立或者变更劳动合同的；（二）用人单位免除自己的法定责任、排除劳动者权利的；（三）违反法律、行政法规强制性规定的。

由此可知，如劳动者存在导致劳动合同无效的情形导致劳动合同被确定无效，给用人单位造成经济损失的，应当承担赔偿责任。

第二，根据《劳动合同法》第九十条规定，劳动者违反本法规定解除劳动合同，或者违反劳动合同中约定的保密义务或者竞业限制，给用人单位造成损失的，应当承担赔偿责任。

2.《劳动法》规定劳动者承担赔偿责任的情形

《劳动法》第一百零二条规定，劳动者违反本法规定的条件解除劳动合同或者违反劳动合同中约定的保密事项，对用人单位造成经济损失的，应当依法承担赔偿责任。

上述规定与《劳动合同法》第九十条的规定基本一致。

3.《工资支付暂行规定》规定劳动者应当承担赔偿责任的情形

从《劳动法》以及《劳动合同法》规定可知，两部劳动法领域里的法律只对三种情形下劳动者给用人单位造成损失一事明确了赔偿损失的法律责任，但是对于劳动者造成用人单位损失的其他情形，并未明确规定。而《工资支付暂行规定》对此作了进一步明确。

根据《工资支付暂行规定》第十六条规定，因劳动者本人原因给用人单位造成经济损失的，用人单位可按照劳动合同的约定要求其赔偿经济损失。经济损失的赔偿，可从劳动者本人的工资中扣除。但每月扣除的部分不得超过劳动者当月工资的20%。若扣除后的剩余工资部分低于当地月最低工资标准，则按最低工资标准支付。

4.其他地方性法律文件规定劳动者应当承担赔偿责任的情形

从上述规定可知，《劳动法》以及《劳动合同法》对于劳动者需要赔偿损失的情形只规定了三种，对于其他需要赔偿损失的情形并未规定。而《工资支付暂行规定》又明确规定，用人单位需要按照劳动合同的约定要求劳动者赔偿损失。那么，假设在双方没有约定，又不属于《劳动法》以及《劳动合同法》规定的劳动者需要赔偿损失的情形，那么无论劳动者过错多大，用人单位损失多大，都无法向劳动者追责，这明显是荒谬的，可见现行立法对此规定得并不完善。

那么在立法不完善的情况下，各地对用人单位要求劳动者赔偿损失的问题是否有进一步的明确规定呢？笔者经过对全国各地法律规定以及指导意见的研究，发现大部分地区都在《工资支付暂行规定》的基础上作了进一步明确规定。由于篇幅有限，笔者以北上广深地区的相关规定为例进行分析：

（1）北京市

《北京市劳动合同规定》第五十条规定，因劳动者存在严重违反劳动纪律或者用人单位规章制度、或严重失职、营私舞弊的情形，而被用人单位解除劳动合同，并且劳动者的上述行为给用人单位造成了损失的，劳动者应当向用人单位承担相应的赔偿责任。同时《北京市工资支付规定》第十一条规定，用人单位不得随意扣除劳动者工资。除法律、法规、规章规定的事项外，用人单位扣除劳动者工资应当符合集体合同、劳动合同的约定或者本单位规章制度的规定。因劳动者本人原因给用人单位造成经济损失，用人单位按照前款规定扣除劳动者工资的，扣除后的余额不得低于本市最低工资标准。

（2）上海市

《上海市劳动合同条例》第五十五条规定，劳动合同的当事人违反劳动合同的，应当承担相应的责任，给对方造成经济损失的，应当承担赔偿责任。同时，《上海市企业工资支付办法》第二十二条规定，劳动者因本人原因给企业造成经济损失，企业依法要其赔偿，并需从工资中扣除赔偿费的，扣除的部分不得超过劳动者当月工资的20%，且扣除后的剩余工资不得低于本市规定的最低工资标准。

（3）广东省

《广东省工资支付条例》第十五条规定，因劳动者过错造成用人单位直接经济损失，依法应当承担赔偿责任的，用人单位可以从其工资中扣除赔偿费，但应当提前书面告知扣除原因及数额；未书面告知的不得扣除。扣除赔偿费后的月工资余额不得低于当地最低工资标准。

（4）深圳市

《深圳市员工工资支付条例》第三十四条规定，用人单位可以从员工工资中扣减下列费用：（一）员工赔偿因本人原因造成用人单位经济损失的费用；（二）用人单位按照依法制定的规章制度对员工进行的违纪经济处罚；（三）经员工本人同意的其他费用。用人单位每月扣减前款第（一）、（二）项费用后的员工工资余额不得低于最低工资。

由上述规定可知，广东省深圳市以及上海市都没有明确要求用人单位需要按照劳动合同的约定要求劳动者赔偿损失，而北京市在《北京市劳动合同规定》中没有明确要求按照劳动合同的约定要求劳动者赔偿损失，但在《北京市工资支付规定》明确了因劳动者本人原因给用人单位造成经济损失，用人单位扣除工资时需要符合法律、法规、规章以及集体合同、劳动合同的约定或者本单位规章制度的规定。

二、关于能否要求劳动者一次性赔偿损失的分析

目前《工资支付暂行规定》第十六条规定的是用人单位可以按月从劳动者本人的工资中扣除经济损失，但每月扣除的部分不得超过劳动者当月工资的20%。实践中往往出现劳动者在被认定需要赔偿损失后可能会提出辞职，双方劳动关系解除后，用人单位想要继续在工资中按月扣减变成了不可能。因此不少用人单位提出疑问，对于劳动者因过错造成用人单位损失的，能否要求一次性赔偿？

从目前已出台的法律规定上来分析，《劳动法》第一百零二条、《劳动合同法》第八十六条以及第九十条明确规定了当劳动者出现法律规定的造成用人单位损失的情形时，用人单位有权要求赔偿损失，并且没有再进一步对用人单位主张损失进行限制，可见如劳动者出现上述情形时，用人单位是可以要求劳动者一次性赔偿损失的。

那么针对法律没有规定的情形，用人单位能否向存在过错的劳动者一次性主张损失呢？对此，部分地区有明确规定。如《广东省高级人民法院关于审理劳动争议案件疑难问题的解答》（2017）第五条规定，劳动者在劳动关系存续期间因故意或重大过失造成用人单位直接经济损失，用人单位在双方劳动合同解除后要求劳动者一次性赔偿的，予以支持。

《深圳市中级人民法院关于审理劳动争议案件的裁判指引》第九十九规定，劳动者在履行劳动合同过程中造成用人单位损失，用人单位在解除劳动合同时要求劳动者一次性赔偿的，应予支持。

但是对于没有明确能够在劳动者离职后一次性主张赔偿损失的地区以及劳动者没有出现法定需要赔偿的情形，建议用人单位还是严格按照《工资支付暂行规定》的规定，依法按月扣减损失。

三、关于能否要求劳动者全额赔偿损失的分析

实践中，用人单位除关心何种情形能够要求劳动者赔偿损失以及能否一次性主张赔偿损失外，其实更为关心的是能否要求劳动者全额赔偿损失。

法律层面以及全国各地区的指导意见都没有对用人单位能否要求劳动者全

额赔偿损失进行明确规定，但无论是从法律还是地方性规定来看，它们都有一个共同点，都强调了是劳动者存在过错或本人原因造成用人单位损失的，用人单位可以要求赔偿损失。与此同时，法律也未对用人单位要求劳动者全额赔偿进行明确禁止。因此，笔者倾向于认为能否要求劳动者全额赔偿损失，应该与劳动者的过错程度相挂钩，且不应当将用人单位应承担的经营风险扩大由劳动者承担。一般情况下，笔者倾向于认为，只有在劳动者对用人单位的损失存在故意的情况下，用人单位才有可能要求劳动者赔偿全部损失，如在职务侵占案件、故意毁坏单位财物案件中，劳动者故意侵占或损坏单位财产的，单位有权要求劳动者全额赔偿。而这一观点也跟《广东省高级人民法院关于审理劳动争议案件疑难问题的解答》（2017）第五条规定一致，即劳动者应承担赔偿数额根据劳动者的过错程度等具体情况酌情确定，且不得把属于用人单位应承担的经营风险扩大由劳动者承担。

为什么需要依据过错程度来酌情确定劳动者应赔偿的数额，这是因为用人单位作为经营主体，在获利的同时也需要承担经营风险。用人单位的经营活动都是由劳动者的具体行为实施的，劳动者的行为是用人单位经营行为的重要组成部分，如果劳动者在履行职务过程中的任一失职行为都可以要求劳动者全额赔偿，无疑是加重了劳动者的责任，转移了用人单位的经营风险，因此不是所有劳动者在工作当中产生的损失都应由劳动者"埋单"，法律惩罚的是有明显恶意或重大过失的行为。此外，根据权利与义务相一致的原则，劳动者作为用人单位的员工，其在为用人单位创造财富的同时，并没有直接参与利益分配，其获得的工资对应的只是完成用人单位指派的工作任务，因此如果用人单位让劳动者对任何损失都承担责任，明显加重了劳动者的义务并且降低自身风险，这对劳动者来说极其不公平，故笔者认为，劳动者承担损失的比例应与其过错程度挂钩，如果劳动者故意造成用人单位损失，那么用人单位可以向劳动者主张全额赔偿。

此外，在用人单位与劳动者有明确的合同、规章制度规定或协议的情况下，当劳动者出现劳动合同、规章制度规定以及协议应当承担全部赔偿责任的情形，笔者倾向于认为可以按照上述约定去执行。本案亦是如此，劳动者因过错给用人单位造成损失后，最后法院依据双方签订的协议以及劳动合同的约定判定劳动者需要赔偿相应的损失。由此可见，在劳动者因过错给用人单位造成损失的情况下，如果劳动合同、规章制度或相关协议对于责任承担的比例有明确规定，用人单位可以要求按照上述约定执行。

但同时也需要说明的是，由于法律没有明确规定，因此笔者的观点仅是个人的倾向性意见，仅是在观点上进行的探讨，实践中不同裁判机关可能会有不同的认定。

【实务指引】

实践中劳动者因过错给用人单位造成经济损失的情形十分常见，但用人单位向劳动者追偿的难度较大。一方面，劳动法以及劳动合同法的立法原则是优先保护劳动者的权益，因此用人单位与劳动者天然不是在同一个天平上进行抗辩，另一方面，用人单位很难举证证明劳动者对于损失造成的过错程度以及损失的具体金额。

笔者结合司法实践以及实务经验，在用人单位向劳动者主张赔偿损失方面提供以下建议：

一、完善规章制度关于赔偿损失的规定以及履行规章制度的民主公示程序。法律层面对于用人单位主张劳动者赔偿损失的规定并不完善，而部分地区的司法实践是规定用人单位可以遵照规章制度的规定向劳动者主张赔偿损失，因此在规章制度中明确赔偿损失的范围和标准十分必要。此外，规章制度制定出来后建议用人单位依法需要履行民主公示程序，避免出现程序瑕疵。

二、在劳动合同明确约定赔偿损失的条款。如前文所述，根据《工资支付暂行规定》第十六条规定，因劳动者本人原因给用人单位造成经济损失的，用人单位可按照劳动合同的约定要求其赔偿经济损失。由此可见，法律是明确规定劳动合同可以作为用人单位主张赔偿损失的依据的，在此情况下，建议用人单位在劳动合同中设置关于赔偿损失的条款，以便日后向劳动者主张赔偿损失。

三、及时固定劳动者造成损失以及损失金额的证据。要想向劳动者主张赔偿损失，除有法律法规以及相关的制度及劳动合同依据外，还要有充分的证据证明劳动者对于损失的造成存在过错以及损失的金额，并且劳动者的过错程度直接关联到损失承担的比例，因此建议用人单位及时固定并保存好能够证明劳动者存在过错以及相关损失金额的证据，以免举证不能。

四、在有证据证明劳动者造成经济损失，用人单位需要进行工资扣减前，应当提前书面告知劳动者扣除原因及数额或者与劳动者达成书面协议。前述书面告知的生效不以劳动者同意为前提，但该程序的履行在部分地区是明确规定的，因此从避免程序瑕疵的角度出发，建议用人单位在工资中抵扣损失时，书面告知劳动者原因及数额。

五、用人单位在工资中扣减损失的数额应符合法律规定以及当地的司法实践。《工资支付暂行办法》以及全国各地区的工资支付条例或劳动合同规定，基本都规定了用人单位在工资中扣减损失的比例上限，同时规定了扣减后的工资最低不得低于当地最低工资标准。因此，建议用人单位严格按照法律规定以及当地规定控制工资扣减比例以及数额，避免违法。

29　用人单位公告解除劳动关系，是否合法？

【核心观点】

目前主流观点认为，只有在用直接送达、邮寄送达等其他方式无法送达或劳动者下落不明的情况下，用人单位方能公告送达解除劳动合同通知，否则，将构成违法送达，可能导致的不利后果有两种：一是导致劳动关系尚未解除，二是导致违法解除劳动合同。

【案情简介】

孙某自1999年起在济南含章印务有限公司济阳造纸厂（以下简称济阳造纸厂）工作，双方的劳动关系一直存续。孙某自2010年起因济阳造纸厂停产而开始待岗。济阳造纸厂是济南含章印务有限公司（以下简称含章公司）的分支机构，孙某工作及待岗期间，工资及生活费由含章公司发放。

2016年3月11日，济阳造纸厂在济南日报刊登通告，要求孙某等人于

2016年3月15日到济阳造纸厂报到,逾期未到者,按照《劳动合同法》及公司《劳动管理制度》的相关规定,均作为自动离职处理。孙某在该通告刊登后没有到济阳造纸厂报到,并主张双方劳动关系自2016年3月15日解除。

2002年1月至2010年5月,济阳造纸厂为孙某缴纳社会保险费。2010年6月至2016年3月,济南灏源纸业有限公司(简称灏源公司)代济阳造纸厂为孙某缴纳社会保险费。

2016年8月29日,孙某向济阳县劳动人事争议仲裁委员会(简称济阳县仲裁委)提起仲裁申请,要求:1.济阳造纸厂、含章公司、灏源公司共同向孙某支付因未签订劳动合同期间的11个月的二倍工资31900元;2.济阳造纸厂、含章公司、灏源公司共同向孙某支付因违法解除劳动合同双倍经济补偿金49300元;3.济阳造纸厂、含章公司、灏源公司共同补足孙某在职期间工资低于最低工资标准的差额。

2016年12月30日,济阳县仲裁委作出济阳劳人仲案〔2016〕108号仲裁裁决书,裁决结果为:1.对孙某要求济阳造纸厂、含章公司、灏源公司支付未签订书面劳动合同二倍工资的请求予以驳回;2.对孙某要求济阳造纸厂、含章公司、灏源公司支付违法解除劳动合同经济赔偿金的请求予以驳回;3.含章公司与济阳造纸厂共同支付孙某2015年9月至2016年8月生活费差额10652元。

孙某对该裁决书不服,向一审法院提起诉讼,请求:1.判令含章公司、济阳造纸厂、灏源公司向孙某支付因未签订劳动合同期间的11个月的二倍工资31900元;2.判令向孙某支付因违法解除劳动合同的双倍经济补偿金49300元;3.判令补足孙某在职期间工资低于最低工资标准的差额(依据工资发放明细计算);4.本案案件受理费由含章公司、济阳造纸厂、灏源公司承担。后孙某将第2、3项诉讼请求分别明确为:判令向孙某支付因违法解除劳动合同的赔偿金49300元;判令补足孙某待岗期间生活费低于最低工资标准的差额。

【裁判结果】

一审判决结果[案号:(2017)鲁0125民初259号]:

一、驳回孙某要求含章公司、济阳造纸厂支付未签订书面劳动合同二倍工资差额31900元的诉讼请求;二、驳回孙某要求含章公司、济阳造纸厂支付违法解除劳动关系赔偿金 49300 元的诉讼请求；三、驳回孙某要求灏源公司承担支付责任的诉讼请求。

关于孙某主张的违法解除劳动合同赔偿金问题

一审法院认为，济阳造纸厂于 2016 年 3 月 11 日刊登通告，要求孙某等人于 2016 年 3 月 15 日到济阳造纸厂报到，同时说明逾期未报到的后果是作为自动离职处理。济阳造纸厂刊登通告的行为，一是通知孙某等人到厂报到，二是如果孙某逾期不报到，则作为孙某自动离职处理。该通告具有选择性，即如孙某到厂报到，双方劳动关系继续存续；如孙某逾期未报到，则作为自动离职处理，双方劳动关系解除。通告刊登后，孙某选择未到济阳造纸厂报到的行为，表明其选择了与济阳造纸厂解除劳动关系，且其主张双方劳动关系于 2016 年 3 月 15 日解除。据此，一审法院认定，双方系合意解除劳动关系。孙某主张济阳造纸厂系违法解除劳动关系，但未提供证据证明，其应当承担不利后果。根据《劳动合同法》的规定，孙某要求支付违法解除劳动关系赔偿金没有法律依据，一审法院不予支持。

二审判决结果[案号：(2018) 鲁 01 民终 519 号]：

一、维持原审判决第一项（即驳回孙某要求含章公司、济阳造纸厂支付未签订书面劳动合同二倍工资差额 31900 元的诉讼请求）、第三项（即驳回孙某要求灏源公司承担支付责任的诉讼请求）及案件受理费负担（即案件受理费由孙某负担）；二、撤销原审判决第二项（即驳回孙某要求含章公司、济阳造纸厂支付违法解除劳动关系赔偿金 49300 元的诉讼请求）；三、判决含章公司、济阳造纸厂支付生活费差额 46668 元；四、判决含章公司、济阳造纸厂支付违法解除劳动合同经济赔偿金 49300 元；五、驳回孙某的其他诉讼请求。

关于违法解除劳动合同经济赔偿金问题

二审法院认为，济阳造纸厂与孙某解除劳动关系的程序不当，属于违法解除劳动关系。参照原劳动部办公厅《关于通过新闻媒介通知职工回单位并对逾期不归者按自动离职或旷工处理问题的复函》的规定："企业通知请假、放长假、长期病休职工在规定时间内回单位报到或办理有关手续，应遵循对职工负责的原则，以书面形式直接送达职工本人；本人不在的，交其同住成年亲属签收。

直接送达有困难的可以邮寄送达，以挂号查询回执上注明的收件日期为送达日期。只有在受送达职工下落不明，或者用上述送达方式无法送达的情况下，方可公告送达，即张贴公告或通过新闻媒介通知。自发出公告之日起，经过三十日，即视为送达。在此基础上，企业方可对旷工和违反规定的职工按上述法规做除名处理。能用直接送达或邮寄送达而未用，直接采用公告方式送达，视为无效。"

本案中，济阳造纸厂掌握孙某的电话等联系方式，可以电话通知、邮寄送达或可到孙某家中直接送达，济阳造纸厂主张已经电话通知本人上班，但其并未提交证据予以证实，本院对其主张不予采信。济阳造纸厂在没有穷尽直接或者邮寄送达的情况下，直接采取了公告送达，应认定其公告送达行为不合法律规定，属于违法解除劳动合同。

【争议焦点解读】

上述案例中一审法院和二审法院关于劳动关系解除的认定，笔者认为均存在不恰当之处。具体体现在：

一审法院认为，孙某逾期未报到，作为自动离职处理，双方劳动关系解除。这种观点是不符合法律规定的。根据《劳动合同法》的有关规定，用人单位和劳动者解除劳动关系必须满足法定事由，但目前的法定事由并不包括自动离职。同时纵观全案，济阳造纸厂和孙某均未作出解除劳动合同的意思表示。因此，笔者倾向认为，双方劳动关系尚未解除。

二审法院认为，济阳造纸厂在没有穷尽直接送达和邮寄送达的情况下，直接采取公告送达的方式通知孙某返岗上班，属于解除劳动合同的程序不当，进而认定济阳造纸厂解除劳动合同违法。这种观点也是不符合客观事实和法律规定的。首先，根据案情所述，济阳造纸厂采取公告送达的方式是通知孙某返岗上班，而非通知孙某解除劳动合同，即便程序不当，也不直接导致双方劳动关系解除，甚至导致济阳造纸厂解除劳动合同违法。同时纵观全案，济阳造纸厂和孙某均未作出解除劳动合同的意思表示，故笔者倾向认为，双方劳动关系尚未解除。

虽然案例的结论有待商榷，但案例中提到的公告送达问题，值得我们进一步探究，尤其对于用人单位来说。

一、用人单位能否直接公告送达解除劳动合同通知

这个问题在司法实践中存在争议。

第一种观点认为，一方面，《民法总则》第一百三十九条规定："以公告方式作出的意思表示，公告发布时生效。"可知，公告送达是一种法定的送达方式，一经发布即具有法律效力。另一方面，法律并无禁止用人单位直接公告送达解除劳动合同通知。因此，用人单位可以直接公告送达解除劳动合同通知。

第二种观点认为，法律对此虽无明确规定，但参照《民事诉讼法》第九十二条规定："受送达人下落不明，或者用本节规定的其他方式无法送达的，公告送达。自发出公告之日起，经过六十日，即视为送达。公告送达，应当在案卷中记明原因和经过。"以及《关于通过新闻媒介通知职工回单位并对逾期不归者按自动离职或旷工处理问题的复函》的规定可知，只有在用直接送达、邮寄送达等其他方式无法送达或劳动者下落不明的情况下，用人单位方能公告送达解除劳动合同通知。

目前，第二种观点是主流观点。值得注意的是，前述提到的《关于通过新闻媒介通知职工回单位并对逾期不归者按自动离职或旷工处理问题的复函》实际上已于2017年11月24日被宣布废止。但笔者查阅近两年的裁判文书发现，虽然该函已被废止，但大部分司法裁判机构仍在引用该函用以论述用人单位直接公告送达解除劳动合同通知违法问题。如乌兰浩特金源达重化工有限责任公司（下称金源达公司）与王某劳动争议纠纷一案［案号：（2018）内22民终1290号］中，二审法院认为，金源达公司在没有使用直接通知和邮寄通知的情况下，以公告方式与王某解除劳动合同，不符合《劳动部办公厅关于通过新闻媒介通知职工回单位并对逾期不归者按自动离职或旷工处理问题的复函》的规定。

对比上述两种观点，笔者认为，第二种观点更具有合理性。首先，公告送达最早出现于《民事诉讼法》中，其立法本意是在穷尽其他送达方式无法送达的或受送达人下落不明的情况下，方能公告送达。显然，公告送达应是送达的一种补充方式，是在迫不得已下的一种送达方式。其次，公告送达也是一种推定送达，实际操作中，受送达人极难获悉送达内容。如允许直接公告送达，则容易导致公告送达的滥用，进而损害受送达人的各项权益，如本案中，员工处于待岗状态，用人单位通过公告送达的方式通知员工返岗上班，员工是极难获悉返岗上班通知的，也就无法返岗上班，最终被用人单位定性为"自动离职"。

二、用人单位违法公告送达解除劳动合同通知的法律后果

这个问题在司法实践中也存在争议。

第一种观点认为，参照《关于通过新闻媒介通知职工回单位并对逾期不归者按自动离职或旷工处理问题的复函》的规定，用人单位能用直接送达或邮寄送达而未用，直接采用公告方式送达解除劳动合同通知的，解除劳动合同通知行为无效，双方劳动关系尚未解除。

如山东安厦水泥集团有限公司（下称安厦公司）与吴某劳动争议纠纷一案[案号：（2018）鲁04民终2489号]中，二审法院认为，安厦公司于2001年作出对吴某解除劳动关系的决定，虽在枣庄日报新生活晨刊发布通告，但其未提供证据证明该决定通过直接送达和邮寄送达方式都无法送达吴某，送达程序不符合法律规定，故安厦公司作出的对吴某解除劳动关系的处理决定对吴某不产生法律效力，一审法院确认吴某与安厦公司之间自1998年5月1日至2008年12月18日存在劳动关系并无不当，本院予以支持。

第二种观点认为，用人单位能用直接送达或邮寄送达而未用，直接采用公告送达方式送达解除劳动合同通知的，解除劳动合同通知行为无效，但因公告送达行为违法，故构成违法解除劳动合同。

如中国银行股份有限公司衡水分行（下称中国银行衡水分行）与陈某劳动争议纠纷一案[（2019）冀11民终505号]中，二审法院认为，参照劳动部办公厅《关于通过新闻媒介通知职工回单位并对逾期不归者按自动离职或旷工处理问题的复函》的规定，中国银行衡水分行在未采用直接送达或者邮寄送达的情况下，直接采用公告送达，不发生法律效力。中国银行衡水分行主张陈某长期旷工，给单位造成不良社会影响并予以辞退的处理决定，缺乏事实和法律依据，且直接采取公告送达的方式不合法，故不予支持。

笔者倾向于认为，用人单位能用直接送达或邮寄送达而未用，直接采用公告送达方式送达解除劳动合同通知的，属于程序不当，与规章制度未经民主程序、公示程序或解除劳动合同前未通知工会类似，相对应的法律后果应是违法解除劳动合同。

【实务指引】

由上可知，用人单位直接公告送达解除劳动合同通知的，将可能导致劳动关系尚未解除或违法解除的不利后果。因此，用人单位必须重视并掌握送达解除劳动合同通知的有效方式。对此，笔者有如下建议：

一、与员工书面确认多种联系方式

员工入职时或入职后，建议用人单位在劳动合同或入职登记表等文件中与员工书面确认联系方式（如员工及紧急联系人的联系地址、联系电话、个人邮箱、微信号、QQ号等）。

需要提醒注意的是：1.不要将用人单位所在地或员工实际工作地点设置为联系地址；2.不要将员工的工作电话（如座机、办公号码）设置为联系电话。避免发生纠纷时，存在送达瑕疵或无法送达。

二、与员工书面约定有效的送达方式

员工入职时或入职后，建议用人单位在劳动合同或入职登记表等文件中与员工书面约定有效的送达方式，如约定"用人单位在本合同履行过程中发出或者提供的所有通知、文件、文书、资料等，均可以本合同所列明的员工（含紧急状态联系人）的联系方式送达。员工（含紧急状态联系人）如果变更联系方式，员工应当及时书面通知用人单位，员工未履行通知义务的，用人单位按原联系方式送达相关材料的即视为已履行送达义务"。

三、选择正确的方式送达解除劳动合同通知

用人单位与员工解除劳动合同时，建议的送达方式依次如下：

1.直接送达。用人单位如能当面送达解除劳动通知的，应当面送达员工，但要做好签收工作（即让员工签字确认已收悉并同意解除劳动合同）以及录音录像工作（即通过录音、录像等方式把用人单位当面送达解除劳动合同通知的过程记录下来，以防当面送达时，员工拒绝签收）。一般建议用人单位直接在解除劳动合同通知下方附上签收回执，并出具两份解除劳动合同通知原件，一份原件给员工，另一份原件让员工在签收回执上签字确认并由专人保管好。

2.邮寄送达。如员工拒绝当面签收或无法当面签收的，用人单位应向员工邮寄送达解除劳动合同通知。具体注意事项如下：(1)使用EMS邮寄。(2)按照双

方确认的联系地址、联系电话邮寄。(3)在 EMS 单的"内件品名"上应当注明邮寄的内容,如"《解除劳动合同通知(因严重违纪于××××年××月××日解除)》"。(4)在 EMS 单的"备注"上建议注明"必须本人签收"。(5)邮寄前将 EMS 单拍照留底。(6)关注邮寄进度,如邮寄成功,向邮局申请开具妥投证明并保管好妥投证明和 EMS 单;如员工拒收的,联系邮局要求注明"员工拒收"并申请开具妥投证明,退回的 EMS 件切勿拆开并保管好;如无法联系交付的,重新邮寄解除劳动合同通知。

3. 电子送达。如上述送达方式均无法送达的,用人单位应按照员工确认的联系方式采用短信、邮件、微信、QQ、电话等方式送达,一经发出后保管好原始载体,如手机、邮件、微信聊天记录、QQ 聊天记录、电话录音等。如有仲裁诉讼,后续还需进行公证,固定证据的真实性,或者在送达时,进行公证。

4. 公告送达。在穷尽一切手段无法送达时,用人单位应选择正规且覆盖面广的报刊(如全国性报刊或省级报刊)刊登解除劳动合同通知。

以上送达方式,从举证难易程度以及证明力大小角度考虑,直接送达最优,邮寄送达次优,电子送达第三,公告送达最末。

30 用人单位拒不开具离职证明,员工能否主张赔偿损失?

【核心观点】

根据法律规定,开具离职证明是用人单位的法定义务,用人单位不得以员工未办理离职交接为由拒开离职证明,如拒开离职证明给员工造成损失的,员工有权要求用人单位赔偿损失。

【案情简介】

张某于 2011 年 5 月 4 日入职北京高朋团科技有限责任公司(以下简称高朋公司),担任法律顾问,工资标准每月 16000 元,打卡支付,双方签订了期限为

2011年5月4日至2014年5月3日的劳动合同。

高朋公司主张双方劳动合同系到期解除。关于劳动关系解除，张某主张2014年5月5日，高朋公司以劳动合同到期为由口头与其解除劳动合同，系违法解除。

张某主张因高朋公司未给其开具离职证明导致其无法找新工作，张某据此提交了2014年4月25日其去北京协力友联科技发展有限公司应聘的录用通知书，显示："张某，您好！恭喜您已通过面试，现通知您已被公司正式录用，担任法律顾问职位，薪资福利约定试用期薪资22000元／月，转正后基本薪资22000元／月。"

张某提交了北京协力友联科技发展有限公司与张某签订的期限为2014年5月7日至2017年5月6日的劳动合同，以及北京协力友联科技发展有限公司向张某发送的解除劳动合同通知书，显示："您好，由于您未能按照双方约定及时向本公司提供'与原工作单位终止劳动合同的证明（即离职证明）原件'，根据《劳动合同法》以及双方签订的《劳动合同》等相关规定，公司正式通知与您解除劳动合同。您最后的工作日期截止到2014年5月30日，请您于该日期前办理好工作交接手续及各项离职手续。基本工资的结算标准按劳动合同签订工资结算。"

张某还提交了北京讯邮文化发展有限责任公司出具的员工录用通知书及不予签订劳动合同通知书，员工录用通知书显示："尊敬的张某女士，很高兴地通知您，您已被我公司录用。您的职位为：高级法律顾问，税前月度总薪酬为22000元。在此对您的加盟表示欢迎，并请您于2014年8月4日早9时来公司报到。"不予签订劳动合同通知书显示："尊敬的张某女士，非常抱歉地通知您，因您未能在约定期限内提供原单位的离职证明原件，依据给您发出的《员工录用通知书》及公司有关规定，我公司将不能与您签订正式的劳动合同及为您办理入职手续。鉴于您的学识、资历给我们留下了深刻的印象，我们建议您在准备齐全我公司需要的入职文件后，可再次与我们联系，如届时仍有工作机会，我们即当优先考虑。"

高朋公司对上述证据的真实性均不予认可。高朋公司主张因张某未办理离职交接，故未给其开具离职证明。

一审法院向北京协力友联科技发展有限公司调查张某面试及录用情况，北京协力友联科技发展有限公司给该院回函，内容为："我公司曾于2014年4月25日向被查询人张某（身份证号码×××）发出《录用通知书》（有效期为30日），并于2014年5月7日与其签订固定期限劳动合同（期限自2014年5月7日起至2017年5月6日止），任命其担任'法律顾问'岗位，月工资为22000元……后因张某未能在期限内向本公司提供'与原工作单位终止劳动合同的证明（即离职证明）原件'，我公司于2014年5月27日向其发出《解除劳动合同通知书》，双方劳动关系于2014年5月30日解除。"

一审法院依法调取张某社会保险缴费记录显示：高朋公司为张某缴纳2014年1月至2014年4月的社会保险，2014年6月至2015年2月社会保险由西城区人才交流服务中心社会保险代理处缴纳。高朋公司认可到目前为止未为张某开具解除劳动合同证明，称因解除劳动合同证明时间、理由均不确定故无法开具。

2014年9月29日，张某以高朋公司为被申请人向朝阳仲裁委申请劳动仲裁，2014年10月11日，朝阳仲裁委作出京朝劳仲不字（2014）第01705号不予受理通知书，对张某的请求决定不予受理。张某不服诉至一审法院：要求高朋公司依照每月22000元的标准，自2014年5月31日起至2014年11月5日，向张某支付损害赔偿金113034.48元。

【裁判结果】

一审判决结果[案号：（2014）朝民初字第43042号]：

一、判决高朋公司向张某支付未出具解除劳动合同证明造成的损失40000元；二、驳回张某的其他诉讼请求。

关于用人单位未出具解除劳动合同证明，员工能否主张损失赔偿问题

一审法院认为：根据《劳动合同法》第五十条第一款规定："用人单位应当在解除或者终止劳动合同时出具解除或者终止劳动合同的证明，并在十五日内为劳动者办理档案和社会保险关系转移手续。"第八十九条规定："用人单位违反本法规定未向劳动者出具解除或者终止劳动合同的书面证明，由劳动行政部门责令改正；给劳动者造成损害的，应当承担赔偿责任。"

本案中，高朋公司认可到目前为止尚未给张某开具解除劳动合同证明。就未开具解除劳动合同证明给其造成的损失，张某提交了北京协力友联科技发展有限公司及北京讯邮文化发展有限责任公司出具的不予签订劳动合同通知书及解除劳动合同通知书等。法院亦依法向北京协力友联科技发展有限公司核实相关情况，可以证明高朋公司未给张某出具解除劳动合同证明确实给张某造成了一定的损失，张某的社会保险缴费记录亦显示张某从高朋公司离职后一直未有新的单位给其缴纳社会保险，故该院对张某关于高朋公司未给其开具解除劳动合同证明给其造成损失的主张予以采信。一审法院综合考虑案件情况酌情判定高朋公司支付张某未出具解除劳动合同证明造成的损失。

二审判决结果〔案号：（2015）三中民终字第09820号〕：
驳回上诉，维持原判。

关于用人单位未出具解除劳动合同证明，员工能否主张赔偿损失问题

二审法院认为：根据《劳动合同法》第五十条第一款规定："用人单位应当在解除或者终止劳动合同时出具解除或者终止劳动合同的证明，并在十五日内为劳动者办理档案和社会保险关系转移手续。"第八十九条规定："用人单位违反本法规定未向劳动者出具解除或者终止劳动合同的书面证明，由劳动行政部门责令改正；给劳动者造成损害的，应当承担赔偿责任。"

本案中，高朋公司认可其到一审诉讼终结前未给张某开具解除劳动合同证明，而张某提交的证据足以证明其因此产生了损失，则高朋公司应赔偿张某产生的损失。但张某主张的损失并非实际的、确定的、必然的损失，结合全案案情，考虑到双方的过错程度，一审法院酌情判定高朋公司支付张某未出具解除劳动合同证明造成的损失，并无不当。

【争议焦点解读】

一、用人单位应当开具离职证明的法律依据

《劳动合同法》第五十条第一款规定："用人单位应当在解除或者终止劳动合同时出具解除或者终止劳动合同的证明，并在十五日内为劳动者办理档案和社会保险关系转移手续。"

《劳务派遣暂行规定》第八条规定："劳务派遣单位应当对被派遣劳动者履

行下列义务:(一)如实告知被派遣劳动者劳动合同法第八条规定的事项、应遵守的规章制度以及劳务派遣协议的内容;(二)建立培训制度,对被派遣劳动者进行上岗知识、安全教育培训;(三)按照国家规定和劳务派遣协议约定,依法支付被派遣劳动者的劳动报酬和相关待遇;(四)按照国家规定和劳务派遣协议约定,依法为被派遣劳动者缴纳社会保险费,并办理社会保险相关手续;(五)督促用工单位依法为被派遣劳动者提供劳动保护和劳动安全卫生条件;(六)依法出具解除或者终止劳动合同的证明;(七)协助处理被派遣劳动者与用工单位的纠纷;(八)法律、法规和规章规定的其他事项。"

《社会保险法》第五十条规定:"用人单位应当及时为失业人员出具终止或者解除劳动关系的证明,并将失业人员的名单自终止或者解除劳动关系之日起十五日内告知社会保险经办机构。失业人员应当持本单位为其出具的终止或者解除劳动关系的证明,及时到指定的公共就业服务机构办理失业登记。失业人员凭失业登记证明和个人身份证明,到社会保险经办机构办理领取失业保险金的手续。失业保险金领取期限自办理失业登记之日起计算。"

二、员工未办理离职交接,用人单位能否拒不开具离职证明

根据前述法律规定可知,用人单位应当在"解除或者终止劳动合同时"开具离职证明,并无任何前置性条件,如员工需办理完毕工作交接、离职手续等。因此,如前述案例,用人单位不能以员工未办理离职交接作为不开具离职证明的抗辩理由。

三、用人单位拒不开具离职证明的法律后果

《社会保险法》第八十五条规定:"用人单位拒不出具终止或者解除劳动关系证明的,依照《中华人民共和国劳动合同法》的规定处理。"

《劳动合同法》第八十九条规定:"用人单位违反本法规定未向劳动者出具解除或者终止劳动合同的书面证明,由劳动行政部门责令改正;给劳动者造成损害的,应当承担赔偿责任。"

《实施〈中华人民共和国社会保险法〉若干规定》第十九条规定:"用人单位在终止或者解除劳动合同时拒不向职工出具终止或者解除劳动关系证明,导致职工无法享受社会保险待遇的,用人单位应当依法承担赔偿责任。"

《社会保险法实施细则》第十九条规定:"用人单位在终止或者解除劳动合

同时拒不向职工出具终止或者解除劳动关系证明，导致职工无法享受社会保险待遇的，用人单位应当依法承担赔偿责任。"

对于劳动者来说，离职证明主要有两种用途：一是入职新单位时需要提供；二是申领失业保险金时需要提供。实践中，如果用人单位拒不开具或未及时开具离职证明，容易导致员工无法重新就业或无法申领失业保险金。员工一旦无法重新就业或无法申领失业保险金，则一般会申请劳动仲裁，要求用人单位赔偿损失。

四、用人单位拒不开具离职证明给员工造成损失的举证责任

《最高人民法院关于民事诉讼证据的若干规定》第二条规定："当事人对自己提出的诉讼请求所依据的事实或者反驳对方诉讼请求所依据的事实有责任提供证据加以证明。没有证据或者证据不足以证明当事人的事实主张的，由负有举证责任的当事人承担不利后果。"

根据上述举证规则可知，用人单位拒不开具离职证明，员工主张损失赔偿，应举证证明损失的实际存在以及具体金额，且举证证明损失的产生与用人单位拒不开具离职证明具有因果关系。

司法实践中也是持这种观点，如肖某与启迪协信（天津南开）科技城开发有限公司劳动争议案件［一审案号为（2018）京0108民初36908号、二审案号为（2019）京01民终4343号］，一审法院认为，肖某要求启迪协信公司支付因未开具解除劳动合同证明造成的损失，应当对启迪协信公司存在过错，该过错与其无法就业有直接因果关系，以及因此所造成经济损失的具体数额负有举证责任。现肖某未就启迪协信公司未及时开具离职证明的行为与其未就业之间的因果关系，以及该行为所造成经济损失的具体数额进行充分举证，应就此承担举证不能的不利后果，故法院对其要求启迪协信公司支付未及时开具离职证明造成经济损失的请求，不予支持。二审法院认为，肖某并未就启迪协信公司未及时开具离职证明与肖某主张的损失之间具有因果关系提交有效证据予以证明，故对其赔偿请求不予支持。

【实务指引】

根据上述法律规定可知，用人单位应当在"解除或者终止劳动合同时"开具离职证明。实践中，开具离职证明，用人单位应当注意以下几点：

第一，建议向员工送达解除/终止劳动合同通知书时一并送达离职证明。

第二，最好当面送达离职证明并让员工书面签收确认。如员工无法当面领取离职证明或拒不领取离职证明，则建议使用 EMS 邮寄送达离职证明，邮寄时注明文件名称为"离职证明"，邮寄成功后向邮局申请开具妥投证明。

第三，保管好员工书面签收确认的文件或邮局开具的妥投证明，以备不时之需。

第四，如前所述，员工拒不办理离职交接，用人单位无权拒绝开具离职证明。但实践中，有些用人单位可能会在开具离职证明时注明"员工尚未配合办理完毕离职交接"等。从管理角度考虑，上述操作对员工具有一定约束力，有助于员工积极配合办理离职交接。但从法律角度考虑，上述操作是否为法律所允许，实践中存在较大争议。因此，建议用人单位慎用，或在使用上述操作之前先行研究用人单位所在地和劳动合同履行地的司法实践和审判指导意见，避免出现违法风险及不利后果，如已开具离职证明，但仍需赔偿损失。

31 用人单位能否在离职证明中注明与员工存在劳动争议？

【核心观点】

用人单位在离职证明中载明"与公司存有劳动争议"，因法律对离职证明的开具并无禁止性规定，加之"与公司存有劳动争议"属客观事实，员工要求用人单位重新开具离职证明于法无据。

【案情简介】

宋某与北京派得伟业科技发展有限公司（以下简称派得伟业公司）确认 2016 年 8 月 15 日至 2017 年 12 月 20 日双方存在劳动关系，宋某的工作岗位为种植技术员。

派得伟业公司已为宋某开具《劳动关系解除证明》，内容为"宋某身份证号×××，自2016年8月15日起至2018年8月13日止为派得伟业公司的员工，于2017年12月20日与公司正式解除劳动关系，与公司存在劳动争议，特此证明！此证明一式两份，劳动关系解除人员和公司各保留一份"，本人签字处显示"宋某"字样，下方显示加盖派得伟业公司公章。

宋某曾以要求派得伟业公司赔偿其迟延开具离职证明导致的2017年12月21日至2018年3月15日的误工损失、为其补缴2017年12月20日至2018年3月15日社会保险与住房公积金为由提起仲裁、诉讼程序，2018年5月23日北京市海淀区人民法院作出（2018）京0108民初17309号民事判决书，驳回了宋某的全部诉讼请求。

2018年4月27日宋某以要求派得伟业公司重新开具符合相关法律规定格式的离职证明，同时声明原离职证明无效、赔偿其自2018年3月16日至重新开具离职证明之日的误工损失、赔偿其此期间的社会保险、公积金费用为由，向北京市海淀区劳动人事争议仲裁委员会提出申请，该委作出京海劳人仲审字〔18〕第379号不予受理案件通知书，决定不予受理。

宋某不服该决定，于法定期限内向北京市海淀区人民法院提起诉讼，请求：1.派得伟业公司重新为宋某开具符合相关法律规定格式的离职证明，同时声明原离职证明无效。2.派得伟业公司赔偿宋某自2018年3月16日至重新开具离职证明之日的误工损失（赔偿标准按每月6600元计算）。3.派得伟业公司全额赔偿宋某2018年3月16日至重新开具离职证明之日的社会保险与住房公积金费用（标准按每月1068.6元计算）。

【裁判结果】

一审判决结果［案号：（2018）京0108民初26909号］：
驳回宋某的全部诉讼请求。

关于派得伟业公司是否需要重新为宋某开具符合相关法律规定格式的离职证明问题

一审法院认为，宋某主张派得伟业公司重新为其开具符合相关法律规定格式的离职证明，并声明原离职证明无效的原因为，派得伟业公司已为其开具的《劳动关系解除证明》中载明的"与公司存有劳动争议",不符合《劳动合同法实施条例》第二十四条的规定。就此法院认为,《劳动合同法实施条例》第二十四条规定:"用人单位出具的解除、终止劳动合同的证明,应当写明劳动合同期限、解除或者终止劳动合同的日期、工作岗位、在本单位的工作年限。"上述规定并非禁止性规定,在宋某与派得伟业公司彼时存有劳动争议确属客观事实时,宋某以此为由要求派得伟业公司重新为其开具符合相关法律规定格式的离职证明、并声明原离职证明无效的请求缺乏依据,法院对其该项请求不予支持。

二审判决结果[案号:(2018)京01民终9469号]:
驳回上诉,维持原判。

关于派得伟业公司是否需要重新为宋某开具符合相关法律规定格式的离职证明问题

二审法院认为,派得伟业公司向宋某出具的《劳动关系解除证明》载明了劳动合同期限、解除或者终止劳动合同的日期、工作岗位、在本单位的工作年限等内容,符合《劳动合同法实施条例》第二十四条的规定。宋某主张证明中所载"与公司存有劳动争议"不符合上述法律规定,但第二十四条并未就用人单位开具劳动关系解除证明的内容进行禁止性规定。且本院认为,"劳动争议"不仅指进入仲裁或诉讼程序的劳动争议,宋某于离职后提起以派得伟业公司为被申请人、以加班费等为请求事项的劳动争议仲裁申请反证了双方劳动关系解除时确存在劳动争议。故宋某要求派得伟业公司重新为其开具符合相关法律规定格式的离职证明,并声明原离职证明无效的请求,缺乏事实和法律依据。

【争议焦点解读】

实践中,离职证明一般用于申领失业保险待遇以及办理入职手续,过去经常发生的纠纷是用人单位拒绝或拖延开具离职证明,劳动者与用人单位协商无果后,申请劳动仲裁要求用人单位开具离职证明,并要求用人单位赔偿失业保险金损失或就业损失等。

近几年来,随着劳动者维权意识以及用人单位法律意识的增强,用人单位拒绝或拖延开具离职证明的现象减少，但与此同时，劳动者开始关注离职证明中记载的内容。对于离职证明的内容，法律规定甚少，仅有《劳动合同法实施条例》第二十四条规定，离职证明应写明劳动合同期限、解除或者终止劳动合同的日期、工作岗位以及在本单位的工作年限。除此之外，法律对离职证明的开具并无进一步的规定。在此情况下，用人单位和劳动者容易就离职证明中记载的内容发生争议，劳动者申请劳动仲裁要求用人单位重新开具离职证明的纠纷也日渐增多。

实践中，因劳动者不同意离职证明记载的内容并要求用人单位重新开具离职证明的案件不少，但观点截然不同。

一种观点认为，法律对离职证明记载的内容并无禁止性规定，用人单位在离职证明中记载的内容属实的，劳动者要求用人单位重新开具离职证明于法无据。

如前述案例中，劳动者认为用人单位在离职证明中载明"与公司存在劳动争议"不符合法律规定，要求用人单位重新开具离职证明。一审法院和二审法院均认为，因法律对离职证明的开具并无禁止性规定，加之"与公司存有劳动争议"属客观事实，故劳动者要求用人单位重新开具离职证明于法无据。

另一种观点认为，法律对离职证明记载的内容有明确规定，仅限于记载劳动合同期限、解除或终止劳动关系日期、工作岗位以及在本单位的工作年限。因此，离职证明上记载的内容超出前述范围的，不符合法律规定，劳动者有权要求用人单位重新开具离职证明。

如陈某贤与汇丰环球客户服务（广东）有限公司（以下简称汇丰公司）劳动争议纠纷案件［二审案号为（2017）粤01民终9895号］，陈某贤主张，汇丰公司出具的《离职证明》中载明的解除劳动合同原因为陈某贤严重违反公司规章制度，与事实不符，且不符合离职证明的法定条件，汇丰公司应重新向其开具离职证明。二审法院认为，根据《劳动合同法实施条例》第二十四条规定，用人单位出具解除或终止劳动合同证，仅限于写明劳动合同期限、解除或终止劳动关系日期、工作岗位以及在本单位的工作年限，并未包括解除劳动关系的原因或设计劳动者能力、品行等情况的描述。汇丰公司向陈某贤出具的《离职证明》载明双方劳动关系解除原因不符合上述规定，汇丰公司应严格按照上述条文的规定向陈某贤重新出具劳动合同解除的证明。

如江某与中国大酒店劳动争议纠纷案件[二审案号为（2018）粤01民终14607号]，江某主张，中国大酒店应向其重新开具解除劳动关系证明，写明劳动关系存续期间、职务、岗位，不写解除劳动关系原因。二审法院认为，关于江某请求中国大酒店重新为其出具解除劳动关系证明的问题，《劳动合同法》第五十条第一款的规定："用人单位应当在解除或者终止劳动合同时出具解除或者终止劳动合同的证明，并在十五日内为劳动者办理档案和社会保险关系转移手续。"《劳动合同法实施条例》第二十四条规定："用人单位出具的解除、终止劳动合同的证明，应当写明劳动合同期限、解除或者终止劳动合同的日期、工作岗位、在本单位的工作年限。"审查中国大酒店为江某开具的《离店证明》与《解除（终止）劳动关系证明书》，内容与形式均不符合上述规定的要求，应当重新出具。一则，《离店证明》为中国大酒店人力资源部出具，且仅用于离店使用，不属于前引法律、法规要求用人单位应当开具的解除劳动关系证明。二则，《解除（终止）劳动关系证明书》应当依据《劳动合同法实施条例》第二十四条的规定，以中国大酒店的名义出具，写明劳动合同期限、解除或者终止劳动合同的日期、工作岗位、在本单位的工作年限，而无须写明双方解除劳动关系的原因。同时，《解除（终止）劳动关系证明书》应当加盖中国大酒店的完整印章。据此，江某请求中国大酒店为其重新出具解除劳动关系证明符合法律规定，中国大酒店应当按照上述要求重新为江某出具解除劳动关系证明。

笔者认为，第一种观点更具有合理性。《劳动合同法实施条例》第二十四条规定的是离职证明应当记载的内容，但并未规定离职证明禁止记载的内容，根据法无禁止即自由的基本原则，用人单位有权在离职证明上客观地记载与劳动合同解除或终止相关的内容，如离职原因等。且实践中，劳动者申领失业保险金时，也需出示离职证明，用以证明非因本人意愿中断就业，符合领取失业保险金的条件。

【实务指引】

如前所述，离职证明未及时或未正确开具，容易引发劳动争议纠纷，甚至导致用人单位承担不利后果，如失业保险待遇损失、就业损失等。因此，用人单位应当重视离职证明的开具。对此，笔者有如下建议：

用人单位应当在解除或终止劳动合同时一并出具离职证明。

离职证明记载的内容建议仅限于劳动合同期限、解除或终止劳动关系日期、工作岗位以及在本单位的工作年限。如确实需要记载其他内容，则建议记载的内容与劳动合同解除或终止相关且属实。

32 员工离职前未正常出勤，经济补偿金的计算基数如何确定？

【核心观点】

司法实践中，员工离职前未正常出勤，经济补偿金的计算基数应为劳动合同解除或者终止前劳动者正常工作状态下十二个月的平均工资，不包括医疗期等非正常工作期间。

【案情简介】

2012年9月18日，刘某到内蒙古新长江矿业投资有限公司（以下简称新长江公司）工作，双方签订了《劳动合同书》，约定：合同期限为一年，自2012年9月18日起至2013年9月17日止，岗位为总工办主任，具体工作为组织项目技术管理及生产设备改造和技术革新，工作地点管委会，试用期满月工资为12500元。合同第8页有劳动合同续延的约定：经双方协商同意，对2012年9月18日签订的劳动合同续延期限自2013年9月18日起至2014年9月18日止，续延时间至2013年9月18日。刘某提供的合同中第9页劳动合同续延部分只有劳动者刘某签字，其他内容为空白。新长江公司提供的劳动合同中第9页劳动合同续延部分，将期限续延至2015年9月18日，并有用人单位新长江公司印章和劳动者刘某的签字。

刘某提供了2015年1月到2016年8月的工资表，称是从公司财务部门复印的，其中刘某的月工资为10987.4元，发到2015年2月，之后的工资未发放。新长江公司对2015年9月之前的工资表认可，对工资数额也认可，工资发到 2015 年 2 月，但 2015 年 9 月之后双方的劳动关系解除了，刘某也没有在公司上班。刘某陈述其在新长江公司工作到 2016 年 12 月，2017 年开始打官司就没去上班，刘某于 2017 年 5 月提出了辞职申请，但双方的劳动关系一直未解除。新长江公司对刘某陈述的辞职情况不认可，并提供了（2015）达刑初字 178 号刑事判决书，证明刘某于 2015 年 4 月 19 日因醉酒驾驶机动车被达拉特旗人民法院判处拘役一个月，从那时起刘某就不在公司上班，公司也不可能再让刘某到公司上班。新长江公司提供了欠费停电通知书，证明新长江公司于 2013 年 11 月 26 日已经处于停产状态，公司工作人员都已经放假。

2016 年 12 月，刘某向达拉特旗劳动人事争议仲裁委提出劳动仲裁申请，请求新长江公司向刘某支付 2015 年至 2016 年 12 个月的工资 264427.2 元，并补缴 2013 年 1 月至 2016 年 12 月的养老保险 39849.6 元，2013 年 1 月至 2016 年 12 月的医疗保险 14232 元。

2016 年 12 月 26 日，达拉特旗劳动人事争议仲裁委员会做出达劳人仲字（2016）第 79 号调解协议书，内容为：由新长江公司于 2017 年 2 月 28 日前按照工资表核定数额支付刘某工资，并为申请人补缴 2013 年 1 月至 2016 年 12 月的养老保险和医疗保险，如不按期履行，可向法院申请强制执行。

2017 年 8 月 8 日，刘某又以新长江公司没与刘某订立劳动合同为由，向达拉特旗劳动人事争议仲裁委员会提出劳动仲裁申请，请求支付 2015 年 1 月至 2017 年 5 月工资的二倍补偿金 639032.4 元及经济补偿 55089 元。

达拉特旗劳动人事争议仲裁委员会于 2017 年 9 月 25 日做出达劳人仲字（2017）第 106 号仲裁裁决书，裁决由新长江支付刘某经济补偿金 49580.1 元。

后刘某不服仲裁裁决提起本案诉讼，请求：1. 判令新长江公司向刘某支付 2015 年 1 月至 2017 年 5 月工资的二倍补偿金合计 639032.4 元（11017.8 元 ×29 个月 ×2 倍）；2. 判令新长江公司向刘某支付经济补偿金 55089 元（11017.8 元 ×5）；3. 诉讼费用由新长江公司承担。

【裁判结果】

一审判决结果[案号:（2017）内 0621 民初 4391 号]：

一、新长江公司应向刘某支付经济补偿金 49443.3 元；二、驳回刘某的其他诉讼请求；三、案件受理费 10 元由新长江公司负担。

关于经济补偿金的计算问题

一审法院认为，根据《劳动法》的规定，新长江公司应向刘某支付经济补偿金。经济补偿金按刘某在新长江公司工作的年限，从 2012 年 9 月 18 日至 2016 年 12 月，应支付 4.5 个月的工资，月工资是劳动合同终止前 12 个月的平均工资，从刘某提供的工资卡明细和新长江公司认可的工资表中显示，刘某在劳动合同终止前 12 个月的平均工资为 10987.4 元，故新长江公司应向刘某支付经济补偿金 49443.3 元（10987.4 元 ×4.5 个月）。

二审判决结果 [案号：（2018）内 06 民终 1198 号]：

一、撤销原审判决第一项（即新长江公司应向刘某支付经济补偿金 49443.3 元）和第二项（即驳回刘某的其他诉讼请求）；二、新长江公司应向刘某支付 2017 年 1 月至 2017 年 5 月的欠发工资 6560 元；三、新长江公司应向刘某支付二倍工资差额 1836.8 元。四、新长江公司应向刘某支付经济补偿金 55089 元。五、驳回刘某的其他诉讼请求。六、一审案件受理费 10 元和二审案件受理费 20 元均由新长江公司负担。

关于经济补偿金计算问题

二审法院认为，因新长江公司 2015 年 3 月至 2017 年 5 月存在欠付刘某工资事实，故本院对刘某的该项请求予以支持，关于解除前 12 个月月平均工资的数额。《内蒙古自治区高级人民法院、内蒙古自治区劳动人事仲裁委员会关于劳动人事争议案件适用法律若干问题的指导意见》第十七条规定："《劳动合同法》第四十七条第三款规定的'本条所称月工资是指劳动者在劳动合同解除或者终止前十二个月的平均工资'中对月工资的理解？月工资应为劳动合同解除或者终止前劳动者正常工作状态下十二个月的平均工资，不包括医疗期等非正常工作期间。"因刘某正常工作状态下的应发工资数额为 12500 元，其主张按 11017.8 元计算本院予以支持，则新长江公司需向刘某支付经济补偿金的数额为 55089 元（11017.8 月 × 5 个月）。

【争议焦点解读】

实践中，经济补偿金的计算是用人单位和劳动者都十分关心的问题，也是争议最多的问题。如员工离职前非正常出勤，经济补偿金的计算基数如何确定？

前述案例中，二审法院提到，经济补偿金的计算基数应为劳动合同解除或者终止前劳动者正常工作状态下十二个月的平均工资，不包括医疗期等非正常工作期间。而经济补偿金的计算基数的统计区间是否包括医疗期等非正常工作期间的工资，实践中是颇具争议的，各地审判实践各不相同。

第一种观点认为，经济补偿金的计算基数的统计区间包括医疗期等非正常工作期间。具体理由如下：

一方面，《劳动合同法》第四十七条对经济补偿金的计算基数进行了明确，即经济补偿金的计算基数的统计取件为劳动者在劳动合同解除或者终止前十二个月。此处并未区分正常工作期间和非正常工作期间。

另一方面，《劳动合同法实施条例》第二十七条对经济补偿金的计算基数又进行了进一步的明确，即经济补偿金的计算基数按照劳动者应得工资计算，包括计时工资或者计件工资以及奖金、津贴和补贴等货币性收入。劳动者在劳动合同解除或者终止前十二个月的平均工资低于当地最低工资标准的，按照当地最低工资标准计算。劳动者工作不满十二个月的，按照实际工作的月数计算平均工资。此处同样并未区分正常工作期间和非正常工作期间。相反，"低于当地最低工资标准的，按照当地最低工资标准计算"的表述侧面说明经济补偿金的计算基数的统计区间包括医疗期等非正常工作期间，因为有些地区的病假工资是可以低于当地最低工资标准的，如广东省规定病假工资不得低于当地最低工资标准的80%。

目前，部分地区的部分司法裁判机构是支持第一种观点的。如宜宾市（2019）川15民终797号民事判决中二审法院认为，本案的争议焦点在于计算张某奎经济补偿金的基数应当以其正常工作期间前十二个月的月平均工资为标准，还是双方解除劳动合同前十二个月的月平均工资为标准。根据《劳动合同法》第四十七条第三款"本条所称月工资是指劳动者在劳动合同解除或者终止前十二个月的平均工资"的规定，经济补偿金按照劳动者解除劳动合同前十二个月的月平均工资计算是法律明确规定，故应当以劳动合同解除前十二个月的月平均工资1380元为基数计算张某奎的经济补偿金。

第二种观点认为，经济补偿金的计算基数的统计区间不包括医疗期等非正常工作期间。具体理由如下：

一方面，《劳动合同法》第一条即明确了劳动合同法的立法本意是保护劳动者的合法权益。另一方面，经济补偿金的立法初衷应系用人单位与劳动者解除或终止劳动关系后，用人单位为弥补劳动者损失或基于用人单位所承担的社会责任而给予劳动者的经济上的补偿。

因此，经济补偿金的计算基数按照劳动合同解除或者终止前劳动者正常工作状态下十二个月的平均工资计算，更加符合劳动合同法的立法目的，也更加符合经济补偿金的立法初衷。

目前，明确支持第二种观点的地区主要有：

1. 如《内蒙古自治区高级人民法院、内蒙古自治区劳动人事争议仲裁委员会关于劳动人事争议案件适用法律若干问题的指导意见》(内高法〔2015〕193号)第十七条明确规定："《劳动合同法》第四十七条第三款规定的'本条所称月工资是指劳动者在劳动合同解除或者终止前十二个月的平均工资'中对月工资的理解？月工资应为劳动合同解除或者终止前劳动者正常工作状态下十二个月的平均工资，不包括医疗期等非正常工作期间。"

2. 如《浙江省高级人民法院民事审判第一庭、浙江省劳动人事争议仲裁院关于审理劳动争议案件若干问题的解答(二)》第十一条明确规定："劳动者解除或者终止劳动合同前十二个月包含医疗期等非正常工作期间，且在该期间内用人单位未支付正常工作工资的，经济补偿基数应如何确定？答：《劳动合同法》第四十七条第三款规定的'本条所称月工资是指劳动者在劳动合同解除或者终止前十二个月的平均工资'，应理解为劳动合同解除或者终止前劳动者正常工作状态下十二个月的平均工资，不包括医疗期等非正常工作期间。"

3. 如《深圳市中级人民法院关于审理劳动争议案件的裁判指引》第九十七条明确规定："在计算经济补偿或赔偿金时，劳动者解除劳动合同前十二个月平均工资，除包括正常工作时间的工资外，还包括劳动者的加班工资。劳动者已领取的年终奖或年终双薪，计入合同基数时应按每年十二个月平均分摊。用人单位因未在用工之日起一个月内签订劳动合同而按月向劳动者支付的二倍工资，其中加付的一倍工资不纳入经济补偿或赔偿金的计算基数。"

除此之外，也有不少地区的部分司法裁判机构是支持第二种观点的。如上海市（2017）沪0118民初5522号民事判决中一审法院认为"原、被告双方对原告2016年事假两个半月扣发的工资是否应在计算经济补偿金时扣除主张不一，根据《劳动合同法实施条例》的规定，经济补偿金应按照劳动者的应得工资计算，即应为劳动者正常工作状态下十二个月应得的平均工资，故根据原、被告双方一致确认的金额，本院确认原告2016年1月至12月应得的平均工资为2920元"。

笔者认为，第二种观点更具有合理性。从公平角度考虑，劳动合同解除或者终止前劳动者正常工作状态下十二个月的平均工资能够客观体现劳动者对用人单位的实际贡献，也能客观反映劳动者的收入水平，以此作为经济补偿金的计算基数，更具有合理性。

【实务指引】

如前所述，经济补偿金的计算基数的统计区间是否包括医疗期等非正常工作期间，一来法律并无明确规定；二来司法实践中争议较大。这对于用工地点在全国各地的企业来说，是一件极为头疼的事情。对此，笔者主要的建议是：

一、按照"有利于劳动者原则"确定经济补偿金的计算基数。从有利于保护劳动者合法权益以及加强员工人文关怀角度考虑，建议用人单位尽量以劳动合同解除或者终止前劳动者正常工作状态下十二个月的平均工资作为经济补偿金的计算基数。

二、根据当地最新审判指导意见和司法实践确定经济补偿金的计算基数。如前所述，经济补偿金的计算基数在实践中地区差异较大，从规避风险角度考虑，建议用人单位与劳动者解除或终止劳动合同前研究当地最新审判指导意见和司法实践用以确定经济补偿金的计算基数。

三、解除或终止劳动合同时协商一致确定经济补偿金金额。《最高人民法院关于审理劳动争议案件适用法律若干问题的解释（三）》第十条规定："劳动者与用人单位就解除或者终止劳动合同办理相关手续、支付工资报酬、加班费、经济补偿或者赔偿金等达成的协议，不违反法律、行政法规的强制性规定，且不存在欺诈、胁迫或者乘人之危情形的，应当认定有效。前款协议存在重大误解或者显失公平情形，当事人请求撤销的，人民法院应予支持。"

根据前述法律规定可知，法律并不禁止用人单位与劳动者在解除或终止劳动合同时协商一致确定经济补偿金。此种做法效率最高、风险最低。双方协商一致确定经济补偿金金额后，应签订书面协议，固定协商一致的真实意思表示，避免发生不必要的争议。

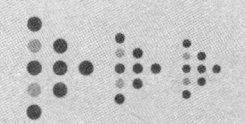

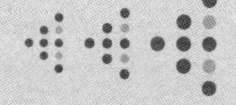

5
社会保险篇

33 劳动关系所属用人单位与社会保险费缴纳单位不一致，是否合法？

【核心观点】

劳动关系所属用人单位与社会保险费缴纳单位不一致的，并不合法。若出现前述情形，劳动关系所属单位可能需要承担补缴社会保险费、支付滞纳金和罚款、向劳动者支付社会保险待遇等法律责任。此外，在部分地区，劳动者根据《劳动合同法》第三十八条主张被迫解除劳动合同的，用人单位可能需向劳动者支付经济补偿。

【案情简介】

2008年9月，王某芳入职维格娜丝公司，从事销售工作。双方签订了书面劳动合同。王某芳的工资构成包括基本工资、岗位工资、补贴、奖金及销售提成。2017年1月开始，王某芳的工资结构进行了调整，其固定报酬部分包括基本工资、岗位工资及各项补贴，在扣除了个人承担的社会保险及公积金缴费后平均为2936.56元/月。维格娜丝公司委托第三方为王某芳缴纳了2009年3月的养老保险、2009年4月至2017年9月的社会保险。维格娜丝公司未给王某芳缴纳2008年10月至2009年2月的社会保险。

2017年9月14日，王某芳向维格娜丝公司出具《解除劳动合同通知书》，载明："我自2008年9月进入公司工作至今，公司在为我缴纳社会保险时一直委托第三方公司缴纳，且未按照月工资总额计算缴费基数。公司不依法缴纳社会保险费的行为违法，已经严重侵害了我的合法利益。就此问题，我及我委托的律师多次与公司协商均未果。为了保护我的个人权益，我现在依据《劳动合同法》第三十八条第一款第（三）项的规定，向公司提出解除劳动合同。公司应根据《劳动合同法》《社会保险法》向我支付经济补偿金并补足社会保险。"

2017年9月14日，王某芳向济南市历下区劳动人事争议仲裁委员会申请劳动仲裁，要求：1. 裁决维格娜丝公司支付王某芳 2017 年 8 月及 9 月病假工资 2715 元；2. 裁决维格娜丝公司支付王某芳经济补偿金 101574 元。

【裁判结果】

仲裁裁决结果［案号：济历下劳人仲案（2017）708 号］：

1. 维格娜丝公司支付王某芳 2017 年 8 月及 9 月病假工资 2715 元；
2. 维格娜丝公司支付王某芳经济补偿金 101574 元；
3. 驳回王某芳的其他仲裁请求。

维格娜丝公司不服仲裁裁决，向一审法院提起诉讼，诉求请求如下：1. 判决维格娜丝公司无须支付王某芳 2017 年 8 月及 9 月病假工资 2715 元；2. 判决维格娜丝公司无须支付王某芳经济补偿金 101574 元。

一审判决结果［案号：（2017）鲁 0102 民初 6315 号］：

驳回原告上海维格娜丝时装有限公司的全部诉讼请求。

一审法院认为，根据《劳动合同法》第三十八条规定，用人单位未依法为劳动者缴纳社会保险费的，劳动者可以解除劳动合同。因维格娜丝公司存在未依法为王某芳缴纳社会保险费的情形，王某芳以此为由提出解除劳动合同，符合法律规定，维格娜丝公司还应根据《劳动合同法》第四十六条、第四十七条的规定，向王某芳支付经济补偿金，故对维格娜丝公司不予支付王某芳经济补偿金的诉讼请求，一审法院不予支持。

二审判决结果［案号：（2018）鲁 01 民终 8295 号］：

驳回上诉，维持原判。

二审法院认为，关于解除劳动合同经济补偿金。《劳动合同法》第三十八条规定："用人单位有下列情形之一的，劳动者可以解除劳动合同：……（三）未依法为劳动者缴纳社会保险费的……"第四十六条规定："有下列情形之一的，用人单位应当向劳动者支付经济补偿：（一）劳动者依照本法第三十八条规定解除劳动合同的……"维格娜丝公司未依法为王某芳缴纳 2008 年 10 月至 2009 年 2 月的社会保险，王某芳以维格娜丝公司不依法缴纳社会保险费的行为违法为由与维格娜丝公司解除劳动合同，符合支付解除劳动合同经济补偿金的法定情形。维格娜丝公司主张不应支付王某芳解除劳动合同经济补偿金，不符合法律规定，二审法院不予支持。

【争议焦点解读】

劳动关系所属用人单位与社会保险费缴纳单位不一致是用工管理常见的现象，这一现象出现的原因有很多：其一，劳动者希望在其户籍所在地享受社会保险待遇，但用人单位所在地及劳动合同履行地等并不在劳动者户籍所在地；其二，用人单位希望降低社会保险缴费基数或者缴费比例，选择社会保险缴费基数或者缴费比例较低的地区（以下简称"社保洼地"）缴纳社会保险费；其三，用人单位并未配置人力资源管理部门，委托人力资源公司代缴社会保险费。由于这种现象涉及许多法律问题，前述的做法是否合法，各方需要承担何种法律责任等也需要厘清，笔者就司法实践中比较常见的争议问题做了一番梳理，希望对劳资双方正确认识和解决该问题有所裨益。

一、劳动关系所属用人单位与社会保险费缴纳单位不一致是否合法的问题

根据《社会保险法》第四条规定："中华人民共和国境内的用人单位和个人依法缴纳社会保险费，有权查询缴费记录、个人权益记录，要求社会保险经办机构提供社会保险咨询等相关服务。个人依法享受社会保险待遇，有权监督本单位为其缴费情况。"

根据《社会保险法》第五十八条规定："用人单位应当自用工之日起三十日内为其职工向社会保险经办机构申请办理社会保险登记。未办理社会保险登记的，由社会保险经办机构核定其应当缴纳的社会保险费。自愿参加社会保险的无雇工的个体工商户、未在用人单位参加社会保险的非全日制从业人员以及其他灵活就业人员，应当向社会保险经办机构申请办理社会保险登记。国家建立全国统一的个人社会保障号码。个人社会保障号码为公民身份号码。"

从上述规定可知，建立社会保险关系和缴纳社会保险费的主体是劳动关系项下的用人单位和劳动者，即劳动关系中的用人单位和劳动者与建立社会保险关系和缴纳社会保险费的主体一致。因此，劳动关系所属用人单位与社会保险费缴纳单位不一致并不符合法律规定。

二、劳动关系所属用人单位与社会保险费缴纳单位不一致的法律后果

根据以上分析，劳动关系中的用人单位和劳动者应当与建立社会保险关系和缴纳社会保险费的主体相一致，所以，前后者不一致的情形不符合法律规定。对于这一不合法的行为，其所产生的法律后果和各方所需要承担的法律责任就成了我们需要厘清的事项：

（一）用人单位可能承担的法律责任

1. 用人单位可能将被责令建立社会保险关系，补缴社会保险费并支付滞纳金和罚款

根据《社会保险法》第八十四条规定："用人单位不办理社会保险登记的，由社会保险行政部门责令限期改正；逾期不改正的，对用人单位处应缴社会保险费数额一倍以上三倍以下的罚款，对其直接负责的主管人员和其他直接责任人员处五百元以上三千元以下的罚款。"

根据《社会保险法》第八十六条规定："用人单位未按时足额缴纳社会保险费的，由社会保险费征收机构责令限期缴纳或者补足，并自欠缴之日起，按日加收万分之五的滞纳金；逾期仍不缴纳的，由有关行政部门处欠缴数额一倍以上三倍以下的罚款。"

如果劳动关系所属用人单位与社会保险费缴纳单位不一致，那么用人单位一般不会与劳动者建立社会保险关系，也不会为劳动者缴纳社会保险费。因此，用人单位可能将被责令与劳动者建立社会保险关系，补缴社会保险费，并依法承担滞纳金和罚款。

2. 用人单位可能需要支付劳动者的社会保险待遇损失

司法实践中，劳动关系所属用人单位与社会保险费缴纳单位不一致时，会出现各种各样的难题，笔者就曾代理过这样一个案件：A公司总部在北京，其在广州设立分公司B，然后B公司委托广州的C公司代其在珠海上班的员工D缴纳社会保险费（员工D的劳动合同与A公司签订）。后来员工D在珠海工作时发生工伤，要求A公司承担工伤赔偿责任。

事实上，由于D是与总部A公司建立的劳动关系，按照规定，A公司应为D缴纳社会保险费。但是，A公司并未为D缴纳社会保险费，而是委托C公司在广州代为缴纳社会保险费。争议发生后，社保机构要求A公司提供D员工缴

纳社会保险费的证明，A 公司提供了 C 公司在广州的社保缴纳明细。但是，社保机构认为 C 公司与 D 员工之间并不存在劳动关系，因此，最终认定 C 公司不能代为申报社保，因工伤导致的法律责任全部由 A 公司承担。

通过上述案例可知，在劳动关系所属用人单位与社会保险费缴纳单位不一致的情形下，由于员工与社保缴纳单位之间并不存在劳动关系，发生工伤后，社保机构一般不会受理社保缴纳单位的工伤申请，认定为工伤的员工因而无法享受工伤保险待遇，所以，原本应由工伤保险基金支付的费用可能将全部由用人单位承担。

3. 用人单位可能受到有关部门的联合惩戒

根据《关于对社会保险领域严重失信企业及其有关人员实施联合惩戒的合作备忘录》第一条规定："联合惩戒的对象是指市人力资源社会保障局、税务局和医疗保障局会同有关部门确定的违反社会保险相关法律、法规和规章的企事业单位及其有关人员，其严重失信、失范行为主要包括以下情形：（一）用人单位未按相关规定参加社会保险且拒不整改的；（二）用人单位未如实申报社会保险缴费基数且拒不整改的；（三）应缴纳社会保险费却拒不缴纳的；（四）隐匿、转移、侵占、挪用社会保险费款、基金或者违规投资运营的；（五）以欺诈、伪造证明材料或者其他手段参加、申报社会保险和骗取社会保险基金支出或社会保险待遇的；（六）非法获取、出售或变相交易社会保险个人权益数据的；（七）社会保险服务机构违反服务协议或相关规定的；（八）拒绝协助社会保险行政部门、经办机构对事故和问题进行调查核实的；拒绝接受或协助税务部门对社会保险实施监督检查，不如实提供与社会保险相关各项资料的；（九）其他违反法律法规规定的。"

如上述规定，由于劳动关系所属用人单位与社会保险费缴纳单位不一致时，一般会出现"用人单位未按相关规定参加社会保险""应缴纳社会保险费"等情形，如果被有关部门发现且拒不改正，可能被认定为严重失信、失范，有关部门将可能实施联合惩戒措施。

4. 劳动者据此主张被迫解除劳动合同的，用人单位可能需支付经济补偿

根据《劳动合同法》第三十八条规定："用人单位有下列情形之一的，劳动者可以解除劳动合同：……（三）未依法为劳动者缴纳社会保险费的……"

根据《劳动合同法》第四十六条规定："有下列情形之一的，用人单位应当向劳动者支付经济补偿：（一）劳动者依照本法第三十八条规定解除劳动合同的……"

如上述规定，未依法为劳动者缴纳社会保险费的，劳动者有权根据《劳动合同法》第三十八条的规定解除劳动合同并要求用人单位支付经济补偿。由于在劳动关系所属用人单位与社会保险费缴纳单位不一致的情形中，用人单位一般不会与劳动者建立社会保险关系，也不会为劳动者缴纳社会保险费，所以劳动者很可能据此主张被迫解除劳动合同，并要求用人单位支付经济补偿。

需要提醒注意的是，对于以上情形，各地的司法实践可能有所不同：

其一，有些地区支持被迫解除劳动合同和经济补偿，如本案例，又如广州市。《广州市劳动人事争议仲裁委员会、广州市中级人民法院民事审判庭关于劳动争议案件座谈会的意见综述》问题十二记载："用人单位与劳动者签订劳动合同并建立劳动关系，但委托其他单位以其他单位名义代劳动者缴纳社会保险，是否合法？若劳动者以用人单位未依法缴纳社会保险费为由主张解除劳动合同，用人单位是否需向劳动者支付经济补偿金？不合法，用人单位违反了《社会保险法》第四条'用人单位和个人依法缴纳社会保险费'和第十条'职工应当参加基本养老保险，由用人单位和职工共同缴纳基本养老保险费'的规定。若劳动者据此主张被迫解除劳动合同的，用人单位应当向劳动者支付经济补偿金。"

其二，有些地区不支持被迫解除也不支持经济补偿，主要的原因在于，虽然表面上用人单位似乎未依法为劳动者缴纳社会保险费，但实际上，用人单位已委托第三方为劳动者缴纳社会保险费，这与用人单位完全没有为劳动者缴纳社会保险费的情形不同，劳动者合法权益受损的程度较低。由于解除劳动合同将对双方的权益造成重大影响，在劳动合法权益受损程度较低的情况下赋予劳动者解除劳动合同这一重大权利，并不符合比例原则。

（二）劳动者可能承担的法律责任

《社会保险法》第八十八条规定："以欺诈、伪造证明材料或者其他手段骗取社会保险待遇的，由社会保险行政部门责令退回骗取的社会保险金，处骗取金额二倍以上五倍以下的罚款。"由于在劳动关系所属用人单位与社会保险费缴纳单位不一致的情形中，劳动者和社会保险费缴纳单位可能出具了不实的证明材料建立社会保险关系、缴纳社会保险费或领取社会保险待遇，这可能属于骗取社会保险金的行为，依法可能承担被责令退回社会保险金、罚款等法律责任；情节严重的，可能需要承担刑事责任。此外，如以上分析，对于劳动关系所属用人单位与社会保险费缴纳单位不一致的情形，劳动者可能不能依法享受社会保险待遇。

（三）社会保险费缴纳单位可能承担的法律责任

由于在劳动关系所属用人单位与社会保险费缴纳单位不一致的情形中，劳动者和社会保险费缴纳单位出具了不实的证明材料建立社会保险关系、缴纳社会保险费或领取社会保险待遇，属于骗取社会保险金的行为，依法需承担被责令退回社会保险金、罚款等法律责任；情节严重的，可能承担刑事责任。

【实务指引】

劳动关系和社会保险关系的用人单位和劳动者必须一致。若不一致，无论是用人单位，还是劳动者，均会承担一定的法律责任。因此，建议用人单位对社会保险的建立、缴纳主体进行梳理，让其与劳动关系建立主体一致。

此外，如果劳动关系所属用人单位与社会保险费缴纳单位不一致的情形无法避免，建议用人单位对可能产生的法律责任进行内部的划分和确认。如果前述情形是劳动者的原因导致，建议用人单位要求劳动者出具相关的书面说明和确认（如劳动关系所属用人单位与社会保险费缴纳单位不一致的情形是基于劳动者的要求等），尽量减少用人单位所需承担的法律风险。

34 劳动者和用人单位达成私下支付社会保险费的协议，能否免除缴纳社会保险费的法定义务？

【核心观点】

用人单位和劳动者依法缴纳社会保险费，涉及公共利益，是国家法律规定的强制性义务，不能因为双方私下的协议而免除。即使员工和用人单位达成私下支付社会保险费的协议，用人单位和劳动者也应当依法缴纳社会保险费。

34 劳动者和用人单位达成私下支付社会保险费的协议，能否免除缴纳社会保险费的法定义务？

【案情简介】

朱某是广州市飞华纺织制衣漂染有限公司（以下简称飞华公司）的员工。在入职飞华公司后，朱某与飞华公司签订了《社会保险购买协议》，主要内容如下："本人朱某，因本人工作流动性大且社会保险暂不能以工作地点变动而随意流转，本人自愿放弃飞华公司为本人在职期间购买社会保险的权利，本人愿意承担由此引起的相应法律责任。特此声明。朱某，2010年10月3日。"朱某认为，在入职时，员工被要求签订《社会保险购买协议》才能入职，所以签订前述协议非其真实意愿。

在双方的劳动合同解除后，朱某向广州市增城区劳动人事争议仲裁委员会申请仲裁，仲裁请求：一、飞华公司支付其解除劳动合同经济补偿金16200元；二、飞华公司为其补缴社会保险费。

【裁判结果】

仲裁裁决结果[案号：增劳人仲案字（2013）第390号]：
驳回朱某的仲裁请求。

一审判决结果[案号：（2013）穗增法民一初字第223号]：
飞华公司应于本判决发生法律效力之日起三日内，支付朱某解除劳动合同经济补偿4320元。

一审法院认为，用人单位的行为属于未依法为劳动者缴纳社会保险费，劳动者有权解除劳动合同并要求用人单位支付经济补偿，具体理由如下：

首先，用人单位为劳动者缴纳社会保险费是用人单位的法定义务。

其次，《劳动合同法》第三十八条第一款第（三）项明确规定，用人单位未依法为劳动者缴纳社会保险费的，劳动者可以解除劳动合同。

最后，用人单位与劳动者约定无须办理社会保险手续的，劳动者事后反悔并明确要求用人单位为其办理社会保险手续及缴纳社会保险费的，如用人单位在合理期限内拒不办理，劳动者以此为由解除劳动合同并请求用人单位支付经济补偿的，法院予以支持。

现劳动者于 2013 年 6 月 5 日向用人单位发出的《被迫解除劳动合同通知书》中明确请求用人单位为其购买社会保险，且在劳动仲裁中再次明确提出该项请求，但直到劳动者向人民法院提起诉讼，用人单位仍未为劳动者办理社会保险手续及缴纳社会保险费，期间长达几个月，足以满足用人单位为劳动者办理社会保险手续及缴纳社会保险费的合理期限，故用人单位的上述行为已构成拒不办理的情形，据此，劳动者以此为由解除劳动合同并请求用人单位支付经济补偿的，法院予以支持。

二审判决结果［案号:（2014）穗中法民一终字第 4768 号］：
飞华公司应于本判决送达之日起三日内，向朱某支付解除劳动关系经济补偿金 19440 元。

二审法院认可一审法院关于解除劳动合同理由的论述。

【争议焦点解读】

在劳动关系中，往往会出现用人单位、劳动者未依法缴纳社会保险费的情形，比如：其一，劳动者为了短期的利益，要求用人单位不缴纳或少缴纳社会保险费或与用人单位协商不缴纳或少缴纳社会保险费；其二，用人单位出于减低用工成本的考虑，要求劳动者不缴纳或少缴纳社会保险费或与用人单位协商不缴纳或少交社会保险费。笔者就司法实践中比较常见的争议问题做了一番梳理，希望对劳资双方正确认识和解决该问题有所裨益。

劳动者和用人单位缴纳社会保险费的义务可否因达成私下协议而免除的问题

根据《劳动法》第七十二条规定："社会保险基金按照保险类型确定资金来源，逐步实行社会统筹。用人单位和劳动者必须依法参加社会保险，缴纳社会保险费。"

根据《社会保险法》第四条规定："中华人民共和国境内的用人单位和个人依法缴纳社会保险费，有权查询缴费记录、个人权益记录，要求社会保险经办机构提供社会保险咨询等相关服务。个人依法享受社会保险待遇，有权监督本单位为其缴费情况。"

从上述规定可知，用人单位、劳动者和社会保险机构就是否建立社会保险关系，是否足额缴纳社会保险费等发生争议，是征收与缴纳之间的纠纷，属于行政管理的范畴，带有社会管理的性质，不属于单一的劳动者与用人单位之间的社会保险争议。对此，《最高人民法院研究室关于对王某与某公司劳动争议纠纷申请再审一案的请示》[（2010）甘民申字第416号]作出的答复表明，征缴社会保险费属于社会保险费征缴部门的法定职责，不属于人民法院受理民事案件的范围。人民法院可以向有关社会保险费征缴部门发出司法建议，建议其针对当前用人单位与劳动者之间因社会保险引发争议所涉及的保险费征缴问题，加强调查研究，妥善处理类似问题，依法保护有关当事人的合法权益。①

因此，是否和如何缴纳社会保险费属于行政管理的范畴，并非用人单位和劳动者之间劳动关系可以解决的事项，社会保险费的缴纳不能因为用人单位和劳动者之间的协议而免除。即使劳动者和用人单位达成私下支付社会保险费的协议，双方仍应当依法缴纳社会保险费。

劳动者和用人单位达成私下支付社会保险费的协议的法律后果

根据以上分析，即使劳动者和用人单位达成私下支付社会保险费的协议，双方仍应依法缴纳社会保险费。因此，在前述情形中，双方并未依法缴纳社会保险费，对于这一不合法的行为所产生的法律后果，用人单位、劳动者的法律责任就成了我们需要厘清的事项：

1. 用人单位可能将被责令建立社会保险关系，补缴社会保险费并支付滞纳金和罚款

《社会保险法》第八十四条规定："用人单位不办理社会保险登记的，由社会保险行政部门责令限期改正；逾期不改正的，对用人单位处应缴社会保险费数额一倍以上三倍以下的罚款，对其直接负责的主管人员和其他直接责任人员处五百元以上三千元以下的罚款。"

《社会保险法》第八十六条规定："用人单位未按时足额缴纳社会保险费的，由社会保险费征收机构责令限期缴纳或者补足，并自欠缴之日起，按日加收万分之五的滞纳金；逾期仍不缴纳的，由有关行政部门处欠缴数额一倍以上三倍以下的罚款。"

---

① 付育红、吴晓菲："补缴社会保险费是否属于法院受案范围"，https://www.chinacourt.org/article/detail/2016/07/id/2024211.shtml，最后访问日期：2016年7月19日。

如果劳动者和用人单位达成私下支付社会保险费的协议，那么用人单位一般不会与劳动者建立社会保险关系，也不会为劳动者缴纳社会保险费。因此，用人单位可能将被责令与劳动者建立社会保险关系，补缴社会保险费，并依法承担滞纳金和罚款。

2. 用人单位可能承担劳动者的社会保险待遇损失

根据《最高人民法院关于审理劳动争议案件适用法律若干问题的解释（三）》第一条规定："劳动者以用人单位未为其办理社会保险手续，且社会保险经办机构不能补办导致其无法享受社会保险待遇为由，要求用人单位赔偿损失而发生争议的，人民法院应予受理。"因此，对于劳动者和用人单位达成私下支付社会保险费协议的情形，由于用人单位一般不会与劳动者建立社会保险关系，也不会为劳动者缴纳社会保险费，这可能被认定为"用人单位未为其办理社会保险手续"的情形。此外，如果出现社会保险经办机构不能补办而导致劳动者未能依法享受社会保险待遇的情形，用人单位可能承担劳动者的社会保险待遇损失。

3. 用人单位可能受到有关部门的联合惩戒

《关于对社会保险领域严重失信企业及其有关人员实施联合惩戒的合作备忘录》第一条规定："联合惩戒的对象是指市人力资源社会保障局、税务局和医疗保障局会同有关部门确定的违反社会保险相关法律、法规和规章的企事业单位及其有关人员，其严重失信、失范行为主要包括以下情形：（一）用人单位未按相关规定参加社会保险且拒不整改的；（二）用人单位未如实申报社会保险缴费基数且拒不整改的；（三）应缴纳社会保险费却拒不缴纳的；（四）隐匿、转移、侵占、挪用社会保险费款、基金或者违规投资运营的；（五）以欺诈、伪造证明材料或者其他手段参加、申报社会保险和骗取社会保险基金支出或社会保险待遇的；（六）非法获取、出售或变相交易社会保险个人权益数据的；（七）社会保险服务机构违反服务协议或相关规定的；（八）拒绝协助社会保险行政部门、经办机构对事故和问题进行调查核实的；拒绝接受或协助税务部门对社会保险实施监督检查，不如实提供与社会保险相关各项资料的；（九）其他违反法律法规规定的。"

如上述规定，由于劳动者和用人单位达成私下支付社会保险费的协议时，一般会出现"用人单位未按相关规定参加社会保险""应缴纳社会保险费"等情形，如果被有关部门发现且拒不改正，可能将被认定为严重失信、失范，有关部门可能实施联合惩戒措施。

4. 劳动者据此主张被迫解除劳动合同的，用人单位可能需支付经济补偿

《劳动合同法》第三十八条规定："用人单位有下列情形之一的，劳动者可以解除劳动合同：……（三）未依法为劳动者缴纳社会保险费的……"

《劳动合同法》第四十六条规定："有下列情形之一的，用人单位应当向劳动者支付经济补偿：（一）劳动者依照本法第三十八条规定解除劳动合同的……"

如上述规定，未依法为劳动者缴纳社会保险费的，劳动者有权根据《劳动合同法》第三十八条的规定解除劳动合同并要求用人单位支付经济补偿。由于在劳动者和用人单位达成私下支付社会保险费协议的情形中，用人单位一般不会为劳动者建立社会保险关系，也不会为劳动者缴纳社会保险费，所以劳动者很可能据此主张被迫解除劳动合同，并要求用人单位支付经济补偿。

需要提醒注意的是，对于以上情形，各地的司法实践可能有不同：

《深圳市中级人民法院关于审理劳动争议案件的裁判指引》第九十四条规定："用人单位未依法为劳动者缴纳社会保险费的，劳动者应当依法要求用人单位缴纳，用人单位在劳动者要求之日起一个月内未按规定缴纳的，劳动者有权提出解除劳动合同，用人单位应支付经济补偿，但经济补偿的支付年限应从2008年1月1日起计算。"在深圳市，若用人单位未依法为劳动者缴纳社会保险费，需满足"用人单位在劳动者要求之日起一个月内未按规定缴纳"的情形，劳动者才能提出被迫解除劳动合同。

《佛山市中级人民法院、佛山市劳动争议仲裁委员会关于审理劳动争议案件若干问题的指导意见》第五十六条规定："用人单位与劳动者约定，将用人单位应缴纳的社保费用支付给劳动者。由劳动者自行支配，若不影响劳动者的劳动报酬的，劳动者以此为由行使单方解除权并请求用人单位支付经济补偿金的，对其经济补偿的请求不予支持。"在佛山市，如果用人单位与劳动者约定，将用人单位应缴纳的社会保险费用支付给劳动者的，劳动者不能提出被迫解除劳动合同及要求支付经济补偿。

此外，《广东省高级人民法院、广东省劳动人事争议仲裁委员会关于审理劳

动人事争议案件若干问题的座谈会纪要》第二十五条规定："用人单位与劳动者约定无须办理社会保险手续或将社会保险费直接支付给劳动者，劳动者事后反悔并明确要求用人单位为其办理社会保险手续及缴纳社会保险费的，如用人单位在合理期限内拒不办理，劳动者以此为由解除劳动合同并请求用人单位支付经济补偿，应予支持。"在广东省内（除深圳、佛山），如果用人单位与劳动者约定无须办理社会保险手续或将社会保险费直接支付给劳动者，需满足"要求用人单位为其办理社会保险手续及缴纳社会保险费且用人单位在合理期限内拒不办理"的情形，劳动者才能提出被迫解除合同。

如以上分析，对于劳动者和用人单位达成私下支付社会保险费协议的情形，由于用人单位和劳动者均未依法缴纳社会保险费，所以劳动者将不能依法享受社会保险待遇。

【实务指引】

即使劳动者和用人单位签订了私下支付社会保险费的协议。无论是用人单位，还是劳动者，都将面临较大的法律风险。因此，建议用人单位自查是否与劳动者签订过私下支付社会保险费的协议。如果签订过前述协议，建议用人单位考虑依法补缴社会保险费，以免法律风险的进一步产生或扩大。如果无法补缴社会保险费，建议用人单位和劳动者书面确定私下支付社会保险费和无法补缴社会保险费的原因，以便划分各方所应承担的法律责任。

如果没有签订过前述协议，建议用人单位对相关岗位人员进行培训，让相关人员知悉签订私下支付社会保险费协议的负面法律后果，避免前述情形的发生。

35 工伤赔偿"私了协议"是否有效？

【核心观点】

对于工伤赔偿"私了协议"不应一概认定为无效，应当根据不同情形来具体认定。用人单位违反国家强制性规定，为规避法律法规的制裁，损害劳动者利益，欺诈或胁迫劳动者签订的工伤赔偿协议应当被认定为无效。当事人按照意思自治原则达成一致的协议，且用人单位给付劳动者的待遇不低于《工伤保险条例》规定标准的，该协议应当认定为有效。

【案情简介】

骆某于2015年8月5日入职新贰拾壹服装行，任职操作工，每月基本工资1800元，新贰拾壹服装行为骆某参加了社会保险。2015年12月16日，骆某下班途中因交通事故受伤。江门市蓬江区人力资源和社会保障局于2016年4月11日作出工伤认定，认定骆某所受的伤为工伤。江门市劳动能力鉴定委员会于同年12月26日对骆某的工伤劳动能力作出鉴定，鉴定为六级伤残。骆某与新贰拾壹服装行经协商同意于2017年4月23日终止劳动关系。

2017年5月4日，骆某向仲裁委申请仲裁，请求新贰拾壹服装行赔偿：医疗费86556.2元、住院伙食补助费4410元、护理费5040元、一次性伤残补助金43248元、一次性工伤医疗补助金108120元、一次性伤残就业补助金21624元、停工留薪期工资22524元、解除劳动合同经济补偿3574元，合计291522.2元。

2017年5月13日，骆某与新贰拾壹服装行签订《协议书》，约定："……一、乙方（新贰拾壹服装行）一次性补偿甲方（骆某）与第三人梁某机动车交通事故所产生的工伤医疗费及工伤保险待遇共计156000元人民币，支付时间为2017年5月17日之前。二、上述补偿金额内容包括但不限于工伤医疗费用、护理费、工伤保险待遇、停工留薪期间工资、伙食补助等费用。三、甲方承诺并保证：不再对本次工伤问题再次向乙方要求任何赔偿或再次申请劳动仲裁或起诉要求任何赔偿，甲应于乙方汇款后立即向仲裁委申请撤回对该案件的劳动仲裁。四、违约责任、任一方违反本协议，应承担违约责任……"

2017年5月16日，新贰拾壹服装行依照《协议书》的约定向骆某支付了156000万元。

2017年5月17日，骆某向仲裁委申请变更仲裁请求：1.裁令撤销骆某与新贰拾壹服装行签订的《协议书》；2.裁令新贰拾壹服装行向骆某支付如下工伤待遇费用：医疗费86556.2元、住院伙食补助费3290元、护理费6439

元、一次性伤残就业补助金 108120 元、停工留薪期工资 21600 元、后续医疗费 12888 元；3. 裁令新贰拾壹服装行协助骆某向社保基金申领一次性伤残医疗补助金；4. 裁令新贰拾壹服装行向骆某支付未签订劳动合同二倍工资 19800 元；5. 裁令新贰拾壹服装行向骆某支付解除劳动合同补偿金 3600 元。以上费用合计 262293.2 元。

仲裁委认为骆某的第一项、第三项请求不属于《劳动争议调解仲裁法》规定的受理范围，故对该两项请求不予受理。仲裁委经审理认为：双方当事人已就签订的《协议书》向法院起诉，法院的判决结果对仲裁的裁决有直接影响，决定从 2017 年 6 月 6 日开始中止审理该仲裁案件。

在仲裁审理过程中，骆某向江门市蓬江区人民法院起诉请求：1. 判令撤销骆某与新贰拾壹服装行签订的《协议书》；2. 判令新贰拾壹服装行协助骆某向社保基金申领一次性伤残医疗补助金 21624 元。

庭审中，骆某主张：1.《协议书》中约定的赔偿额 156000 万元，达不到其损失的 70%，显失公平。2. 因新贰拾壹服装行的律师误导，骆某误以为后续治疗费用可以向工伤保险基金报销，不知道签订了《协议书》就要放弃工伤保险基金支付的一次性工伤医疗补助、一次性伤残补助金，构成重大误解。

而新贰拾壹服装行主张：《协议书》的签订是骆某在理性评估后同意的，是骆某经过考虑后作出的权利处分结果，不存在欺诈、胁迫和乘人之危、重大误解、显失公平等情形。

【裁判结果】

一审判决结果 [案号：（2017）粤 0703 民初 3878 号]：
驳回骆某的全部诉讼请求。

一审法院认为，本案属合同纠纷。本案争议的焦点在于涉案《协议书》是否存在重大误解、显失公平等可撤销情况。

经审理，一审法院认为：骆某与新贰拾壹服装行在平等自愿的基础上签订了涉案《协议书》，该协议书不存在法律规定的导致合同无效的情形，故协议内容合法有效。具体理由如下：

骆某对于自身所受损害及应当得到赔偿有一定程度的认识，在此基础上，其与新贰拾壹服装行达成协议，属于对自身权利的处分

骆某自2015年12月16日发生工伤，至2017年5月13日签订《协议书》，曾有江门市法律援助中心的律师为其提供法律咨询，并拟订了仲裁申请书，表明骆某对自身所受损害及应当得到赔偿的认识。根据骆某的第一份仲裁申请书，骆某在得知自身工伤赔偿总额大约是二十多万元的情况下，与新贰拾壹服装行协商，最后达成协议，由新贰拾壹服装行赔偿156000万元，这是骆某对自身权利的处分。

骆某主张协议显失公平、重大误解，但均无法举证证明，应承担举证不能的后果

骆某称新贰拾壹服装行的赔偿额低于损失的70%，显失公平，但不能提供证据证明，故骆某以此为由申请撤销协议，理据不足，一审法院不予支持。

《协议书》中明确约定：新贰拾壹服装行一次性补偿骆某因交通事故所产生的工伤医疗费及工伤保险待遇共计156000元，补偿金额内容包括工伤医疗费用、护理费、工伤保险待遇、停工留薪期间工资、伙食补助等费用等。故骆某应当清楚其要求的一次性工伤医疗补助、一次性伤残补助金，已经在协议中得到了赔偿。

对于后续治疗费，骆某称受新贰拾壹服装行的律师误导，以为可以向工伤保险基金报销，但骆某不能提供证据证明，应当承担举证不能的后果。现骆某以重大误解为由申请撤销该协议，理据不足，本院不予支持。

综上，骆某未能提供充分有效的证据证明该《协议书》存在可撤销的情形，一审法院对骆某要求撤销该《协议书》的请求不予支持。

此外，《协议书》中明确约定新贰拾壹服装行支付给骆某的赔偿中包括了工伤保险待遇，故骆某要求新贰拾壹服装行协助其向社保基金申领一次性伤残医疗补助金21624元的请求，无事实和法律依据，一审法院不予支持。

二审判决结果[案号：(2018)粤07民终27号]：
驳回上诉，维持原判。

二审法院认为，本案的争议焦点是：1.涉案《协议书》应否予以撤销的问题；

2. 骆某请求新贰拾壹服装行协助其向社保基金申领一次性伤残医疗补助金应否予以支持的问题。

关于涉案《协议书》应否予以撤销的问题

骆某以重大误解为由主张撤销涉案《协议书》，二审法院认为《协议书》合法有效，不存在撤销的情形。具体理由如下：

1. 骆某对于"重大误解""显失公平"事由的存在负有举证责任

根据《合同法》第五十四条关于"下列合同，当事人一方有权请求人民法院或者仲裁机构变更或者撤销：（一）因重大误解订立的；（二）在订立合同时显失公平的……"的规定，因重大误解订立的合同确属法律规定的可撤销合同范围。

《最高人民法院关于贯彻执行〈中华人民共和国民法通则〉若干问题的意见（试行）》第七十一条规定："行为人因对行为的性质、对方当事人、标的物的品种、质量、规格和数量等的错误认识，使行为的后果与自己的意思相悖，并造成较大损失的，可以认定为重大误解。"第七十二条规定："一方当事人利用优势或者利用对方没有经验，致使双方的权利义务明显违反公平、等价有偿原则的，可以认定为显失公平。"

由此可见，重大误解、显失公平的认定亦需符合前述司法解释规定，结合民事案件举证规则，重大误解事由的存在须由骆某负责举证证明。

2. 《协议书》不存在重大误解的情形

本案中，骆某首先进行工伤认定和工伤劳动能力鉴定、申请法律援助，进而拟定仲裁申请书、申请仲裁，随后签订《协议书》，在协议款项已经到账后又变更仲裁请求。

通过上述一系列的事实不难得知，骆某系在工伤事故发生一段时间之后，已经通过多种渠道对请求标的、请求内容、请求对象等涉及法律行为效果的重要事项已有明确、直观的了解。

从骆某提交的仲裁申请书来看，其请求内容包括医疗费、住院伙食补助费、护理费、一次性伤残补助金、一次性工伤医疗补助金、一次性伤残就业补助金、停工留薪期工资、经济补偿等项目，其请求给付前述款项的对象则为新贰拾壹服装行。

但新贰拾壹服装行已经为骆某办理社会保险手续，骆某可依法向工伤保险基金申领工伤保险待遇。在此情况下，骆某仍然选择要求新贰拾壹服装行给付由工伤保险基金支付的费用部分。故可推知，双方在进行调解协商时，已包含由工伤保险基金支付的一次性费用部分。因此，双方约定由新贰拾壹服装行向骆某支付的156000元款项，亦已包含骆某起诉所称足以构成重大误解的一次性伤残补助金和一次性工伤医疗补助金。

综上，双方订立涉案《协议书》不存在法律意义上的错误认识，双方订约所产生的法律效果也不符合与真实意思相悖的法定情形，且新贰拾壹服装行已如约付款，骆某亦未因此而造成较大损失。此外，骆某在一审过程中虽然提出其在后续治疗费方面因受对方律师误导而作出错误意思表示，但其并未为此进行充分举证，一审法院对此不予认定并无不当，故应予以维持。综上，骆某以重大误解为由主张撤销涉案《协议书》，理由不能成立，应不予支持。

3.《协议书》不存在显失公平的情形

涉案《协议书》签订之前，骆某已在专业人士的帮助下获得对其可依法享受的工伤保险待遇项目及其数额的明确、直观了解，涉案《协议书》订立之时骆某并不存在紧迫或者缺乏经验的情形，其对协议法律效果的相关重要事项应不存在认识上的显著缺陷。

骆某于2017年5月4日提出涉案仲裁申请，后于2017年5月17日提出变更仲裁请求。将其前后仲裁请求数额与涉案《协议书》约定由新贰拾壹服装行支付款项的数额相比，未见存在权利义务严重不对等的情形。虽然骆某的仲裁请求数额高于涉案《协议书》的约定数额，但相应差额可视为双方以协议方式解决纠纷的情况下，骆某对其民事权利的自愿、合法处分，应依法予以确认。

此外，骆某所提仲裁请求数额尚未经由法定程序审查确认，骆某以此为据径行主张涉案《协议书》的约定数额属于明显不合理低价，理据并不充分，应不予支持。

至于骆某上诉所提新贰拾壹服装行方故意选在骆某无法联系其代理人的周末与其协商协议内容，致其处于紧迫或者缺乏经验的情况下签订显失公平协议的问题，因无事实基础和法律依据，应不予采纳。

综上，骆某以显失公平为由主张撤销涉案《协议书》，理由不能成立，应不予支持。

关于骆某请求新贰拾壹服装行协助其向社保基金申领一次性伤残医疗补助金应否予以支持的问题

涉案《协议书》约定由新贰拾壹服装行向骆某支付的款项当中，已经包含由工伤保险基金支付的一次性伤残补助金、一次性工伤医疗补助金，相应约定对双方均有法律约束力。

在新贰拾壹服装行已如约履行付款义务的情况下，骆某又以重大误解和显失公平为前提请求新贰拾壹服装行协助其向社会保险基金申领一次性伤残医疗补助金21624元，理据不足且不符合本案事实，应不予支持。

一审法院对此处理恰当，应予以维持。

再审判决结果［案号：（2018）粤民申11091号］：

驳回再审申请。

本案争议的焦点在于涉案《协议书》是否符合撤销的条件，以及骆某请求新贰拾壹服装行协助其向社保基金申领一次性伤残医疗补助金应否予以支持的问题。

对于骆某以重大误解及显失公平为由主张撤销涉案《协议书》的问题。根据《最高人民法院关于贯彻执行〈中华人民共和国民法通则〉若干问题的意见（试行）》第七十一条、七十二条的规定，重大误解与显失公平的事由均须骆某负责举证证明。

骆某在新贰拾壹服装行已经为其办理社会保险手续，其也对依法享受工伤保险待遇的事宜已有明确、直观了解的情况下，协议将应由用人单位支付和工伤保险基金支付的工伤保险待遇款项一并由新贰拾壹服装行向其支付。双方订立涉案《协议书》不存在法律意义上的错误认识，双方订约所产生的法律效果也不符合与真实意思相悖的法定情形，且新贰拾壹服装行已如约付款，骆某亦未因此而造成较大损失。涉案《协议书》订立之时骆某并不存在紧迫或者缺乏经验的情形，其对协议法律效果的相关重要事项应不存在认识上的显著缺陷。

另外，骆某于2017年5月4日提出涉案仲裁申请，后于2017年5月17日提出变更仲裁请求。将其前后仲裁请求数额与涉案《协议书》约定由新贰拾壹服装行支付款项的数额相比，未见存在权利义务严重不对等的情形，骆某对其民事权利的自愿、合法处分，应依法予以确认。

故一、二审法院认定涉案《协议书》不存在重大误解及显失公平的情形，不符合《合同法》第五十四条规定的可撤销合同范围，于法有据，并无不当。

涉案《协议书》约定由新贰拾壹服装行向骆某支付的款项当中，已经包含由工伤保险基金支付的一次性伤残补助金、一次性工伤医疗补助金，相应约定对双方均有法律约束力。在新贰拾壹服装行已如约履行付款义务的情况下，骆某又以重大误解和显失公平为前提请求新贰拾壹服装行协助其向社会保险基金申领一次性伤残医疗补助金21624元，理据不足且不符合本案事实，一、二审法院对此不予支持正确，本院予以确认。

【争议焦点解读】

实践中，部分用人单位未依法参加工伤保险，在劳动者发生工伤后，为了避免漫长的诉讼过程和节约成本，往往通过签订"私了协议"的方式处理。同时，有部分劳动者，由于不具备相关法律知识、不了解法律维权途径或者希望尽快拿到赔偿，自愿选择通过"私了协议"的方式解决。这种"私了协议"的法律效力到底应该如何确认？

根据目前的司法实践，"工伤私了协议"不应一概认定为无效，应当根据不同的情形来具体认定。当用人单位违反国家的强制性规定，为规避法律法规的制裁，损害劳动者利益，欺诈或威胁劳动者签订的工伤协议应当认定为无效；当事人按照双方当事人意思自治原则达成的协议，用人单位给付劳动者的待遇不低于《工伤保险条例》规定标准的，该协议应当认定为有效。

那么，哪些情况属于前述"规避法律法规的制裁，损害劳动者利益，欺诈或威胁劳动者"的情形呢？

《合同法》第五十四条规定："下列合同，当事人一方有权请求人民法院或者仲裁机构变更或者撤销：（一）因重大误解订立的；（二）在订立合同时显失公平的。一方以欺诈、胁迫的手段或者乘人之危，使对方在违背真实意思的情况下订立的合同，受损害方有权请求人民法院或者仲裁机构变更或者撤销……"

《最高人民法院关于审理劳动争议案件适用法律若干问题的解释（三）》（法释〔2010〕12号）第十条规定，劳动者与用人单位达成的协议存在重大误解或显失公平情形，当事人请求撤销的，人民法院应予支持。

根据《最高人民法院关于贯彻执行〈中华人民共和国民法通则〉若干问题的意见（试行）》第六十八条至第七十二条的规定，上述情形具体是指：

1. "重大误解"：行为人因对行为的性质、对方当事人、标的物的品种、质量、规格和数量等的错误认识，使行为的后果与自己的意思相悖，并造成较大损失。

2. "显失公平"：一方当事人利用优势或者利用对方没有经验，致使双方的权利与义务明显违反公平、等价有偿原则。

3. "欺诈"：一方当事人故意告知对方虚假情况，或者故意隐瞒真实情况，诱使对方当事人作出错误的意思表示。

4. "胁迫"：以给公民及其亲友的生命健康、荣誉、名誉、财产等造成损害，或者以给法人的荣誉、名誉、财产等造成损害为要挟，迫使对方作出违背真实的意思表示。

5. "乘人之危"：一方当事人乘对方处于危难之机，为牟取不正当利益，迫使对方作出不真实的意思表示，严重损害对方利益。

由此可见，如相关协议约定符合上述情形之一的，当事人可以向仲裁委或法院请求撤销。

【实务指引】

对于"私了协议"的法律效力问题，各省市的司法实践并不统一，主要原因在于对于上述协议可撤销情形的具体认定标准各不相同。

广州市中级人民法院2010年发布的《民事审判若干问题的解答》第五条规定，工伤事故发生后，劳资双方就赔偿数额达成协议并履行，事后劳动者反悔并申请仲裁、提起诉讼的，经审查，不存在欺诈、显失公平等情形的，尊重当事人的意思自治，认可双方签订的赔偿协议的效力。

上述案例中法院基本采纳的也是广州市的裁判观点。但同样的问题在江苏省却需要区分两种情形对待。

《江苏省高级人民法院劳动争议案件审理指南（2010年）》第四章第二节第四项第三点规定，劳动者受到工伤，用人单位与劳动者达成赔偿协议后，劳动者又提起仲裁和诉讼，要求用人单位按照工伤保险待遇赔付的，对该协议的效力应当区分情况处理：

（1）如果该赔偿协议是在劳动者已认定工伤和评定伤残等级的前提下签订，且不存在欺诈、胁迫或者乘人之危情形的，应认定有效；但是如果劳动者能举证证明该协议存在重大误解或显失公平等情形，符合可变更或可撤销情形的，可视情况作出处理。

（2）如果该赔偿协议是在劳动者未经劳动行政部门认定工伤和评定伤残等级的情形下签订，且劳动者实际所获补偿明显低于法定工伤保险待遇标准的，可以变更或撤销补偿协议，裁决用人单位补充双方协议低于工伤保险待遇的差额部分。

而同一问题在北京地区则有相对严格的认定规则。《北京市高级人民法院、北京市劳动争议仲裁委员会关于劳动争议案件法律适用问题研讨会会议纪要（一）》第三十条第二款规定，用人单位与劳动者就工伤保险待遇达成的协议在履行终了后，劳动者以双方商定的给付标准低于法定标准为由，在仲裁时效内请求用人单位按法定标准补足差额部分的，应予支持。

由此可见，工伤赔偿的"私了协议"的效力认定在各省市都有不同的司法裁判观点。用人单位如果希望与劳动者协商解决工伤赔偿纠纷，建议在伤残等级鉴定后各项赔偿待遇明确后，双方再自愿协商达成协议，并最好通过各级调解机构形成调解书，以免在支付了赔偿款项后再发生争议和纠纷。

36 员工以虚假身份入职发生工伤，能否主张工伤保险待遇？

【核心观点】

劳动者以虚假身份入职，用人单位依法为其参加社会保险，劳动者工伤但因虚假身份无法享受社保待遇，法律责任不应一律由用人单位或者劳动者承担，而应视用人单位与劳动者的过错程度进行区分。

【案情简介】

2006年2月7日，张某启借用孙某明的身份证，并以孙某明的名义进入裕盛公司处工作，双方签订了书面劳动合同，裕盛公司以孙某明的身份信息为张某启参加了社会保险。

2011年9月5日11时30分许，张某启在上班时间受伤。当天送到黄江医院住院治疗，至2013年1月16日出院，2013年1月16日至2013年5月1日在虎门医院住院治疗，2013年5月14日至2013年7月13日在广东省工伤康复医院治疗。

东莞市社会保障局于2014年1月22日对张某启的受伤事故认定为工伤，东莞市劳动鉴定委员会鉴定于2014年3月24日作出认定为七级伤残，广东省劳动鉴定委员会于2014年6月13日再次鉴定为七级伤残。其后，裕盛公司向社保部门以孙某明的身份证为张某启办理社保，社保部门在办理工伤待遇赔付时发现后，不予赔偿张某启。

另外，裕盛公司为孙某明缴纳工伤保险前12个月的缴费工资为1223.33元，张某启受伤前12个月的平均工资为2239.90元。张某启认为裕盛公司没有支付张某启2013年10月以后的工资待遇及不安排张某启工作，属于变相违法解除双方的劳动关系。裕盛公司则主张双方的劳动关系仍未解除，并且公司依然以孙某明的名义为其购买社保。

为此，张某启于2014年7月4日向东莞市劳动人事争议仲裁院黄江仲裁庭提起申诉，请求裕盛公司支付：1. 一次性伤残补助金31200元、一次性工伤医疗补助金14400元、一次性伤残就业补助金60000元；2. 康复治疗费50000元；3. 停工留薪期工资差额31200元；4. 违法解除劳动关系赔偿金38400元。

东莞市劳动人事争议仲裁院黄江仲裁庭经过审理，于2014年8月15日作出仲裁裁决：一、裕盛公司支付张某启停工留薪期工资差额14848.60元、一次性伤残补助金13215.41元；二、驳回张某启的其他申诉请求。张某启不服，遂于2014年9月1日提起诉讼。

【裁判结果】

一审判决结果 [案号:(2014)东三法樟民一初字第697号]:

一、确认张某启与裕盛公司之间的劳动关系已解除;二、限裕盛公司于判决生效之日起五日内支付张某启一次性伤残补助金差额13215.41元;三、限裕盛公司于判决生效之日起五日内支付张某启一次性工伤医疗补助金差额6099.42元;四、裕盛公司于判决生效之日起五日内支付张某启一次性伤残就业补助金55997.50元;五、限裕盛公司于判决生效之日起五日内支付张某启停工留薪期工资差额14848.60元;六、驳回张某启的其他诉讼请求。

一审法院认为,本案的争议焦点是:一、张某启借用他人身份证入职而导致社保部门不予支付张某启相关工伤待遇所造成的损失的过错应由哪方承担;二、张某启诉请违法解除劳动合同赔偿金有无事实和法律依据;三、裕盛公司是否存在未足额支付张某启停工留薪期工资;四、张某启诉请康复治疗费有无事实和法律依据。

关于张某启借用他人身份证入职而导致社保部门不予支付其相关工伤待遇所造成的损失的过错应由哪方承担的问题

本案中,裕盛公司提供的《员工自我保证书》,第一条保证为"本人之相关证件(身份证、毕业证)均为本人真实有效之证件,如有不实,所造成的一切后果自负,且其后果概与本厂无关",保证人有孙某明(其实是张某启)的签名。虽然张某启不予认可该保证书上签名是自己亲笔所签,但张某启在庭审中明确表示不申请对该签名的笔迹鉴定,应视为张某启放弃提供反驳证据的权利,应承担举证不能的法律后果,故应认为该保证书的签名是张某启所签。

该保证书所载内容说明张某启已清楚借用他人身份证入职的法律后果,但张某启却为之。虽然裕盛公司有对张某启提供的身份证上的相片与本人是否相符的识别义务,但由于孙某明的第一代身份证上相片模糊不清,难以识别,用人单位在审查劳动者入职时所提交身份证的问题上,不应过高地苛求用人单位的审查力度,故裕盛公司在这个问题上应不存在过错。

因此,原审法院认为,张某启借用他人身份证入职而导致社保部门不予支付张某启相关工伤待遇所造成的损失中存在过错,裕盛公司不存在过错,社保部门本应依法支付张某启的相关工伤待遇部分而未支付的责任由张某启一方承担。

但由于裕盛公司未依法按张某启平均工资缴纳社保导致的差额损失部分应由裕盛公司承担。鉴于裕盛公司以1223.33元的基数向社保部门缴纳社保，张某启的平均工资为2239.90元，伤残等级为七级，张某启要求确认双方劳动关系已解除以及裕盛公司同意张某启要求确认双方的劳动关系已解除，故裕盛公司应依法支付张某启一次性伤残补助金差额为13215.41元〔（2239.90元/月 –1223.33元/月）×13个月〕，一次性工伤医疗补助金差额为6099.42元〔（2239.90元/月 –1223.33元/月）×6个月〕，一次性伤残就业补助金55997.50元（2239.90元/月×25个月）。张某启诉讼请求中超过以上各项目的数额部分，不予支持。

关于张某启诉请违法解除劳动合同赔偿金有无事实和法律依据的问题

本案中，张某启主张裕盛公司没有支付张某启2013年10月以后的工资待遇及不安排张某启工作，属于变相违法解除双方的劳动关系。裕盛公司则主张双方的劳动关系仍未解除，并且公司依然以孙某明的名义为其购买社保。但张某启的停工留薪期已过，且裕盛公司要求张某启上班，张某启明确表示没办法上班，而一直不上班，故裕盛公司无须支付张某启于2013年10月以后的工资。

本焦点关键是裕盛公司应否支付张某启2013年10份以后的工资及是否存在不安排张某启上班的情况。

首先，关于应否支付张某启2013年10月份以后的工资。根据黄江医院出院证明书、虎门医院出院证明书、广东省康复医院的出院书中反映，张某启于2011年9月5日受伤，当天被送到黄江医院住院治疗至2013年1月16日出院，虽然有医院建议休息90天，但张某启于2013年1月16日至2013年5月1日在虎门医院住院治疗，显然在虎门医院住院期间已包含在这90天的时间内，而张某启于2013年5月1日在虎门医院出院时，没有医院或医生建议休息，表明张某启的伤情基本痊愈。2013年5月14日至2013年7月13日其在广东省工伤康复医院治疗，出院书中也没有建议休息，更进一步说明张某启的伤情基本痊愈。

虽然张某启于2014年3月24日才进行的伤残鉴定，但不能以伤残鉴定时间来界定停工留薪期的时间，故张某启的停工留薪期应为从2011年9月5日至2013年5月1日，加上2013年5月14日至2013年7月23日，共309天。可见，张某启的停工留薪期是止于2013年7月23日，故张某启于2013年10月以后不上班，裕盛公司无须向张某启支付工资。

其次，关于停工留薪期满后，裕盛公司是否存在不安排张某启工作的情况。根据裕盛公司提供张某启于2013年11月18日书写的《员工申诉反映记录单》，张某启对其真实性无异议，予以确认，该单中几点诉求第4点内容为"本人太困难了，也想上班，但没办法上"，可以看出，并不是裕盛公司不安排张某启上班，而是张某启认为没办法上班，所以没有上班，故张某启主张裕盛公司不安排张某启上班不成立，不予采信。

综上，裕盛公司不存在张某启主张地变相解除双方劳动关系的情形，因此，张某启诉求支付违法解除劳动关系的赔偿金无事实和法律依据，不予支持。鉴于张某启要求确认双方劳动关系已解除，裕盛公司也明确表示同意，故予以确认张某启、裕盛公司之间的劳动关系已解除。

关于裕盛公司是否存在未足额支付张某启停工留薪期工资的问题

本案中，张某启工伤前的工资构成为基本工资（东莞市职工同期最低工资）加上加班费组成，显然，张某启工伤前的工资中包含了加班费，而停工留薪期工资待遇应扣减加班费。裕盛公司所支付张某启停工留薪期的工资数额均为东莞市职工同期最低工资标准，故应认为裕盛公司已足额支付了张某启停工留薪期工资待遇，不存在差额，但鉴于裕盛公司对于涉案仲裁裁决裕盛公司应支付张某启停工留期工资待遇差额14848.60元，没有提起诉讼，应视为裕盛公司服从，故裕盛公司应依法支付张某启停工留薪期工资差额14848.60元，张某启诉讼请求超过以上部分，不予支持。

关于张某启诉请康复治疗费50000元有无事实和法律依据的问题

根据《广东省工伤保险条例》关于康复治疗医疗费，应由社保基金支付中心支付的规定，故张某启诉请裕盛公司支付没有法律依据；然后，以上已阐述，因张某启借用孙某明的身份证入职而导致张某启应由社保部门支付的工伤待遇损失的过错责任在于张某启，裕盛公司不承担损失责任；最后，张某启也没有提供任何证据证明需要康复治疗费50000元的事实，之前已经康复治疗而花费的费用，社保部门已承担了。综上，张某启该诉请无事实和法律依据，不予支持。

二审判决结果 [案号:（2015）东中法民五终字第 618 号]:
驳回上诉, 维持原判。

【争议焦点解读】

本案主要涉及假冒他人身份入职的劳动者发生工伤的责任承担问题。

劳动者的工伤待遇支付责任分为两部分, 一部分由用人单位承担, 另一部分由工伤保险基金承担。对于应由用人单位支付的部分, 无论劳动者参保与否, 用人单位都必须承担。对于应由工伤保险基金支付的部分, 只有用人单位为劳动者办理了工伤保险手续并缴纳费用, 工伤保险基金才予以支付。

那么, 对于假冒他人身份入职的劳动者, 如因此遭受社会保险损失的, 应由谁承担法律责任呢?

一种观点认为, 应由劳动者自行承担, 理由在于劳动者应就其故意提供虚假身份证明的行为承担责任。

另一种观点认为, 应由用人单位承担, 因为用人单位负有审查核实劳动者身份的义务。

笔者认为, 上述两种观点都失之偏颇。理由在于虽然用人单位负有核实劳动者真实身份并为劳动者办理参加工伤保险手续的义务, 但劳动者也负有提供自己真实身份入职并向用人单位提交真实身份证明材料以便于用人单位办理工伤保险参保手续的义务。因此, 工伤待遇责任应视用人单位与劳动者的过错程度进行区分。

上述观点在部分省市的司法实践中也得到了认可, 并且以地区指导意见的形式固定了下来。

比如, 《广东省高级人民法院关于审理劳动争议案件若干问题的指导意见》（粤高法发〔2002〕21 号）第三十条规定:"劳动者冒用他人名义与用人单位订立劳动合同的, 应按实际劳动关系确定主体。用人单位以劳动者假冒身份证明为其投保而遭受社会保险损失的, 用人单位和劳动者应按各自的过错承担相应的民事责任。"

《深圳市中级人民法院关于审理工伤保险待遇纠纷案件相关法律适用问题

的指导意见（试行）》第三条规定："用人单位以劳动者假冒身份证明为其投保而遭受社会保险损失的，对法律法规规定由工伤保险基金负担的工伤保险待遇部分，如冒用人发生工伤时已满16周岁，由冒用人承担主要责任，用人单位承担次要责任；如冒用人发生工伤时不满16岁，由用人单位承担主要责任，由冒用人承担次要责任。对法律法规规定由用人单位负担的工伤保险待遇部分，劳动者无须进行分担，仍由用人单位全额支付。"

在司法实践中，裁判机关主要依据当事人的民事行为能力以及用人单位是否尽到审慎义务来进行判断。如劳动者作为完全民事行为能力人，依然使用虚假身份入职，且用人单位已经尽力完成谨慎审查的义务，则劳动者应当承担社会保险损失的主要责任。

【实务指引】

从上文可知，区分劳动者与用人单位的主次责任时，非常重要的一点是用人单位是否尽到了审慎义务，即用人单位是否就劳动者的身份材料进行谨慎核查，是否存在过错。那么，作为用人单位，应在劳动者入职时如何避免此类情况的发生呢？对此，笔者有以下几点建议：

一、严格审查劳动者的身份证件，提交复印件时应当要求提供身份证原件进行核对，同时，建议要求劳动者在身份证复印件上签署"复印件与原件一致"并签名确认。

二、交由员工签署的入职材料中，建议增加以下表述："本人确认，本人所提交的材料及提供的信息均属真实，如有任何伪造、虚假或隐瞒，公司有权不予录用，已经录用的，视为本人严重违反规章制度，公司有权解除劳动合同。由此产生的一切法律后果及责任，均由本人自行承担。"

三、对于关键岗位的人员，建议在确定录用之前，进行背景调查，以详细地了解劳动者的过往经历是否属实。

37 超过法定退休年龄的员工在工作中受伤或死亡的，能否享受工伤保险待遇？

【核心观点】

对于达到或超过法定退休年龄，但未办理退休手续或者未依法享受城镇职工基本养老保险待遇的劳动者，如果继续在原用人单位工作期间受到事故伤害或患职业病的，用人单位依法应当承担工伤保险责任。

用人单位招用已经达到、超过法定退休年龄或已经领取城镇职工基本养老保险待遇的劳动者，在用工期间因工作原因受到事故伤害或患职业病的，如招用单位已按项目参保等方式为其缴纳工伤保险费的，应适用《工伤保险条例》。

对于进城务工的农民来说，存在与上述规则有区别的工伤认定和享受工伤保险待遇规则。

【案情简介】

文某于2014年11月21日入职第三人开物公司，双方签订《劳务合同》，约定合同期限为2014年11月21日至2017年11月20日，从事岗位为物业服务。2017年10月16日，文某的配偶、文某的父亲、文某的儿子（以下简称文某家属）向某人力资源和社会保障局提交《工伤认定申请表》及工牌、值班记录表、诊断证明书及居民死亡医学证明书等材料，称文某于2017年9月17日下午6时许，在上班过程中突发疾病，经某电力医院抢救无效于次日上午8时许死亡，申请认定文某的死亡视同工伤。

某人力资源和社会保障局收到文某家属的申请后，于同日向开物公司发出《工伤认定举证通知书》，要求开物公司自收到该通知书之日起5日内提供相关材料。开物公司于同年10月20日提交《情况说明》，称与文某不存在劳动关系，而是劳务关系，且文某已于2017年9月12日从其公司离职，死亡时并非其公司职工。

根据上述情况，某人力资源和社会保障局于 2017 年 10 月 24 日作出《工伤认定不予受理决定书》，决定对文某家属的工伤认定申请不予受理，并于 2017 年 10 月 30 日通过 EMS 邮寄送达文某家属。文某家属于次日收到该决定书后不服，诉至人民法院。

【裁判结果】

一审判决结果 [案号：（2017）粤 7101 行初 4093 号]：

撤销某人力资源和社会保障局于 2017 年 10 月 24 日作出的《工伤认定不予受理决定书》，责令某人力资源和社会保障局于本判决生效之日起六十日内对文某的工伤认定事宜重新作出处理。

一审法院认为，本案争议焦点为被告某人社局以文某已达法定退休年龄为由作出《工伤认定不予受理决定书》是否合法。

根据《工伤保险条例》第二条第二款规定："中华人民共和国境内的企业、事业单位、社会团体、民办非企业单位、基金会、律师事务所、会计师事务所等组织的职工和个体工商户的雇工，均有依照本条例的规定享受工伤保险待遇的权利。"由此可见，享受工伤保险待遇的主体是与用人单位存在劳动关系的各种劳动者，包括与用人单位建立事实劳动关系的劳动者。此条并未将超过法定退休年龄的劳动者排除在工伤认定主体范围外，我国劳动法亦未对超过法定退休年龄仍然从事劳动的人员作禁止性规定。

同时，《最高人民法院行政审判庭关于超过法定退休年龄的进城务工农民因工伤亡的，应否适用〈工伤保险条例〉请示的答复》（〔2010〕行他字第 10 号）及《最高人民法院关于超过法定退休年龄的进城务工农民在工作时间内因公伤亡的，能否认定工伤的答复》（〔2012〕行他字第 13 号）均规定，用人单位聘用的超过法定退休年龄的务工农民，在工作时间内、因工作原因伤亡的，应当适用《工伤保险条例》的有关规定进行工伤认定。

另外，《最高人民法院关于审理劳动争议案件适用法律若干问题的解释三》第七条规定："用人单位与其招用的已经依法享受养老保险待遇或领取退休金的人员发生用工争议，向人民法院提起诉讼的，人民法院应当按劳务关系处理。"因此，对于超过法定退休年龄的劳动者能否作为工伤认定的主体，应结合劳动者是否享受养老保险待遇或领取退休金来认定。本案中，虽然文某在入职前已达法定退休年龄，但某人力资源和社会保障局在未就文某是否享受养老保险待遇或退休金的事实作相应调查的情况下，仅以文某超过法定退休年龄为由不受理原告的工伤认定申请不符合前述规定，明显不当。

综上，某人力资源和社会保障局根据《工伤保险条例》第十八条及《广东省工伤保险条例》第六十五条的规定作出涉案《工伤认定不予受理决定书》，不予受理关于文某的工伤认定申请，属于适用法律、法规错误。

二审判决结果［案号：（2018）粤 71 行终 1388 号］：
驳回上诉，维持原判。
《最高人民法院行政审判庭关于超过法定退休年龄的进城务工农民因工伤亡的，应否适用〈工伤保险条例〉请示的答复》(〔2010〕行他字第 10 号）及《最高人民法院关于超过法定退休年龄的进城务工农民在工作时间内因公伤亡的，能否认定工伤的答复》(〔2012〕行他字第 13 号）均规定，用人单位聘用的超过法定退休年龄的务工农民，在工作时间内、因工作原因伤亡的，应当适用《工伤保险条例》的有关规定进行工伤认定。依据该答复的精神，对于超过法定退休年龄又未享受基本养老保险待遇的务工农民，如在工作时间内、因工作原因伤亡的，应当适用《工伤保险条例》的有关规定进行工伤认定。

本案中，文某在法定退休年龄后，于 2014 年 11 月 21 日入职开物公司从事物业服务，2017 年 9 月 17 日下午在开物公司处突发疾病，经抢救无效死亡。文某家属向被上诉人某人力资源和社会保障局申请工伤认定，并按要求提供相关资料。某人力资源和社会保障局未对文某是否享受基本养老保险待遇或领取退休金的情况进行调查核实，仅以其发病时的年龄已超过法定退休年龄为由作出工伤认定不予受理决定，违反前述法律规定，原审判决予以撤销，并无不当，本院予以支持。

根据《劳动合同法》第四十四条第（二）项的规定，劳动者开始依法享受基本养老保险待遇的，劳动合同终止。在司法实践中，劳动者是否享受养老保险待遇是劳动者是否退休的一个标志。根据该条规定，劳动者领取基本养老金之日，劳动合同的法律效力依法被消灭，如果劳动者达到了法定退休年龄但并没有依法享受基本养老保险待遇的,除国家另有规定的外,其劳动合同并不终止。《劳动合同法实施条例》第二十一条规定,劳动者达到法定退休年龄的,劳动合同终止。该条规定了终止劳动合同的前提条件,并未明确规定只要劳动者达到退休年龄,劳动合同就自然终止。上诉人开物公司仅以文某超过法定退休年龄,主张双方不存在劳动关系的上诉理由,不符合上述规定,二审法院不予支持。

【争议焦点解读】

在用工管理的过程中,往往会出现一些特殊的情形,聘用超过法定退休年龄的员工就是其中之一。超过法定退休年龄的员工能否享受工伤保险待遇等问题在实践中存在争议,所以笔者就司法实践中的相关问题作了一番梳理,希望对劳资双方能够正确认识和解决该问题有所裨益。

关于超过法定退休年龄的劳动者(进城务工农民除外)在工作期间受到事故伤害或患职业病,能否被认定为工伤的问题

根据《人力资源和社会保障部关于执行〈工伤保险条例〉若干问题的意见(二)》(人社部发〔2016〕29号)第二条规定:"达到或超过法定退休年龄,但未办理退休手续或者未依法享受城镇职工基本养老保险待遇,继续在原用人单位工作期间受到事故伤害或患职业病的,用人单位依法承担工伤保险责任。用人单位招用已经达到、超过法定退休年龄或已经领取城镇职工基本养老保险待遇的人员,在用工期间因工作原因受到事故伤害或患职业病的,如招用单位已按项目参保等方式为其缴纳工伤保险费的,应适用《工伤保险条例》。"

由以上规定可知,超过法定退休年龄的劳动者可以根据聘用的形式分为三类:其一,达到或超过法定退休年龄,但未办理退休手续或者未依法享受城镇职工基本养老保险待遇,继续在原用人单位工作的劳动者;其二,用人单位新招用已经达到、超过法定退休年龄但未办理退休手续或者未依法享受城镇职工基本养老保险待遇的劳动者;其三,已办理退休手续或者已依法享受城镇职工基本养老保险待遇的劳动者。对于第一类人员,在原用人单位工作期间受到事故伤害或患职业病的,用人单位依法承担工伤保险责任。对于第二类、第三类人员,如招用单位已按项目参保等方式为其缴纳工伤保险费的,应适用《工伤保险条例》，可被认定为工伤；如果招用单位未按项目参保等方式为其缴纳工伤保险费的，不应适用《工伤保险条例》，不应被认定为工伤。

关于超过法定退休年龄的进城务工农民在工作期间受到事故伤害或患职业病，能否被认定为工伤的问题

所谓的进城务工农民，一般是指户籍在农村，进入非农村地区工作的人员。根据《最高人民法院关于超过法定退休年龄的进城务工农民在工作时间内因公伤亡的，能否认定工伤的答复》(〔2012〕行他字第13号)规定："用人单位聘用的超过法定退休年龄的务工农民，在工作时间内、因工作原因伤亡的，应当适用《工伤保险条例》的有关规定进行工伤认定。"

根据《最高人民法院行政审判庭关于超过法定退休年龄的进城务工农民因工伤亡的，应否适用〈工伤保险条例〉请示的答复》(〔2010〕行他字第10号)规定："用人单位聘用的超过法定退休年龄的务工农民，在工作时间内、因工作原因伤亡的，应当适用《工伤保险条例》的有关规定进行工伤认定。"

根据《人力资源和社会保障部关于执行〈工伤保险条例〉若干问题的意见(二)》(人社部发〔2016〕29号)第二条规定："达到或超过法定退休年龄，但未办理退休手续或者未依法享受城镇职工基本养老保险待遇，继续在原用人单位工作期间受到事故伤害或患职业病的，用人单位依法承担工伤保险责任。用人单位招用已经达到、超过法定退休年龄或已经领取城镇职工基本养老保险待遇的人员，在用工期间因工作原因受到事故伤害或患职业病的，如招用单位已按项目参保等方式为其缴纳工伤保险费的，应适用《工伤保险条例》。"

由以上规定可知，对于进城务工农民，可以分为如下三类：其一，达到或超过法定退休年龄，但未办理退休手续或者未依法享受城镇职工基本养老保险待遇，继续在原用人单位工作的进城务工农民；其二，用人单位新招用已经达到、超过法定退休年龄但未办理退休手续或者未依法享受城镇职工基本养老保险待遇的进城务工农民；其三，已办理退休手续或者已依法享受城镇职工基本养老保险待遇的进城务工农民。对于第一类、第二类进城务工农民，在用人单位工作期间受到事故伤害或患职业病的，用人单位依法承担工伤保险责任。对于第三类进城务工农民，如招用单位已按项目参保等方式为其缴纳工伤保险费的，应适用《工伤保险条例》，可被认定为工伤；如果招用单位未按项目参保等方式为其缴纳工伤保险费的，不应适用《工伤保险条例》，不应被认定为工伤。

【实务指引】

诚如本文所分析，对于"超过法定退休年龄的员工在工作中受伤的，能否享受工伤保险待遇"的问题，根据不同的情形将有不同的答案。

其一，对于超过法定退休年龄的劳动者（进城务工农民除外），要看其是继续在原用人单位工作还是用人单位重新招用。对于继续在原用人单位工作的劳动者，在原用人单位工作期间受到事故伤害或患职业病的，用人单位依法承担工伤保险责任。对于用人单位重新招用的劳动者，如招用单位已按项目参保等方式为其缴纳工伤保险费的，应适用《工伤保险条例》，可被认定为工伤；如果招用单位未按项目参保等方式为其缴纳工伤保险费的，不应适用《工伤保险条例》，不应被认定为工伤。

其二，对于超过法定退休年龄的进城务工农民，要看其是否已办理退休手续或者已依法享受城镇职工基本养老保险待遇。对于未办理退休手续或者未依法享受城镇职工基本养老保险待遇的进城务工农民，在用人单位工作期间受到事故伤害或患职业病的，用人单位依法承担工伤保险责任。对于已办理退休手续或者已依法享受城镇职工基本养老保险待遇的进城务工农民，如招用单位已按项目参保等方式为其缴纳工伤保险费的，应适用《工伤保险条例》，可被认定为工伤；如果招用单位未按项目参保等方式为其缴纳工伤保险费的，不应适用《工伤保险条例》，不应被认定为工伤。

此外，出于分摊风险考虑，用人单位可针对不同的情形采取不同的风险分担措施：

首先，对于可能享受工伤保险待遇的人员，用人单位应当进一步判断能否为该人员缴纳工伤保险费用。对于可缴纳工伤保险费的人员，用人单位应当缴纳工伤保险费。对于不能缴纳工伤保险费用的人员，用人单位可考虑采取诸如购买商业保险等方式分摊风险。

其次，对于不能享受工伤保险待遇的人员，由于其很可能有权向用人单位主张人身损害赔偿，用人单位也可考虑采取诸如购买商业保险等方式分摊风险。

38 员工休息日从住所地返回员工宿舍，途中遭遇非本人主要责任交通事故，能否认定工伤？

【核心观点】

员工休息日从住所地返回员工宿舍，途中遭遇非本人主要责任的交通事故，如符合"合理时间往返于合理路线的上下班途中"的条件，根据《工伤保险条例》《最高人民法院关于审理工伤保险行政案件若干问题的规定》的规定，应当认定为工伤。

【案情简介】

朱某华出生于1957年8月29日，生前为荣轩公司职工，受公司委派在吕四港电厂从事锅炉维护吹灰等工作，住在公司安排的职工宿舍，每个月集中休息3—5天回如皋老家与家人团聚。2015年11月14日是其休息日，次日上午八点上班。在朱某华休息日即14日下午4时55分许，其从如皋老家坐客车中途经南通转车到吕四港镇车站后，乘坐其同事左某驾驶的电动自行车，在回职工宿舍途中，电动自行车与沈某驾驶的二轮摩托车发生碰撞致朱某华受伤，后经抢救无效于同年11月29日死亡，其死亡时未满法定的企业职工退休年龄。2016年1月6日，公安交警部门作出朱某华不负事故责任的道路交通事故认定书。之后，朱某峰作为朱某华之子于6月27日申请认定工伤。启东市人力资源和社会保障局（以下简称启东人社局）于当日受理后，在8月22日作出了启人社工决字〔2016〕0530号认定工伤决定书，认定朱某华受到的事故伤害，符合《工伤保险条例》第十四条第（六）项之规定，属于工伤认定范围，予以认定为工伤。荣轩公司不服提起行政诉讼，要求撤销启东人社局的认定工伤决定书。

【裁判结果】

一审判决结果［案号：（2017）苏0684行初30号］：
驳回荣轩公司的诉讼请求。

一审法院经审理认为，本案的争议焦点是：休息日往返于住所地与配偶、父母、子女居住地，能否认定为"上下班途中"。

一审法院认为，《工伤保险条例》第十四条第（六）项规定，职工在上下班途中，受到非本人主要责任的交通事故或者城市轨道交通、客运轮渡、火车事故伤害的，应当认定为工伤。

本案中，从启东人社局的举证材料证明：事发当日虽是朱某华的休息日，但为了次日上午八时能正常上班，其提前从如皋乘车经南通转车到吕四港镇后又乘坐同事的电动自行车回宿舍的路线，是其在休息期间往返于工作地与家人居住地的必经路线，具有一定的特殊性。

根据《最高人民法院关于审理工伤保险行政案件若干问题的规定》第六条"对社会保险行政部门认定下列情形为'上下班途中'的，人民法院应予支持：……（二）在合理时间内往返于工作地与配偶、父母、子女居住地的合理路线的上下班途中……"的规定，朱某华与家人团聚后为次日能正常上班提前乘车从如皋经南通返回至吕四港车站后又乘坐其同事驾驶的电动车回职工宿舍的路线，可视为其上班的合理路线。

朱某华回如皋老家休息后返回工作地上班属于特殊情形，因两地相距较远、路途转车等客观原因，为了不耽误第二天上午八点准时上班，其提前于前日下午乘车至吕四港镇后又乘坐同事的电动自行车前往职工宿舍途中发生了交通事故。尽管发生交通事故距次日上班尚有一段时间，但结合往返路程、交通工具等，朱某华提前出发是为了第二天能正常上班，其行为具有正当性和合理性，应当认定发生交通事故时其在上班的合理时间内。

二审判决结果［案号：(2017) 苏06行终375号］：
驳回上诉，维持原判。

二审法院认为，根据一审法院所作判决及各方当事人的诉辩主张，本案的争议焦点是，朱某华发生的交通事故是否属于上班途中。

《工伤保险条例》第十四条第（六）项规定，职工在上下班途中，受到非本人主要责任的交通事故或者城市轨道交通、客运轮渡、火车事故伤害的，应当认定为工伤。《最高人民法院关于审理工伤保险行政案件若干问题的规定》第六条进一步明确了上下班途中的具体情形需满足"合理时间"和"合理路线"两个核心要素。因此，对于朱某华发生的交通事故是否属于上班途中，应当分别考察是否符合上述两个基本要素。

关于朱某华发生的交通事故是否处于合理时间的问题

"以上下班为目的"是判断合理时间的核心。上下班为目的是人的内心活动，具有较强的主观色彩，需凭借外在因素如时空因素、一般社会生活经验及社会情理等对一些非常规下的所谓"上下班途中"进行合理性地综合考量，尤其是在多种法律解释出现不同结果时，为选择最佳的一种解释，依社会道德观念、依社会上一般观念解释法律，并偏重于社会效果的预测及其目的而进行考量。上下班途中作为一个法律概念，随着社会发展和变迁，含义不断丰富，因此，除一般解释为直接上班或下班途中外，不应拘泥于字面含义，还应当考虑到社会生活中上下班的各种特殊情形。

具体到本案而言，对于朱某华发生事故当天不上班的事实，各方当事人均不持异议。

首先，根据事发当日驾驶电瓶车接朱某华的左某在公安机关及人社部门的两次陈述，均能证实朱某华事故次日一早要上班，根据社会一般观念，员工工作地离住所地相距较远时，放假回家后，提前一天返回离工作地较近的职工宿舍，符合常理。

其次，考虑到朱某华作为普通工人，通常会选择乘坐公共交通工具作为上下班方式，而朱某华位于如皋的住处距离启东工作地超过100公里，囿于时空及经济条件的因素，导致其为避免迟到而提前一天回到单位，成为合理选择。因此，如果苛求朱某华必须工作日当天上班，才构成工伤保险条例意义上的上班，显然极大地削弱了对此类异地工作劳动者的保护。

最后，通勤事故认定为工伤，毕竟是在原有工伤认定基础上的扩大保护，应从法律的内在逻辑出发正确理解通勤事故的适用范围，不宜任意从宽解释。本案中，朱某华发生事故时间为11月14日16时55分左右，已接近傍晚，且为冬天，故朱某华提前返回单位的时间处于合理范围内，并未因过分提前而超过必要限度。

综合上述分析，朱某华于事发当日下午前往单位宿舍休息，从而不耽误次日上班目的已相当明显，而该目的决定了朱某华即使返回职工宿舍，亦不导致时间上的中断，符合"以上下班为目的"的基本条件。因此，朱某华发生的交通事故处于合理时间中。

关于朱某华发生的交通事故是否处于合理路线的问题

《最高人民法院关于非固定居所到工作场所之间的路线是否属于"上下班途中"的答复》（〔2008〕行他字第2号）明确：如劳动者确系下班直接回其在济南的住所途中受到机动车事故伤害，应当适用《工伤保险条例》第十四条第（六）项的规定。

随着我国户籍制度的改革和公路交通的发展，城市人口流动性日益加大，劳动者的居住地问题变得日益复杂，工作场所由于电子办公的普及而难于判断，异地工作或异地婚姻大量涌现，有些劳动者平常在一个地方工作，周末到另一个地方居住的情形越来越多，最高院答复反映出的有关不固定居住地的法律问题具有普遍意义。

具体到本案而言，虽然朱某华平时居住于职工宿舍，但根据最高人民法院答复的精神，朱某华从如皋住处返回单位的路线可视为上班途中。而上诉人荣轩公司认为朱某华返回的目的地是职工宿舍而非工作地。

对此，二审法院认为，朱某华的工作地和职工宿舍均位于电厂厂区，位置上具有合一性，同时，从性质上看，职工宿舍并不等同于通常意义上的"家"或者"住处"，家乃私人生活之场所，回家足以导致上下班目的阻断，而职工宿舍兼具私人生活与工作场所双重性质，基于前述朱某华以上班为目的的分析，此时的职工宿舍，即应当视为工作地，即朱某华事发当天往返的连接点一端为住处，另一端为工作地，构成上班之合理路线。

【争议焦点解读】

随着我国经济和公共交通建设的不断发展，城市间的人口流动性日益加大，有些劳动者工作日在一地工作，休息日在另一地居住的现象也屡见不鲜。加之电子设备与线上办公让移动办公日益普遍，这让我们在认定居住地和工作地时突破了传统观念的限制。

根据《工伤保险条例》第十四条对认定工伤的条件作出了规定，本案主要适用第十四条的规定:"……(六)在上下班途中,受到非本人主要责任的交通事故或者城市轨道交通、客运轮渡、火车事故伤害的……"

也就是说,如需判断构成工伤,需要符合两个要件:第一,在上下班途中;第二,受到非本人主要责任的交通事故或者城市轨道交通、客运轮渡、火车事故伤害。

《最高人民法院关于审理工伤保险行政案件若干问题的规定》第六条进一步对"上下班途中"进行界定,可概括为两个要件:第一,合理时间;第二,合理路线。那么员工休息日从住所地返回宿舍,遭遇非本人主要责任的交通事故而引发的纠纷,是否属于"上下班途中"呢?接下来,笔者将结合上述两条规定展开详细论述。

一、如何界定合理时间

合理时间是认定"上下班途中"的时间概念。虽然用人单位的规章制度是界定上下班时间的主要依据,但从实践来看,合理时间的内涵远超"上下班时间"的字面含义。因此,在理解这个概念时,不能僵化地进行字面理解,直接将合理时间等同于固定的时间段。

结合本案,员工休息日从住所返回员工宿舍,途中遭遇了非本人主要责任的交通事故,正是现实中的常见情形之一。虽然返回时间与用人单位规定的上班时间相隔十七个小时,但考虑到距离、交通等因素,依然可以认定涉案员工的行为是为了第二天能在早上八点准时上班。因此,本案关于合理时间的判断具有一定的特殊性。

不过,我们能否从本案总结出一条用以判断合理时间的标准呢?笔者认为,这个标准可概括为"以上下班为目的"。实务中,如果遭遇了非本人主要责任的交通事故,法院通常认定迟到、早退的员工同样构成工伤,因为他们依然以上下班为目的。

笔者认为,据此标准判断合理时间时,除了距离因素以外,还要考虑路况条件、交通工具的类型、季节气候的变化及偶然性事件的发生等因素,并结合社会一般认知,作出综合、客观的判断。

二、如何界定合理路线

传统观念中,合理路线指员工往返于单位和家中的路线。不过,在社会普遍观念及审判实践中，合理路线的判断并非只有唯一的一种。

《最高人民法院关于审理工伤保险行政案件若干问题的规定》第六条也对此进行了界定，合理路线包括但不限于往返于工作地与住所地、经常居住地、单位宿舍之间的合理路线以及往返于工作地与配偶、父母、子女居住地的合理路线。

根据上述规定，笔者认为，如果员工的出发地和目的地具有合理性，即可认定为合理路线。具体到本案，在居住地的认定上并无异议，焦点在于职工宿舍能否认定为工作地。

笔者与二审法院的意见相同。职工宿舍与工厂具有位置上的合一性，且从性质上看，职工宿舍具有工作场所和私人场所的性质，故应当认定为工作地。

此外，《最高人民法院关于审理工伤保险行政案件若干问题的规定》第六条第（三）项还规定，从事属于日常工作生活所需要的活动，且在合理时间和合理路线的上下班途中，依然认定为"上下班途中"。如员工在下班途中顺路去买菜，不影响其"上下班途中"的认定。

需要注意的是，即使认定了"上下班途中"这一要件，员工必须遭受非本人主要责任的交通事故或城市轨道交通、客运渡轮、火车事故伤害，才能认定为工伤。换言之，如员工在上下班途中因为其他原因遭遇事故，如不慎滑倒，不能认定为工伤。

【实务指引】

由于实务中认定"上下班途中"的情形复杂多样，用人单位往往囿于固有观念的限制，无法及时预见风险。因此，笔者提供如下建议：

一、增强劳动者安全意识培训

通过本文案例，我们发现如劳动者在上下班时选择诸如摩托车、电单车等危险系数较高的出行方式，遭遇交通事故的概率也会随之增高；同理，如劳动者在上下班时选择安全系数更高的出行方式，发生交通事故的概率也会随之降低。

因此，用人单位应当增强劳动者的安全意识培训，一方面，这有利于保障劳动者的出行安全，减少劳动者因交通事故遭受人身损害的概率；另一方面，随着劳动者安全意识的提高，工伤的出现概率也会随之降低，这有利于减少用人单位的人力资源成本。

二、购买补充商业保险，转移风险

根据《工伤保险条例》，即便用人单位为员工购买了足额的工伤保险，也要承担员工停工留薪期工资、伤残津贴、一次性伤残就业补助金等费用。因此，用人单位无法通过社会基本保险达到免责目的。

对此，笔者建议用人单位结合实际的经营情况，购买补充商业保险，由保险公司在赔偿限额内负责赔偿用人单位应当承担的医药费用和经济赔偿责任，以减小经营成本，转移一部分风险。

39 员工提前上班发生非本人主要责任的交通事故，能否认定工伤？

【核心观点】

员工提前上班发生非本人主要责任的交通事故能否认定工伤，关键在于员工上下班的时间和路线是否合理。如果员工上下班的时间在合理的范围且员工上下班路线也合理，那么可被认定为工伤。如果员工上下班的时间不在合理的范围或者员工上下班的路线不合理，很有可能不被认定为工伤。

【案情简介】

吴某英于2013年7月19日到重庆市明邦建材公司（以下简称明邦建材公司）上班，工种为刷模油工。明邦建材公司从2013年7月21日起实行分班工作，白班工作时间：6时至16时，夜班工作时间：16时至24时。

2013年7月24日，吴某英上夜班。当日吃过中饭后，吴某英搭乘张某的两轮摩托车到明邦建材公司上班。摩托车于12时57分途经化工大道江北水厂路口右转弯时与明邦建材公司驾驶员余某驾驶的货车相撞，张某受伤，吴某英当场死亡。

重庆市万州区公安局交通巡逻警察支队于2013年8月14日出具道路交通

事故认定书，认定余某承担本起事故的主要责任，张某承担本起事故的次要责任，吴某英不负本起事故责任。吴某英的丈夫张某福于2013年12月16日向某人力资源和社会保障局提出吴某英工伤认定申请，某人力资源和社会保障局于2013年12月30日受理。之后，某人力资源和社会保障局于2014年9月9日以吴某英去明邦建材公司上班的证据不足，不符合《工伤保险条例》第十四条第（六）项的规定为由，决定不予认定为工伤。张某福不服，遂于2014年10月11日向人民法院提起诉讼。

【裁判结果】

一审判决结果 [案号：（2014）万法行初字第00119号]：

撤销某人力资源和社会保障局于2014年9月9日作出的万州人社伤（2014）539号不予认定工伤决定。限某人力资源和社会保障局在本判决发生法律效力后三十日内重新作出具体行政行为。

一审法院认为，本案主要争议焦点是发生交通事故时吴某英是否去明邦建材公司上班。对于前述争议焦点，一审法院分析如下：

首先，从一审法院调取的证据中余某的证言可知，发生交通事故时张某摩托车是开启的右转向灯，能认定张某行驶方向是路口向右转，并不是某人力资源和社会保障局所称的直行方向。加上摩托车上搭乘的是吴某英，吴某英在事故发生当天系去明邦建材公司上夜班，摩托车在事故发生路口右转能到达明邦建材公司。此外，结合明邦建材公司其他员工的证人证言，能证明吴某英事故发生当天应当到明邦建材公司上班。实际上，明邦建材公司也未提交吴某英当天不是到公司上班而是到其他地方去从事个人活动的相关证据。因此，一审法院认定事故发生地属于吴某英搭乘车辆上班的合理路线。

其次，对于某人力资源和社会保障局认为吴某英发生的交通事故的时间不属上班"合理时间"的问题。虽然明邦建材公司的规章制度规定夜班的上班时间是16时，而发生交通事故的时间是12点57分左右，表面看时间相差三个小时，具有不合理性，但从当天同样需要上夜班的证人王某云、张某国、张某全的首次证言来看，明邦建材公司要求新进人员要向上一班工人学习操作技能，事发当天王某云也早已到明邦建材公司。此外，在某人力资源和社会保障局向王某云、幸某碧、张某全进行调查时，前述被调查人员同样称要提前到岗学习技能。虽然某人力资源和社会保障局之后再对王某云、程某联、王某红、兰某英、张某秀、熊某芳等人进行调查时，被调查人员出具了分班前已进行培训且工作简单不需要学习的证言，但在证人多次作证并且证言反复不定的情况下，应当以首次证言为准，主要原因是后续证言有可能受感情、利益等其他因素的影响。因此，虽然本案中证人证言不完全一致，但结合证人首次证言和当天吴某英前往公司的事实能得出吴某英提前到明邦建材公司就是为了向上一班工人学习操作技能的结论，故事故发生时间属于上下班合理时间。

最后，就算吴某英提前去明邦建材公司不是为了向上一班工人学习技术，但去公司的目的是上班，在这途中发生交通事故仍应认定为上班途中发生交通事故。

基于以上事实，根据《工伤保险条例》第十四条第（六）项规定，职工在上下班途中受到非本人主要责任的交通事故或者城市轨道交通、客运轮渡、火车事故伤害的，应认定为工伤。本案中，吴某英到明邦建材公司上班途中发生交通事故，本人无责任，符合该条规定，应认定为工伤。某人力资源和社会保障局以吴某英去明邦建材公司上班的证据不足，作出不予认定工伤决定属事实认定错误，应予撤销。

二审判决结果［案号：（2015）渝二中法行终字第00008号］：
驳回上诉，维持原判。

由于各方当事人对一审判决认定重庆市万州区人力资源和社会保障局具有行政主体资格和法定职权，以及认定吴某英搭乘张某的两轮摩托车途经化工大道江北水厂路口发生交通事故的事实，均无争议，所以二审法院予以确认。在确认了前述事实的基础上，二审法院归纳本案的争议焦点为发生交通事故时吴某英是否去第三人单位上班，并分析如下：

本案需从是否属于合理路线和是否属于合理时间这两个方面判断吴某英当天是否提前到公司上班。因为上下班目的具有较强的主观色彩，需借助外在因素如时空因素、一般社会经验及社会情理等进行综合考量。实践中对非常规工作情况下的"上下班途中"理解的分歧主要在对"目的性"的判断和对"合理性"

产生的"度"的判断。

在本案中，吴某英在事故当天出行的路线，是从其家出发到明邦建材公司的路线，发生交通事故的地点为可通往明邦建材公司的岔路路口。从一审法院调取的余某交通肇事一案的刑事卷调查笔录、余某的陈述，结合交通事故现场图与车辆行驶示意图可知，吴某英所乘坐的摩托车当时是向明邦建材公司的方向行驶。由于吴某英丈夫在交警队询问时已陈述事故发生当天吴某英正前往明邦建材公司，其出行路线的合理性可得到解释，应当予以确认。此外，关于本案涉及对新招录工人是否需提前到公司熟悉技术的问题，尽管证人证言有出入，但综合本案具体情况，认定公司要求新招录工人尽快熟悉工作流程和技术符合常理。新招录工人提前到公司，具有一定的合理性。而吴某英到公司上班时间较短，比一般工人提前到公司，也符合常情。当天提前出行虽然与公司规定上班时间存在一段距离，但现无证据证实吴某英并非前往公司而去往他处的事实。从保护劳动者合法权益的角度出发，基于本案的特殊情形，可认定吴某英具有前往公司上班的目的。一审法院认定本案属上班途中发生交通事故的情形，具有一定的妥当性。综上，一审法院认定事实清楚，适用法律正确，程序符合法律规定。某人力资源和社会保障局的上诉理由不能成立，上诉请求二审法院不予支持。原审判决正确，应予维持。

【争议焦点解读】

能否认定为工伤，关系着劳动者能否依法享受工伤保险待遇，也关系着用人单位和社会保险部门应否依法承担工伤保险待遇。在员工提前上班并发生非本人主要责任的交通事故的情形中，上下班的时间和路线是否合理的问题一直以来都备受关注和争议。笔者就司法实践中的相关问题作了一番梳理，希望对劳资双方正确认识和解决该问题有所裨益。

一、关于遭受交通事故应被认定为工伤情形的构成要件

《工伤保险条例》第十四条规定："职工有下列情形之一的，应当认定为工伤：（一）在工作时间和工作场所内，因工作原因受到事故伤害的；（二）工作时间前后在工作场所内，从事与工作有关的预备性或者收尾性工作受到事故伤害的；（三）在工作时间和工作场所内，因履行工作职责受到暴力等意外伤害的；

(四）患职业病的；（五）因工外出期间，由于工作原因受到伤害或者发生事故下落不明的；（六）在上下班途中，受到非本人主要责任的交通事故或者城市轨道交通、客运轮渡、火车事故伤害的；（七）法律、行政法规规定应当认定为工伤的其他情形。"对于遭受交通事故的情形，在同时符合以下条件的情况下，应当被认定为工伤：其一，在上下班途中；其二，该交通事故非劳动者本人主要责任。

二、关于"上下班途中"的理解问题

《最高人民法院关于审理工伤保险行政案件若干问题的规定》（法释〔2014〕9号）第六条规定："对社会保险行政部门认定下列情形为'上下班途中'的，人民法院应予支持：（一）在合理时间内往返于工作地与住所地、经常居住地、单位宿舍的合理路线的上下班途中；（二）在合理时间内往返于工作地与配偶、父母、子女居住地的合理路线的上下班途中；（三）从事属于日常工作生活所需要的活动，且在合理时间和合理路线的上下班途中；（四）在合理时间内其他合理路线的上下班途中。""上下班途中"包含两个事项的认定：其一，合理的时间；其二，合理的路线。只有同时被认定为"合理的时间"和"合理的路线"，才能被认定为"上下班途中"，具体如下：

1. "合理的时间"

关于"合理的时间"，可以细分为上班和下班两种情形：

对于上班的情形，如果劳动者客观上将早于用人单位规定的上班时间到达用人单位，那么要看早到的时间与用人单位规定上班时间之间的时间间隔是否合理。如果时间间隔较短，那么可被认定为合理的时间间隔，进而被认定为"合理的时间"；如果时间间隔过长，那么需进一步核实该时间间隔是否有合理的理由（如是否基于用人单位的要求、是否基于工作岗位的特殊要求，劳动者是否有其他合理理由等），如果有合理的理由，那么可以认定为合理的时间间隔，进而被认定为"合理的时间"；否则，不能认定为"合理的时间"。如果劳动者客观上将晚于用人单位规定的上班的时间到达用人单位，那么也可适用前述规则判断是否属于"合理的时间"。

对于下班的情形，如果劳动者在客观上早于用人单位规定的下班时间离开用人单位，那么一般属于早退。在前述情形下，需进一步核实早退是否有合理的理由（如是否基于用人单位的要求、是否基于工作岗位的特殊要求、劳动者是否请假及请假是否获得批准，劳动者是否有其他合理理由等），如果有合理的理由，那么可以认定为"合理的时间"；否则，不能认定为"合理的时间"。

在本案中，人民法院认为，从第三人明邦建材公司规定夜班时间是16时上班，而发生交通事故的时间是12点57分左右。表面看时间相差三个小时，具有不合理性。但从证人首次证言来看，均证明公司要求新进人员要向上一班工人学习操作技能，所以不合理的时间间隔具有合理的形成理由。因此，人民法院认为本案存在"合理的时间"。

2."合理的路线"

对于"合理的路线"，其可细分为对路线的起点、终点、起点和终点之间路径进行理解：所谓的"起点""终点"，是指工作地、住所地、经常居住地、单位宿舍、配偶、父母、子女居住地、从事属于日常工作生活所需要的活动所在地其中之一，但"起点""终点"之一必须是工作地。所谓"起点和终点之间路径"，是指连接起点和终点的路径。一般情况下，连接起点和终点的路径应符合所采用交通工具特性和上下班习惯。

在本案中，人民法院认为"出行路线的合理性可得到解释""无证据证实吴某英并非前往公司而去往他处的事实"和"从其家到第三人单位的路面为水泥路，畅通易行"，故认定事故发生地属于吴某英搭乘车辆上班的合理路线。

【实务指引】

诚如本文所分析，员工提前上班发生非本人主要责任的交通事故，能否认定工伤的问题，关键在于核实事故是否发生在合理的时间和合理的路线中。

对于"合理的时间"，关键在于核实是否与用人单位规定的上下班时间相符，若不相符，是否有合理的理由。在用工管理的过程中，用人单位可以通过收集以下材料进行进一步判断：其一，用人单位的规章制度；其二，劳动者、劳动者家属、劳动者的同事对事故和劳动者是否上下班等事项的书面陈述；其三，道路交通事故责任认定材料；其四，劳动者以往的考勤记录。

对于"合理的路线"，关键在于核实路线的起点和终点是否具有合理性和连接路线起点和终点之间的路径是否符合所采用交通工具特性和上下班习惯。在用工管理的过程中，用人单位可以通过收集以下材料进行进一步判断：其一，劳动者家庭住址；其二，从劳动者家庭住址到其上班地址的合理路线图；其三，发生交通事故时，劳动者所使用或乘坐的交通工具材料；其四，劳动者、劳动者家属、劳动者的同事对事故和劳动者是否上下班等事项的书面陈述；其五，道路交通事故责任认定材料。

40 员工参加用人单位组织的外出旅游活动受伤，能否认定工伤？

【核心观点】

对《工伤保险条例》中所指的"工作原因""工作时间"和"工作场所"不能作机械地理解。虽然用人单位安排员工外出旅游并不是传统意义上的工作，但用人单位也是从自身的利益出发而给员工安排活动，可以视为工作的一种延伸，从而认定为工伤。但需要提醒注意的是，各省市的司法实践对于该问题存在不同看法，应当具体问题具体分析。

【案情简介】

2012年9月11日，时某与永臣公司签订《劳动合同书》。双方约定：合同期限为2012年9月11日至2015年9月10日，时某的工作岗位为生产部操作员，工作地点是珠海。

2013年5月2日，永臣公司发出《旅游通知》，通知于2013年5月5日至6日组织全体员工外出旅游，旅游地点为深圳东部华侨城。时某报名参加。

同年5月6日14时20分许，时某与公司其他员工一起在深圳东部华侨城茶溪谷游玩拍照。在拍摄一些有难度的动作时，时某悬空跳起，左脚先着地后没有站稳，向后摔倒。时某当时未在意，继续游玩。5月7日，时某感到不适，到珠海市人民医院诊治，医院诊断为左膝扭伤。后时某转至广东省中医院珠海医院诊治，被诊断为：左膝半月板损伤，左膝关节多发韧带损伤。

2013年10月12日，永臣公司向香洲区人社局提交了对时某的工伤认定申请，并就延迟申报作了情况说明。香洲区人社局审查后当日予以受理，并作出《工伤认定申请受理通知书》。永臣公司同时还提交了《考勤情况说明》和2013年5月的员工考勤统计表，以说明公司是鼓励员工多参与集体活动，2013年5月5日至6日组织的外出旅游活动，属正常出勤，计算工资。

同年10月22日，香洲区人社局作出香劳社工决字（2013）1172号《工伤认定决定书》，认为时某于2013年5月6日14时20分许，参加公司组织到深圳东部华侨城游玩，在华侨城茶溪谷拍照，悬空跳起落地时不慎摔倒，导致左膝受伤，其受伤情况不符合工伤认定范围。根据《广东省工伤保险条例》第九条和第十条的规定，认定时某所受的左膝半月板损伤、左膝关节多发韧带损伤为非工伤。该决定书于2013年11月7日送达给时某和永臣公司。

时某不服，向珠海市人力资源和社会保障局申请行政复议。珠海市人力资源和社会保障局于2014年1月25日作出珠人社行复决（2013）019号行政复议决定，维持香洲区人社局作出的香劳社工决字（2013）1172号工伤认定决定。时某仍然不服，向珠海市香洲区人民法院提起行政诉讼，请求撤销香洲区人社局作出的香劳社工决字（2013）1172号《工伤认定决定书》。

【裁判结果】

一审判决结果［案号：(2014)珠香法行初字第39号］：

一、撤销珠海市香洲区人力资源和社会保障局于2013年10月22日作出的香劳社工决字（2013）1172号工伤认定决定；二、珠海市香洲区人力资源和社会保障局于判决生效之日起六十日内重新作出工伤认定的决定。

一审法院认为，根据《工伤保险条例》第五条、第十七条的规定，香洲区人社局具有对职工或者用人单位提出的工伤认定申请进行审查并作出工伤认定决定的法定职责。

本案中，各方对时某于2013年5月6日在参加永臣公司组织的旅游活动中受伤的事实均无异议，争议的焦点在于对旅游活动中因时某拍照时做有难度动作所导致的受伤是否构成工伤。

《广东省工伤保险条例》第九条规定："职工有下列情形之一的，应当认定为工伤：（一）在工作时间和工作场所内，因工作原因受到事故伤害的；（二）工作时间前后在工作场所内，从事与工作有关的预备性或者收尾性工作受到事故伤害的；（三）在工作时间和工作场所内，因履行工作职责受到暴力等意外伤害的；（四）患职业病的；（五）因工外出期间，由于工作原因受到伤害或者发生事故下落不明的；（六）在上下班途中，受到非本人主要责任的交通事故或者城市轨道交通、客运轮渡、火车事故伤害的；（七）法律、行政法规规定应当认定为工伤的其他情形。"

第十条规定："职工有下列情形之一的，视同工伤：（一）在工作时间和工作岗位，突发疾病死亡或者在四十八小时之内经抢救无效死亡的；（二）在抢险救灾等维护国家利益、公共利益活动中受到伤害的；（三）因工作环境存在有毒有害物质或者在用人单位食堂就餐造成急性中毒而住院抢救治疗，并经县级以上卫生防疫部门验证的；（四）由用人单位指派前往依法宣布为疫区的地方工作而感染疫病的；（五）职工原在军队服役，因战、因公负伤致残，已取得残疾军人证，到用人单位后旧伤复发的……"

第十一条规定："职工符合本条例第九条、第十条的规定，但是有下列情形之一的，不得认定为工伤或者视同工伤：（一）故意犯罪的；（二）醉酒或者吸毒的；（三）自残或者自杀的；（四）法律、行政法规规定的其他情形。"

一审法院认为，香洲区人社局作出的不予认定工伤的决定不符合法律规定。具体理由如下：

首先，对于"工作原因"的理解，不能仅从职工与单位签订的劳动合同书进行判断。劳动合同并不能穷尽和概括职工所从事的和单位指派的各项工作内容，以此为标准判断职工的工作范围过于狭隘。

其次，时某参加的旅游活动是由永臣公司组织并承担经费的企业文化活动，永臣公司将员工参加旅游活动视为正常出勤，并计算工资，这说明永臣公司组织旅游与工作有本质上的联系，其目的是放松职工身心，增强和改善单位团队沟通与协作，更好地促进公司绩效，实现公司利益，是职工工作的延续。时某在公司积极鼓励下参加上述活动应属于工作范畴。

再次，拍照是人们在旅游中为记录回忆、体验出行乐趣所做出的一种很普遍的休闲娱乐行为，时某在公司组织的旅游活动中受伤，尽管是在拍摄一些有难度动作的过程中受伤，但其拍照行为没有明显超出整个旅游活动的范畴，其因此而受伤构成工伤认定的正当工作原因。

最后，时某的受伤情形排除了《广东省工伤保险条例》第十一条规定的不属于工伤认定的三种情形，现行法律、行政法规也没有规定此情形不应认定为工伤。

综上，时某在公司组织的旅游活动中受伤，符合《广东省工伤保险条例》第九条第（五）项规定的"因工外出期间，由于工作原因受到伤害"的工伤认定范围。香洲区人社局作出的香劳社工决字（2013）1172号工伤认定决定，虽然适用了《广东省工伤保险条例》，但对认定的事实定性不准，仍然属于适用法规错误，依法应予撤销。时某关于撤销该工伤认定决定的诉讼请求理据充分，应予以支持。香洲区人社局应根据查明的事实依据相关法律、法规规定重新作出工伤认定决定。

二审判决结果［案号:（2014）珠中法行终字第79号］:
驳回上诉，维持原判。

二审法院认为，用人单位要求或鼓励参加的集体活动，可以被认为是工作的一个组成部分，应属于工作原因。具体理由如下：

首先，从工伤保护的立法宗旨和法律原则来看，其目的是预防工伤事故发生、分担事故风险、保护劳动者合法权益。新修订的《工伤保险条例》扩大了属于工伤情形的具体范围，体现了以人为本和保护弱势群体的精神，将参加单位组织集体活动受到伤害的情形纳入工伤范围，符合《工伤保险条例》的立法目的。

其次，单位组织员工旅游行为属于与工作相关的行为，可参照"因工外出"认定。单位组织员工集体活动，从行为定性分析属单位集体行为，而不是员工私利行为，单位是集体活动的倡导者、组织者、管理者、交通工具提供者、资金提供者，员工在外集体活动中，始终处于单位组织的管理中，员工始终是被管理的状态。从单位组织员工集体活动的目的看，旨在调节员工身心，提高员工工作积极性，增强凝聚力。单位组织员工集体活动是单位福利待遇的另一种表现形式。期间发生伤害，应该获得医疗救治和经济补偿，组织者要对整个集体活动过程负责。

最后,《国务院法制办公室对〈关于职工参加单位组织的体育活动受到伤害能否认定为工伤的请示〉的复函》指出,作为单位的工作安排,职工参加体育训练活动而受到伤害的,应当依照《工伤保险条例》第十四条第(一)项中关于"因工作原因受到事故伤害的"规定,认定为工伤。因此,时某所受之伤也可认定为工伤。

本案中,时某参加的旅游活动是由永臣公司组织并承担经费的企业文化活动,永臣公司将员工参加旅游活动视为正常出勤,并计算工资,这说明永臣公司组织旅游的目的是放松职工身心,增强和改善单位团队沟通与协作,更好地促进公司绩效,实现公司利益,时某在公司要求下参加上述活动应属于工作范畴,符合《工伤保险条例》以及《广东省工伤保险条例》规定的因工外出期间,因工作原因受伤的情形。

【争议焦点解读】

在司法实践中,为了舒缓员工的压力,增加员工之间的凝聚力,用人单位往往会组织一些外出旅游或其他户外活动。但是,员工在参加这些活动时受伤的情况也屡见不鲜,在这种情况下,员工所受的伤害是否属于工伤呢?

根据现行的《工伤保险条例》,应当被认定为工伤的情况主要包括:在工作时间和工作场所内,因工作原因受到事故伤害;工作时间前后在工作场所内,从事与工作有关的预备性或者收尾性工作受到事故伤害;在工作时间和工作场所内,因履行工作职责受到暴力等意外伤害的;患职业病的;因工外出期间,由于工作原因受到伤害或者发生事故下落不明的;在上下班途中,受到非本人主要责任的交通事故或者城市轨道交通、客运轮渡、火车事故伤害的。

根据上述的规定,并没有明确对用人单位组织的外出旅游活动构成工伤定义为工伤。因此,这个问题在司法实践中存在一定的争议。

有一种观点认为员工自愿参加单位组织的外出旅游,既不属于工作任务,也不在工作时间、工作地点,且并非出于工作原因,在这过程中受伤不能视为工伤;另一种观点则认为,《工伤保险条例》中所指的工作原因、工作时间和工作场所不能作机械地理解,虽然用人单位安排员工外出旅游并不是传统意义上的工作，但用人单位也是从自身的利益出发而给员工安排活动，应当可以视为工作的一种延伸，从而应当认定为工伤。

《人力资源社会保障部关于执行〈工伤保险条例〉若干问题的意见（二）》第四条规定："职工在参加用人单位组织或者受用人单位指派参加其他单位组织的活动中受到事故伤害的，应当视为工作原因，但参加与工作无关的活动除外。"

《全国总工会劳动保险部关于劳动保险问题解答》第五十四条第二款第（九）项、第（十）项答复："⑨职工参加本企业所组织的（不包括车间一级）各级体育活动比赛、劳卫制测验或者正式代表本企业参加上一级机关举办的各种体育运动比赛时负伤、残废或死亡者；⑩企业领导指派或组织职工参观各种展览会、政治性活动，造成负伤、死亡而非本人应负主要责任者。"有可靠证明，可以比照因工待遇处理。从上述的规定也可以看到，该规定也是将用人单位安排的活动视为工作的一种延伸。

此外，从工伤保险的立法本意出发，笔者倾向于第二种观点，用人单位组织的旅游应当属于企业文化建设的一部分，并且用人单位组织旅游也是为了让员工更好地工作，是增强职工凝聚力、调动职工工作积极性、提高职工工作效率的一种方式。因此，单位组织的旅游活动与工作存在本质上的关联性，属于工作的一种形式或者说是工作的延伸。因此，员工在参加用人单位组织的外出旅游活动受伤应当属于工伤。

需要指出的是，如果该旅游活动并非由用人单位组织，如员工在假期或集体向用人单位请假，再自发地组织去旅游，或者在用人单位组织的活动中，员工从事与旅游活动无关的个人活动，则上述情况中的受伤不能构成工伤。

【实务指引】

随着现代管理理念的转变，出于团队建设的目的，用人单位经常通过组织员工外出旅游等集体活动增强团队凝聚力、调动员工工作积极性。如员工不慎在旅游中受伤，除了依法缴纳或补缴工伤保险费用以外，用人单位应及时将员工送医，以免造成更进一步的伤害。同时，建议单位在一个月内申请工伤认定，如果无法及时申请工伤认定的，可向社会保险行政部门申请延期。

此外，需要提醒注意的是，由于最高院司法解释等全国性的规定中用词比较原则,没有对"活动"进行具体列举,对此问题态度暧昧,导致实务裁判大相径庭。

比如,《江苏省劳动和社会保障厅关于实施〈工伤保险条例〉若干问题的处理意见》(苏劳社医〔2005〕6号)第十二条第二款、第三款规定:"用人单位安排或组织职工参加文体活动,应作为工作原因。用人单位组织职工观光、旅游、休假等活动,不能作为工作原因。职工利用工作之名吃喝玩乐或者从事涉及领导或个人私利的活动,不能作为工作原因。"

《南京市工伤保险实施细则》(宁劳社工〔2006〕5号)第三十六条第五款规定:"职工在用人单位安排或组织的政治思想教育活动、学习考察、工作交流及文体活动中发生伤亡事故的,应视为工作原因。但不包括用人单位组织观光、旅游、休假等活动,也不包括职工利用工作之便以及以因工外出为名进行的宴请、娱乐、游览、走亲访友等涉及同事或个人的私利活动。"

因此,在有明文规定的情况下,建议以各地裁判机关作出的统一审判指导意见为准。

41 职工已获得人身损害赔偿,能否另行向用人单位主张工伤保险待遇?

【核心观点】

因用人单位以外的第三人侵权造成劳动者工伤的,该劳动者既是工伤事故中的受伤员工,又是侵权行为的受害人,有权同时获得工伤保险赔偿和人身损害赔偿,用人单位和侵权人均应当依法承担各自所负赔偿责任,即使该劳动者已从其中一方先行获得赔偿,亦不能免除或者减轻另一方的赔偿责任。

【案情简介】

李某爱与玉某英系夫妻关系,共同生育李某庆、李某尹,黄某花系玉某英的母亲。玉某英于2012年5月8日入职南宁市净力保洁有限公司(以下简称净力公司）处从事环卫工作。玉某英2012年12月25日在环卫作业时，与一辆货车发生碰撞后当场死亡。2014年1月10日，经南宁市人力资源和社会保障局认定玉某英为工伤。玉某英去世时黄某花为80岁。玉某英有大哥玉某斌、二哥玉某昆、三哥玉某新、弟玉某光、大姐玉某娇、二姐玉美某、妹玉翠某。净力公司未为玉某英缴纳在职期间的工伤保险费。

后经调查，肇事货车属于广西南宁日日金道路运输有限公司。该机动车交通事故责任纠纷一案经南宁市良庆区人民法院主持诉前调解达成协议，但因黄某芳未按照该调解协议履行，李某爱、李某庆、李某尹、黄某花根据该调解协议第二条诉至南宁市良庆区人民法院，请求华安财保广西分公司在交强险赔偿责任限额内赔偿李某爱、李某庆、李某尹、黄某花损失485807.5元中的11万元，并在交强险赔偿责任限额内优先赔偿精神损害抚慰金5万元，不足部分由华安财保广西分公司在商业险内承担90%的赔偿责任；仍有不足部分，由黄某芳及广西南宁日日金道路运输有限公司连带赔偿。

南宁市良庆区人民法院作出（2013）良民一初字第359号民事判决书，判决：一、黄某芳于该判决生效之日起10日内赔偿李某爱、李某庆、李某尹、黄某花178524.8元；二、广西南宁日日金道路运输有限公司对上述第一项黄某芳承担的赔偿款承担连带赔偿责任；三、驳回李某爱、李某庆、李某尹、黄某花的其他诉讼请求。华安财保广西分公司赔付李某爱、李某庆、李某尹、黄某花210000元，平安养老保险股份有限公司赔付李某爱、李某庆、李某尹、黄某花100000元。

上述判决生效后，李某爱、李某庆、李某尹、黄某花作为申请人向南宁市劳动人事争议仲裁委员会申请仲裁，请求裁决被申请人净力公司：1.支付丧葬费18810元；2.支付2012年12月25日至2014年4月23日供养亲属抚恤金4320元；3.支付一次性工亡补助金539100元。

南宁市劳动人事争议仲裁委员会于2014年7月7日作出南劳仲裁字（2014）441号仲裁裁决书，裁决：一、自本裁决生效之日起五日内，净力公司支付李某爱、李某庆、李某尹、黄某花丧葬补助费壹万捌仟捌佰壹拾元（￥18810）；二、自本裁决生效之日起五日内，净力公司支付李某爱、李某庆、李某尹、黄某花一次性工亡补助金肆拾叁万陆仟贰佰元（￥436200）；三、对李某爱、李某庆、李某尹、黄某花的其他仲裁请求,不予支持。

净力公司对该仲裁裁决不服,诉至法院,请求法院判令不支付李某爱、李某庆、李某尹、黄某花丧葬费18810元及一次性工亡补助金436200元。

【裁判结果】

一审判决结果[案号:(2014)西民一初字第1805号]:

一、净力公司支付李某爱、李某庆、李某尹、黄某花丧葬补助费18810元;二、净力公司支付李某爱、李某庆、李某尹、黄某花一次性工亡补助金436200元;三、净力公司不支付李某爱、李某庆、李某尹、黄某花2012年12月25日至2014年4月23日供养亲属抚恤金4320元。案件受理费10元(净力公司已预交),由净力公司负担。

一审法院经审理认为,本案的争议焦点在于,净力公司的各项诉求能否得到支持。具体分析如下:

能否同时主张机动车交通事故责任赔偿与工伤保险待遇赔偿

虽然玉某英系因第三人黄某芳的侵权造成工亡,李某爱、李某庆、李某尹、黄某花作为玉某英的第一顺序继承人,已就玉某英的各项损失以机动车交通事故责任纠纷提起诉讼,并经南宁市良庆区人民法院作出判决。但该案的工伤保险待遇纠纷与李某爱、李某庆、李某尹、黄某花向南宁市良庆区人民法院提起的机动车交通事故责任纠纷法律关系性质、承担赔偿的责任主体、救济途径均不同,依据的法律基础也不相同。

同时,是否可既提起工伤保险待遇赔偿,又提起机动车交通事故责任赔偿,相关法律、法规也未就此作出禁止性的规定。故李某爱、李某庆、李某尹、黄某花提起的机动车交通事故责任纠纷与该案的工伤保险待遇纠纷并不冲突。

关于丧葬补助费

南宁市人力资源和社会保障局认定玉某英的死亡为工伤,根据《工伤保险条例》第六十二条第二款规定,应当参加工伤保险而未参加工伤保险的用人单位职工发生工伤的,由该用人单位按照该条例规定的工伤保险待遇项目和标准支付费用。

净力公司未依法为玉某英缴纳工伤保险费,玉某英发生工亡事故后净力公司应承担玉某英的工伤保险待遇。故南宁市劳动人事争议仲裁委员会根据《工伤保险条例》第三十九条第一款第（一）项规定，按2011年南宁市在岗职工月平均工资3144元为计算依据，认定李某爱、李某庆、李某尹、黄某花请求丧葬补助费18810元，未超过法律规定的范围，并予以支持，并无不当，应予以确认。

关于工亡补助金

至于工亡补助金，根据《工伤保险条例》第三十九条第一款第（三）项规定，可领取一次性工亡补助金标准为上一年度全国城镇居民人均可支配收入的20倍。根据《中华人民共和国2011年国民经济和社会发展统计公报》，2011年城镇居民人均可支配收入21810元，净力公司支付李某爱、李某庆、李某尹、黄某花一次性工亡补助金436200元。

关于供养亲属抚恤金

至于李某爱、李某庆、李某尹、黄某花在仲裁时提出的2012年12月25日至2014年4月23日供养亲属抚恤金4320元，南宁市劳动人事争议仲裁委员会驳回了李某爱、李某庆、李某尹、黄某花的该项仲裁请求，之后李某爱、李某庆、李某尹、黄某花就此均未提起诉讼，视为双方对南宁市劳动人事争议仲裁委员会该项仲裁裁决结果的认可，应予以确认，即净力公司不支付被告李某爱、李某庆、李某尹、黄某花请求的2012年12月25日至2014年4月23日供养亲属抚恤金4320元。

二审判决结果[案号：（2015）南市民四终字第592号]：

驳回上诉，维持原判。

二审法院经审理认为，本案的争议焦点是：净力公司主张不应支付李某爱、李某庆、李某尹、黄某花丧葬补助费、一次性工亡补助金是否有事实法律依据。具体分析如下：

《最高人民法院关于审理人身损害赔偿案件适用法律若干问题的解释》第十二条第一款规定："依法应当参加工伤保险统筹的用人单位的劳动者，因工伤事故遭受人身损害，劳动者或者其近亲属向人民法院起诉请求用人单位承担民事赔偿责任的，告知其按《工伤保险条例》的规定处理。"

该条第二款规定："因用人单位以外的第三人侵权造成劳动者人身损害，赔偿权利人请求第三人承担民事赔偿责任的，人民法院应予支持。"

故劳动者因工伤事故受到人身损害，有权向用人单位主张工伤保险赔偿，如果所受人身损害系因用人单位以外的第三人侵权所致，劳动者同时还有权向第三人主张人身损害赔偿。

净力公司虽主张工伤保险赔偿与人身损害赔偿应适用选择性，但工伤保险赔偿请求权与人身损害赔偿请求权虽基于同一损害事实，但存在于两个不同法律关系之中，互不排斥。

首先，根据《工伤保险条例》的规定，用人单位应当为本单位全体职工缴纳工伤保险费，因工伤事故受到人身损害的职工有权获得工伤保险赔偿、享受工伤待遇。故只要客观上存在工伤事故，受伤职工与用人单位之间即产生工伤保险赔偿关系，无须考查工伤事故发生的原因，即无论工伤事故系因用人单位以外的第三人侵权所致，还是因受伤职工本人过失所致，均不影响受伤职工向用人单位主张工伤保险赔偿。

其次，基于侵权事实的存在，受伤职工作为被侵权人，与侵权人之间形成侵权之债的法律关系，有权向侵权人主张人身损害赔偿。侵权之债成立与否，与被侵权人是否获得工伤保险赔偿无关，即使用人单位已经给予受伤职工工伤保险赔偿，也不能免除侵权人的赔偿责任。

最后，因用人单位以外的第三人侵权造成劳动者人身损害，构成工伤的，劳动者具有双重主体身份，即工伤事故中的受伤职工和人身侵权的受害人。基于双重主体身份，劳动者有权向用人单位主张工伤保险赔偿，同时还有权向侵权人主张人身损害赔偿，即有权获得双重赔偿。

用人单位和侵权人应当依法承担各自所负的赔偿责任，不因受伤职工（受害人）先行获得一方赔偿，实际损失已得到全部或部分补偿而免除或减轻另一方的责任。

综上，净力公司的主张不成立，本院不予支持。

因南宁市人力资源和社会保障局已认定玉某英的死亡为工伤，且净力公司未依法为玉某英缴纳工伤保险费，故玉某英发生工亡事故后，净力公司应承担玉某英的工伤保险待遇。

一审法院根据《工伤保险条例》的相关规定结合查明的 2011 年南宁市在岗

职工月平均工资 3144 元及 2011 年城镇居民人均可支配收入 21810 元，判令净力公司支付李某爱、李某庆、李某尹、黄某花丧葬补助费 18810 元、一次性工亡补助金 436200 元有事实及法律依据，本院予以维持。另，双方均未对一审判决第三项提起上诉，应视为双方认可一审该项判决，本院予以维持。

【争议焦点解读】

在现代社会，工伤事故频频发生，案件数量的增加，也导致案件类型开始多样化，通常会涉及第三者在内的双重或多重法律关系。以本案为例的工伤和侵权的竞合，在实践中也经常出现。笔者将对此类工伤类型的争议问题进行梳理和分析，希望对劳资双方正确认识和解决该问题有所裨益。

一、工伤保险赔偿和人身损害赔偿的区别

工伤保险赔偿和人身损害赔偿两者在多方面均存在区别。主要有如下几点：

1. 两者的目的不同

工伤保险赔偿是通过社会统筹的办法，集中用人单位缴纳的工伤保险费，建立工伤保险基金，对劳动者在生产经营活动中遭受意外伤害或职业病，并由此造成死亡、暂时或永久丧失劳动能力时，给予劳动者及其近亲属法定的医疗救治以及必要的经济补偿。这种补偿既包括医疗、康复所需费用，也包括保障基本生活的费用。

而人身侵权损害赔偿是以财产的方式弥补受害人生命权、健康权、身体权受到的损失，赔偿的是财产损失和精神损失。

2. 两者的归责原则不同

工伤保险实行无过错责任原则，无论工伤事故的责任归于用人单位还是劳动者个人或第三者，只要符合构成工伤的情形，用人单位均应承担保险责任。

《工伤保险条例》第十四条规定："职工有下列情形之一的，应当认定为工伤：（一）在工作时间和工作场所内，因工作原因受到事故伤害的；（二）工作时间前后在工作场所内，从事与工作有关的预备性或者收尾性工作受到事故伤害的；（三）在工作时间和工作场所内，因履行工作职责受到暴力等意外伤害的；（四）患职业病的；（五）因工外出期间，由于工作原因受到伤害或者发生事故下落不明的；（六）在上下班途中，受到非本人主要责任的交通事故或者城市轨

道交通、客运、轮渡、火车事故伤害的；（七）法律、行政法规规定应当认定为工伤的其他情形。"该规定明确了应当认定为工伤的法定情形，只要符合上述法定情形，职工所受伤害无论是否由用人单位、劳动者还是第三人引起，都应当认定为工伤。

而人身侵权损害的归责原则分为"无过错责任""过错责任""过错推定"和"公平原则"等类型，不同的案件类型对应不同的归责原则。在本案中，玉某英与货车碰撞后当场死亡，属于机动车一方造成非机动车驾驶人或者行人损害，广西南宁日日金道路运输有限公司应当承担人身损害赔偿责任。

3.两者适用的对象范围不同

工伤保险对象的范围是在生产劳动过程中的劳动者。由于职业危害无所不在，无时不在，任何人都不能完全避免职业伤害。因此工伤保险作为抗御职业危害的保险制度适用于所有职工，任何职工发生工伤事故或遭受职业疾病，都应毫无例外地获得工伤保险待遇。

而人身侵权损害的受害人是所有生命、健康、身体受到不法侵害，造成伤害、残疾、死亡及精神损害的自然人。

二、工伤与人身侵权损害存在竞合的原因

工伤保险赔偿和人身损害赔偿存在如此多的区别，为什么还会发生竞合呢？原因在于劳动者具有主体的双重性。

因用人单位以外的第三人侵权造成劳动者人身损害，构成工伤的，劳动者基于不同的法律关系有着不同的身份：第一重身份是劳动法律关系中工伤事故的受伤职工，其权利义务由《劳动法》《劳动合同法》《社会保险法》和《工伤保险条例》等法律法规调整；第二重身份是侵权行为的受害人，调整其权利义务的法律法规是《侵权责任法》和《最高人民法院关于审理人身损害赔偿案件适用法律若干问题的解释》等。正是由于此种情况下劳动者在工伤和侵权关系中都是受害人，所以工伤保险赔偿和人身损害赔偿产生了竞合，本案情况亦是如此。

三、职工已获得人身损害赔偿，能否另行向用人单位主张工伤保险待遇

《最高人民法院关于审理人身损害赔偿案件适用法律若干问题的解释》第十二条规定："依法应当参加工伤保险统筹的用人单位的劳动者，因工伤事故遭

受人身损害，劳动者或者其近亲属向人民法院起诉请求用人单位承担民事赔偿责任的，告知其按《工伤保险条例》的规定处理。因用人单位以外的第三人侵权造成劳动者人身损害，赔偿权利人请求第三人承担民事赔偿责任的，人民法院应予支持。"

根据上文分析可知，工伤和人身侵权损害是两种不同的法律关系，两者的原理功能和使用对象范围等都不相同，且法律并不禁止劳动者获得工伤和人身侵权损害的双倍赔偿，因此，即使劳动者已经基于侵权关系获得了人身侵权损害赔偿，也可以再基于工伤向用人单位主张工伤保险待遇。

【实务指引】

职业风险无处不在，出现工伤后，一旦处理不好，对用人单位和职工双方都将造成不利影响，故应当引起用人单位的重视。笔者结合工伤案件中出现的常见问题，提出以下建议：

一、依法缴纳工伤保险费用

为员工购买工伤保险是用人单位的法定义务，若不履行此项义务，员工可以提起仲裁请求解除劳动合同并主张经济补偿，且一旦发生工伤，将由用人单位承担职工的工伤保险待遇。因此，为更好地转移风险，建议用人单位依法为员工购买工伤保险。

二、必要时，为员工购买补充商业保险

员工出现工伤，大部分的保险待遇都将由工伤保险基金赔付，但用人单位仍要承担工资福利、伤残津贴和一次性伤残就业补助金等部分。因此，如果用人单位觉得工伤保险力度不够，可以选择在为员工参加工伤保险后，再购买补充商业保险，以降低法律风险。

三、增强安全培训教育

事实上，大部分工伤事件的发生都与员工的安全意识和素质不高、安全技能不强有关，如果提前谨慎预防，可以减少工伤出现的概率。因此，用人单位应当重视对员工的安全教育培训，提高广大员工的安全意识、素质和操作技能，增强员工安全工作的责任感和自觉性。

大力开展安全生产的法律法规宣传教育，可通过张贴宣传标语、举行会

议、举办知识竞赛、观看影片等方式学习安全生产的法律法规和操作规范，使全体员工能认识到用人单位对安全生产的重视，也意识到安全生产已经上升到法律的高度，违规操作或将受到法律的惩罚，提高员工的安全意识的同时也增强了员工的安全生产技能，以降低事故的发生率。

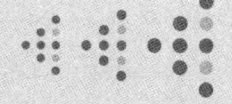

6
保密与竞业限制篇

42 非管理和技术人员与用人单位签订的竞业限制协议是否有效？

【核心观点】

根据法律规定，竞业限制的人员限于用人单位的高级管理人员、高级技术人员和其他负有保密义务的人员。如果劳动者不属于前三类人员，即使其与用人单位签订了竞业限制协议，劳动者一般也无须履行竞业限制义务。

【案情简介】

张某曾入职彩晶公司，岗位为工程师，双方签订有劳动合同，劳动合同期限为2014年7月29日至2017年7月31日。彩晶公司、张某于2014年7月29日签订有劳动合同补充协议，补充协议约定张某离职后三年内不得自营或至与彩晶公司有竞争业务的单位就职，违反该竞业限制条款的，张某应支付彩晶公司500000元作为惩罚性违约金。2016年4月8日，张某自彩晶公司离职，进入昆山丘钛微电子科技有限公司（以下简称丘钛微公司）工作，后离职。

据工商登记信息显示，彩晶公司的经营范围为"二类6840临床检验分析仪器（血糖仪）。生产、研发数位式处理单元、影像输出入处理系统、移动电话、通讯处理系统、汽车电子装置等相关产品及其软件和零部件；销售自产产品并提供产品售后维修服务；相关产品的贸易业务"，丘钛微公司的经营范围为"研发、生产手机、PDA个人数码助理、笔记本电脑等数字摄像模组、LCD、LCM显示屏模块、LCM液晶显示模组、SMT电子元器件、无线通信模组等关键部件、微电机系统等敏感元器件；混合集成电路、存储芯片、玻璃晶片式数字摄像模组用镜头组等光电子器件；基站、交换设备及数字集群系统设备、高段路由器、千兆比以上网络交换机、零部件及配套产品；销售自产产品"。

彩晶公司向昆山市劳动人事争议仲裁委员会提起仲裁申请。

【裁判结果】

仲裁裁决结果：

昆山市劳动人事争议仲裁委员会以彩晶公司未支付竞业限制津贴为由不予受理，后彩晶公司诉至一审法院，诉讼请求是：一、禁止张某于2016年4月至2018年4月以前任职于存在竞争关系企业并赔偿彩晶公司竞业限制违约金500000元；二、禁止张某利用、发表或泄露彩晶公司所有或持有之营业秘密；三、禁止张某以任何方式为自己或第三人之利益唆使彩晶公司之员工离职或为任何破坏彩晶公司员工与彩晶公司之间正当关系的行为；四、案件受理费由张某承担。

一审判决结果 [案号：(2017) 苏 0583 民初 13306 号]：

驳回彩晶公司的全部诉讼请求。

一审法院认为，本案争议焦点在于彩晶公司是否有权要求张某履行竞业限制义务、承担相应的违约责任。用人单位与劳动者约定竞业限制条款，主要目的在于保护用人单位自身的商业秘密，防止自身商业利益受损，同时也兼具防止人力资本流失的目的。从条款适用主体来看，竞业限制适用的主体范围有所限制，依据《劳动合同法》第二十四条的规定，适用竞业限制的人员限于"高级管理人员、高级技术人员和其他负有保密义务的人员"，本案张某作为普通工程师，显然并不属于前二者。

而对于"其他负有保密义务的人员"的理解，一审法院认为，该类人员应指用人单位里有机会接触、利用重要抑或关键经营信息、技术信息的劳动者，对该类人员的认定，也主要包含接触关键信息可能性以及利用关键信息可能性这两方面的考虑，但对于这两个方面，彩晶公司均未尽到足够的举证说明义务。另从条款内容以及履行情况来看，原张某所签订的竞业限制条款约定了高额的违约金，但并未约定彩晶公司所应支付的补偿金数额，而彩晶公司在双方解除劳动关系后，实际上也并未支付补偿金。此种情形下，虽然各地司法实践对于该类条款是否有效尚存争议，但此时对劳动者课以承担高额违约金的法律责任有违权利义务对等原则以及公平原则。

二审判决结果 [案号:(2017)苏 05 民终 11298 号]：

驳回上诉，维持原判。

二审法院认为，竞业限制的人员仅限于用人单位的高级管理人员、高级技术人员和其他负有保密义务的人员。本案中，张某仅为普通技术人员，明显不属于上述前二种人员，且彩晶公司亦未举证证明张某属于有机会接触、利用重要或关键经营信息、技术信息的人员，即其属于其他负有保密义务的人员，故二审法院认定张某不属于竞业限制的主体范围。并且，彩晶公司要求张某履行的竞业限制条款，严格限制了张某的劳动自由权和生存权，并对张某课以承担高额违约金的法律责任，但并未约定彩晶公司应支付张某的补偿金金额，且双方劳动关系解除后，彩晶公司亦未实际支付经济补偿金，故该竞业限制条款明显有违权利义务对等原则及公平原则。

因此，彩晶公司以张某违反竞业限制条款为由要求其支付 500000 元违约金的主张，缺乏依据，二审法院不予支持。由于彩晶公司亦未能就张某有违反保密义务之行为进行举证，故其有关"禁止张某利用、发表或泄露彩晶公司所有或持有之营业秘密"之主张，缺乏事实依据，二审法院亦不予支持。

【争议焦点解读】

在用工管理的过程中，用人单位往往需要与劳动者签订竞业限制协议。但实际上，用人单位与劳动者签订竞业限制协议的方式、时间多种多样：其一，有部分用人单位会在入职时与每一位员工签订竞业限制协议；其二，有部分用人单位认为竞业限制在劳动合同解除或终止后方才生效，所以会在劳动合同解除或终止时才与劳动者签订竞业限制协议；其三，有部分用人单位会在用工过程中根据实际情况决定与全部或者部分劳动者签订竞业限制协议……

笔者认为，无论用人单位是否、如何与劳动者签订竞业限制协议，有一个问题用人单位不容忽视：劳动者是否属于竞业限制协议的人员范围。由于前述问题在实践中存在争议，笔者希望通过对法律进行分析，能对劳资双方正确认识和解决该问题有所裨益。

关于签订竞业限制协议人员范围的问题

根据《劳动合同法》第二十四条规定："竞业限制的人员限于用人单位的高级管理人员、高级技术人员和其他负有保密义务的人员。竞业限制的范围、地域、期限由用人单位与劳动者约定，竞业限制的约定不得违反法律、法规的规定。在解除或者终止劳动合同后，前款规定的人员到与本单位生产或者经营同类产品、从事同类业务的有竞争关系的其他用人单位，或者自己开业生产或者经营同类产品、从事同类业务的竞业限制期限，不得超过二年。"

由上述规定可知，竞业限制的人员包括三类型的人员：其一，高级管理人员；其二，高级技术人员；其三，其他负有保密义务的人员。所谓高级管理人员，根据《公司法》第二百一十六条第一项规定，是指公司的经理、副经理、财务负责人，上市公司董事会秘书和公司章程规定的其他人员。所谓高级技术人员，虽然法律并无明确规定，但可以通过在用人单位担任的职务以及工作内容进行认定，一般是指高级研究开发人员、技术人员、关键岗位的技术工人等人员，用人单位可通过劳动合同和其他法律文件与劳动者约定其所属岗位是否属于高级技术人员。所谓其他负有保密义务的人员，是指虽然不属于高级管理人员、高级技术人员，但仍对用人单位负有保密义务的人员，如技术研发、销售、财务等人员。

关于其他负有保密义务人员判断标准的问题

在司法实践中，关于高级管理人员、高级技术人员的认定相对来说争议较少，关于其他负有保密义务人员的认定争议较多。对于其他负有保密义务的人员，其关键的法律属性是能接触用人单位的商业秘密和其他秘密。因此，对于一个岗位是否属于其他负有秘密义务的人员，可以根据以下步骤进行判断：

如果用人单位和劳动者签订了保密协议，那么劳动者一般属于负有保密义务的人员，除非根据用人单位的经营模式、行业特点和一般常理判断劳动者所在岗位不能够接触用人单位的商业秘密和其他保密信息。

如果用人单位并未与劳动者签订保密协议，那么需要结合用人单位的经营模式、行业特点和一般常理判断劳动者所在工作岗位能否接触用人单位的商业秘密或者其他保密信息。如果劳动者所在岗位能接触前述信息，那么劳动者可能属于负有保密义务的人员，否则，劳动者可能不属于负有保密义务的人员。

关于如何结合用人单位的经营模式、行业特点和一般常理判断劳动者所在工作岗位能否接触用人单位的商业秘密或者其他保密信息的问题

首先，判断劳动者是否有机会接触、利用用人单位重要抑或关键经营信息、技术信息，即判断劳动者接触用人单位关键信息的可能性以及利用关键信息的可能性。如果劳动者很可能接触用人单位关键信息或者利用用人单位的关键信息，那么该劳动者被认定为能接触用人单位的商业秘密或者其他保密信息的可能性较大。

其次，对劳动者所在工作岗位的职责和用人单位的经营范围进行比较。比如，一位劳动者在用人单位工作时从事的是维修工、电工、园艺工的职务，而其所在用人单位的经营范围是生产 IC 卡、智能卡考勤、计费系统产品的开发、计算机软件开发等。在前述情形中，劳动者的岗位职责显然与所在用人单位的经营范围不相符，根据用人单位的经营模式、行业特点和一般常理，由于劳动者在履行维修工、电工、园艺工的职务过程中难以接触到用人单位的商业秘密或者其他保密信息，所以该劳动者一般不属于竞业限制人员的范围。但如果劳动者所在工作岗位的职责与用人单位的经营范围相符，那么该劳动者被认定为能接触用人单位的商业秘密或者其他保密信息的可能性将增大。

再次，对劳动合同的履行时间和接触用人单位商业秘密或者其他保密信息的可能性进行比较。比如，一位劳动者在 2018 年 8 月 21 日到用人单位工作，同年 8 月 29 日即辞职，前后仅工作了七个工作日，试用期也可能尚未届满，从常理判断，该劳动者难以接触到用人单位的商业秘密或者其他保密信息。但如果劳动者在用人单位工作了较长的时间，那么其接触到用人单位商业秘密或者其他保密信息的可能性也会增大。

最后，从劳动者违反竞业限制条款和对用人单位可能造成的损失进行比较。即退一步来说，假设劳动者违反竞业限制条款，对用人单位基本上不会造成损失的，也一般可认定劳动者难以接触到用人单位的商业秘密或者其他保密信息。但如果劳动者违反竞业限制条款，将对用人单位造成损失，甚至造成较大损失的，那么该劳动者被认定为能接触用人单位的商业秘密或者其他保密信息的可能性将增大。

综合上述，我们可以总结判断劳动者是否属于竞业限制人员的方法，具体如下：

1. 判断劳动者是否属于公司的高级管理人员，即判断劳动者是否是用人单位的经理、副经理、财务负责人，上市公司董事会秘书和公司章程规定的其他高级管理人员。

2. 判断劳动者是否属于劳动合同或者其他法律文件约定或规定的用人单位的高级技术人员。

3. 结合用人单位的经营模式、行业特点和一般常理，判断劳动者是否属于其他负有保密义务人员。

【实务指引】

诚如本文所分析，竞业限制的人员限于用人单位的高级管理人员、高级技术人员和其他负有保密义务的人员。也就是说，用人单位与前三类劳动人员可以签订竞业限制协议，双方应当按照竞业限制协议履行。如果劳动者并不属于前三类人员，即使其与用人单位签订了竞业限制协议，用人单位和劳动者也均无须履行该协议。

如果用人单位希望与某位或者某些劳动者签订竞业限制协议，或者希望前述劳动者履行竞业限制义务，那么至少应当证明该劳动者属于以上三类人员之一。在此，我们对证明以上三类人员所需的材料进行归纳如下：

1. 用人单位可以通过公司章程规定哪些工作岗位属于高级管理人员岗位。

2. 用人单位可以通过劳动合同或者其他法律文件与劳动者约定其所在的工作岗位是否属于高级技术人员岗位。

3. 用人单位可以通过签订保密协议让某一或某些工作岗位的员工保守公司的商业秘密或其他保密信息，以便进一步认定劳动者是否属于其他负有保密义务的人员。

4. 用人单位可以通过证明其经营模式、行业特点和通过一般常理证明劳动者所在工作岗位能否接触用人单位的商业秘密或者其他保密信息，以便进一步认定劳动者是否属于其他负有保密义务的人员。

43 用人单位未支付经济补偿，劳动者是否需要履行竞业限制协议？

【核心观点】

一般而言，只要竞业限制协议合法有效，即使用人单位未支付经济补偿，劳动者也应当履行竞业限制义务。劳动者履行了竞业限制义务后，可以要求用人单位支付经济补偿。如果用人单位超过三个月未支付经济补偿，劳动者可以解除竞业限制协议，无须继续履行竞业限制义务。

【案情简介】

2010年3月9日，黄某入职广东达美新材料有限公司（以下简称达美公司），从事品质管理工作，2015年4月15日，黄某因个人原因自行离职。

2012年8月11日及2014年6月10日，双方先后签订了两份竞业限制协议，约定黄某是高级管理人员，在职期间有从公司获得商业秘密的机会，有利用公司物质技术资料进行创作的机会，为保护公司的商业秘密及其他合法权益，确保黄某不与公司竞业，双方协商一致签订竞业限制协议。黄某的义务如下：一、未经公司同意，在职期间不得自营或者为他人经营与公司同类的行业；二、从公司离职之日起2年内，黄某不得在与公司有竞争关系的单位内任职或以任何方式为其服务。公司的义务为：一、黄某在公司任职期间，公司直接于薪资中补贴竞业限制补偿金给黄某，补偿比例为薪资的10%；二、黄某离开公司后如履行了竞业限制义务，公司再额外给黄某竞业限制补偿金：即干股分红的30%，两年内按月平均支付完成。如达美公司发现黄某违反本协议，可停止支付余款。如果黄某违反竞业限制的约定，应当向达美公司支付违约金，金额为黄某离开公司前一年总收入的30倍。

黄某离职前一年收入为110000元，黄某离职之后，达美公司并未向黄某支付竞业限制经济补偿。2015年5月1日，黄某与佛山市顺德区某塑料实业有限公司签订书面的劳动合同，2015年5月至2016年2月，佛山市顺德区某塑料实业有限公司为黄某缴纳了社会保险。

广东达美新材料有限公司申请劳动仲裁，请求黄某立即停止到与广东达美新材料有限公司有竞争关系的公司、企业任职，履行竞业禁止义务，并支付违反竞业禁止义务违约金33354000元。案经审理，佛山市顺德区劳动人事争议仲裁委员会作出顺劳人仲案非终字（2015）3283号仲裁裁决书，裁决驳回广东达美新材料有限公司的仲裁请求。广东达美新材料有限公司不服仲裁裁决，向人民法院起诉。在一审判决作出后，广东达美新材料有限公司不服一审判决，向二审法院提起上诉。

【裁判结果】

仲裁裁决结果［案号：顺劳人仲案非终字（2015）3283号］：
驳回达美公司的仲裁请求。

一审判决结果［案号：（2015）佛顺法民四初字第507号］：
驳回达美公司的诉讼请求。

一审法院认为，本案的争议焦点如下：其一，双方签订的竞业限制协议是否有效；其二，黄某是否需要向达美公司履行竞业限制义务及支付违约金。一审法院具体分析如下：

关于双方签订的竞业限制协议是否有效的问题

首先，黄某在达美公司任职品质管理职位，在职期间有从达美公司处获得商业秘密的机会，黄某属于负有保密义务的人员范畴，双方在平等协商的基础上签订竞业限制协议，符合《劳动合同法》第二十三条的规定。

其次，双方先后签订了两份竞业限制协议，并对黄某工作期间及黄某离职之日起2年内的竞业限制义务进行约定，黄某并无证据证明签订该两份竞业限制协议时存在胁迫、欺诈的情形。

最后，双方于2014年6月10日签订的竞业限制协议约定，黄某在职期间需履行竞业限制义务，达美公司支付黄某薪资的10%作为对价，即薪资的10%并非黄某从达美公司离职后两年内履行竞业限制义务的对价，双方约定在职期间竞业限制的经济补偿并无违反法律的强制性规定。

综上，双方签订的竞业限制协议合法有效，双方应依照该协议的内容行使权利、履行义务。

关于黄某是否需要向达美公司履行竞业限制义务及支付违约金的问题

达美公司主张黄某离职之后即入职广东某新材料有限公司，对于上述主张，达美公司未能提供证据予以证实，且黄某对此不予确认，故一审法院对达美公司的主张不予采信。依照双方签订的竞业限制协议，黄某从达美公司处离职后，达美公司应按月向黄某支付竞业限制经济补偿，但达美公司实际并未支付。《最高人民法院关于审理劳动争议案件适用法律若干问题的解释（四）》第八条的规定："当事人在劳动合同或者保密协议中约定了竞业限制和经济补偿，劳动合同解除或者终止后，因用人单位的原因导致三个月未支付经济补偿，劳动者请求解除竞业限制约定的，人民法院应予支持。"结合本案，黄某离职后三个月内，因达美公司原因未向黄某支付竞业限制经济补偿，达美公司的行为违反了上述规定，黄某主张解除竞业限制协议，符合上述法律规定，黄某不受竞业限制协议约束，故黄某无须向达美公司履行竞业限制义务及支付达美公司违约金。

二审判决结果［案号：（2016）粤06民终6437号］：

驳回上诉、维持原判。

二审法院认可一审法院归纳的争议焦点，并分析如下：

关于双方竞业限制协议的效力问题

黄某在达美公司任职品质管理职位，黄某离职前一年收入为110000元，月平均收入为9000余元，于2015年4月15日从达美公司离职。依据《劳动合同法》第二十四条的规定，黄某属于"高级管理人员、高级技术人员和其他负有保密义务的人员"的范畴，黄某予以否认但并未提供相反证据予以反驳，二审法院不予采信，认定黄某属于负有保密义务的人员。黄某在职期间与达美公司签订了两份竞业限制协议，对黄某在职期间和离职之日起两年内的竞业限制义务进行了约定。黄某未能举证证明是在受到欺诈、胁迫或者乘人之危的情形下签订的以上两个协议，应当视为以上两个竞业限制协议均是双方真实意思表示，对双方均有法律上的约束力。黄某与达美公司关于在职期间竞业限制并支付补偿的约定并没有违反法律、行政法规的强制性规定，并无不妥，况且双方已经按照该协议履行了在职期间的竞业限制补偿，二审法院予以确认。黄某抗辩竞业限制协议无效的理由不成立，二审法院不予采纳。

关于黄某离职后是否入职与达美公司有竞争关系的公司的问题

达美公司在一审和二审期间提供的视频资料，虽然没有提供证据佐证其拍摄时间，但是有黄某的车辆停放、黄某本人打卡进入东立公司大门等内容，对此黄某未能提出合理的解释，并且也明确不申请对视频资料的司法鉴定，应当承担相应不利的法律后果。另外，达美公司提供的邮寄到东立公司的邮件，虽然无法判断是否为黄某本人签收，但是根据日常经验判断，如果黄某不在东立公司工作，黄某本人不会签收其邮件，东立公司的其他工作人员也不会代签收其邮件，黄某虽然对该邮件回单上的签名真实性不予确认，但是对该邮件有人签收属于妥投件没有显示无此人退件，黄某并未给予合理解释。况且，黄某提供的劳动合同显示其从达美公司离职后入职强塑公司并签订劳动合同从事行政工作，月平均收入为2500元，与黄某离职前的月平均收入9000余元相差甚远，不符合常理。综上，二审法院确认黄某在离职之后确有入职东立公司的事实。

关于黄某是否需要支付违约金的问题

根据《劳动合同法》第二十三条第二款规定："对负有保密义务的劳动者，用人单位可以在劳动合同或者保密协议中与劳动者约定竞业限制条款，并约定在解除或者终止劳动合同后，在竞业限制期限内按月给予劳动者经济补偿。劳动者违反竞业限制约定的，应当按照约定向用人单位支付违约金。"竞业限制的目的是保护用人单位的技术秘密，实现方式如下：劳动者不能到有竞争关系的其他用人单位或者自己开业生产经营同类产品、从事同类业务，客观上对劳动者离职后的就业范围及收入所造成的不利影响，由用人单位以向劳动者支付竞业限制补偿金的方式补偿。

而劳动者获得的竞业限制补偿，是劳动者履行竞业限制期间的重要生活来源。竞业限制的履行中，用人单位在劳动者离职后按月向其发放竞业限制补偿金是其应当先予履行的义务，不应当以劳动者提供再就业的相关证明作为支付的前提。在竞业限制期间，用人单位应当主动审核劳动者的竞业限制履行情况，而不能怠于审核,更不能强行要求劳动者报备,并以此为借口拒绝给付竞业限制补偿。否则,如果用人单位长时间未支付经济补偿,劳动者却还要履行竞业限制,不利于保护劳动者的生存权。

因此,《最高人民法院关于审理劳动争议案件适用法律若干问题的解释(四)》第八条规定:"当事人在劳动合同或者保密协议中约定了竞业限制和经济补偿,劳动合同解除或者终止后,因用人单位的原因导致三个月未支付经济补偿,劳动者请求解除竞业限制约定的,人民法院应予支持。"本案中,达美公司以黄某未提供新的任职证明等报备材料作为其无须支付竞业限制补偿金的抗辩理由,理据不足,二审法院予以驳回。综上,依据《最高人民法院关于审理劳动争议案件适用法律若干问题的解释(四)》第八条的规定,达美公司并未举出充分证据证明劳动者先违反竞业限制协议,而作为用人单位达美公司在黄某离职后一直未向黄某支付竞业限制补偿,黄某有权诉请解除竞业限制协议,黄某无须向达美公司履行竞业限制义务及支付违约金。

【争议焦点解读】

关于签订竞业限制协议但用人单位未支付经济补偿,劳动者是否需要履行竞业限制协议的问题,可以根据竞业限制协议是否约定经济补偿细分为如下两个问题:其一,签订竞业限制协议且竞业限制协议并未约定经济补偿,用人单位也未支付经济补偿的,劳动者是否需要履行竞业限制协议?其二,签订竞业限制协议且竞业限制协议约定了经济补偿,但用人单位未支付经济补偿的,劳动者是否需要履行竞业限制协议?对于这两个问题,笔者从司法实践出发,作了一番梳理,希望对劳资双方正确认识和解决该问题有所裨益。

一、关于签订竞业限制协议且竞业限制协议并未约定经济补偿,用人单位也未支付经济补偿的,劳动者是否需要履行竞业限制协议的问题

对于这个问题,法律、法规并无明确规定,实践上也有争议。一般而言,只要竞业限制协议合法有效,即使用人单位未支付经济补偿,劳动者也应当履行竞业限制义务。但是,《劳动合同法》第二十三条规定:"用人单位与劳动者可以在劳动合同中约定保守用人单位的商业秘密和与知识产权相关的保密事项。对负有保密义务的劳动者,用人单位可以在劳动合同或者保密协议中与劳动者约定竞业限制条款，并约定在解除或者终止劳动合同后，在竞业限制期限内按月给予劳动者经济补偿。劳动者违反竞业限制约定的，应当按照约定向用人单位支付违约金。"笔者倾向认为，由于用人单位支付的竞业限制经济补偿是劳动者履行竞业限制义务的对价，那么在竞业限制协议未约定经济补偿的情况下，劳动者可以自由决定是否履行竞业限制义务，但如果劳动者决定不履行竞业限制义务，应当依法通知用人单位。

《最高人民法院关于审理劳动争议案件适用法律若干问题的解释（四）》第六条规定："当事人在劳动合同或者保密协议中约定了竞业限制，但未约定解除或者终止劳动合同后给予劳动者经济补偿，劳动者履行了竞业限制义务，要求用人单位按照劳动者在劳动合同解除或者终止前十二个月平均工资的30%按月支付经济补偿的，人民法院应予支持。前款规定的月平均工资的30%低于劳动合同履行地最低工资标准的，按照劳动合同履行地最低工资标准支付。"如果劳动者决定履行竞业限制义务，劳动者可以要求用人单位按照前述规定支付经济补偿。

综上所述，只要竞业限制协议合法有效，即使用人单位未支付经济补偿，劳动者也应当履行竞业限制义务，但是由于经济补偿是履行竞业限制的义务的对价，在签订竞业限制协议且竞业限制协议并未约定经济补偿，用人单位也未支付经济补偿的情形中，笔者倾向于认为劳动者可自由决定是否履行竞业限制义务，但如果劳动者决定不履行竞业限制义务，应当依法通知用人单位。如果劳动者履行了竞业限制义务的，可以要求用人单位按照劳动者在劳动合同解除或者终止前十二个月平均工资的30%按月支付经济补偿。

二、关于签订竞业限制协议且竞业限制协议约定了经济补偿，但用人单位未支付经济补偿的，竞业限制协议是否有效的问题

《最高人民法院关于审理劳动争议案件适用法律若干问题的解释（四）》第八条规定："当事人在劳动合同或者保密协议中约定了竞业限制和经济补偿，劳动合同解除或者终止后，因用人单位的原因导致三个月未支付经济补偿，劳动者请求解除竞业限制约定的，人民法院应予支持。"如果双方签订的竞业限制协议中约定了经济补偿，那么该协议一般是有效的。但如果用人单位超过三个月未支付经济补偿，劳动者可以解除竞业限制协议。

【实务指引】

一般而言，只要竞业限制协议合法有效，即使用人单位未支付经济补偿，劳动者也应当履行竞业限制义务，但是由于经济补偿是履行竞业限制义务的对价，在签订竞业限制协议且竞业限制协议并未约定经济补偿，用人单位也未支付经济补偿的情形中，笔者倾向于认为，劳动者可自由决定是否履行竞业限制义务，但如果劳动者决定不履行竞业限制义务，应当依法通知用人单位。如果劳动者履行了竞业限制义务，那么可以要求用人单位支付经济补偿。如果竞业限制协议已经约定了经济补偿，但用人单位未支付经济补偿超过三个月的，劳动者可请求解除竞业限制协议。

因此，如果用人单位拟让劳动者在劳动合同解除或终止后履行竞业限制义务，笔者建议：首先，需要与劳动者订立竞业限制协议；其次，在竞业限制协议中约定经济补偿的金额；最后，用人单位应当依法支付经济补偿，如未支付经济补偿，未支付的期间尽量不要超过三个月。

44 员工违反了竞业限制义务，用人单位是否需要继续支付经济补偿？

【核心观点】

用人单位支付经济补偿是劳动者履行竞业限制义务的对价，在劳动者已经违约的情况下，用人单位有权不予支付劳动者违约期间的经济补偿。但是，当劳动者恢复履行竞业限制义务后，用人单位应当继续支付经济补偿。

【案情简介】

2013年5月28日，黄某与皇家空调设备工程（广东）有限公司（下称皇家空调公司）签订了劳动合同，黄某入职皇家空调公司处任职营运部应用工程师，月平均工资为4627.55元，劳动合同期限自2013年5月27日起至2017年1月31日止。2013年5月27日，双方签订了竞业限制合同，合同约定：

一、乙方（黄某）义务：1.1，未经甲方（皇家空调公司）同意，在职期间不得自营、与他人合作经营或者为他人经营与甲方同类的行业，包括但不限于以下行业及单位：生产制造及销售VAV变风量末端的行业、单位；1.2，不论因何种原因从甲方离职，离职后半年内，在中国境内、外不得到生产与甲方同类产品或者经营同类业务的有竞争关系的其他用人单位任职，也不得自己开业生产或者经营与用人单位有竞争关系的同类产品或者业务（指1.1所列行业及单位）。

二、甲方义务：从乙方离职后开始计算竞业限制时起，甲方应当按照竞业限制期限向乙方支付竞业限制经济补偿费共计12000元。由甲方通过银行分六次，每个月一次，每次人民币2000元支付至乙方银行卡上，具体支付方式如下：乙方离职后，从领完离职当月工资的次月起，每月在公司发薪日通过银行发放给乙方，如乙方于5月15日离职，6月发薪日（12日）发放乙方离职当月的工资，从7月发薪日起领取第一次竞业限制补偿费，以后每月领取一次，直至领完12000元整。如乙方拒绝领取，甲方可以将补偿费向有关机构提存。

三、违约责任：3.1，乙方不履行规定的义务，应当承担违约责任，违约责任承担方式如下：如乙方在竞业限制期内违约，剩余未发放的竞业限制经济补偿费将停发，乙方还需按双方约定的竞业限制经济补偿费总额的三倍一次性向甲方支付违约金。同时，乙方因违约行为所获得的收益归甲方。上述款项，自乙方违约之日起7日内，需通过转账或现金的方式向甲方支付。乙方未按时支付上述款项，每逾期一日，需向甲方支付千分之三的滞纳金；3.2，甲方未按照以上约定按月向乙方支付竞业限制经济补偿费的，从未支付之日起竞业限制条款失效。

2014年4月30日，双方解除了劳动合同。同日，皇家空调公司向黄某出具了离职证明，并要求黄某自离职日起执行竞业限制合同。皇家空调公司按约定支付了2014年5月至9月竞业限制补偿金共计10000元。2014年6月16日至2014年9月30日，黄某在创大公司担任技术工程师。2014年10月8日，黄某入职北京江森自控有限公司广州分公司（下称江森公司）。2014年10月9日，皇家空调公司向黄某发出电子邮件，要求黄某提交《竞业限制月度汇报表》。2014年11月19日，皇家空调公司再次向黄某发出通知书，要求黄某按竞业限制合同约定向皇家空调公司提交《竞业限制月度汇报表》，并告知黄某前往皇家空调公司处领取2014年10月1日至2014年10月31日竞业限制经济补偿金。

2015年2月6日，皇家空调公司向广州市劳动人事争议仲裁委员会提起仲裁，该仲裁委于2015年5月12日作出穗劳人仲案（2015）855号仲裁裁决书，裁决驳回皇家空调公司的仲裁请求。皇家空调公司对仲裁裁决不服，向一审法院提起诉讼。在一审法院作出生效判决后，黄某不服，向二审法院提起上诉。

【裁判结果】

仲裁裁决结果［案号：穗劳人仲案（2015）855号］

裁决驳回皇家空调公司的仲裁请求。

一审判决结果［案号：（2015）穗云法太民初字第482号］：

一审判决如下：一、在判决生效之日起五日内，黄某给付皇家空调公司36000元。二、在判决生效之日起五日内，黄某给付皇家空调公司竞业限制补偿金10000元。三、驳回皇家空调公司的其他诉讼请求。

一审法院认为，本案的争议焦点如下：其一，双方签订的《竞业限制合同》是否有效；其二，黄某是否违反竞业限制义务，用人单位是否有权要求支付违反竞业限制义务的违约金；其三，劳动者应否向用人单位返还已经支付的竞业限制经济补偿。

关于双方签订的《竞业限制合同》是否有效的问题

《劳动合同法》第二十三条的规定："用人单位与劳动者可以在劳动合同中约定保守用人单位的商业秘密和与知识产权相关的保密事项。对负有保密义务的劳动者，用人单位可以在劳动合同或者保密协议中与劳动者约定竞业限制条款，并约定在解除或者终止劳动合同后，在竞业限制期限内按月给予劳动者经济补偿。劳动者违反竞业限制约定的，应当按照约定向用人单位支付违约金。"本案中，双方签订了《竞业限制合同》，该合同系双方真实的意思表示，未违反法律的强制性规定，合同依法有效，双方均应恪守履行。

关于黄某是否违反竞业限制义务，用人单位是否有权要求黄某支付违反竞业限制义务违约金的问题

黄某作为皇家空调公司负责售后技术服务的工程师，参加过皇家空调公司组织的技术培训，并参与部分项目的设计开发，属于知悉皇家空调公司商业秘密的人员范围，是竞业限制义务的主体。根据双方所签订的《竞业限制合同》第一条约定，不论因何种原因离职，离职后半年内，黄某不得到生产与皇家空调公司同类产品或者经营同类业务的有竞争关系的其他用人单位任职，也不得自己开业生产或者经营与用人单位有竞争关系的同类产品或者业务。由于皇家空调公司所提交的投标资料、江森公司的宣传手册和技术资料及官方网站的内容可相互印证，形成证据链，可以证实江森公司从事VAV变风量末端装置经营业务，与皇家空调公司的经营范围存在重合，双方存在竞争关系。黄某于竞业限制期间入职与皇家空调公司有竞争关系的江森公司工作，违反了竞业限制合同的约定，皇家空调公司要求黄某按《竞业限制合同》约定的竞业限制补偿金的三倍支付竞业限制违约金符合法律规定，予以支持。

关于劳动者应否向用人单位返还已经支付的竞业限制经济补偿的问题

对于皇家空调公司已向黄某支付的竞业限制补偿金10000元，该补偿金是黄某履行竞业限制合同的对价，现黄某违反竞业限制约定，其继续占有该补偿金于法无据，依照公平原则，该补偿金应予以返还。同时，《最高人民法院关于审理劳动争议案件适用法律若干问题的解释》第六条规定："人民法院受理劳动争议案件后，当事人增加诉讼请求的，如该诉讼请求与讼争的劳动争议具有不可分性，应当合并审理；如属独立的劳动争议，应当告知当事人向劳动争议仲裁委员会申请仲裁。"本案中，虽然黄某对皇家空调公司在诉讼中增加竞业限制补偿金的数额有异议，但该诉讼请求与讼争的劳动争议基于同一事实而产生，相互间具有不可分性，皇家空调公司增加诉讼请求符合法律规定，予以确认。

二审判决结果[案号：(2016)粤01民终982号]：

二审法院判决如下：一、维持广州市白云区人民法院（2015）穗云法太民初字第482号民事判决第一项、第三项；二、撤销广州市白云区人民法院（2015）穗云法太民初字第482号民事判决第二项。

二审法院认为，一审法院根据双方当事人的诉辩、提交的证据对本案事实进行了认定，并在此基础上依法作出原审判决，合法合理，且理由阐述充分，二审法院予以确认。此外，二审法院认可一审法院归纳的争议焦点，并增加了

"用人单位能否不予支付劳动者违反竞业限制义务当月经济补偿"的争议焦点。二审法院对前述争议焦点的分析如下:

其一,双方当事人签订的《竞业限制合同》合法有效,双方均应按约履行。

其二,关于违约责任的认定和承担,黄某在竞业限制合同期满前最后1个月入职与皇家空调公司有竞争关系的用人单位,构成违约,皇家空调公司主张黄某向其支付违约金,合法合理,应予支持。

其三,关于已付竞业补偿费的返还问题。竞业补偿费是黄某接受竞业限制约束期间履行合同义务的对价,不属于违约所得,皇家空调公司主张返还该公司在黄某按约履行合同期间已付的竞业补偿费缺乏法律和合同依据,二审法院不予支持。黄某该项上诉请求理由成立,二审法院予以支持。

其四,皇家公司停发黄某违约当月的竞业限制经济补偿费符合双方约定。又由于双方约定竞业限制补偿费的发放方式是按月支付上月的补偿费,黄某称因皇家公司停发该月的竞业补偿费,竞业限制条款对其失效的抗辩显属无理。

【争议焦点解读】

关于员工违反了竞业限制义务,用人单位是否需要支付经济补偿的问题一直以来都存在争议。笔者认为,前述问题可以再细分为如下三个问题:其一,劳动者违反了竞业限制义务,那么用人单位能否要求劳动者返还违反竞业限制义务前用人单位已经支付的经济补偿?其二,劳动者违反了竞业限制义务,那么用人单位能否拒绝支付劳动者违反竞业限制义务期间的经济补偿?其三,劳动者违反了竞业限制义务,那么用人单位能否不支付未来的经济补偿?笔者就司法实践中的相关问题作了一番梳理,并形成了笔者的倾向性意见,希望对劳资双方能够正确认识和解决该问题有所裨益。

一、关于能否要求劳动者返还在违反竞业限制义务前用人单位已经支付的经济补偿的问题

《劳动合同法》第二十三条规定:"用人单位与劳动者可以在劳动合同中约定保守用人单位的商业秘密和与知识产权相关的保密事项。对负有保密义务的劳动者,用人单位可以在劳动合同或者保密协议中与劳动者约定竞业限制条款,并约定在解除或者终止劳动合同后,在竞业限制期限内按月给予劳动者经济补偿。劳动者违反竞业限制约定的，应当按照约定向用人单位支付违约金。"由于劳动者履行竞业限制义务的对价是用人单位支付竞业限制经济补偿，所以用人单位能否要求返还经济补偿一般取决于劳动者是否履行了竞业限制义务。

根据以上规定，笔者倾向认为，由于在劳动者违反竞业限制义务前，其是履行了竞业限制义务的，用人单位需要支付劳动者履行竞业限制义务期间的经济补偿，也就是说，自劳动合同解除或终止之日起至劳动者违反竞业限制义务时，由于劳动者履行了竞业限制义务，所以用人单位一般需支付经济补偿，即用人单位很可能无权要求劳动者返还该部分的经济补偿。当然，如果用人单位预付了劳动者违反竞业限制义务期间的经济补偿，那么用人单位一般有权要求劳动者返还违反竞业限制义务期间对应的经济补偿。

需提醒注意的是，以上仅是笔者的倾向性意见，关于能否要求劳动者返还在违反竞业限制义务前用人单位已经支付的经济补偿的问题，实践当中是有争议的，特别是用人单位与劳动者签订的竞业限制协议中已经约定了"劳动者违反竞业限制义务的，用人单位有权要求劳动者返还已支付的竞业限制经济补偿"。比如，上海市高级人民法院在其刊发的《竞业限制纠纷案件的审理思路和裁判要点》就记载记载了如下内容："如果双方在竞业限制协议中对返还补偿金进行约定，法院应当予以支持。"

二、关于能否拒绝支付劳动者违反竞业限制义务期间的经济补偿的问题

如以上分析，笔者倾向认为，由于劳动者履行竞业限制义务的对价是用人单位支付竞业限制经济补偿，所以在劳动者违反竞业限制义务的情况下，用人单位一般无须支付劳动者违反竞业限制义务期间的经济补偿。当然，如果用人单位预付了劳动者违反竞业限制义务期间的经济补偿，那么用人单位一般有权要求劳动者返还违反竞业限制义务期间的经济补偿。

三、关于能否不支付未来的经济补偿的问题

对于上述问题，虽然《劳动法》《劳动合同法》并无规定，存在一定的不确定性，但我们可以根据双方在竞业限制协议中的约定和《合同法》的规定作进一步的分析：

（一）竞业限制协议并未约定双方履行顺序的情形

《合同法》第六十六条规定："当事人互负债务，没有先后履行顺序的，应当同时履行。一方在对方履行之前有权拒绝其履行要求。一方在对方履行债务不符合约定时，有权拒绝其相应的履行要求。"如果竞业限制协议并未约定双方履行顺序的，那么用人单位和劳动者应当同时履行互负的义务。如果劳动者违反竞业限制义务的，用人单位可拒绝支付经济补偿。如果用人单位支付了经济补偿后，才发现劳动者违反竞业限制义务，那么用人单位有权要求劳动者返还违反竞业限制义务期间对应的经济补偿。当然，如果劳动者恢复履行竞业限制义务，那么用人单位需继续支付经济补偿。

（二）竞业限制协议约定用人单位先支付每月的经济补偿，劳动者再履行每月的竞业限制义务的情形

《合同法》第六十八条规定："应当先履行债务的当事人，有确切证据证明对方有下列情形之一的，可以中止履行：（一）经营状况严重恶化；（二）转移财产、抽逃资金，以逃避债务；（三）丧失商业信誉；（四）有丧失或者可能丧失履行债务能力的其他情形。当事人没有确切证据中止履行的，应当承担违约责任。"《合同法》第六十九条规定："当事人依照本法第六十八条的规定中止履行的，应当及时通知对方。对方提供适当担保时，应当恢复履行。中止履行后，对方在合理期限内未恢复履行能力并且未提供适当担保的，中止履行的一方可以解除合同。"

在竞业限制协议约定用人单位先支付每月的经济补偿，劳动者再履行每月的竞业限制义务的情形中，由于劳动者违反了竞业限制义务，可认定其已经丧失了商业信誉，用人单位有权要求劳动者返还其违反竞业限制义务期间对应的经济补偿，并通知劳动者中止履行支付经济补偿的义务，直至劳动者提供适当的担保、竞业限制期间届满或者劳动者恢复履行竞业限制义务。

（三）竞业限制协议约定劳动者先履行每月的竞业限制义务，用人单位再支付经济补偿的情形

《合同法》第六十七条规定："当事人互负债务，有先后履行顺序，先履行一方未履行的，后履行一方有权拒绝其履行要求。先履行一方履行债务不符合约定的，后履行一方有权拒绝其相应的履行要求。"由于劳动者需先履行每月的竞业限制义务，在劳动者违反竞业限制义务时，用人单位无须支付经济补偿；如果用人单位在支付了经济补偿后才发现劳动者违反竞业限制义务，那么有权

要求劳动者返还违反竞业限制义务期间对应的经济补偿。当然，如果劳动者恢复履行竞业限制义务，那么用人单位应当继续支付竞业限制经济补偿。

【实务指引】

诚如本文所分析，用人单位支付经济补偿是劳动者履行竞业限制义务的对价。笔者倾向认为，如果出现劳动者违反竞业限制义务的情形，那么对于自劳动合同解除或终止之日起至劳动者违反竞业限制义务时的经济补偿，用人单位需要向劳动者支付。对于劳动者违反竞业限制义务期间对应的经济补偿，用人单位无须向劳动者支付；已经支付的，用人单位有权要求劳动者返还。对于劳动者恢复履行竞业限制义务后的经济补偿，用人单位应当继续向劳动者支付。

为了保障用人单位的合法权益，在用人单位和劳动者签订竞业限制协议的过程中，建议双方约定用人单位在劳动者履行竞业限制义务的次月再支付上一个月的经济补偿，这样用人单位就可以有充分的时间确认劳动者是否存在违反竞业限制义务的行为。此外，如果发现劳动者违反竞业限制义务，用人单位应尽快收集相关证据并通过发函等方式催告劳动者履行竞业限制义务，或者直接提起劳动争议仲裁。

需提醒注意的是，由于用人单位能否"以违反竞业限制协议为由要求劳动者返还已支付的竞业限制经济补偿"存在不确定性，而通过双方约定可以减少前述不确定性，并增加裁判机关认可用人单位有权要求劳动者返还的可能，所以如果用人单位需"以违反竞业限制协议为由要求劳动者返还已支付的竞业限制经济补偿"，那么建议在竞业限制协议中进行明确约定。

45　违反竞业限制义务的违约金是否可以随意约定？

【核心观点】

违反竞业限制义务的违约金并非可由双方随意约定，如果约定的标准明显不合理，可能会被裁判机关酌情调整。在判断违约金是否合理时，裁判机关可能考虑用人单位支付经济补偿的数额、劳动者的主观过错程度、给原用人单位造成的损害以及给新用人单位带来的收益等因素。

【案情简介】

2007 年 7 月 1 日，林某至电力试验所处工作，双方签订了数份书面劳动合同，最后一份书面劳动合同为无固定期限劳动合同，其中约定林某的月工资为 1830 元等。

2008 年 11 月 5 日，电力试验所、林某签订了《竞业限制协议书》，主要内容如下：1. 遵守电力试验所技术商业秘密的时间为电力试验所与林某的劳动合同终止或者解除之日起两年内；2. 林某负有下列义务：（1）未经电力试验所同意，在职期间不得自营或者为他人经营与本企业同类的企业；（2）不论何种原因从电力试验所处离职，离职后两年内未经电力试验所同意，不得在与电力试验所有竞争关系的企业就职、不得自办与电力试验所有竞争关系的企业，也不得从事与电力试验所商业秘密有关的产品（或服务）的生产（或工作）；3. 在离职两年内，如林某没有违约行为，电力试验所应按林某离职时的基本工资（即岗薪工资）标准每月支付林某竞业限制补偿费。4. 如果林某不履行约定义务，则视为违约，林某应一次性支付电力试验所违约金，金额为林某自电力试验所离职前一年的基本工资之总和（即年岗薪工资总和）的 10 倍且不低于 100000 元，即违约金最低数额为 100000 元。同时，林某因违约行为所获得的收益应当交还给电力试验所等。

2014 年 6 月 8 日，林某向电力试验所递交了《辞职报告》，主要内容如下："由于个人和家庭原因，不能为所里继续服务，现正式向所里提出辞职申请"；2014 年 6 月 30 日，林某自电力试验所处离职；2013 年 7 月至 12 月，林某每月岗薪工资均为 2424 元；2014 年 1 月至 6 月，林某每月岗薪工资均为 2663 元。

林某提供的落款日期为 2014 年 7 月 22 日、用人单位为南京 A 中心、劳动者为林某的书面劳动合同，记载了"劳动合同有效期自即日起至 2016 年 7 月 21 日止，林某在该单位技术岗位上从事技术工作"等内容。此外，D 研究院为林某缴纳了 2014 年 7 月起的社会保险费。审理中，林某主张 D 研究院与南京 A

中心均为事业单位，前者是后者的上级单位。

2015年3月23日，中国电力建设企业协会电力工程调试专业委员会出具了《关于开展电力建设调试企业调试总工程师岗位资格培训的通知》（以下简称通知），主要内容如下："有关单位：根据《中国电力建设调试企业能力资格管理办法》和《中国电力建设调试企业从业人员岗位资格管理办法》规定，结合调试能力资质复审时各会员单位持证上岗情况，应广大会员单位的要求，中国电力建设企业协会决定组织开展2015年度电力建设调试企业从业人员岗位资格培训工作，本次培训工作计划召开电源工程类和电网工程类一、二级调试总工程师岗位资格培训班"；该《通知》载明"培训人员资历要求"为"中国电力建设企业协会中具备一、二级调总任职资格条件者"，要求培训人员还必须在报到时携带职称证书原件，明确培训时间为"2015年4月13日12：00—21：00报到，4月14日培训、认定考试"等。此后，E研究院安排林某参加了《通知》所涉的培训。

此外，《电力工程调试单位能力资格等级证书》记载的内容表明，E研究院为发电工程类甲级调试单位，业务范围为"发电工程类：可承担各种规模的火电机组的调试任务。"电力试验所的经营范围为：发电、输电、变电启动调试，余热发电机组、化学处理、电力、环保、计算机领域内的技术开发、技术咨询、技术服务、技术转让，发电机组的运营检修、性能试验等。南京A中心的经营范围为：电站设备性能检测，输变电设备性能检测，输变电工程电磁检测，环保设备性能检测，环境检测，通讯系统检测，电力系统辅助设备与装置的销售，电力设备与电力工程的技术咨询与服务。

【裁判结果】

仲裁裁决结果：

1. 林某支付电力试验所违反竞业限制违约金100000元；

2. 对电力试验所的其他仲裁请求不予支持。

一审判决结果[案号：（2015）徐民五（民）初字第554号]：

一、林某于判决生效之日起七日内支付电力试验所违反竞业限制违约金

100000 元；二、驳回电力试验所提出的其他诉讼请求。

一审法院认为，从案外单位南京 A 中心于 2014 年 7 月 22 日与林某签订书面劳动合同、案外单位 D 研究院为林某缴纳了自 2014 年 7 月起的社会保险费、案外单位 E 研究院安排林某参加了"2015 年度电力建设调试企业从业人员岗位资格培训"之事实来看，上述三家单位之间存在着紧密的联系，而林某亦认可 D 研究院是南京 A 中心的上级企业、南京 A 中心是 D 研究院的全资子公司。

本案的关键在于，从 E 研究院安排林某参加了"2015 年度电力建设调试企业从业人员岗位资格培训"之事实来看，无论林某在 2014 年 7 月以后究竟与哪个单位建立事实劳动关系，都必然在从事电力调试的工作，并且因为工作需要被 E 研究院有针对性地安排至有关单位参加专业培训，特别需要指出的是，E 研究院是发电工程类甲级调试单位。从电力试验所与南京 A 中心的经营范围来看，二者系同类行业，结合上述分析，可以认定林某的行为明显违反了其与电力试验所签订的竞业限制协议中的义务，理应承担相应的责任。

综合以上分析，林某于 2014 年 6 月 30 日自电力试验所处离职后，与南京 A 中心签订了书面劳动合同，案外又由 D 研究院为林某缴纳了自 2014 年 7 月起的社会保险费，还参加了 E 研究院安排的"2015 年度电力建设调试企业从业人员岗位资格培训"等一系列行为，都表明林某违反了与电力试验所约定的义务，电力试验所要求林某支付相应的违约金，可予支持。但是，双方在协议中约定的违约金支付标准过高，一审法院认为宜以双方约定的违约金最低金额作为本案的处理标准。据此，对电力试验所要求林某支付竞业限制违约金 319560 元之诉请，一审法院予以部分支持；同时，对电力试验所要求将林某自 2014 年 7 月起的工资收入判归其所有（按每月 7453.60 元为基数，暂计 9 个月，共计 67083 元）之诉请，不予支持。同理，林某主张不支付电力试验所竞业限制违约金 100000 元的诉请，一审法院亦不予支持。

二审判决结果［案号：（2016）沪 01 民终 798 号］：
驳回上诉、维持原判。

二审法院认为，本案有两个争议焦点：其一，林某从电力试验所离职后是否有违反双方竞业限制协议的行为；其二，一审法院将双方约定的违约金调整至

100000元是否合理。具体分析如下：

关于林某从电力试验所离职后是否有违反双方竞业限制协议的行为的问题

根据双方的竞业限制协议约定，林某不论出于何种原因从电力试验所处离职，离职后两年内未经电力试验所同意，不得在与电力试验所有竞争关系的企业就职、不得自办与电力试验所有竞争关系的企业、不得从事与电力试验所商业秘密有关的产品（或服务）的生产（或工作）。林某在电力试验所主要从事电力设备的调试工作，离职后，其根据E研究院的安排参加了"2015年度电力建设调试企业从业人员岗位资格培训"，可证明林某离职后仍在从事与电力调试有关的工作。故一审法院认定林某违反了其与电力试验所签订的竞业限制协议，并无不当。

关于一审法院将双方约定的违约金调整至100000元是否合理的问题

二审法院认为，判断用人单位与劳动者约定的竞业限制违约金是否存在过高或过低的情形，应考虑用人单位支付竞业限制补偿金的数额、劳动者在用人单位的工作年限、劳动者的职务、劳动者主观过错程度以及给用人单位造成的损害等诸多因素。本案中，双方约定的违约金标准高达30余万元，相较于电力试验所支付林某的竞业限制补偿金数额，这个数额明显过高，电力试验所也未举证证明林某的违约行为给单位造成的实际损害，鉴于双方约定了违约金最低数额为100000元，一审法院在综合考虑诸多因素后，酌定将违约金调整至100000元，应属合理。电力试验所认为违约金过低及林某认为违约金偏高的上诉主张，二审法院均不予采纳。另关于电力试验所要求林某将离职后从案外人处获得的工资收入赔偿给其的上诉请求，因缺乏法律依据，且属变相重复约定违约责任的承担方式，故二审法院不予支持。至于双方的其他上诉主张，因一审法院在判决中已详细阐述了判决理由，二审法院予以认同，不再赘述。

综上所述，电力试验所、林某的上诉请求，二审法院均不予支持。一审法院所作判决正确，二审法院应予维持。

【争议焦点解读】

一般来说，用人单位和劳动者都认为不能随意约定竞业限制的违约金，但是竞业限制的违约金与哪些因素相关，在哪种情况下可以调整，这些问题的答案并不十分明确。笔者就司法实践中的相关问题作了一番梳理,希望对劳资双方正确认识和解决该问题有所裨益。

一、关于竞业限制违约金在何种情况下会被调整的问题

由于劳动法、劳动合同法并未规定竞业限制违约金在何种情况下会被调整,而竞业限制协议也属于合同的一种,所以我们需要在《合同法》和相关规范性文件中进一步检索调整合同违约金调整的情形。

根据《合同法》第一百一十四条规定:"当事人可以约定一方违约时应当根据违约情况向对方支付一定数额的违约金,也可以约定因违约产生的损失赔偿额的计算方法。约定的违约金低于造成的损失的,当事人可以请求人民法院或者仲裁机构予以增加;约定的违约金过分高于造成的损失的,当事人可以请求人民法院或者仲裁机构予以适当减少。当事人就迟延履行约定违约金的,违约方支付违约金后,还应当履行债务。"

《最高人民法院关于适用〈中华人民共和国合同法〉若干问题的解释(二)》第二十八条规定:"当事人依照合同法第一百一十四条第二款的规定,请求人民法院增加违约金的,增加后的违约金数额以不超过实际损失额为限。增加违约金以后,当事人又请求对方赔偿损失的,人民法院不予支持。"第二十九条规定:"当事人主张约定的违约金过高请求予以适当减少的,人民法院应当以实际损失为基础,兼顾合同的履行情况、当事人的过错程度以及预期利益等综合因素,根据公平原则和诚实信用原则予以衡量,并作出裁决。当事人约定的违约金超过造成损失的百分之三十的,一般可以认定为合同法第一百一十四条第二款规定的'过分高于造成的损失'。"

综合以上规定,我们可以得出如下结论:如果竞业限制的违约金金额低于实际损失,双方约定的违约金可以被调高,但调高的违约金数额以不超过实际损失额为限。如果竞业限制的违约金与实际损失、合同的履行情况、当事人的过错程度以及预期利益等因素不匹配,那么可能被调低。

二、关于竞业限制违约金在何种情形下应被调低的问题

如上所述,如果竞业限制的违约金与实际损失、合同的履行情况、当事人的过错程度以及预期利益等因素不匹配,可能被调低。那么这些因素是如何在用工管理的过程中体现的呢?第一,实际损失表现为用人单位因劳动者违反竞业限制义务而遭受的实际损失。第二，合同的履行情况包括劳动合同的履行情况和竞业限制协议的履行情况，即包括劳动者在原用人单位的工作年限、劳动者在原用人单位的职务和岗位职责，劳动者在新用人单位的职务和岗位职责。第三，当事人的过错程度表现为劳动者的主观过错程度。第四，预期利益表现为原用人单位因劳动者违反竞业限制义务的损失和新用人单位因劳动者违反竞业限制义务的收益。

【实务指引】

诚如本文所述，竞业限制违约金可能存在被调高或调低的情形。如果竞业限制的违约金的金额低于实际损失，双方约定的违约金可以被调高，但调高的违约金数额以不超过实际损失额为限。如果竞业限制违约金与用人单位支付竞业限制补偿金的数额、劳动者在用人单位的工作年限、劳动者在新旧用人单位的职务和岗位职责、劳动者主观过错程度、给用人单位造成的损害给新用人单位造成的收益等诸多因素不匹配，裁判机关有可能调低违约金的金额。

因此，在约定竞业限制违约金时，用人单位和劳动者应当根据公平和诚实信用的原则，结合支付竞业限制补偿金的数额、劳动者可能存在的主观过错程度（结合劳动者在用人单位的工作年限、在新旧用人单位的职务和岗位职责等因素进行判定），给用人单位造成的损害和给新用人单位带来的收益等诸多因素综合约定双方的违约金。如果前述某项或某些因素不能提前预估，笔者建议从高约定违约金金额。

46 用人单位违法解除劳动合同，竞业限制义务是否仍然有效？

【核心观点】

劳动合同解除是否合法与劳动者应否继续履行竞业限制义务并无直接关联，无论用人单位是合法解除劳动合同还是违法解除劳动合同，只要双方签订的竞业限制协议合法有效，劳动者一般就要按照协议的约定履行竞业限制义务。

【案情简介】

2010年9月1日，秦冶伟业公司（甲方）与李某（乙方）签订劳动合同，部分约定如下：本合同期限类型为试用期限合同。本合同从2010年9月1日起至2011年9月1日止；经乙方同意，甲方安排乙方从事设计工作，工作地点北京等。同日，双方还签订了《保密协议书》，其中约定：双方解除或终止劳动合同后，在两年内乙方不得到生产同类或经营同类业务且有竞争关系的其他用人单位任职，也不得自己生产与甲方有竞争关系的同类产品或经营同类业务（第三项双方的权利和义务第五点）；乙方必须严格遵守甲方的保密制度，防止泄露甲方的商业秘密；甲方安排乙方任职涉密岗位，并给予乙方保密津贴；保密期限：劳动合同期内，劳动合同解除后两年内；保密津贴：甲方对乙方保守商业秘密予以保密津贴，甲方按月支付乙方保密津贴人民币100元等内容。

2010年12月2日，双方再次签订劳动合同，约定：本合同期限类型为2年期限合同，从2010年12月2日起至2012年12月3日止。关于从事的工作及工作地点，与前一份劳动合同约定内容一致。之后，双方又签订多份固定期限劳动合同，最终合同期限截至2014年12月3日。在上述多份劳动合同中，还约定以下事项：第十九条：乙方有下列情形之一，甲方可以解除本合同：1.在试用期间，被证明不符合录用条件的；2.严重违反劳动纪律或甲方规章制度的；3.严重失职、营私舞弊，对甲方利益造成重大损害的；4.被依法追究刑事责任的。第三十条：如甲乙双方解除劳动合同后，乙方在离职后两年内不得泄露本单位工作秘密，不得到甲方的竞争企业中任职，或者自己开业生产、经营同类产品、从事同类业务，否则，将视情节轻重追究当事人，并赔偿甲方违约金不低于人民币10000元整，甲方在乙方离职后将每月支付100元保密费，时间最长为两年。在最后一份劳动合同于2014年12月3日到期后，李某仍然继续在秦冶伟业公司工作。

2015年11月19日，秦冶伟业公司作出《开除通知书》，内容为：一、本公司员工李某因严重违反公司的规章制度，拒不认错及改正，给公司带来极坏影响，现予以除名，解除劳动关系，具体截止日期为2015年10月3日；

二、该员工与我公司的保密协议仍然有效，不得违反；三、该员工今后任何对公司造成的不良影响的行为，我公司保留对其追诉的权利。秦冶伟业公司表示，虽然《开除通知书》写明解除与李某劳动关系的理由在于严重违反公司的规章制度，但实际上解除劳动合同是因为李某存在商业索贿、徇私舞弊等严重违反劳动纪律和职业道德的行为。

李某于 2016 年 1 月 27 日申诉至北京市西城区劳动人事争议仲裁委员会（以下简称西城仲裁委），要求秦冶伟业公司支付 2014 年 12 月 4 日至 2015 年 10 月 3 日未签订劳动合同的二倍工资差额、2015 年 9 月 23 日至 2015 年 10 月 3 日拖欠的工资并支付延时支付利息、2011 年 9 月 1 日至 2015 年 10 月 3 日未休年休假工资、违法解除劳动关系的赔偿金、2015 年 10 月 4 日至 2016 年 5 月 19 日竞业限制补偿，解除保密协议及其中第三项"双方权利和义务"中第五点竞业限制条款的约定、出具离职证明。

【裁判结果】

仲裁裁决结果 [京西劳人仲字（2016）第 1207 号]：

一、秦冶伟业公司支付李某 2015 年 1 月 28 日至 2015 年 10 月 3 日未签订劳动合同二倍工资差额 78672.15 元；二、秦冶伟业公司支付李某违法解除劳动关系赔偿金 73028.25 元；三、秦冶伟业公司支付李某 2015 年 9 月 23 日至 2015 年 10 月 3 日工资差额 1020 元；四、秦冶伟业公司支付李某 2014 年 1 月 1 日至 2015 年 10 月 3 日未休年休假工资报酬 4103.76 元；五、秦冶伟业公司支付李某 2015 年 11 月 20 日至 2016 年 3 月 22 日竞业限制经济补偿 33187.28 元；六、李某与秦冶伟业公司《保密协议书》第三项双方的权利和义务第五点关于竞业限制的约定解除；七、秦冶伟业公司为李某出具解除劳动合同证明；八、驳回李某的其他请求。

秦冶伟业公司与李某均不服上述仲裁裁决，依法向一审法院提起诉讼。

一审判决结果 [案号：（2016）京 0102 民初 26417 号]：

……二、自判决生效之日起 7 日内，北京秦冶伟业热工技术有限公司支付李某违法解除劳动关系赔偿金 106480.88 元……五、自判决生效之日起 7 日内，北京秦冶伟业热工技术有限公司支付李某2015年11月20日至2016年3月22日竞业限制补偿11649.5元……九、驳回李某的其他诉讼请求。一审法院作出前述判决的主要理由是：

关于劳动合同的解除是否合法的问题

一审法院认为，秦冶伟业公司无充分证据证明李某存在多次商业索贿、徇私舞弊的行为，亦无法证明李某存在违反公司规章制度的行为，并且，秦冶伟业公司的《员工手册》中仅对考勤、加班、休假等问题进行了规定，并未规定如何处理商业索贿、徇私舞弊的行为，故秦冶伟业公司作出的《开除通知书》，属于违法解除与李某劳动关系的行为，鉴于李某不同意再回到秦冶伟业公司工作，秦冶伟业公司应当向李某支付违法解除劳动关系赔偿金。

关于劳动合同被违法解除后竞业限制义务应否继续履行的问题

一审法院认为，李某与秦冶伟业公司签订的《保密协议书》中，约定李某从事涉密岗位，且约定在解除或终止劳动合同后两年内，李某不得到生产同类或经营同类业务，具有竞争关系的其他用人单位任职。该项约定属于竞业限制的约定，故在双方解除劳动合同时，秦冶伟业公司应当按照上述规定向李某支付竞业限制补偿。

由于一审法院先前已认定李某与秦冶伟业公司之间的劳动关系于2015年11月19日解除，故2015年10月4日至2015年11月19日，双方尚处于劳动关系履行期间，故李某主张该期间的竞业限制补偿，缺乏事实依据。自2015年11月20日之后，秦冶伟业公司未向李某支付竞业限制补偿。故在申请劳动仲裁时，李某提出解除保密协议中的竞业限制条款请求，西城仲裁委亦支持了李某的该项仲裁请求，并依据该项裁决，支持李某自2015年11月20日至2016年3月22日竞业限制补偿的仲裁请求。

现秦冶伟业公司虽然请求不支付李某竞业限制补偿，但未对仲裁裁决解除双方保密协议中的竞业限制条款起诉，故应视为秦冶伟业公司同意解除双方保密协议中的竞业限制条款。因此，在解除保密协议中的竞业限制条款后，李某主张秦冶伟业公司支付竞业限制补偿的请求，缺乏事实依据。根据仲裁裁决所确定的期间，经一审法院按照上述规定进行核算，秦冶伟业公司应当向李某支付2015年11月20日至2016年3月22日的竞业限制补偿数额为11649.5元。

二审判决结果[案号:(2018)京02民终2848号]:

二审法院认可一审法院的分析,最终驳回上诉,维持原判。

二审法院认为,对于劳动合同的解除是否合法的问题,秦冶伟业公司主张李某严重违反公司的规章制度,存在商业索贿、徇私舞弊的行为,据此与李某解除劳动关系是合法行为。秦冶伟业公司陈述其收到客户举报后向举报者和李某进行了口头核实,但是不能提交证据证明其核实的情况,且李某不认可秦冶伟业公司就举报问题向其核实过,秦冶伟业公司除举报信外并未能提交其他证据对其主张予以佐证。关于苏某向李某支付的2000元,秦冶伟业公司的总经理系苏某就职的上海欣业天成工业炉有限公司的股东,证人苏某与秦冶伟业公司存在利益关联,且苏某并未就前后陈述不一进行合理解释,二审法院对秦冶伟业公司的主张不予采信,秦冶伟业公司系违法解除与李某的劳动关系,应向李某支付违法解除劳动关系赔偿金。经核算,一审法院判决秦冶伟业公司支付李某违法解除劳动关系赔偿金106480.88元不高于法律规定,秦冶伟业公司关于一审判决解除劳动关系赔偿金过高的主张,二审法院也不予采信。

对于劳动合同被违法解除后竞业限制义务应否继续履行的问题。二审法院的意见与一审法院一致。

【争议焦点解读】

有观点认为,由于竞业限制协议是劳动合同的从协议,那么在劳动合同被违法解除的前提下,用人单位在劳动合同的解除上存在过错,竞业限制协议也因为用人单位的过错而不再需要履行。但是,笔者认为前述观点值得商榷,劳动合同是否合法解除,与竞业限制协议是否需要继续履行无关。由于前述问题在实践中存在争议,笔者希望通过法律分析,帮助劳资双方正确认识和解决该问题。

一、关于竞业限制协议是否是劳动合同从合同的问题

所谓从合同,是与主合同相对的概念,从合同的主要特点在于其具有从属性,也就是说,从合同并不能脱离主合同而独立存在,从合同必须以主合同的存在及生效为前提。此外,主合同消灭的,从合同应当消灭,当事人对主合同进行处分的，如无特别规定其效力及于从合同。

从以上定义和相关规定可知，竞业限制协议并非劳动合同的从合同。《劳动合同法》第二十三条规定："用人单位与劳动者可以在劳动合同中约定保守用人单位的商业秘密和与知识产权相关的保密事项。对负有保密义务的劳动者，用人单位可以在劳动合同或者保密协议中与劳动者约定竞业限制条款，并约定在解除或者终止劳动合同后，在竞业限制期限内按月给予劳动者经济补偿。劳动者违反竞业限制约定的，应当按照约定向用人单位支付违约金。"竞业限制并不以劳动合同的存在、生效为前提，劳动合同解除或终止的，竞业限制协议也不会随之解除或终止。因此，竞业限制协议与劳动合同之间并不符合主从合同的法律特征。竞业限制协议与劳动合同之间并不是主从合同关系。

二、关于劳动合同被用人单位违法解除，劳动者竞业限制义务是否需继续履行的问题

劳动者竞业限制义务是否需要继续履行，关键在于竞业限制协议是否合法有效。由于劳动合同是否被用人单位违法解除、用人单位在解除劳动合同时存在过错等既不能导致竞业限制协议无效或者效力瑕疵，也不是劳动者履行竞业限制义务的法律前提，所以除非竞业限制协议明确约定劳动合同被用人单位违法解除将导致劳动者无须履行竞业限制义务，否则即使劳动合同被用人单位违法解除，劳动者也需继续履行竞业限制义务。

需要提醒注意的是，根据《劳动合同法》第四十八条规定："用人单位违反本法规定解除或者终止劳动合同，劳动者要求继续履行劳动合同的，用人单位应当继续履行；劳动者不要求继续履行劳动合同或者劳动合同已经不能继续履行的，用人单位应当依照本法第八十七条规定支付赔偿金。"如果用人单位违法解除劳动合同，那么法律后果一般有两项：其一，劳动者有权要求继续履行原劳动合同；其二，如果劳动者不要求继续履行原劳动合同或者劳动合同已经不能继续履行，那么劳动者有权要求用人单位支付赔偿金。所以，即使是用人单位违法解除劳动合同，其所导致的法律后果并不是竞业限制无效、效力瑕疵或者无须继续履行。

综合上述，即使用人单位违法解除劳动合同，劳动者也需继续履行竞业限制义务。

【实务指引】

诚如本文所述，劳动合同解除是否合法与劳动者应否继续履行竞业限制义务并无直接关联，无论用人单位是合法解除劳动合同还是违法解除劳动合同，双方签订了竞业限制协议，劳动者一般需按照协议的约定履行竞业限制义务。

但在用工管理的过程中，由于违法解除劳动合同与依法解除劳动合同有所差异，用人单位和劳动者往往会在违法解除劳动合同中的劳动合同解除日期上发生争议。在前述情况下，为了保证劳动者能自劳动合同解除之日起履行竞业限制义务，建议用人单位在解除劳动合同时一并通知劳动者履行竞业限制义务，并依法依约按月向劳动者支付竞业限制经济补偿。

47 劳动者未提供再就业证明，用人单位能否拒绝支付竞业限制的经济补偿？

【核心观点】

在竞业限制协议的履行中，用人单位应当按月向劳动者支付竞业限制的经济补偿，原则上不能仅以劳动者未提供再就业证明为由拒绝支付。

【案情简介】

黄某于2010年3月9日入职广东好新美材料有限公司（以下称好新美公司），从事品质管理工作，于2015年4月15日因个人原因与好新美公司解除劳动合同。

2012年8月11日，黄某与好新美公司签订分红协议书，约定好新美公司授予黄某干股分红0.3个股，按每年好新美公司税后利润计算每股的利润，黄某年终可得分红为好新美公司的干股数乘以每股利润。好新美公司于年度总结会议后支付黄某可得分红的70%，其他部分暂存在好新美公司账户，按照下列规定支付或处理：

A. 在本合同届满时，经双方友好协商均同意延长劳动期限的，黄某未提取的可得分红，可在续约后发放 50%，余下的 50% 在续约后在好新美公司处任职满一年后发放。

B. 本合同期满双方均同意不再继续签订劳动合同的，或合同期内双方协议解除劳动合同的，黄某未提取的可得分红在其离职后，好新美公司根据竞业协议的约定两年内按月平均支付给黄某，好新美公司如发现黄某有违反不正当竞业条例的情况，可停止支付余额。

C. 在协议期内，黄某未经好新美公司同意，擅自离职及单方面解除合约的或因违反公司规章制度被好新美公司辞退的，未提取的可得分红及所有应发、未发的工资、分红等款项，公司不予支付。

黄某如违反竞业协议，好新美公司保留追究其法律责任的权利。上述分红协议书期限为 2012 年 1 月 1 日至 2015 年 12 月 31 日。

2012 年 8 月 11 日及 2014 年 6 月 10 日，黄某与好新美公司先后签订了两份竞业限制协议，约定黄某属于高级管理人员，在职期间有从公司获得商业秘密的机会，有利用公司物质技术资料进行创作的机会，为保护公司的商业秘密及其他合法权益，确保黄某不与好新美公司竞业，双方协商一致签订竞业限制协议。

根据竞业限制协议约定，黄某的义务包括，未经好新美公司同意，在职期间不得自营或者为他人经营与好新美公司同类的行业及从好新美公司离职之日起两年内，黄某不得在与好新美公司有竞争关系的单位内任职或以任何方式为其服务。好新美公司的义务为：1. 黄某在好新美公司任职期间，好新美公司直接于薪资中补贴竞业限制补偿金给黄某，补偿比例为薪资的 10%。2. 黄某离开好新美公司后如履行了竞业限制义务，好新美公司再额外给黄某竞业限制补偿金：即干股分红的 30%，两年内按月平均支付完成。好新美公司如发现黄某有违本协议的情况，可停止支付余款。如果黄某违反竞业限制的约定，应当向好新美公司支付违约金，金额为黄某离开好新美公司前一年总收入的 30 倍。

经法院查明，黄某离职前一年收入为 110000 元，黄某离职之后，好新美公司并未向黄某支付竞业限制经济补偿。2015 年 5 月 1 日，黄某与佛山市顺德区某塑料实业有限公司签订书面的劳动合同，2015 年 5 月至 2016 年 2 月，佛山市顺德区某塑料实业有限公司为黄某缴纳了社会保险费。

广东好新美材料有限公司申请劳动仲裁，请求黄某立即停止到与广东好新美材料有限公司有竞争关系的公司、企业任职，履行竞业禁止义务，并支付违反竞业禁止义务违约金 33354000 元。

【裁判结果】

一审判决结果［案号:（2015）佛顺法民四初字第 507 号］:
驳回好新美公司的诉讼请求。

经审理，一审法院认为本案的争议焦点有二：1. 双方签订的竞业限制协议是否有效。2. 黄某是否需向好新美公司履行竞业限制义务及支付违约金。一审法院的具体分析如下：

关于双方签订的竞业限制协议是否有效的问题

黄某主张其并非企业高管和掌握相关技术秘密的人员。在黄某任职期间，好新美公司仅按照薪资的 10% 发放竞业限制补偿金，该比例远低于生活需求，亦低于法律法规规定的最低标准（如深圳市地方法规规定竞业限制补偿不少于员工离职前一个年度总薪酬的二分之一），且按照法律规定，竞业限制补偿金应当在离职后发放，黄某离职后，好新美公司实际并没有发放竞业限制经济补偿，好新美公司在职期间发放竞业限制补偿金亦违反了法律的规定。因此，黄某主张其与好新美公司签订的竞业限制协议违反了法律的强制性规定，对劳动者也存在极大的不公平，应属无效。

对此，一审法院作如下分析：第一，黄某在好新美公司处任职品质管理职位，在职期间有从好新美公司处获得商业秘密的机会，黄某属于负有保密义务的人员范畴，双方在平等协商的基础上签订竞业限制协议，符合《劳动合同法》第二十三条的规定。第二，黄某与好新美公司先后签订了两份竞业限制协议，并对黄某工作期间及其离职之日起两年内的竞业限制义务进行约定，黄某并无证据证明签订该两份竞业限制协议时存在胁迫、欺诈的情形。第三，黄某与好新美公司于 2014 年 6 月 10 日签订的竞业限制协议约定，黄某在职期间需履行竞业限制义务，好新美公司支付黄某其薪资的 10% 作为对价，即薪资的 10% 并非黄某离职后两年内履行竞业限制义务的对价，双方约定在职期间竞业限制的经济补偿并无违反法律的强制性规定。综上，黄某与好新美公司签订的竞业限制协议合法有效，双方应依照该协议的内容行使权利、履行义务。

关于黄某是否需向好新美公司履行竞业限制义务及支付违约金

好新美公司主张，黄某离职之后即入职广东某新材料科技有限公司，该公司与原告的经营范围一致，属竞争企业，黄某违反了竞业限制义务。由于黄某违约在先，故好新美公司未支付黄某离职后竞业限制经济补偿，黄某应停止违约行为并向好新美公司支付违约金。黄某则认为，在其离职后，好新美公司并没有支付竞业限制经济补偿，依照法律法规规定，双方签订的竞业限制无效，可以解除。黄某离职后，实际入职佛山市顺德某塑料实业有限公司，该公司与好新美公司不存在竞争关系，故黄某无须支付违约金。

对此，一审法院作如下分析：好新美公司主张黄某离职之后即入职广东某新材料有限公司，对于上述主张，好新美公司未能提供证据予以证实，且黄某对此不予确认，故一审法院对好新美公司的主张不予采信。依照双方签订的竞业限制协议，黄某从好新美公司处离职后，好新美公司应按月向黄某支付竞业限制经济补偿，但好新美公司实际并无支付，依照《最高人民法院关于审理劳动争议案件适用法律若干问题的解释（四）》第八条的规定，"当事人在劳动合同或者保密协议中约定了竞业限制和经济补偿，劳动合同解除或者终止后，因用人单位的原因导致三个月未支付经济补偿，劳动者请求解除竞业限制约定的，人民法院应予支持"。结合本案，黄某离职后三个月内，因好新美公司原因未向黄某支付竞业限制经济补偿，且好新美公司无法证明黄某存在违反竞业限制协议的行为，好新美公司的行为违反了上述规定，黄某主张解除竞业限制协议，符合上述法律规定，黄某不受竞业限制协议约束，故其无须向好新美公司履行竞业限制义务及支付违约金。

二审判决结果[案号：（2016）粤06民终6437号]：

驳回上诉，维持原判。

二审法院认为，根据双方签订的竞业限制协议，黄某离职后，好新美公司应当按月向其支付竞业限制的经济补偿。本案中，双方均确认好新美公司一直没有向黄某支付离职后的竞业限制补偿金。好新美公司的抗辩理由有两点：其一是黄某离职后没有按照竞业限制协议的约定"每季度向好新美公司出示当前任职情况证明,逾期一个季度不提交任职情况证明视为自动放弃领取补偿金"和"被新单位录用后应在一周内将新单位的名称及职位书面通知好新美公司"尽到报备义务,好新美公司无须向其支付竞业限制补偿金。其二是黄某在离职好新美公司后就入职某新材料公司违反了双方的竞业限制协议的约定,好新美公司无须向其支付竞业限制补偿金。

对此,二审法院分析如下:其一,关于报备义务的问题。《劳动合同法》第二十三条第二款规定:"对负有保密义务的劳动者,用人单位可以在劳动合同或者保密协议中与劳动者约定竞业限制条款,并约定在解除或者终止劳动合同后,在竞业限制期限内按月给予劳动者经济补偿。劳动者违反竞业限制约定的,应当按照约定向用人单位支付违约金。"

竞业限制的目的是保护用人单位的技术秘密,实现方式是由用人单位向劳动者支付竞业限制补偿金的方式弥补其不能到有竞争关系的其他用人单位或者自己开业生产经营同类产品、从事同类业务,客观上对劳动者离职后的就业范围有不利影响,造成收入减低。劳动者获得的竞业限制补偿,是劳动者履行竞业限制期间的重要生活来源。

竞业限制的履行中,用人单位在劳动者离职后按月向其发放竞业限制补偿金是其应当先予履行的义务,不应当以劳动者提供再就业的相关证明作为支付的前提。在竞业限制期间,用人单位应当主动审核劳动者的竞业限制履行情况,而不能怠于审核,更不能强行要求劳动者报备,并以此为借口拒绝给付竞业限制补偿。否则,如果用人单位很长时间未支付经济补偿,劳动者却还要履行竞业限制,则不利于对劳动者生存权的保护。

因此,根据《最高人民法院关于审理劳动争议案件适用法律若干问题的解释(四)》第八条规定,劳动合同解除或者终止后,因用人单位的原因导致三个月未支付经济补偿,劳动者请求解除竞业限制约定的,人民法院应予支持。

故本案中,好新美公司以黄某未提供新的任职证明等报备材料作为其无须支付竞业限制补偿金的抗辩理由,理据不足,二审法院予以驳回。

其二,关于好新美公司陈述黄某一离职即入职了有竞争关系的某新材料公司,由于好新美公司提供的证据并不能证实黄某系何时入职某新材料公司,故对其主张二审法院不予采信。好新美公司主张的第二个抗辩理由亦不能成立，二审法院予以驳回。

综上，依据《最高人民法院关于审理劳动争议案件适用法律若干问题的解释（四）》第八条的规定，本案中好新美公司并未举出充分证据证明劳动者先违反竞业限制协议，而作为用人单位好新美公司在黄某离职后一直未向其支付竞业限制补偿，黄某有权诉请解除竞业限制协议，无须向好新美公司履行竞业限制义务及支付违约金。

【争议焦点解读】

随着市场经济的发展和人口流动的愈加频繁，越来越多的用人单位越发重视对自身商业秘密的保护，而与从事重要岗位工作的劳动者签订竞业限制协议则是普遍的做法。我国《劳动合同法》第二十三条、第二十四条对于竞业限制的权利义务以及协议的约定和签署进行了规定，为竞业限制的应用提供了法律依据，但相对而言属于较为原则性的规定，在实际操作中，仍需对具体的实施细则进行细化。而随着现今市场竞争越来越激烈，竞业限制的相关法律认定将对用人单位与劳动者签订履行竞业限制协议起到较为重要的作用。

在竞业限制协议的约定中，不少用人单位会要求劳动者定期或不定期提供再就业的相关证明，以此掌握劳动者离职后是否依约履行竞业限制义务，并将劳动者提供相关证明作为竞业限制经济补偿的发放条件之一。这种做法在司法实践中是存在很大争议的。

竞业限制协议是为了明确劳动者的竞业限制义务而产生的。竞业限制协议的核心是竞业限制义务，具体是指在劳动合同终止或解除后一定期限内，劳动者不得自营、为他人经营与用人单位相同、相关业务或到经营同类、相关业务的其他用人单位任职。

竞业限制的经济补偿是作为员工履行上述竞业限制义务的对价。不予支付竞业限制的经济补偿的理由应当是员工没有履行竞业限制义务，而非其他原因。

从举证责任分配的角度来看，举证证明员工是否履行了竞业限制的举证责任，在于用人单位，用人单位不能利用自己的优势地位或双方的约定，将这种举证责任转嫁到员工身上。

综上，用人单位在劳动者离职后按月向其发放竞业限制补偿金，不应当以劳动者提供再就业的相关证明作为前提。

【实务指引】

对于用人单位而言，在签订竞业限制协议后，一般认为，相关的权利义务按照协议约定来履行即可，但竞业限制协议的签订并不意味着劳动者竞业限制义务的开始履行，也并不意味着用人单位相关义务和责任的免除，故应当引起用人单位一定程度的重视。

结合前述案例，无论是否要求劳动者定期提供再就业证明，作为用人单位而言，更重要的是主动审查劳动者的竞业限制履行情况，就劳动者违反竞业限制义务的行为收集证据，一方面是按照法律规定和协议约定履行义务的要求，另一方面也可有效预防劳动者不提交或提交虚假材料欺骗用人单位的情形出现。

图书在版编目（CIP）数据

HR法律实战案例课/曾跃主编. —北京：中国法制出版社，2019.12

ISBN 978-7-5216-0669-0

Ⅰ.①H… Ⅱ.①曾… Ⅲ.①人力资源管理-劳动法-案例-中国 Ⅳ.①D922.505

中国版本图书馆CIP数据核字（2019）第249385号

策划/责任编辑 胡 艺　　　　　　　　　　封面设计 周黎明

HR法律实战案例课
HR FALÜ SHIZHAN ANLIKE

主编/曾跃
经销/新华书店
印刷/三河市国英印务有限公司
开本/710毫米×1000毫米　16开　　　印张/22　字数/316千
版次/2019年12月第1版　　　　　　　2019年12月第1次印刷

中国法制出版社出版
书号 ISBN 978-7-5216-0669-0　　　　　　　　定价：69.80元

北京西单横二条2号
邮政编码：100031　　　　　　　　　　　传真：010-66031119
网址：http://www.zgfzs.com　　　　　　编辑部电话：010-66034985
市场营销部电话：010-66033393　　　　邮购部电话：010-66033288

（如有印装质量问题，请与本社印务部联系调换。电话：010-66032926）